西安电子科技大学教材建设基金资助项目

大学生体育——素养与健康

主　编　高鹏飞　于少勇　白光斌

副主编　张　超　杨　炜　乔小杉
　　　　蒙鹏君　陈洪波

编　委　魏　荣　苏振阳　夏淑云　江茹莉
　　　　王永刚　曹　峰　刘兰池　陈保学
　　　　王　朝　杨国标　侯　鹏　沈奕霏
　　　　鲁肖麟　孟　欣　张文翰

西安电子科技大学出版社

内 容 简 介

  大学体育是大学文化教育的主要组成部分，是培养具有强健体魄的高素质人才的重要途径。本书紧扣《全国普通高等学校体育课程教学指导纲要》的精神和要求，针对大学生的年龄和心理特点、体质状况和终身体育的需要而编写。依据"健康第一"的指导思想和大学体育的教育目标，本书精选体育锻炼与身心健康、运动营养与保健、体育运动卫生与医务监督、大学生体质健康测试与运动处方、体能训练以及各类体育运动理论与技术等内容，旨在通过教师指导和学生自主学习，使学生掌握运动技能和体育锻炼方法，培养学生的体育兴趣，激发学生坚持体育锻炼的热情，形成体育锻炼的良好习惯，使学生的体育素养和身心健康得到全面提高。

图书在版编目（CIP）数据

大学生体育：素养与健康 / 高鹏飞，于少勇，白光斌主编. -- 西
安：西安电子科技大学出版社, 2024.8 (2025.7 重印).
ISBN 978-7-5606-7410-0

  Ⅰ. G807.4;G647.9

中国国家版本馆 CIP 数据核字第 2024Z9C749 号

策 划	成 毅
责任编辑	成 毅

出版发行 西安电子科技大学出版社（西安市太白南路 2 号）
电 话 （029）88202421 88201467   邮 编 710071
网 址 www.xduph.com   电子邮箱 xdupfxb001@163.com
经 销 新华书店
印刷单位 陕西博文印务有限责任公司
版 次 2024 年 8 月第 1 版   2025 年 7 月第 2 次印刷
开 本 787 毫米×1092 毫米 1/16   印 张 22.5
字 数 535 千字
定 价 59.00 元
ISBN 978-7-5606-7410-0
XDUP 7711001-2
*** 如有印装问题可调换 ***

前　言

树立"健康第一"的思想，培养良好的体育锻炼习惯，掌握科学的体育锻炼方法，对于提高大学生身体素质具有特别重要的意义。为了全面落实习近平总书记在全国教育大会上提出的"帮助学生在体育锻炼中享受乐趣、增强体质、健全人格、锤炼意志"的育人目标，我们根据《全国普通高等学校体育课程教学指导纲要》的指导思想，针对当代体育发展趋势和大学生身心特点，结合高校体育精品课程建设及教学改革成果编写了本书，希望本书能够适应现代教育理念、适应快速发展的大学体育教学体系，促进大学体育教学质量的提高。

学校体育是人生体育的重要阶段，对学生的成长十分关键。大学体育是大学文化教育的重要组成部分，是集大学生身心健康教育、思想道德教育、科学文化教育于一体的一门必修课程。体育教材是实现学校体育目的与任务的重要载体，因此，编撰可持续发展的、符合当代教育改革形势需要的大学体育教材，是大学体育深化改革的一项重要任务。

本书有以下四个方面的特点：

（1）注重文化性与健身性的结合、科学性与实用性的结合、选择性与时效性的结合、可读性与趣味性的结合。书中充分体现了文化性、健身性、知识性、趣味性、科学性和实用性。

（2）坚持贯彻二十大精神，以学生为中心，针对相关教学内容，书中的每个章节都设计了学习目标和课程思政点，旨在提高学生对体育课程的认知水平，增强学生的思想道德修养，实现体育育人的目的。

（3）紧密结合当前学生的实际需要，书中涉及的具体运动项目均配有视频讲解，尽可能将运动特色和技术要领直观、形象地展示给学生，做到准确、易学、实用。

（4）为大学生提供了有针对性和个性化的运动处方，并配有饮食建议，还提供了可供参考的"一对一"健身指导方案，以期促进大学生养成经常锻炼身体的习惯，提高体质健康水平。

本书编者长期从事学校体育工作，既有一定的业务水平和理论知识，又有开拓创新的精神，使得本书的框架体系、编写内容和写作风格都颇具特色。本书由西安电子科技大学高鹏飞教授、于少勇教授、白光斌教授担任主编，西安电子科技大学张超副教授、杨炜副教授、乔小杉副教授、蒙鹏君副教授、陈洪波副教授担任副主编。西安电子科技大学魏荣副教授、苏振阳副教授、夏淑云副教授、江茹莉副教授、王永刚副教授、曹峰副教授、刘兰池副教授、陈保学副教授、王朝副教授、杨国标副教授、侯鹏讲师、沈奕霏讲师、鲁肖麟讲师、孟欣讲师、张文翰老师担任编委。

由于编者水平有限，书中不妥之处在所难免，恳请广大读者批评指正，以便后续修订完善。

编　者

2024 年 4 月

目 录

素 养 篇

健 康 篇

素 养 篇

第一章

体育锻炼与身心健康

学习目标

(1) 了解体育运动与身心健康的基本概念及两者之间的关系。

(2) 理解体育锻炼在提高国民健康水平、增强国家综合实力中的重要作用。

(3) 了解如何通过体育活动有效提高健康状况和应对心理压力。

课程思政点

体育强国，健康中国

在新时代的征程中，"体育强国，健康中国"的战略目标不仅是国家发展的重要组成部分，更是每一位公民共同的责任和追求。体育锻炼作为提升国民健康水平和生活质量的重要途径，已经成为构建社会主义现代化国家的基石之一。

体育锻炼不仅关乎个体健康，更是国家实力和社会文明的重要标志。习近平总书记强调"加强体育运动，增强人民体质"，将体育锻炼上升为国家战略，成为实现"两个一百年"奋斗目标的重要支撑。通过普及体育锻炼，提高全民健康水平，我们不仅能够培育出更多优秀的体育人才为国争光，更能够推动社会整体健康、和谐发展，展现大国风范。

体育锻炼对于个人而言，不仅是身心健康的保障，同时也是提升品格修养的途径。它能够锤炼意志、塑造性格、提升素质。在汗水中磨炼出的坚持不懈和勇往直前，不仅能够使人们在体育领域取得进步，更能在生活和工作中表现出色。体育锻炼还能增进人际交往，通过团队运动培养合作精神，增强社会责任感，为构建和谐社会贡献力量。

体育运动的普及和发展是推动社会和谐进步的重要途径。在体育活动中，人们不分年龄、性别、职业、民族，共同参与、共享快乐，这种无形中的交流和沟通，增强了社会凝聚力和向心力。同时，体育赛事也是传播社会主义核心价值观的重要平台，通过体育精神的传承和弘扬，进一步促进了社会主义文化的繁荣发展。

为实现"体育强国，健康中国"的宏伟目标，我们每一位公民都应积极参与、不懈努力。首先，要树立全民健身的理念，将体育锻炼融入日常生活，形成人人参与体育、处处充满活力的良好风尚。其次，要加强体育设施建设，优化体育服务，确保每一位公民都能享受到便捷、高效的体育锻炼条件。再次，要深化体育改革，丰富体育活动内容，提高体育竞技水平，让体育成为展现国家形象和文化软实力的重要窗口。最后，要加大对体育科学研究的投入，促进体育与科技、教育、文化等领域的深度融合，推动体育事业全面发展。

第一节　体育锻炼与身心健康概述

人类的身体健康和心理健康之间存在着相互依赖、相互影响的关系。根据世界卫生组织(WHO)的定义，健康不仅表现为是否疾病或虚弱的状态，更表现为身体、心理及社会福利是否完好的状态。这意味着一个健康的个体应当具备以下三个方面的特征：一是生理健康，即体内各系统和器官功能正常，没有疾病，能够完成日常生活和工作。二是心理健康，即具有积极的情感状态，能够有效地管理和调节情绪，具有良好的应对压力和逆境的能力。三是社会适应能力，即能够在社会中有效交流，建立和维护人际关系，参与社会活动，为社会贡献自己的力量。

在中国，随着社会的发展和人民生活水平的提高，人们对健康的关注也越来越多。中国疾控中心(CDC)和卫生健康委员会等官方机构不断推出健康指导原则和预防疾病措施，旨在提升国民的健康水平。这些指导原则和措施涵盖了健康饮食、适量运动、心理健康和环境卫生等各个方面，反映了国际健康标准与中国实际情况的结合。

一、身体健康

身体健康是一个多维度的概念，不仅涉及身体无病痛的状态，而且包括良好的生理功能、心理状态和社会适应能力。

世界卫生组织提出了健康十条标准：① 有充沛的精力，能从容不迫地担负日常生活和繁重的工作而不感到过分紧张和疲劳；② 处世乐观，态度积极，乐于承担责任，事无大小不挑剔；③ 善于休息，睡眠好；④ 应变能力强，能适应外界环境中的各种变化；⑤ 能够抵御一般的感冒和传染病；⑥ 体重适当，身体匀称，站立时头和肩的位置协调；⑦ 眼睛明亮，反应敏捷，眼睑不发炎；⑧ 牙齿清洁，无龋齿，不疼痛，牙龈颜色正常，无出血现象；⑨ 头发有光泽，无头屑；⑩ 肌肉丰满，皮肤有弹性。在上述十条标准中，除第②条外，剩余九条均是关于身体健康的标准。

总之，身体健康是一个全面的概念，涵盖了身体、心理和社会多个维度。它要求我们不仅要关注疾病的预防和治疗，而且要关注生活方式的改善、心理状态的调整和社会关系的建设，从而实现真正的全人健康。

二、心理健康

心理健康是涉及多个层面的复杂概念，包括生理、心理和社会文化等多个方面。在第三届国际心理卫生大会上，心理健康被定义为在身体、智能、情感和人际关系等方面的发展达到最佳状态，且与他人的心理健康不冲突。为了更好地理解心理健康，可以从以下几个方面进行分析。

(1) 生理层面：身体健康是心理健康的基础。健康的身体能够为我们提供充足的能量，使我们能够更好地应对生活挑战。此外，身体健康也有助于保持心理上的平衡，避免因身体状况不佳而导致的心理问题。

(2) 心理层面：智力正常是心理健康的关键。要关注自己的情绪和心理状态，保持适当的情绪调节能力，这有助于我们在面对压力和挑战时，保持清晰的思维和稳定的情绪。

(3) 社会文化层面：心理健康还体现在良好的人际关系上。要对自己有真实客观的自我评价，以便更好地理解自己和他人，从而建立稳定、和谐的人际关系。

(4) 情感层面：心理健康还要求我们在情感上保持稳定和成熟，要学会适当表达和调节自己的情绪，既能尊重他人的感受，也能保护自己的情感不受伤害。

(5) 价值观和信仰层面：心理健康还涉及我们的价值观和信仰。要树立正确的人生观、世界观和价值观，以及积极向上的信仰。

总之，心理健康是多元化、多层次的概念，涉及生理、心理、社会文化等多个方面。要实现心理健康，我们需要关注自己的身体、心理、情感、人际关系等多个层面，不断成长和提升自己。

三、体育锻炼

体育锻炼涵盖了一切与心肺功能、肌肉力量、耐力、柔韧性和身体成分等相关的活动形式。为了确保体育锻炼的有效性，以下五个基本原则值得我们遵循。

(1) 全面性原则。体育锻炼旨在促进身体形态、机能、素质和心理品质等多方面的全面发展。为了达到这一目标，应选择那些对身体有全面影响的运动项目，或将某一项目作为主导，辅以其他锻炼项目。

(2) 经常性原则。坚持长期、不间断、持之以恒地进行体育锻炼是保持身体健康的关键。生命在于运动，人体只有持续不断地进行锻炼，才能更好地适应运动负荷，从而达到增强体质的目的。

(3) 渐进性原则。在进行体育锻炼时，要根据个人的实际情况，由易到难，逐步提高运动负荷。人体各器官的机能发展是一个逐步提高的过程，锻炼效果也是通过缓慢的从量变到质变的积累过程实现的。因此，锻炼者要合理安排锻炼内容、方法和运动负荷，避免过度训练。

(4) 个别性原则。每个参加体育锻炼的人都要根据自身状况，包括年龄、性别、健康状况、锻炼基础、营养条件、生活作息等方面，选择适合自己的锻炼内容和方法。只有正确评估自身状况，才能确保锻炼负荷适合自己的健康条件，从而达到良好的锻炼效果。

(5) 自觉性原则。进行体育锻炼应源于个人内心的需求和自觉行动。锻炼者要将锻炼目的与人生观相结合，保持对锻炼的兴趣和热情。在自觉的基础上，锻炼者能更好地调动主动性和积极性，从而取得更好的锻炼效果。

总之，遵循以上五个基本原则，将能够更好地享受体育锻炼带来的益处，迈向健康的生活方式。只要用心去锻炼，就一定能收获美好的健康人生。

第二节　体育锻炼对身心健康的影响

一、体育锻炼对身体形态的影响

身体形态包括体格、体形、体态等。体育锻炼对于塑造个体身体形态具有深远的意义，主要表现在以下几个方面。

(1) 从骨骼的角度来看，体育锻炼能够促进骨骼的生长发育，提高骨骼的坚固性和稳定性。通过体育锻炼，骨骼的血液循环和新陈代谢得到有效促进，体育锻炼为身体提供了充足的营养供给，从而促进了骨骼的健康生长。此外，体育锻炼还能够使骨细胞更加活跃，骨密质增厚，骨小梁排列更加整齐和有规律；骨表面的突起更加明显和粗糙，更有利于肌肉和韧带牢固地附着在骨骼表面上。科学研究已经证实，坚持体育锻炼的人骨骼要比一般人粗壮、坚固和稳定，骨的承受能力和生长发育较好，在骨骼抗折、抗弯、抗压和抗扭曲等方面表现更为优越。

(2) 从肌肉的角度来看，体育锻炼能够有效增加肌肉的重量和体积，提高肌肉的力量和耐力。在体育锻炼过程中，肌肉受到充分刺激，促使肌肉细胞不断生长和强化，进而提高了肌肉的力量和耐力。长期坚持体育锻炼的人，肌肉重量要比一般人增加 10%～15%。体育锻炼使肌肉显得饱满、结实、有力、匀称、协调和有弹性，使身体呈现出健康、有活力和有魅力的状态。

(3) 从关节的角度来看，体育锻炼对关节和韧带的灵活性及稳定性也有着积极的影响，对关节和韧带的保健作用不可小觑。首先，体育锻炼能提高关节的灵活性。关节周围的肌肉和韧带是支撑关节稳定性的重要结构。通过体育锻炼，这些组织得到有效锻炼和增强，从而提高了关节的灵活性和敏捷性。这种灵活性和敏捷性的提升，有助于预防常见的关节疾病，如关节炎等。其次，体育锻炼还能增强关节的稳定性。关节囊的增厚和关节摩擦的增加为关节提供了更好的保护和支持。最后，长期坚持体育锻炼的人在日常生活中会表现出更高的协调性和平衡感。这是因为体育锻炼不仅锻炼了关节和韧带，而且还提升了身体的整体协调性和反应速度。这种协调性和平衡感的提升，将大大减少因关节问题而导致的意外伤害风险。

(4) 从体形体态的角度来看，体育锻炼在塑造健康体重和优美体态方面的重要性不容忽视。在日常生活中，越来越多的人开始重视体育锻炼，因为它不仅可以提高身体素质，还可以帮助人们保持理想的体重和优美的体态。首先，体育锻炼能有效增加能量消耗。在进行体育锻炼的过程中，人体会加速新陈代谢，从而提高能量消耗。避免热量过剩导致体重增加。此外，体育锻炼还能提高人体的基础代谢率，使人体在安静状态下也能消耗更多的热量。其次，体育锻炼有助于减少脂肪积累。在进行有氧运动时，身体会加速燃烧脂肪，从而达到减少脂肪积累的目的。科学研究表明，长期坚持有氧运动(如跑步、游泳、骑自行车等)可以显著降低肥胖的风险。此外，体育锻炼还能改善人体的脂肪分布，使身材更加匀称，提高体态美感。因此，通过积极参与体育锻炼，我们可以保持健康体重，塑造优美体态，提高生活质量，远离肥胖带来的困扰。

应当充分认识到体育锻炼的重要性，发挥体育锻炼的积极作用，保持良好的运动习惯，从而实现身心健康，享受美好生活。同时，还要倡导健康的生活方式，提高全民健康意识，让更多的人认识到体育锻炼的重要性，共同为构建健康中国贡献力量。

二、体育锻炼对身体机能的影响

(一) 改善和提高心肺功能

体育锻炼在提高心肺功能方面具有显著效果。定期参与体育锻炼能够增强人体的氧运输系统功能，使心肺更加健康，具体表现在以下几个方面。

(1) 增强心肺耐力。通过长时间的体育锻炼(如跑步、游泳、骑自行车等)，可以提高心肺系统的耐力。心肺耐力是指人体在长时间、中等强度运动过程中，心肺功能能够适应运动需求的能力。提高心肺耐力有助于延缓衰老，降低患病风险。

(2) 改善心血管健康。体育锻炼对心血管疾病具有预防和改善作用，可以促使血液循环加快，降低血压，减少心脏负担。此外，体育锻炼还能改善人体内的物质代谢过程，减少脂肪在血管壁的沉积，保持并增进血管壁的良好弹性，从而降低心血管疾病的发生风险。

(3) 增强心肺功能。体育锻炼可以提高心肺的收缩和舒张能力，使心脏更加高效地泵血。长期坚持体育锻炼，心脏体积会逐渐增大，心肌更加发达，从而提高心脏的工作效率。

(4) 预防糖尿病。体育锻炼对糖尿病具有良好的预防作用，可以提高人体的胰岛素敏感性，降低血糖水平，减少糖尿病并发症的风险。

(二) 全面优化和提升神经系统功能

坚持进行体育锻炼，可以带来诸多益处，其中就包括对神经系统功能的显著改善和提高。通过体育锻炼，大脑对氧的利用率可以从原来的25%提升至32%，从而确保充足的氧气和营养供应给神经系统。这不仅促进了脑细胞的生长发育，而且还使得大脑的沟回数量增加，大脑皮层厚度加大，进而使得整个大脑的重量和表面积都有所扩大。

体育锻炼的形式多种多样，内容丰富，动作复杂多变，肌肉活动转换频繁。在进行体育锻炼的过程中，神经系统需要对各种复杂情况作出准确、及时和协调的反应和综合处理。此外，体育锻炼对于提高神经系统功能的积极作用还体现在以下几个方面。

(1) 加快反应速度。体育锻炼可以提高神经传导速度，使得反应更加迅速敏捷。

(2) 提高适应能力。在体育锻炼中，人体需要适应各种环境和条件，这有助于提高神经系统的适应能力。

(3) 增强自我调节能力。体育锻炼可以改善自主神经系统的作用，提高身体的自我调节能力。

(4) 增强神经系统功能。通过体育锻炼可以促进神经递质的合成与释放，从而增强神经系统的功能。

(5) 预防神经退行性疾病。长期坚持体育锻炼可以降低患上神经退行性疾病的风险，如帕金森病、阿尔茨海默病等。

(三) 改善和提高消化系统的功能

坚持体育锻炼对人体的益处是全方位的,它不仅改善了神经系统和心血管循环系统的形态结构,增强了生理功能,而且保证了在神经系统调节下有足够的血液、氧气和营养物质供给消化系统,为提高消化与吸收能力奠定了物质基础。

体育锻炼对消化系统的改善非常显著。坚持体育锻炼可以促进消化腺(消化酶)的分泌,大大提高对食物的化学消化能力。同时,体育锻炼加强了胃肠的蠕动,从而起到了"按摩"的作用,提高了人体对食物的物理消化能力。因而可以降低因食物在肠胃中滞留时间过长而罹患胃肠疾病的概率。此外,坚持体育锻炼还能促进体内释放更多的脑啡肽、内啡肽和去甲肾上腺素,使人心情愉快。这些物质刺激了食欲,增强了人体的消化与吸收能力。

三、体育锻炼对心理的影响

(一) 体育锻炼与心理疾病的防治

心理疾病是由生理、心理和社会影响三方面的因素引起的,其中以心理、社会影响为主要因素。常见的心理疾病有神经症、严重精神疾病、心身疾病、心理社会适应不良引起的综合征和人格障碍等。

体育锻炼既可以有效地增进身体健康,也可以有效地防治心理疾病,这已经在临床心理学的研究中获得了验证。比如,体育锻炼对抑郁和焦虑具有明显的防治作用。一些患心因性疾病(如消化性溃疡、原发性高血压等)的人,在通过体育锻炼进行辅助治疗后,不仅生理疾病得到了减轻,而且心理状态也得到了明显改善。

1. 体育锻炼对抑郁的缓解

抑郁是一种弥散性的心理状态,它不仅会对人的情绪产生影响,还会影响人的日常生活中的行为。根据世界卫生组织(WHO)的定义,抑郁症不仅是暂时的情绪低落或缺少面对生活挑战的勇气,还是一种持续的心境障碍,可导致患者在情感、生理和行为上出现多种症状。其典型症状包括出现持续的悲伤、空虚或绝望感,以及兴趣或快乐感丧失。

体育锻炼对抑郁的缓解具有多方面的机制。首先,体育锻炼能够刺激大脑释放内啡肽等神经递质,这些物质能够提升人的情绪状态,使人产生愉悦感,从而缓解抑郁情绪。其次,运动能够促进血液循环和新陈代谢,改善身体的生理状态,减轻身体疲劳和不适感,进而提升整体的情绪状态。此外,体育锻炼还能够增强人的自信心和自我价值感,帮助人们建立积极的心态和生活态度,从而更好地应对生活中的压力和挑战。

体育锻炼对抑郁的缓解并非一蹴而就,需要长期坚持和规律进行。通过选择适合自己的运动方式和强度,结合合理的饮食和休息,人们可以在享受运动带来的乐趣的同时,逐步改善抑郁症状,提升生活质量。因此,对于抑郁症患者来说,积极参与体育锻炼是一种值得尝试的缓解抑郁的方法。

2. 体育锻炼对焦虑的缓解

焦虑是一种常见的情绪障碍,表现为过度担忧、紧张和恐惧等情绪反应。状态焦虑是指个体在特定情境下产生的短暂、强烈的焦虑情绪，而特质焦虑则是个体相对稳定、持久的焦虑倾向。无论是状态焦虑还是特质焦虑，都会给人们的身心健康带来负面影响。

体育锻炼在缓解焦虑方面的效果显著，科学研究表明，通过适当的体育锻炼，人们不仅可以有效地调节和降低状态焦虑，还能改善特质焦虑，提高生活质量。

有氧锻炼和无氧锻炼在降低焦虑方面都有一定的效果，但前者表现得更为显著。这是因为有氧锻炼能够提高心肺功能，促进身体各系统的协调运作，从而更好地缓解焦虑。

在锻炼的时间长短上，长期锻炼比短期锻炼更能缓解焦虑。长期锻炼能够使身体逐渐适应运动的状态，从而在缓解焦虑方面产生更持久的效果。相比之下，短期锻炼虽然能迅速缓解焦虑，但其效果较为短暂。在体育锻炼结束30分钟以内，缓解焦虑的效果最好，超过这个时间长度，效果可能会有所减弱。此外，停止锻炼24小时内，焦虑程度会回到锻炼前的水平。因此，要保持焦虑的缓解效果，持续的体育锻炼是至关重要的。

体育锻炼是一种适用于各年龄层、各健康状态的缓解焦虑的方法。研究发现，个体在进行体育锻炼后，焦虑程度能得到显著的降低。这可能是因为体育锻炼能够帮助他们消耗过多的精力，从而达到舒缓压力的目的。

(二) 获得较大心理效益的锻炼方式

并非任何形式的身体活动都能产生相同的情绪效益，只有科学的身体活动或身体锻炼才与一定的心理效益相联系。目前的研究成果还远不能满足锻炼者的需要，美国学者伯格及其同事提出了以下几种选择最佳锻炼方式的基本原则。

1. 令人愉快和有趣的活动

使身体活动或身体锻炼取得最大限度的情绪效益的前提，是参与者从项目中获得乐趣和享受。此外，因为乐趣很可能与锻炼的坚持性相联系，所以它是获得长期健康幸福感的前提。然而，对愉快和乐趣的追求存在巨大的个体差异。同是一种活动与锻炼方法，对有些人的情绪可能起积极作用，对另一些人可能不起作用，还可能对一些人起消极作用。例如，有人在恶劣天气条件下锻炼时体验到巨大的乐趣，而另一些人则可能因为恶劣的天气条件而失去锻炼的乐趣。

2. 有氧运动或者有节奏的腹式呼吸

科学研究表明，有氧运动与心境改变或降低应激有密切关系。比如，慢跑运动能缓解焦虑和抑郁，增强自我观念；消遣性游泳在许多方面与慢跑类似。这两种运动不仅在形式上都是有氧的，而且它们都是个体的、周期性的、动作有节律的身体活动。

除有氧运动外，腹式呼吸也能产生情绪效益。对瑜伽、步行、低运动负荷功率自行车骑行的心理效益研究显示，这些项目的腹式呼吸特征与心理效益的关系十分密切。我国传统的东方健身术一直很重视有节奏的腹式呼吸对健康的积极作用，其中太极拳、气功、导引等项目十分强调使用腹式呼吸，这也是腹式呼吸有利于产生积极情绪的一个实例。

3. 回避人际竞争的身体活动

当一个人与别人直接比赛的时候，失败的概率大约为50%。对于许多个体来说，失败会影响许多有益的情绪，如兴奋、自我效能、自豪感、胜任感以及控制感等。当然，这种说法仍需进一步的检验，而且它也未必适合每个人的具体情况，许多人的情绪可能正是在挑战与竞争中得到发展与完善的。

4. 自控性的身体活动

自控性的身体活动泛指那些闭锁性技能的、结果可预测的、时间和空间上可确定的以及动作具有节奏和重复性的身体活动。比如，慢跑和游泳等活动项目均符合这一特征。自控性身体活动容易使锻炼者进入自由联想状态，并为独处、沉思、反思和退缩提供了机会。这种"退缩"能使人将注意力集中于孤芳自赏和脑力的恢复上，而这种注意力的集中或转移对于心境状态的调节具有积极的意义。

5. 锻炼的持续时间

在很多情况下，如果每次锻炼的时间少于 20 分钟，则很可能无法体会到其心理效益，这是因为心理效益的出现需要一段时间的身体活动作为前提，如果在效益出现之前就停止锻炼，则自然无法获得这些效益。因此，建议每次锻炼的持续时间不少于 20 分钟。

6. 长期坚持，养成习惯

长期坚持锻炼，养成运动习惯，是维持身体锻炼心理效益的关键。心理效益并非一蹴而就，它需要长时间的锻炼和积累才能体现。只有将锻炼变成一种生活规律，使之成为日常生活的一部分，才能让锻炼带来的心理效益持续发挥作用。要养成锻炼的习惯，我们可以从以下几个方面入手。首先，制定合理的锻炼计划，确保每周有固定的锻炼次数和时间。其次，选择适合自己的锻炼方式，如跑步、游泳、瑜伽等，使锻炼过程更加愉悦。最后，培养锻炼的毅力，即使在忙碌的生活中，也要尽量保证锻炼的质量和时间。

(三) 身体锻炼对心理健康产生的副作用

运动锻炼确实能带来诸多益处，如增强心肺功能、提高免疫力、缓解压力等。然而应该强调的是，只有科学的身体活动或身体锻炼才可能促进心理健康，如果活动或锻炼不科学，则不仅损害身体，而且可能会给心理健康带来负效应，这些负效应主要表现在心理耗竭和锻炼迷瘾问题上。

1. 心理耗竭

心理耗竭是指锻炼者在运动中，因长期无法克服的运动应激而产生的耗竭性心理生理反应。它是一种训练应激症状，表现为锻炼者对运动锻炼的积极性、热情和动力逐渐减退，甚至产生厌烦、抵触情绪。心理耗竭不仅损害心理健康，而且会直接导致退出锻炼，影响锻炼者的运动成果。

心理耗竭的产生与多种因素有关，如运动强度过大、运动频率过高、运动目标过于苛刻等。此外，个体心理素质、应对压力的能力、生活习惯等也是重要因素。心理耗竭会导致锻炼者对运动的兴趣和热情减退，训练成果受到影响。长期心理耗竭若得不到缓解，则可能引发焦虑、抑郁等心理疾病，进一步损害身心健康。

研究发现，应对心理耗竭可以采用多种缓解方法：一是调整运动计划，根据个人体能和运动目的，合理调整运动强度、频率和时长，避免过度训练。二是设定合理目标，使之符合个人实际情况，避免过于追求完美，造成心理压力。三是增强心理素质，通过心理训练、心理咨询等途径，提高应对压力的能力，增强心理韧性。四是培养运动兴趣，尝试多种运动项目，寻找适合自己的运动方式。五是保持良好生活习惯，保持规律作息和合理饮食，为身心健康提供基础保障。

2. 锻炼迷瘾

锻炼迷瘾是对规律锻炼生活方式的心理生理依赖，它在广义上可以分为积极的和消极的两类。当我们谈到锻炼迷瘾时，通常是指消极的那一类。拥有积极锻炼迷瘾的人能够掌控自己的锻炼行为，而拥有消极锻炼迷瘾的人则反之，被锻炼行为所控制。

要理解锻炼迷瘾，可以从两个方面来考虑。首先，如果一个人在 24～36 小时内无法按照自己的锻炼习惯进行锻炼，就会产生一系列"戒断症状"，如焦虑、烦躁、内疚、肌肉颤抖、肿胀感以及神经质等，这样的人可以被认定为患有锻炼迷瘾。其次，即使在身体疼痛或受伤的情况下，仍然坚持进行锻炼的人也可以被视为锻炼迷瘾患者。

锻炼迷瘾的现象近年来在我国逐渐增多，尤其是在健身热潮的推动下，越来越多的人陷入了对锻炼的过度依赖。这种依赖不仅对身体健康造成负面影响，还可能对心理健康产生不良影响。因此，我们需要正确看待锻炼，既要保持锻炼的良好习惯，又要防止过度锻炼导致的锻炼迷瘾。

对于锻炼迷瘾的预防和治疗，首先需要普及正确的锻炼观念。许多人开始锻炼时，可能只是为了追求健康或者塑形，但随着时间的推移，他们可能会对锻炼产生过度的依赖。这时就需要及时调整心态，明确锻炼的目的，并保持适度的锻炼强度。其次，家庭成员和朋友也要关注身边患有锻炼迷瘾的人，帮助他们认识到锻炼过度的危害，鼓励他们寻求专业心理辅导，以便更好地调整心态。此外，患有锻炼迷瘾的人可以尝试参加集体活动，如瑜伽、太极等，这些活动既能锻炼身体，又能陶冶情操，有助于摆脱过度锻炼的依赖。

第三节　体育锻炼的科学方法

一、体育锻炼计划的制订

在进行体育锻炼时，内容的选择至关重要。需要根据个人的年龄、性别、健康状况、体质状况和兴趣爱好等实际情况来选择适合的锻炼项目。在选择体育锻炼内容时，应遵循实效性、季节性和全面性原则，科学组合不同项目，确保锻炼能够达到预期的效果。

(1) 实效性。根据个人的情况、需求和目标，选择能够实际改善身体状况的锻炼内容。例如，心肺功能不佳者可以选择有氧运动，如散步、慢跑等；关节疼痛者可以选择游泳、瑜伽等对关节负担较小的运动。

(2) 季节性。根据不同季节的特点，选择适合的运动项目。例如，春季可以多进行户外徒步、骑行、登山等运动；夏季可以选择游泳、瑜伽等清凉的运动；秋季适合开展田径、球类等运动；冬季则可以进行滑雪、滑冰等冰雪运动。

(3) 全面性。体育锻炼应涵盖身体各个部位，促进全身肌肉、骨骼、关节、心肺等系统的发育和功能提升。因此，在选择锻炼内容时，要确保运动项目的多样性，使全身各个部位和不同身体机能都能得到锻炼。

(4) 科学的组合。不同运动项目之间存在相互影响的关系，合理的组合可以提高锻炼效果。例如，力量训练与有氧运动相结合，可以提高身体机能和代谢水平；柔韧性训练与平衡训练相结合，可以降低运动损伤的风险。

(5) 个人偏好。兴趣是最好的教练，选择自己感兴趣的运动项目，可以增强锻炼的持续性和乐趣。例如，喜欢社交的人可以选择团队运动，如篮球、足球等；喜欢安静的人可以选择瑜伽、太极等内敛的运动。

总之，体育锻炼的内容选择应注重个体差异、季节变化、运动项目间的相互搭配，以实现锻炼效果的最优化。同时，我们要遵循人体发展的规律，运用各种身体练习和自然因素培育和发展体质，达到锻炼身体的目的。

二、体育锻炼的自我测试与评价

体育锻炼效果评价是指通过有计划的锻炼对个体身心所产生的积极影响和显著结果。这种影响和结果体现在多个方面，包括但不限于身体形态、生理机能的优化，身体素质水平的提升，某项技能技术的熟练掌握与巩固，适应环境和抵抗疾病能力的增强，以及整体健康水平的提高。通过对锻炼效果的评价，可以及时了解锻炼成果，进一步修订和选择更适合个体的锻炼内容和方法。

在评价体育锻炼效果时，可以采用以下几种方法：

(1) 对比评价法：先将锻炼前的身体形态、生理机能、身体素质等指标记录下来，持续锻炼一段时间后，在同样的条件下再次测试同样的项目，通过对比观察指标的变化情况，以此评价锻炼效果。

(2) 指数对照评价法：将评价身体发展和体质状况的相关项目，采取一定的方法折合成指数，然后根据这个指数来评价个体的身体发展和体质状况。常用的指数有肺活量指数、身高指数、体重指数、胸围指数等。

(3) 主观感觉评价法：通过个体在锻炼过程中的疲劳程度、睡眠质量、食欲状况、心理状态等来评价锻炼效果。

总之，进行体育锻炼时，不仅要遵循体育锻炼的原则，合理选择和运用锻炼内容与方法，安排适宜的运动负荷，还应了解体育锻炼效果的评价方法。每个人都要根据自身的身体状况和锻炼目标，选择适合自己的体育锻炼方式和计划。同时，坚持锻炼，定期评价锻炼效果，及时调整锻炼计划，也是取得良好锻炼效果的关键。

三、运动处方

运动处方是以促进个体身心健康为目的，根据体育锻炼的原理和原则，结合锻炼者的医学检查资料(包括运动试验、体力测验和心理测试)，按其健康、体力、心血管机能状况、生活环境条件、运动爱好、心理特质等个体特征，以处方形式制订的安全有效的具体健身方案。它对锻炼者选择锻炼项目、确定锻炼强度、把握锻炼持续时间和锻炼频率等具有重要的指导作用。

第二章

运动营养与保健

● 学习目标

(1) 了解运动、营养、健康之间的相互关系。
(2) 合理膳食，适量运动，养成良好的生活习惯。
(3) 掌握基本的健康运动及饮食处方。

● 课程思政点

自己是自身健康的第一责任人

党的十九大报告指出："倡导健康文明生活方式，预防控制重大疾病。"推动"以治病为中心"的治疗观念向"以健康为中心"的管护理念转变，迫切需要提升公众和广大患者的健康素养。适量运动、平衡营养是提高健康素养的基本要件。法国思想家伏尔泰说过"生命在于运动"，体育运动对于人体健康有显著积极地影响，它不仅能够增强体质，而且可以促进身心健康、道德健康和社会适应良好，由此可见，健康与体育运动、合理营养及生活方式密切相关。

大学生处于心理成熟初期，大学校园有便利的运动条件、众多的运动伙伴、充裕的自我支配时间。在此期间，若能主动获取运动、营养、健康方面的相关知识，完善自己的知识体系，储备健康，将受益匪浅。每个人只有明了自己的身体状况，才能更好地进行健康自我管理，真正成为自己身体的主人，变被动医疗为主动管理，落实大卫生、大健康观念，整体提高自己的健康素养水平。

通过适量运动、平衡营养、良好生活习惯的养成，提高自身健康素养，增强健康意识，还有助于避免"小病不治变大病，大病难治变重病"的健康困境。大学生应该树立"没有全民健康，就没有全面小康。"的大局观，切实做到自己是自身健康的第一责任人，越早树立健康责任人意识，就会越早储备健康。这样既能掌握基本健康防病知识，知道如何开展自我健康管理，也能在面对各种相关信息时不信谣、不传谣，采取正确应对措施，避免造成自身健康损失。

　　每天锻炼一小时，健康工作五十年，幸福生活一辈子。让我们从今天开始，从我做起，重视体育锻炼，掌握平衡营养知识，为自己储备健康，经营好自己的健康，做好自己是自身健康的第一责任人，这对个人、家庭、社会都有重大现实意义。

第一节　运动、营养与健康的关系

一、健康的概念

健康的概念

　　健康是一个具有强烈时代特征的综合概念，随着历史的发展，大致经历了从神灵医学模式、生物医学模式到生物心理社会医学模式的转变。

　　在人类社会早期，健康被视为神灵所赐，这就是早期健康的神灵医学模式；随着生产力水平的提高，人们对生命有了更进一步的认识，认为健康是生物学上的适应，将健康简单的定义为"无病、无残、无伤"；现代医学、社会学研究认为，健康仅从生物学角度来考量是不全面的，同时必须注重社会、心里、行为等因素对健康的影响。因此，健康是一个动态的适应性过程，意味着不断适应变动不止的生物和社会环境。

　　1985 年，世界卫生组织提出健康的新概念：健康是指躯体健康、心理健康、社会适应良好、道德健康，只有这四个方面都健康才算是完全的健康。另外，世界卫生组织还制定了健康的十条标准，即是对健康新概念的具体诠释。

二、运动与健康

　　规律的体育活动加合理的营养是达到健康标准的最重要的保证。人的健康 10%～15% 取决于医疗保健，15%～20% 来自于遗传，20%～25% 依赖于环境，而生活方式和条件则占了 50%～55%。

　　规律的健身运动，一般是指根据不同年龄和身体状况确定的不同的中等强度运动，也可称其为"轻体育"。这种运动不拘形式，每周用于运动的能量消耗约 1800～2200 千卡，经常性从事这种健身运动的人被称为"体育人口"。在美国、日本等发达国家，体育人口在总人口中的占比在 70% 甚至 80% 以上，而我国体育人口还不足总人口的 1/3。随着 2016 年"健康中国 2030"规划纲要的发布和实施，在国家的倡导和健身环境、健康意识大大改善的前提下，健身的人数在逐年增加，轻体育将成为新世纪的热点。"轻体育"也称"轻松体育"或"快乐体育"，这种健身方式具有以下特点。

　　(1) 体能消耗小。它轻负荷，不追求大运动量，体能消耗少，对身体各系统的功能起调节的作用，使锻炼者心情舒畅且力所能及。

　　(2) 运动方式灵活。从事"轻体育"不必拘泥于任何方式，无论哪种锻炼方式，可由自己随心所欲地选择。

　　(3) 技术要求低。没有过高的技术与规则要求，即使毫无运动基础的人，只要有健身愿望，按自己的意愿运动就可达到健身的目的。

(4) 经济负担小。从事"轻体育"不必承担额外的经济负担，在公园、马路、广场或在家里都可进行，可做到"少花钱可健身，不花钱也可健身"。

(5) 时间要求宽松。可以利用工作的间歇时间和茶余饭后的零散时间进行，也可以在早、晚时间进行，时间安排可长可短，完全依人的体力、兴趣而定。

三、运动与营养

人体约由 60 多种化学元素组成，人体维持生存和正常的生命活动，离不开食物中各种营养成分的作用。要获得好的运动成绩，良好的健康状况，就要源源不断地从食物中获取这些组成人体的化学元素。所谓营养就是人体从外界环境摄取食物，经过消化吸收和代谢，用以供给能量，构成和修补身体组织，以及调节生理功能的整个过程。营养与运动都是维持人体健康和提高运动能力的重要因素。体育运动可促进人体对营养物质的消化吸收，并起到增强人体机能的作用。合理营养与科学训练相结合，可有效促进身体健康发展，明显提高健康水平和运动能力。

运动与营养

四、营养与健康

几乎一切非传染性疾病，如肥胖、高血压、心脏病、脑血管疾病、糖尿病、骨质疏松症以及肿瘤等，都可以从营养学上找到病因并采取预防措施。以肥胖为例，虽然导致肥胖的原因很多，但是不合理的营养摄入和长期的能量摄入大于消耗，是导致肥胖的主要原因。肥胖在世界范围内，已成为影响人们健康的危害之一。近年来癌症的多发，也与不合理营养和不良生活方式密切相关，这些与营养相关疾病的防治，也是我们在 21 世纪将要面临的巨大挑战，科学合理的营养更是不可缺少的良方。

营养与健康

第二节　运动和营养素

糖营养与健康

一、运动和碳水化合物

碳水化合物(carbohydrate，CHO)是由碳、氢、氧三种元素组成的有机化合物，因其分子式中氢和氧的比例恰好与水相同，如同碳和水的化合物，故而得名。碳水化合物是含有多羟基醛类或多羟基酮类及其衍生物的一大类有机化合物，亦可称为糖类，根据其分子结构可分为单糖(葡萄糖、果糖、半乳糖)、双糖(蔗糖、麦芽糖、乳糖)、多糖(淀粉、糖原、纤维素)。

碳水化合物的化学结构不同，其理化性质也有所不同。因此，不同的糖有不同的风味、甜度和特殊反应，可为食品加工提供不同的色泽、口感。糖类的主要生理功能是提供和储存能量，构成机体成分和参与细胞多种活动，节省蛋白质和抗生酮的作用。

碳水化合物是人体必需的营养素之一，是人类膳食能量的主要来源。近年来，随着营养科学的发展，人们对碳水化合物生理功能的认识，已经扩展到对慢性疾病的预防，如调节血糖和血脂、改善肠道菌群等，其与慢性疾病的关系研究也有许多新的研究成果，这些成果丰富了人类对糖类营养作用的认识和理解。在日常饮食中，糖类物质的缺乏和过量，都会对健康不利，因此"适量吃糖，有利于人体健康"。

二、运动和脂类

脂类(lipids)是脂肪和类脂的统称，包括甘油酯、磷脂和固醇类。脂类的主要生理功能有构成人体成分，提供和储存能量，促进脂溶性维生素的吸收，提供必需脂肪酸，维持生物膜的结构和功能，参与脑和神经组织的构成，维持体温，保护脏器等功能。一般认为每日膳食中有 50 克脂肪即能满足需要，占人体每日需要能量的 17%～20%左右。摄入过多的脂肪，对健康不利。

胆固醇的利与弊

运动是改善体内的脂肪代谢，降低血脂含量，减轻体重和减少体脂的有效措施。运动还可增加血液中高密度脂蛋白的含量，它能加速血液中胆固醇的运输与排出，对于防止动脉硬化起着重要作用。运动时机体的能量消耗增加，骨骼肌、心肌摄取游离脂肪酸增多，从而进入肝脏的脂肪酸减少，使体内甘油三酯合成和血脂含量降低。

三、运动与蛋白质

蛋白质(protein)是由氨基酸以肽键连接在一起，并形成一定空间结构的高分子有机化合物，是人体的必需营养素。人体含有蛋白质的种类在 10 万种以上，由于不同蛋白质中氨基酸的种类、数量、排列顺序及空间结构不一样，形成蛋白质的种类也千变万化。现已证明，生命的产生、存在和消亡都与蛋白质有关，蛋白质是生命的物质基础，没有蛋白质就没有生命。

蛋白质缺乏的危害

蛋白质的主要生理功能有构成和修复组织器官，构成体内活性物质(如各种酶类、抗体、激素、载体等)，维持体液的渗透压和酸碱平衡，保护、传递信息，供给能量等功能。人体对蛋白质的需要量随年龄、性别、不同运动项目、运动量和身体状况的不同而异。一般成人蛋白质需要量每日为 1.2～1.5 克/千克体重，占所需总能量的 12%～14%。少年儿童正处在生长发育时期，蛋白质供给量每天约为 2.5 克/千克体重。适量运动有助于肌肉蛋白质的合成，从而提高肌肉的质量、数量和功能，对于健美爱好者来说，充足的蛋白质摄入显得尤其重要。

四、运动与其他营养素

维生素是维持人体正常代谢和功能所必需的营养素，其化学本质均为低分子有机化合物。人体不能合成维生素，必须从食物中获得。当机体中某种维生素不足时，就会引起代谢紊乱以及出现相应病理症状。通常按维生素的溶解性质将其分为脂溶性维生素和水溶性维生素两大类。

人体内含有的各种元素，除了碳、氢、氧、氮主要以有机化合物形式存在外，其余各种元素统称为无机盐。虽然人体内无机盐的总量仅占体重的 4% 左右，但其中的二十余种已被证实为人类营养所必需。其生理功能是构成机体组织的重要材料、维持机体的酸碱平衡和渗透压、维持组织的正常兴奋性。

水是人体最重要的组成成分，是不可缺少的营养物质。成年男子体内水分约为体重的 55%～65%，女子约为 45%～55%。水的生理功能是构成人体组织、参与物质代谢、运输物质、调节体温。人体在正常情况下，有一定数量的水分排出体外，因此应当补充相当数量的水，才能处于动态平衡。

水的生理功能

膳食纤维是指一切不能为人体消化酶所分解的多糖，包括存在于豆类、谷类、水果、蔬菜中的果胶、纤维素、半纤维素和木质素等。它们虽不能被机体消化和吸收，但在维持身体健康中有重要的作用，是必需的营养物质之一。膳食纤维的生理功能是促进肠蠕动、预防癌症、减少能量摄入。正常成人每日膳食纤维的供给量为 4～12 克。

第三节　大学生健康运动和营养方案

对大学生膳食习惯的调查结果表明，大学生中每天喝牛奶者为 19.4%，有意识摄取多种食品者为 23.5%，每天吃水果者为 31.8%，每天吃鸡蛋者为 35.8%，每天吃豆类及其制品者为 58.6%，有偏食习惯者达 30.3%，有抽烟习惯者达 2.4%。大多数大学生没有养成喝牛奶和吃鸡蛋的原因是由于不习惯、经济能力有限和不爱吃。38.9% 和 42.1% 的大学生每天仅吃 2 种和 3 种蔬菜，这与平衡膳食要求做到的食物多样、平均每天摄入 12 种以上食物、每周摄入 25 种以上食物相去甚远。

一、普通大学生的合理膳食

普通大学生的膳食指南：多吃谷类，供给充足的能量；保证鱼、肉、蛋、奶、豆类和蔬菜的摄入；参加体育锻炼，避免盲目节食。

大学生用脑时间长、思维能力活跃、记忆力旺盛，因此，根据大学生的生理需求，除了维持人体正常的生理活动和工作学习的需要外，还应该供给有利于脑力活动的各种营养素，否则可能导致发育迟缓，机体抵抗力下降，智力、记忆力及学习效能减退等。从目前我国各地大学生膳食营养调查报告来看，普遍存在营养不合理，优质蛋白质比例仅占总蛋白质的 14.9%～15.9%。据我国首次公布的营养调查结果表明，男、女大学生营养不良率分别为 28.9% 和 36.16%。营养不良可造成身心发育上的各种缺陷或疾病，将会给学习、工作和身心健康带来不利的影响。参阅中国营养学会主编的《中国居民膳食指南》(2022 版)，为大学生提出以下 8 条膳食指南。

(1) 食物多样，合理搭配。食物多样指一日三餐膳食的食物种类全、品样多，是平衡膳食的基础。多样的食物应包括谷薯类、蔬菜水果类、畜禽鱼蛋奶类、大豆坚果类等。应平均每天摄入 12 种以上，每周 25 种以上食物，并且合理搭配。

(2) 吃动平衡，健康体重。食不过量，保持能量平衡。坚持日常身体活动，每周至少进行 5 天中等强度身体活动，累计 150 分钟以上。鼓励适当进行高强度有氧运动，加强抗阻运动，每周 2～3 天。减少久坐时间，每小时起来动一动。

（3）多吃蔬果、奶类、全谷和大豆，蔬菜、水果、全谷物和奶制品是平衡膳食的重要组成部分。应做到每餐有蔬菜，保证每天摄入不少于 300 克的新鲜蔬菜，深色蔬菜应占 1/2。每天吃水果，保证每天摄入 200～350 克的新鲜水果，果汁不能代替鲜果。吃各种各样的奶制品，摄入量相当于每天 300 毫升以上液态奶。经常吃全谷物、大豆制品，适量吃坚果。蔬菜水果、全谷物、奶类、大豆是维生素、矿物质、优质蛋白、膳食纤维和植物化学物的重要来源，对提高膳食质量起到关键作用。

（4）适量吃鱼、禽、蛋、瘦肉，推荐大学生鱼、禽、蛋类和瘦肉摄入要适量，平均每天 120～200 克；每周最好吃鱼 2 次或 300～500 克，蛋类 300～350 克，畜禽肉 300～500 克；少吃深加工肉制品；鸡蛋营养丰富，吃鸡蛋不弃蛋黄；优先选择鱼，少吃肥肉、烟熏和腌制肉制品。

（5）少盐少油，控糖限酒，培养清淡饮食习惯，少吃高盐和油炸食品。每天摄入食盐不超过 5 克，烹调油 25～30 克。控制添加糖的摄入量，每天不超过 50 克，最好控制在 25 克以下。反式脂肪酸每天摄入量不超过 2 克。不喝或少喝含糖饮料。

（6）合理安排一日三餐，定时定量，不漏餐，每天吃早餐。规律进餐、饮食适度，不暴饮暴食、不偏食挑食、不过度节食。足量饮水，少量多次。在温和气候条件下，低身体活动水平成年男性每天喝水 1700 毫升，成年女性每天喝水 1500 毫升。推荐喝白水或茶水，少喝或不喝含糖饮料，不用饮料代替白水。

（7）会烹会选，会看标签。认识食物，选择新鲜的、营养素密度高的食物。要学会阅读食品标签，合理选择预包装食品。学习烹饪、传承传统饮食，享受食物天然美味。在外就餐，不忘适量与平衡。

（8）公筷分餐，杜绝浪费。饮食文化是健康素质、信仰、情感、习惯等的重要体现，讲究卫生、公筷分餐、尊重食物、拒绝食用"野味"，既是健康素养的体现，也是文明礼仪的一种象征，对于公共卫生建设和疫情防控具有重大意义。

二、大学生养成良好的生活习惯

人体的健康状况与营养素摄入量密切相关，大学生虽属成人，但他们的肝、脑、脾等脏器还未达到人体发育成熟的最大重量，心、肺等各器官的功能还未健全。大学生要身体好、学习好，必须养成良好的生活习惯，并在饮食营养方面做到搭配合理，补充充足。以下介绍一些大学生应养成的良好生活习惯。

大学生运动的
自我监控

（1）重视早餐。早餐与前一天的晚餐相隔时间比较长，此时胃早已排空，应及时进餐，使血糖维持在一定的水平。人的心脏和大脑活动所需的能量是直接由血糖供给的，如果不吃早餐或吃的很少，那么人体会出现饥饿感，学生上课会精力不集中，学习效率会降低，严重者还会有头晕、乏力、出虚汗等低血糖反应，尤其是上午空腹上体育课，剧烈运动时容易导致运动性低血糖的产生。早餐食品应该是富含水分和营养，但应吃清淡些，油炸食品会增加胃肠的负担，并使脂肪摄入过量。

（2）保证充足的睡眠。睡眠是大脑休息和调整的阶段，睡眠不仅能保持大脑皮层细胞

免于衰竭，使消耗的能量得到补充，而且可以使大脑皮层的兴奋和抑制过程达到新的平衡。良好的睡眠有增进记忆力的作用，青少年每天应保证 8 小时的睡眠时间。

(3) 饮水充足。水是人体最重要的组成成分和不可缺少的营养素，保持水摄入和排出的平衡对维持人体健康是必需的。正常情况下，成人每天摄入和排出的水量约为 2500 毫升。所以除进食外，成人每天应饮水不低于 1500 毫升。研究发现，饮水不足是脑衰老加快的一个重要原因。

(4) 午休 20 分钟，可以让身体和大脑得到充分的休息，帮助我们恢复精力和注意力。同时，这种短暂的午睡并不会进入深度睡眠，避免了醒来后感到疲劳、昏昏欲睡的情况。有了午睡的补给，下午工作效率也会提高。

(5) 睡前远离手机，静心看书。这样可以避免熬夜，不仅有利于食物消化，而且还能提高自己的阅读和思维能力。睡前使用手机容易使人兴奋而导致难以入睡，长期下去还可能损害身体健康。相反，静心看书有利于放松身心，帮助我们更快地进入梦乡。

(6) 把身体活动融入到日常学习生活当中，减少久坐时间，在学习或办公室工作当中，能站着不坐着，尽量多活动，比如可以站着打电话，能走过去办事不打电话，少乘电梯多爬楼梯等。

三、大学生膳食计划与食谱制订

大学生应根据自身学习和能量消耗，并结合经济条件、季节、个人饮食等特点，在有限的条件下，多样、平衡、适宜的选择适合自己的膳食，以充分满足机体的需要。选择食物时至少应做到每周食物的多样化，避免单一饮食，保证营养平衡。

大学生食谱制订应保证每天能摄取 2500 千卡的能量，蛋白质 70～80 克，脂肪 75 克，糖 400～500 克，维生素、无机盐适量摄取。在日常饮食中要注意维生素和无机盐的摄入应充分，食物要多样化，培养良好的饮食习惯，做到不挑食、不偏食、不吃零食。

四、大学生健康运动和饮食疗法

现代化学、物理学以及医学的进步，使人们对于食物的认识由整体深入到了食物成分，相关的研究也由饮食与某些疾病的关系延伸到通过合理摄取营养素以保障人体健康的更为深入的层次。在这里主要介绍和大学生身心健康密切的健康运动和饮食处方。

(一) 大学生健康运动

1. 大学生身体活动的适宜量

成年人的能量消耗包括基础代谢耗能(如心跳、呼吸、能量运输、维持肌肉弹性等)、身体活动和食物热效应。身体活动包括体育课锻炼、职业性身体活动、交通往来、家务活动等。通常基础代谢耗能占比 60%～70%，身体活动占比 15%～30%，食物热效应占比 5%～10%。建议每天主动运动为 6000 步或中等强度运动 30 分钟以上，可以一次完成，也可以分 2～3 次完成。

成年人每天主动运动 6000 步的身体活动量，相当于打太极拳 50 分钟，快走、骑自行车、乒乓球、跳舞约 40 分钟，跳健身操 30～35 分钟，打网球、篮球、羽毛球 30 分钟，慢跑、游泳 25 分钟等，可根据自己身体条件和场地条件，选择合适的体育锻炼项目。

2. 运动有益于健康

进行不同强度的身体活动消耗的能量不同，身体活动强度越大消耗的能量越多。运动不仅对保持健康体重有益，而且有更多的健康益处。比如运动可以增进心肺功能，改善耐力和体能；提高代谢率，增加胰岛素的敏感性，改善内分泌系统的调节；提高骨密度，预防骨质疏松症；保持或增加瘦体重，减少体内脂肪蓄积，防止肥胖；改善血脂、血压和血糖水平；调节心理平衡，减轻学习压力，缓解焦虑，改善睡眠。肌肉力量的训练有益于强壮骨骼、关节和肌肉，有助于延缓身体功能的衰退。同时较高的肌肉量，可以协助血糖代谢，减少胰岛细胞压力；降低肥胖、心血管疾病、Ⅱ型糖尿病、某些癌症等慢性疾病的发生风险。

运动的益处

(二) 增高的运动和饮食疗法

1. 增高的运动疗法

大学生虽然已经经过了身体发育的高峰期，但是生长并没有停止，因此适宜的运动和合理营养是大学生身体增高的有效条件。

运动处方：坚持做身体增高操(用力伸展上身、抱膝伸腰、静力拉伸练习、自由下蹲)、慢跑、柔韧练习、单杠悬垂、纵跳摸高、游泳、打球等各种活动，尽量使活动多样化，少做负重性练习。练习后要放松，休息好，保证充足的睡眠。

2. 增高的饮食疗法

身体增高者要多食用与骨骼发育关系密切的营养素，如蛋白质、钙、磷、维生素及微量元素。保证充足的能量，多食用豆制品和鱼、肉、蛋类等高蛋白食物。要保持信心和持之以恒的毅力，并怀着浓厚的兴趣进行运动和营养调理，这样不管是在生理上还是心理上对增高都有良好的影响。

(三) 肥胖的运动和饮食疗法

肥胖(obesity)是指由遗传和环境等多因素引起的，由于机体的能量摄入大于机体的能量消耗，从而使多余的能量以脂肪的形式贮存，导致机体脂肪总量过多或局部含量增多及分布异常，对健康造成一定影响的代谢性疾病。肥胖目前呈流行趋势，它既是独立的疾病，又是Ⅱ型糖尿病、心血管疾病、高血压和某些癌症的危险因素，已被世界卫生组织列为导致疾病负担的十大危险因素之一，且给个人和社会带来沉重的经济负担。为了推进健康中国建设，提高人民的健康水平，预防和防控肥胖势在必行。

肥胖与脂肪

1. 肥胖的运动疗法

身体活动会影响机体代谢率和脂肪的分布，与肥胖相关的身体活动因素主要包括身体活动方式、身体活动强度、身体活动量和静态活动时间。

运动处方：根据自身健康状况和学校体育设施实际，合理选择适合自己的运动方式。

(1) 耐力性运动，如慢跑、游泳、公路骑行、爬山等，通过耐力训练加速体内新陈代谢，可燃烧体内多余脂肪。

(2) 力量性运动，如健身房抗阻训练、蹲起、仰卧起坐、双直腿上抬、平板支撑等，这些运动可减少胸部、肩部的脂肪。

(3) 球类运动，如羽毛球、网球、兵乓球、篮球、足球、排球等球类项目，在训练耐力的同时还能加强力量锻炼，愉悦身心，能加速脂肪燃烧，达到减重效果。

在进行以上训练时，要注意活动强度，身体活动强度是影响肥胖的强有力因素，运动强度对增加瘦体重呈现一定的"剂量-效应"关系。由于中、低强度的身体活动可坚持的时间长，被氧化的脂肪总量比高强度剧烈运动多，因此应强调多进行有氧的中、低强度身体活动。

2. 肥胖的饮食疗法

首先是控制总能量的摄入，肥胖者的每日饮食需在满足营养需求的前提下，控制食物的总能量，使摄入的能量小于消耗的能量，同时还要积极进行体育锻炼，从而促进脂肪转化和能量消耗，从而减少肥胖者的体脂含量。其次要调整饮食结构，比如增加优质蛋白(如牛奶、鸡蛋、鱼肉等)、高膳食纤维(如燕麦、荞麦、红薯等)、低热量饮食(如白菜、胡萝卜、西红柿、黄瓜、苹果、香蕉、玉米、红薯等)、维生素以及矿物质含量丰富的食物品种(如牛肉、鸡肉、蔬菜、水果等)，减少脂肪、碳水化合物含量较高的食物品种。第三要采用少食多餐的进食方式，少食多餐的进食方式能够减轻肠胃负担，促进营养吸收，并可减少糖类转化成脂肪，从而有助于肥胖者的膳食营养治疗。

3. 肥胖的预防措施

肥胖的防控对于抑制肥胖的发生和发展具有重要意义。对于一般人群(大学生)预防和防控肥胖的普遍性干预措施有：

(1) 适当控制进食量，避免高糖、高脂饮食，并经常进行身体活动和体育锻炼。

(2) 正确认识肥胖，改变不良生活方式、膳食结构和饮食习惯。

(3) 膳食平衡，防止能量摄入超过能量消耗，膳食中糖、脂肪、蛋白质摄入的比例合理，特别要减少饱和脂肪的摄入量，增加蔬菜、水果在饮食中的占比。

(4) 在学习、工作和休闲时间，有意识的多进行中、低强度的身体活动。

(5) 关注、学习、传播健康的生活方式，应戒烟、限酒、限盐。

(6) 经常检测自己的体重，预防体重增长过多、过快。

(7) 对有肥胖遗传倾向的个体(特别是腰围超标者)，定期检查与肥胖有关的疾病危险指标，尽早发现高血压、血脂异常、冠心病和糖尿病等隐患，并及时干预治疗。

第三章

体育运动卫生与医务监督

⊙ **学习目标**

(1) 了解运动医务监督的概念、意义。
(2) 了解体育运动过程中常见的生理反应现象及处置方法。
(3) 了解运动损伤的常用处置方法与预防方法。
(4) 了解运动损伤的治疗原则与常用方法。

⊙ **课程思政点**

健康第一，科学锻炼

党的十八大以来，以习近平同志为核心的党中央把保障人民健康放在优先发展的战略位置，将健康中国上升为国家战略，推动卫生健康工作从以治病为中心向以人民健康为中心转变，健康是促进人的全面发展的必然要求，是经济社会发展的基础条件，是民族昌盛和国家富强的重要标志。

提高个人健康水平应是主动要求和自觉行动，运动则是提高健康的重要手段，科学的体育锻炼及锻炼过程中的医务监督，是提高锻炼效果和持续锻炼行为的重要保障，是培养健康意识、安全意识的重要内容。

体育运动卫生与医务监督是以解剖、生理、生化、病理等知识为基础，以体育运动者的健康状况和运动能力为研究内容的一门学科，涉及运动训练场地、器材、环境及对体育运动参加者的健康、安全和运动能力监督等问题。其作用在于了解体育锻炼者或运动员身体机能状况，以及运动训练或体育锻炼后的恢复状况并及时发现问题，对运动过程进行调控和预防运动性疾病，从而优化运动训练和体育锻炼效果。

通过本章节的学习，使学生能够使用常用的运动医务监督手段指导自己的锻炼过程，并在锻炼过程中增加自信心，提高锻炼效果和养成良好的锻炼习惯。

第一节　体育运动卫生

一、准备活动

(一) 准备活动的意义

1. 热身运动的生理效果

合理的热身运动可增加肌肉收缩时的速度和力量；可改善肌肉协调能力；可预防或减少肌肉、肌腱、韧带的伤害；可以改善肌肉的黏滞性；促使血红素和肌蛋白结合和释放氧的能力增强；可改善代谢过程；减少血管壁阻力；神经传导速度可因体温适当提升而获得改善；可使体温上升，从而刺激血管扩张，使活动部位的局部血流增加；可使血液的流速和流量随肌肉温度上升而增加，能源的供输和代谢物的排除也因而改善。

2. 热身运动的心理效果

在 1954 年，Malareki 观察运动员发现，若能"想象"做过热身运动，则运动成绩可获得进步。另外一个例子是在 1961 年，Massey 等人进行一项有关心理的有趣研究——受试者从事热身运动，但随后又加以催眠，使他们忘记刚刚做过了热身运动，结果显示，运动能力皆未获得改善。由此可见，做"热身运动"可使运动者产生心理作用，从而影响运动成绩。此外运动者也会增强信心，同时可减少运动伤害的产生。

3. 运动机能激活

热身运动能激活肌肉，提高肌肉收缩能力和人体运动能力，使机体各方面的机能协调一致，逐步达到运动的最佳状态。

(二) 热身运动强度要适当

热身运动的强度和持续时间应因个人体能情况而异，也应因项目的不同而有所调整。一般来说，身体微微出汗，便可以结束热身运动，也可用心跳次数做为热身运动结束的标准，一般比安静时心跳每分钟增加 60～80 次。

热身运动进行的时间大致在 10～40 分钟，依据年龄、竞技或非竞技、运动项目、个人体质差异、季节及气温的不同，热身运动所需的时间也会不同。

二、运动饮食卫生

(一) 运动与饮食的时间搭配

(1) 运动结束休息 1 小时后，方可进食。为了有更好的瘦身效果，建议休息 1.5 小时。

(2) 在持续 1 小时以上的中高强度运动之前的 1.5～2 小时，可补充少量易消化的食物，以防运动时血糖偏低，体力不支影响运动效果。

(3) 饭后休息一段时间，一般 1～2 小时以后再进行跑步或其他体育锻炼才是适宜的。

若饭后立即跑步或运动，势必使骨骼肌"抢走"许多血液，造成消化道缺血，不但胃肠的蠕动减弱，而且消化液的分泌也会显著减少，这将引起消化不良，有时还会引起腹痛。

(二) 运动前后该吃什么

运动前的饮食很重要，不要为了追求减重效果而去空腹运动。这样的结果往往是运动坚持的时间不够，强度过小，运动结束以后还容易引发暴饮暴食。

1. 运动时间

清晨：空腹或喝杯蜂蜜水。低血糖者至少要喝杯蜂蜜水。

下午：运动时间若选择在 17 点～19 点之间，则下午 4 点左右应补充一杯酸奶和一个水果。

晚上：运动时间若选择在晚饭后，则晚饭要尽可能清淡，油腻的食物会加重肠胃负担，需要更多的时间消化。

2. 运动强度

(1) 30～60 分钟：若选择的是中低运动强度，如快走、慢跑之类，则不需要额外补充食物。正常摄取一日三餐，在运动前 1～2 小时保证一次加餐，选择一个水果和一小碗燕麦粥。如果是力量训练，则运动前应补充一杯酸奶或一盒牛奶，以此为肌肉的生长提供足量的蛋白质。

(2) 1～3 小时：运动前不要因担心体力不支而大量进食。正确的做法是在运动期间补充含糖的运动饮料或者果汁。为了不影响瘦身效果，且有充足体能，也可以补充 1～2 片粗粮饼干，让糖分快速被吸收。

(3) 3 小时以上：通常不建议如此密集的运动。运动前的饮食要易消化，以碳水化合物为主，搭配一些鱼肉和蔬菜。运动时，必须间断性的补充事先准备好的一些食物，如苏打饼干、粗粮饼干或新鲜水果。

(三) 运动时如何喝水

运动前：运动前半小时补水 150～200 毫升，或运动前 1 小时补水 300 毫升。

运动中：中低强度运动时，每 20 分钟补水 150～200 毫升，每小时的总量在 500～600 毫升，若高温天气则每小时补水量应达 1 升。运动强度较高时，建议选择低糖的运动饮料或果汁。剧烈运动时则应选择淡盐水或含盐饮料，补充因大量出汗而流失的钠，同时保持体内的电解质平衡。

运动后：运动结束时，补水 150～200 毫升。半小时后方可大量补水。

运动的补水原则是"少量多次"。同时还需注意，尽量选择常温的水或运动饮料，不要选择冰镇的水，防止过度刺激肠胃，导致血管剧烈收缩，影响肠胃健康。

三、女子体育运动卫生

(一) 女子体育锻炼的注意事项

(1) 注意增加心肺功能的有氧运动锻炼。女子心肺功能比男子弱，因此，女子的体育锻炼应重视加强心肺功能锻炼。增加心肺功能的有效方法是有氧运动，如慢跑、步行、游泳等，这些运动项目不仅可以增强心肺功能，而且可以消耗多余脂肪，有利于健康与健美。

(2) 注意加强腹肌和骨盆底肌的锻炼。位于腹腔周围的肌肉群及腹腔底部下口处的骨盆底肌，共同维持着人体正常的腹压，保持着各脏器的正常位置和功能。从女性生理特征来看，加强这些肌肉锻炼对女子健康有重要意义。可多做仰卧起坐、仰卧举腿等练习，少做剧烈运动和能引起腹压升高的练习，如憋气练习等。

(3) 多参加体形健美的练习。健美操、韵律操、艺术体操、舞蹈等运动很适合女性锻炼身体，也有利于形体的健美。

(二) 女子经期的体育卫生

月经是女子进入青春期后的正常生理现象，在体育锻炼过程中，必须根据具体情况认真对待。

(1) 月经正常的女子一般不出现明显的异常变化，可以参加适当的体育活动，如广播操、乒乓球、羽毛球等。通过活动可以改善盆腔的血液循环，减轻盆腔的充血现象，有助于瘀血的排除，但不要进行长跑、跳远、跳高、足球和篮球等剧烈运动。此外，体育运动还可调节大脑皮质的兴奋和抑制过程，减轻全身不适反应，一般是在月经的第 1、2 天可以少量轻微运动，在第 3、4 天则可增加运动量，在第 5、6 天就可以照常运动。

(2) 在月经期身体的反应能力、肌肉力量、灵活性都会下降，因此运动量要小，强度不宜过大，时间不宜过长，否则会导致卵巢功能失调或月经紊乱。另外，可导致腹内压明显升高的憋气和静力性动作也应少做，以免引起因子宫移动或子宫受压而造成经血过多。

(3) 在月经期不宜参加游泳，因为子宫内膜脱落，子宫膜形成了创面，所以一旦冷水和细菌进入了子宫，一方面会造成被排出的血液和分泌物遇冷凝固不能排出，引起经痛等不良反应；另一方面细菌会随水浸入，引起发炎，危害健康。

(4) 若身体弱，经期有腰酸背痛、全身不适、恶心、口渴、头痛、头晕、下腹有痉挛性疼痛等不良反应，则应停止锻炼。

(5) 月经期要经常清洗阴道，勤换卫生巾，运动后更是要注意清洗阴道，要保持经期的卫生，但不能用过热或过冷的水洗。

第二节　体育运动的医务监督

一、体格检查

体格检查是对人体形态结构和机能发展水平进行检测和计量。主要包含以下三个方面：

(一) 询问一般史和运动史

一般史包括既往病史和生活史。

运动史主要询问参加体育活动的情况，了解是否经常参加体育活动、活动的项目和年限、有无过度训练或运动性伤病史，以及目前情况。

(二) 体表检查

检查皮肤和粘膜是否苍白，皮肤表面有无黄染、出血点、静脉曲张和皮肤病。检查甲状腺和浅表淋巴结是否肿大。检查脊柱、胸廓、上下肢及足弓形态，并判断人体直立位的姿势等。

(三) 一般临床物理检查

(1) 心血管系统主要检查脉搏的频率，听诊心跳速率、节律、心音强度及有无杂音，并测量血压。

(2) 形态测量的目的是了解人体形态、发育状况，并可判断体育锻炼的效果，同时发现存在的问题，以便采取有效的改善措施。形态测量也是运动员选材的重要依据。

(3) 功能检查包括运动系统功能检查，如肌力、关节活动度或柔韧性的检查；肺通气功能检查，如肺活量、时间肺活量、最大通气量、肺泡通气量的检查；心肺功能检查，如哈佛氏台阶试验(Harvard Step Test)、PWC170 试验、屏息试验、最大吸氧量的检查；神经系统功能检查，如反应时长、闪烁值、膝跳反射的检查等。

(4) 化验检查包括血液常规检查、尿液常规检查、血液生化检查和激素的同位素测定等。

(5) 特殊检查包括 X 线检查、心电图检查、超声心动图检查、脑电图检查等。

二、运动中的自我监控

自我监督的内容包括主观感觉和客观检查两个方面。

(一) 主观感觉

主观感觉主要包含一般感觉、运动心情、不良感觉、睡眠、食欲、排汗量等六个方面。适宜的运动量，运动后有微汗和轻度的肌肉酸疼，休息后即可恢复；次日精力充沛，有运动欲望，食欲和睡眠良好。运动量过大，运动后大汗淋漓，胸闷、气喘、易激动、不思饮食，脉搏在运动后 15 分钟尚未恢复常态；次日周身乏力，酸疼。运动量不足，运动后身体无发热感，无汗。

(二) 客观检查

1. 脉率

经常参加体育运动的人，安静时的脉率较慢。脉率与训练水平有关，一般经过半年训练后可下降 3～4 次/分钟，经过一年训练后可下降 5～8 次/分钟。这主要是通过系统训练，使支配心脏的交感神经张力下降，迷走神经张力相对占优势的结果。若发现比平时增高达12 次/分钟或以上，则表明机能反应不良；若有节律异常则应进行心电图检查。

2. 体重

当参加系统的体育运动后，体重变化的情况可分为三个阶段：第一阶段的体重有逐渐下降的趋势，这是由于机体失去过多的水分和脂肪的结果。这个阶段一般持续 3～4 周，在此阶段内，体重一般下降 2~3 千克，即相当于自身总重量的 3%~4%，体形较胖或参加系统训练前较少活动者，体重下降的幅度还要大些。第二阶段，体重处于稳定期，在此期间，运动后减轻的体重在 1~2 天内得到完全恢复。第三阶段，即因肌肉等组织的逐渐发达，体重有所增加，并保持在一定的水平上。

3. 肌力

正常时，握力和背力等肌肉力量逐渐增强，若肌力下降则表示机能不良。

4. 运动成绩

坚持进行合理训练，运动成绩能逐渐提高或保持在较高的水平上，动作的协调性好。如果照常训练而成绩没有提高甚至下降，动作协调性破坏，熟练的动作不能完成，则可能是功能状况不良的反映或是早期过度训练造成的。

第三节　常见的生理反应现象及处置

一、肌肉痉挛

(一) 释义

肌肉痉挛就是俗称的抽筋，它是因为肌肉产生了不自主的强直收缩。

(二) 证象

痉挛的肌肉僵硬，疼痛难忍，痉挛肌肉所涉及关节的伸屈功能有一定的障碍。

(三) 原因

(1) 疲劳：身体疲劳会影响肌肉的正常生理功能，疲劳的肌肉往往血液循环和能量物质代谢有改变，肌肉中会有大量的乳酸堆积，乳酸不断地对肌肉的收缩物质起作用，致使痉挛产生。

(2) 电解质不平衡：特别在炎热的气候条件下，运动中会大量出汗，使得人体内电解质从汗液中大量丢失。电解质与肌肉的兴奋性有关，丢失过多会使肌肉兴奋性增高过快，造成肌肉痉挛。

(3) 寒冷的刺激：在寒冷的气候中，例如游泳时肌肉受到低温的影响，兴奋性会增高，易使肌肉发生强直性收缩。

(4) 肌紧张：肌肉连续过快收缩，而放松时间太短促，以致收缩与放松不能协调、成比例地交替，从而引起肌肉痉挛。

(四) 处理方法

(1) 发生抽筋时，不要紧张，先检查并确定何处的肌肉产生痉挛，再针对此处的肌肉加以处理。

(2) 发生肌肉痉挛时，通常只要向相反的方向牵引发生痉挛的肌肉，使之拉长，一般疼痛都可以得到缓解。处理时要注意保暖，牵引用力要均匀，切忌暴力，以免造成肌肉的拉伤。

(3) 腹部肌肉痉挛时，可做背部伸展运动以拉长腹肌，还可以进行腹部的热敷及按摩。

(4) 小腿肌肉痉挛时，可伸直膝关节，勾起脚尖的同时双手握住脚用力向上牵引。

(5) 游泳中发生肌肉痉挛时不可惊慌，可先吸一口气，仰浮于水面，并立即求救。在水中自救的方法是用没抽筋的一侧手握住抽筋的脚趾，用力向身体的方向拉，同时用抽筋一侧的手掌按住抽筋腿的膝盖向上拉，帮助膝关节伸直，待痉挛缓解后，再慢慢游向岸边。

(五) 预防

(1) 要加强身体的锻炼，提高自身健康状况及身体素质，尤其应注意耐寒力及耐久力的增强。

(2) 运动前，必须认真做好准备动作及热身。

(3) 在高温或进行长时间剧烈运动时，应适当的补充电解质；身体疲劳时，应先充分的休息再进行运动。

(4) 游泳下水时应先用冷水淋浴，并做好充分的准备活动。

二、运动性肌肉酸痛

(一) 释义

在进行超负荷的运动或训练后，特别是平时不经常参加体育锻炼的人，或者长时间中断了体育活动又重新参加锻炼的人，所表现出的明显的肌肉酸痛称之为运动性肌肉酸痛。

(二) 证象

除肌肉酸痛外，还有肌肉僵硬，轻者仅有压疼，重者肌肉肿胀，妨碍活动。

(三) 原因

(1) 肌肉运动时氧气供应不足，糖在无氧分解时产生一种叫做乳酸的代谢产物，如果不能及时排除，那么乳酸就会在肌肉和血液中堆积起来，由于组织缺血、缺氧和酸性物质的刺激，导致肌肉酸痛。

(2) 肌肉的张力和弹性的急剧增加，会引起肌肉结构成分的物理性损伤，导致肌肉酸痛。

(3) 肌肉的神经调节发生改变，使肌肉发生痉挛导致肌肉酸痛。

(四) 处理方法

(1) 休息能减缓肌肉酸痛的现象，并可慢慢促进血液循环，加速代谢产物的排除。

(2) 静态伸展、牵伸肌肉可加速肌肉的放松和拮抗肌的缓解，有助于痉挛肌肉的恢复。

(3) 拍打按摩或对酸痛局部进行按摩，可使肌肉放松，促进肌肉血液循环，有助损伤修复及痉挛缓解。当然也可以进行自我放松治疗，一般以颈背、四肢为主，头部和胸腹为辅。

(4) 对酸痛的局部肌肉进行热敷，可促进血液循环，提高新陈代谢。

(五) 预防

(1) 锻炼安排要合理。在刚开始锻炼时，运动量应由小到大、由慢到快、循序渐进。
(2) 局部温热和涂擦药物。锻炼后用温热水泡洗可减轻肌肉酸痛。
(3) 牵伸肌肉。可加速肌肉的放松和拮抗肌的缓解，有助于紧张肌肉的恢复。
(4) 做好锻炼时的准备活动和整理活动。
(5) 在出现肌肉酸痛时，可采用变换肢体练习的方式，缓解局部肌肉的酸痛和消除疲劳。

三、运动中腹痛

(一) 释义

运动中腹痛是由激烈运动引起的一时性的机体机能紊乱。

(二) 原因

1. 胃肠痉挛

多因饮食不当、暴饮暴食、离运动时间过近或吃得过饱、喝得过多(尤其是冷饮)，或因吃的是产气食物和不易消化食物(豆类、薯类、牛肉等)而发病。

2. 肝脾区疼痛

由于剧烈运动，呼吸会变得不均匀且没有节律，促使呼吸变得表浅且频率过快，从而造成呼吸肌疲劳甚至痉挛。同时呼吸短浅、胸内压较高，也会妨碍下腔静脉的回流，会造成肝、脾淤血性肿大或肝、脾被膜紧张而引起疼痛。

肝、脾悬重，韧带紧张牵扯，亦能引起疼痛，多发生在运动中后期。

3. 腹直肌痉挛

主要是由于运动时大量排汗，盐分丧失，水盐代谢失调所致。

4. 腹部慢性疾病

运动者原有慢性阑尾炎、溃疡病、慢性盆腔炎或肠道寄生虫等，参加激烈活动时，由于受到振动和牵扯即可产生运动中疼痛。

(三) 处理

(1) 在运动中发生腹部疼痛时，可能不只是运动性疾病的运动中腹痛，要迅速准确做出鉴别，停止训练并送医急救。
(2) 腹痛在没有明确诊断前，不能服用止痛药，防止掩盖病情造成误诊。
(3) 一般运动过程中腹痛时，可适当减速，调整呼吸，并以手按压。
(4) 若属胃肠痉挛，则可针刺和手指点揉内关、足三里、大肠俞、阳陵泉、承山等穴，亦可用阿托品 0.5 毫克即刻注射，或口服"十滴水"。若属腹直肌痉挛，则可做局部按摩和背伸动作，拉长腹部肌肉。

（四）预防

(1) 锻炼要讲科学，运动量的增加应循序渐进，并应合理安排膳食，饭后 1～2 小时才可参加剧烈运动，不吃冷饮和难以消化的食物。

(2) 准备活动要做得充分、合理，要由一般的慢的身体练习开始，逐渐加大运动量和强度。运动过程中应注意呼吸节奏，失水较多时应注意及时补充水和盐。

四、极点

（一）释义

在进行剧烈运动开始阶段，由于植物性神经系统的机能动员速率明显滞后于躯体神经系统，导致内脏器官的活动满足不了运动器官的需要，会出现一系列的暂时性生理机能低下综合征。

（二）征象

呼吸困难，胸闷难忍，下肢沉重，动作迟缓，并伴有恶心。

（三）原因

"极点"产生的原因主要是内脏器官的机能惰性与肌肉活动不相称，致使供氧不足，大量乳酸积累使血液 pH 值朝酸性方向偏移。

（四）处理

(1) 做好充分的准备运动。

(2) 继续坚持运动。

(3) 适当降低运动强度。

(4) 调整呼吸节奏，尤其要注意加大呼吸深度。

恰当地运用克服"极点"反应的措施有助于促进"第二次呼吸"（"极点"出现后，经过一定时间的调整，植物性神经与躯体神经系统机能水平达到了新的动态平衡，生理机能低下明显减轻或消失，这时，人体的动作变得轻松有力，呼吸变得均匀自如，这种机能变化过程和状态称为"第二次呼吸"）的出现。

五、运动性中暑

（一）释义

运动性中暑是指肌肉运动时产生的热量超过身体能散发的热量而造成运动员体内的过热状态。

（二）征象

高热，中枢神经系统障碍，皮肤发热、干燥或呈粉红色。

(三) 原因

(1) 先天性原因。如慢性特发性无汗症。
(2) 功能性原因。低体能水平、低工作效率、皮肤表面积减少。
(3) 后天性原因。汗腺功能紊乱、传染病、X 线照射、皮肤烧伤后大疤痕、药物影响等。

(四) 处理

(1) 场地急救要保持呼吸道畅通(必要时气管内插管),测量血压、脉搏、直肠温度,点滴输液,对严重者要及时送往医院抢救。
(2) 住院治疗包括降温、心脏监护、输液,必要时透析等。

(五) 预防

(1) 夏天炎热季节时避免在一天中最热时间进行运动。每运动 50 分钟后至少休息 10 分钟。
(2) 运动前、运动中、运动后应及时补充水和盐。

六、运动性昏厥

(一) 释义

在运动过程中,脑部突然血液供给不足,并达到一定程度时,发生暂时性知觉丧失现象,称之为"运动性昏厥"。

(二) 证象

开始时可能是感到头昏眼花、心悸气促、恶心想呕、出冷汗,继而面色苍白、手脚发凉、呼吸缓慢、眼睛发黑,最后失去知觉而昏倒。

(三) 原因

因为长时间剧烈运动,四肢回流血液受阻,或突然进入激烈运动状态(如疾跑、冲刺),或在极度疲劳下继续勉强锻炼,或久蹲后骤然站起,或疾跑后急停,或空腹状态下锻炼出现低血糖等,都可引起运动性昏厥。

(四) 处理

出现运动性昏厥应及时将患者平卧,松解衣领和腰带,使脚高于头部,并进行由小腿向大腿、心脏方向的推摩,促进血液快速回流到心脏,也可点按人中、合谷穴。

若发生呼吸障碍,则应立即进行人工呼吸。轻微患者可让同伴搀扶慢走,并协助做伸展运动和深呼吸等。

(五) 预防

平时应经常参加体育锻炼,以增强体质。运动时要控制运动负荷,防止过度疲劳。

七、游泳性中耳炎

(一) 释义

游泳性中耳炎是游泳时细菌随水进入中耳发生感染而引起的中耳炎症。

(二) 证象

早期发病只会觉得耳有堵塞感、轻度听力减退和轻微耳痛，一般无明显全身症状。到了中耳炎后期，牵拉耳朵或压耳屏都会引起明显疼痛，甚至会有耳朵流脓、耳鸣及暂时性听力障碍等，还常伴有畏寒、发热、怠倦，甚至有食欲减退伴呕吐、腹泻等消化道症状。

(三) 原因

游泳性耳病常由于游泳或淋浴所致的耳内过度潮湿而引起。在污染的水中游泳是引发游泳性中耳炎常见的原因。

(四) 处理

要及时到医院检查、治疗。除积极治疗外，平时还要注意排除咽鼓管不通气，预防鼓膜内陷。方法是经常做吞咽动作，保持咽鼓管畅通，使耳室内的压力与外耳的压力平衡，避免鼓膜内陷。

(五) 预防

(1) 游泳前做好体格检查。
(2) 游泳时用蘸有凡士林油的脱脂棉塞紧外耳道，可起保护作用。
(3) 游泳后及时把外耳道内的积水排净。
(4) 跳水时要注意姿势和方法，不要使耳朵直接受水拍击，以免发生鼓膜外伤。

第四节　运动损伤的处置与预防

一、运动损伤的释义及发病原因

(一) 释义

在体育运动过程中，将造成人体组织或器官在解剖学意义上的破坏或生理上的紊乱，称为运动损伤。

(二) 运动损伤的原因

1. 思想上不够重视

思想上麻痹大意及缺乏预防知识，存在着某些片面认识。

运动损伤的原因

2. 缺乏合理的准备活动

准备活动的目的是进一步提高中枢神经系统的兴奋性，增强各器官系统的功能活动，使人体从相对的静止状态过渡到紧张的活动状态。在体育运动中经常犯的准备活动错误：

(1) 不做准备活动就进行激烈的体育活动，极易造成肌肉损伤、关节扭伤；

(2) 准备活动敷衍了事，在神经系统和各器官系统的功能尚未达到适宜水平就剧烈运动；

(3) 准备活动的内容不得当；

(4) 过量的准备活动致使身体功能没有处于最佳状态。

3. 技术上的错误

技术动作的错误，违反了人体结构功能的特点及运动时的力学原理而造成损伤。

4. 运动负荷(尤其是局部负担量)过大

运动负荷超过了锻炼者可以承受的生理负担量，尤其是局部负担过大，引起微细损伤的积累而发生劳损。

5. 教学、训练和比赛活动组织安排不当

教学、训练和比赛活动组织一定要充分考虑场地、运动参与者的年龄、运动水平、健康状况、季节、项目特征等因素。

6. 身体功能和心理状态不良

在睡眠或休息不好、患病受伤或伤病初愈阶段以及疲劳时，会使警觉性和注意力减退，此时参加剧烈运动或练习较难的动作，就可能发生损伤。

7. 动作粗野或违反规则

在比赛中不遵守比赛规则，或在教学、训练中相互逗闹，动作粗野，故意犯规等。

8. 缺乏医务监督及安全保护措施

必须要重视运动前的身体检查和运动过程中的身体监控以及运动后的恢复情况，还要依据项目特点采取有效的防护措施，否则易发生运动损伤。

二、常见运动损伤

(一) 运动性休克

1. 释义

由于剧烈运动引起的人体各重要脏器血流灌注量不足，组织缺血、缺氧，或因无氧代谢增加，机体发生了严重的代谢紊乱和机能障碍，丧失了适应和抵抗能力，导致"运动性休克"。

2. 征象

运动性休克可分轻、中、重三度。

轻度时，患者自觉头昏、耳鸣、眼前发黑或冒金星、恶心、面色发白、软弱无力。

中度时，患者头昏加重，可因意识模糊而昏倒，即使有同伴搀扶也无力支撑身体，面色苍白，四肢发凉，出冷汗，恶心或呕吐，呼吸减慢，心率减速，脉搏细弱，血压轻

度下降。

重度时，患者意识模糊，知觉丧失，面色苍白，四肢厥冷，周身大汗或无汗，呼吸浅表，心率慢并伴有节律不齐，脉细弱或摸不到，血压下降甚至测不出，瞳孔缩小或扩大，对光反射迟钝或消失，也可出现抽搐、大小便失禁等症状。

3. 原因

剧烈运动后，如果立即站立不动，下肢的毛细血管和静脉失去了肌肉收缩时产生的挤压作用，则使血液由于受重力作用而淤积于下肢扩张的静脉和毛细血管里。此时，虽然全身血容量无改变，但有效血循环量却急剧减少，导致人体各重要脏器血流灌注量不足。

4. 处理

当患者出现休克先兆或轻度休克时，应立即搀扶，尽可能让其继续行走，使下肢肌肉收缩，促使血液回流，使症状消失。当患者出现中度休克时，应让患者平卧，头部放低，两脚抬高，或由同伴二人抬其两下肢，由小腿向大腿做按摩或揉搓，以使血液尽早回流入心。当患者出现重度休克时，除做上述处理外，可针刺或掐点人中、百会、涌泉、合谷、十宣等穴。在知觉未恢复以前，不可给任何饮料或服药。若有呕吐，则应将其头偏向一侧。也可做 50%葡萄糖静脉注射等抗休克处理。病情较重者，经现场急救后，及时转医院抢救。

5. 预防

应从加强体育锻炼入手，使其能适应在激烈运动下机体各部分功能的改变。运动前，应了解运动员的精神和身体状况，充分做好准备活动。运动结束后应继续慢跑，做好整理活动并做深呼吸。在比赛的现场应有医务人员做好救护准备。

(二) 脑震荡

1. 释义

在运动中，如果发生头部的相互碰撞或头部摔倒在地，则很容易发生脑震荡。当发生脑震荡时，伤者会出现暂时性的神志恍惚和意识丧失。

脑震荡

2. 征象

致伤时，神志昏迷，脉搏徐缓，肌肉松弛，瞳孔稍大但能对称，神经反射减弱或消失。清醒后，患者常有头痛、头晕、恶心呕吐感；平时情绪烦躁，注意力不易集中，伴有耳鸣、心悸、多汗、失眠、记忆力减退等。

3. 原因

头部受到外力打击后，使大脑管理平衡的各感受器官发生功能失调，以致引起意识和功能的一时性障碍。

4. 处理

单独性的脑震荡并不可怕，可怕的是不能及时发现更严重的头部损伤。因此，应立即到医院做进一步检查，以防颅内损伤严重危及生命。

脑震荡无需特殊治疗，一般只须卧床休息 5～7 天，给予镇痛、镇静对症药物，减少外界刺激，消除病人对脑震荡的畏惧心理，多数病人在 2 周内恢复正常。

(三) 踝关节扭伤(崴脚)

1. 释义

踝关节扭伤是一种十分常见的损伤，俗称"崴脚"。

2. 征象

伤后踝关节内侧或外侧有明显的压痛；脚踝部有明显肿胀，局部有皮下淤斑，踝关节活动受限，行走困难。

3. 原因

外力使足踝部超过其最大活动范围，令关节周围的肌肉、韧带甚至关节囊被拉扯撕裂，出现疼痛、肿胀和跛行的一种损伤。

4. 处理

(1) 立即停止运动，分辨伤势轻重。轻的可以自己处置，重的就必须到医院请医生诊断和治疗。

(2) 立即用冰袋或冷毛巾敷局部，使毛细血管收缩，以减少出血或渗出，从而减轻肿胀和疼痛。

(3) 冷敷的同时或冷敷后可用绷带、三角巾等布料加压包扎踝关节四周。

(4) 如已发生或怀疑发生骨折，应先固定结扎。若为开放性骨折，则应加压包扎止血后再将骨折处固定。

(5) 受伤后切忌推拿按摩受伤部位，切忌立即热敷，热敷需在受伤 24～48 小时后开始进行。

(6) 最好用单架把伤员送往医院进一步诊断救治。

(四) 运动性骨折

1. 释义

骨折是骨或软骨的完整性或连续性遭到破坏的损伤。

2. 征象

疼痛、肿胀、患部活动功能受限，环形压痛或纵向叩击痛，畸形，骨擦因(轻微动作时，骨折断端可发出摩擦音)，X 线检查异常。

3. 原因

强烈的肌肉收缩可拉断肌肉附着处的骨质。长期、反复的轻微作用力可导致疲劳性骨折。外来直接暴力或间接暴力均可引起骨折。

4. 处理(骨折的急救)

(1) 凡是怀疑骨折了的病人，均应按骨折处理。一切处理动作要谨慎、轻柔、稳妥。

(2) 首先抢救生命，若病人处于休克状态中，则应以抗休克为首要任务。

(3) 在闭合性骨折有穿破皮肤、血管、神经的危险时，应尽量消除显著的移位，然后用夹板固定。

(4) 在大血管出血时，先止血。若骨折端已戳出伤口，并已污染，但未压迫神经、血管，则不应立即复位，以免将污物带进创口深处。

(5) 若在包扎创口时，骨折断端已自行滑回创口内，则送病人到医院后，务必向负责医师说明，促其注意。

(五) 关节脱位

1. 释义

关节脱位又叫关节脱臼，它是指组成关节的各骨关节面失去正常的对合关系，关节的功能丧失。

2. 征象

关节脱位除有明显的外伤和患部疼痛、肿胀外，最主要的特征是关节功能的丧失。

3. 原因

在跌倒或受外力冲击时，在一定的姿位下，使关节囊破裂，骨端脱出而发生脱位。

4. 处理

对脱臼的关节，要限制活动，以免加重伤势。并且争取时间及早复位，即用正确的手法将脱出的骨端送回原处，然后予以固定。若对骨骼组织不熟悉，则不要随意复位。若复位不成功，则应将脱臼的关节用绷带等固定好，送医院处理。

(六) 运动性软组织损伤

1. 释义

由于运动不当引起的各种急性外伤或慢性劳损以及风寒湿邪侵袭等 软组织损伤
原因造成人体的皮肤、皮下浅深筋膜、肌肉、肌腱、腱鞘、韧带、关节囊、
滑膜囊、椎间盘、周围神经血管等组织的病理损害，通称为运动性软组织损伤。

2. 征象

疼痛，肿胀，畸形，功能障碍。

3. 处理

1) 闭合性软组织损伤

急性闭合性软组织损伤是由于某一刻的受力或非生理性运用导致的局部软组织损伤，皮肤及粘膜保持完整，伤处与外界没有相通。处理此类的损伤原则如下。

早期：伤后 24~48 小时内，损伤后即刻采用制动、冷敷、加压包扎和抬高患肢等一系列处理方法。严禁对伤处进行按摩和热疗。

中期：损伤 24~48 后，出血停止，急性炎症消退，局部淤血散开，肉芽组织正在形成，组织正在修复。可采用热疗、按摩、药物及传统中医药等多种方法交替进行康复治疗，同时安排小运动量的功能康复练习。

后期：损伤基本恢复，肿胀、压痛等局部征象已经基本消失。此时的处理原则是增强

肌肉力量，恢复关节活动度，松解粘连。通常以功能锻炼为主，治疗可采用理疗、按摩及其他中医药方法。

2) 开放性软组织损伤

(1) 擦伤(皮肤表面受到摩擦后的损伤)。

由于创口较浅，所以面积小的擦伤，可用生理盐水洗净伤口，创口周围用 75%的酒精消毒，局部擦以红汞或紫药水，无需包扎。若是面部擦伤，则最好不用紫药水，关节附近擦伤经消毒处理后，一般不采用暴露疗法，因为干裂的伤口易影响关节运动，一旦发生感染，也易波及关节。因此，关节附近多采用消炎软膏或多种抗生素软膏涂抹伤口，并用无菌敷料覆盖包扎。对于出血比较严重的还要先进行止血处理。

(2) 撕裂伤。

在撕裂伤中，以头面部皮肤撕裂伤最为多见，例如在篮球运动中，眉弓被对方肘碰撞引起眉际皮肤撕裂等。若撕裂的创口较小，则经消毒处理后，用贴膏或创可贴黏合即可。若撕裂创口较大，则须止血，缝合创口。若伤情和污染较重时，则应注射破伤风抗毒血清，并给以抗菌素治疗。

(3) 刺伤和切伤。

田径运动中被钉鞋或标枪刺伤，冬季滑冰时被冰刀切伤，其处理方法与撕裂伤基本相同。

三、运动损伤的预防

(一) 热身和牵拉

在所有的训练和比赛前，充分热身是确保良好竞技状态和避免损伤的前提。热身通常从中等强度的练习开始，为肌肉和关节的最大用力做准备，建议在运动前以动力性拉伸为主。

运动损伤的预防

(二) 循序渐进训练

运动员要提高成绩必须要使训练负荷超过自己已经适应的水平，为此就必须增加训练的强度、时间和频率，或改换训练方法。改变训练负荷必须计划周密，应该给予充分的时间来适应训练负荷的变化。在集体项目中，运动员个体间的差异使得适应时间长短不同，应该充分保证运动员的适应时间。改变运动负荷时的训练，关键就是要循序渐进。

(三) 使用护具和检查装备场地

运动中使用护具是预防损伤的最好措施之一。运动员佩戴护具最重要的是贴合。此外，场地的保护装置也是非常重要的，如冰球场地周边的防护垫、高山速降雪道的防护网等。需要对场地保护装置进行严格检查，保证其能够起到保护运动员的作用。应在训练或比赛前对场地和器械进行检查，确保不存在潜在的危险因素，降低运动损伤发生的风险。

(四) 体检

筛选性身体检查是一项有效且普遍使用的预防运动损伤的措施。体检可以排除有心血管疾病、心脏系统症状或其他在运动中会引发危险的疾病的患者，避免其在训练、比赛中发生危险。患病或受伤的运动员也必须进行检查，评估其是否能够进行大强度运动，对其训练计划进行必要的调整。

(五) 体育道德

许多有身体接触、发生冲撞的运动项目，都有严格的比赛规则，对运动员在比赛中的行为作出了规定，防止危险的发生。对抗性项目参与者应该有良好的体育道德，充分认识自己的责任，对比赛规则的执行和尊重，不仅是降低对手也是降低自身发生运动损伤的措施。

第五节　运动损伤治疗原则与常用方法

一、急性损伤治疗原则与方法

急性损伤治疗原则与方法

急性损伤的治疗与处理可分为早、中、后三个时期。

(一) 早期处理

急性损伤早期是指损伤发生到伤后 24～48 小时这段时间。由于急性损伤导致局部组织的撕裂或断裂，血管损伤出血或渗出，出现明显的炎症反应，产生明显疼痛和功能障碍。早期处理的主要目的是尽快止血，防止或减轻局部炎症反应和肿胀，减轻疼痛。

(二) 中期处理

急性损伤发生后 24～48 小时后进入中期阶段，这时受伤部位的出血停止，急性炎症逐渐消退，但仍有淤血和肿胀，肉芽组织开始生长，形成瘢痕组织。这一阶段的主要目的是促进损伤部位的修复。处理原则是改善伤部的血液和淋巴循环，减轻淤血；促进组织代谢和渗出液的吸收，加速再生修复。常用的处理方法有热疗、按摩、针灸等，同时这个阶段要根据受伤情况进行适当的功能锻炼。在这个阶段应适当使用保护支持带，使受伤组织在保护下进行主动或被动的运动，以避免肌肉、关节和韧带过度受力。

(三) 后期处理

运动损伤后期的主要表现是损伤部位已经基本修复，征象已基本消失，但功能尚未完全恢复，运动时仍感疼痛、酸软无力。有些严重病例可因软组织粘连或瘢痕收缩而出现伤部僵硬、活动受限等情况。这一阶段的主要目的是功能恢复。处理原则是增强和恢复肌肉、关节的功能。若有瘢痕，则应设法使之软化、松解。治疗方面可采取热敷、按摩、药物治疗等。同时应根据伤情进行适当的康复功能锻炼，以保持机体神经、肌肉的良好功能状态，以及维持已经建立起来的条件反射和各器官与系统间的联系。

二、慢性损伤治疗原则与方法

　　在运动损伤中，慢性损伤占据了很大的比例。与急性损伤不同，慢性损伤一般没有明确的诱发性创伤。慢性损伤是在一段时间内承受过大运动负荷的结果，所以治疗慢性损伤必须针对引起损伤的因素来采取措施。

慢性损伤治疗
原则与方法

　　引起慢性损伤的危险因素可以分为外在因素和内在因素。外在因素包括训练不当、装备和运动器械、场地条件、环境和气候等。外在危险因素对运动损伤的影响在于对运动负荷的改变。从训练的因素而言，不一定是运动量的增大就会使运动负荷增加，新的训练方法、改变技术动作、采用新的训练方式，都可以使运动负荷发生改变。有时训练本身并不改变运动负荷，而与训练相关的因素有关。例如，变换装备，以及气候的变化和场地条件的不同，也可使运动负荷发生改变。这些变化都需要运动员去适应，从而改变原有的运动负荷。内在因素包括肌肉力量弱、肌肉力量不平衡、力量或柔韧素质提高迅速产生的不平衡、力量素质或柔韧素质特别不好、关节活动太小或太大等。相对于外在危险因素，内在危险因素更加难以控制和消除，而单纯的内在因素很少引起损伤，但是它们可以增加损伤的危险性，纠正诱发损伤的内在因素对于治疗慢性损伤是至关重要的。

　　如果引起慢性损伤的内在因素和外在因素被找出并得到控制，那么慢性损伤的致病基础就不存在了。在针对一些慢性损伤时，还采用其他措施来抑制炎症和刺激损伤组织的愈合，加强损伤部位的功能锻炼，使运动员身体状态能恢复到理想的水平。

第四章

大学生体质健康测试与运动处方

学习目标

(1) 了解体质健康测试各项目的评定标准。
(2) 了解体质健康测试的内容与方法。
(3) 学习和掌握体育锻炼方法和手段。
(4) 掌握运动处方并进行科学锻炼，提高体质健康水平。

课程思政点

生命在于运动

毛泽东一生酷爱体育运动，从少年时期起就通过参加自然劳作、爬山、游泳、洗冷水澡等活动，将体育运动视作强身健体和磨炼意志的重要路径。其早期的"以人为本"的体育运动价值及其实践理念可以概括为"六要"：一要发展体质，二要培育精神，三要提供社会环境，四要精于运动与方法，五要勤于锻炼，六要专注练习。这些理念对今天我国军事体育运动、全民健身运动、学校体育教育以及竞技体育运动发展仍然具有较好的指导价值。

1917年在《新青年》第三卷第2期刊发的《体育之研究》是毛泽东公开发表的第一篇文章。健康的体魄不仅是一个人生存立足的基础，更是一个民族繁荣昌盛至关重要的基石。《体育之研究》所蕴含的是一种自信、自强、自立的精神，是毛泽东精神的一个重要范畴。

在毛泽东的体育思想中蕴涵着一些宝贵的精神，例如斗争精神、自我革命的精神、民族精神等，这些精神对新时代继续推进中国特色社会主义的伟大事业、实现中华民族伟大复兴的中国梦具有重要的现实价值。中华人民共和国成立70多年来，我国体育事业取得的重大成就得益于现代中国体育思想体系的创立。作为现代中国体育思想体系的重要内容，毛泽东体育思想一直发挥着不可替代的指导作用。

中国共产党百年体育工作发展与实践之路，是一部从"东亚病夫"到体育大国再迈向体育强国的奋斗史。2020年9月，习近平总书记在教育文化卫生体育领域专家代表座谈会中指出："体育是提高人民健康水平的重要途径，是满足人民群众对美好生活向往、促进人的全面发展的重要手段，是促进经济社会发展的重要动力，是展示国家文化软实力的重要平台。"党的二十大报告明确提出："到2035年建成文化强国、体育强国、健康中国，国家文化软实力显著增强。"

第一节 大学生体质测试项目与评定标准

大学生体质健康是大学生身体健康素质、身体运动素质和运动能力的综合体现，是学生在大学阶段所表现出的形态发育、生理机能、心理状态、身体素质、运动能力以及对环境的适应和对疾病抵抗力综合的、相对稳定的状态和水平。

《国家学生体质健康标准(2014 年修订)》(以下简称《标准》)对评价指标、测试项目和权重进行了修订和完善，测试指标涵盖了身体形态、身体机能、身体素质和运动能力等多个方面的内容，其目的是培养学生对体育的兴趣和爱好，鼓励和引导学生积极参加体育活动，提高体质健康水平。

一、大学生体质测试项目内容和权重

大学生体质测试单项指标与权重如表 4-1 所示。

表 4-1 大学生体质测试单项指标与权重

测试对象	单项指标	权重(%)
大学各年级	体重指数(BMI)	15
	肺活量	15
	50 米跑	20
	坐位体前屈	10
	立定跳远	10
	引体向上(男) / 1 分钟仰卧起坐(女)	10
	1000 米跑(男) / 800 米跑(女)	20

注：体重指数(BMI) = 体重(千克) / 身高^2(米^2)

二、大学生体质测试评定标准

(一) 大学生身体形态评定标准

大学生身高体重评定标准如表 4-2 所示。

表 4-2 大学生身高体重评定标准(BMI)

等级	单项得分	女生	男生
正常	100	17.2～23.9	17.9～23.9
低体重	80	≤17.1	≤17.8
超重		24.0～27.9	24.0～27.9
肥胖	60	≥28.0	≥28.0

(二) 大学生身体机能评定标准

大学生身体机能评定标准如表 4-3 所示。

表 4-3 大学生身体机能评定标准

等级	项目	男生肺活量(毫升)		女生肺活量(毫升)	
	单项得分	大一、大二	大三、大四	大一、大二	大三、大四
优秀	100	5040	5140	3400	3450
	95	4920	5020	3350	3400
	90	4800	4900	3300	3350
良好	85	4550	4650	3150	3200
	80	4300	4400	3000	3050
及格	78	4180	4280	2900	2950
	76	4060	4160	2800	2850
	74	3940	4040	2700	2750
	72	3820	3920	2600	2650
	70	3700	3800	2500	2550
	68	3580	3680	2400	2450
	66	3460	3560	2300	2350
	64	3340	3440	2200	2250
	62	3220	3320	2100	2150
	60	3100	3200	2000	2050
不及格	50	2940	3030	1960	2010
	40	2780	2860	1920	1970
	30	2620	2690	1880	1930
	20	2460	2520	1840	1890
	10	2300	2350	1800	1850

(三) 大学生身体素质评定标准

大学生身体素质评定标准如表 4-4、表 4-5 所示。

表 4-4 大学男生身体素质评定标准

等级	项目 单项得分	50 米跑/秒		1000 米跑		立定跳远/厘米		引体向上/次		坐位体前屈/厘米	
		大一、大二	大三、大四	大一、大二	大三、大四	大一、大二	大三、大四	大一、大二	大三、大四	大一、大二	大三、大四
优秀	100	6.7	6.6	3′17″	3′15″	273	275	19	20	24.9	25.1
	95	6.8	6.7	3′22″	3′20″	268	270	18	19	23.1	23.3
	90	6.9	6.8	3′27″	3′25″	263	265	17	18	21.3	21.5
良好	85	7.0	6.9	3′34″	3′32″	256	258	16	17	19.5	19.9
	80	7.1	7	3′42″	3′40″	248	250	15	16	17.7	18.2
及格	78	7.3	7.2	3′47″	3′45″	244	246			16.3	16.8
	76	7.5	7.4	3′52″	3′50″	240	242	14	15	14.9	15.4
	74	7.7	7.6	3′57″	3′55″	236	238			13.5	14
	72	7.9	7.8	4′02″	4′00″	232	234	13	14	12.1	12.6
	70	8.1	8	4′07″	4′05″	228	230			10.7	11.2
	68	8.3	8.2	4″12″	4′10″	224	226	12	13	9.3	9.8
	66	8.5	8.4	4′17″	4′15″	220	222			7.9	8.4
	64	8.7	8.6	4′22″	4′20″	216	218	11	12	6.5	7
	62	8.9	8.8	4′27″	4′25″	212	214			5.1	5.6
	60	9.1	9	4′32″	4′30″	208	210	10	11	3.7	4.2
不及格	50	9.3	9.2	4′52″	4′50″	203	205	9	10	2.7	3.2
	40	9.5	9.4	5′12″	5′10″	198	200	8	9	1.7	2.2
	30	9.7	9.6	5′32″	5′30″	193	195	7	8	0.7	1.2
	20	9.9	9.8	5′52″	5′50″	188	190	6	7	-0.3	0.2
	10	10.1	10	6′12″	6′10″	183	185	5	6	-1.3	-0.8

表4-5　大学女生身体素质评定标准

等级	项目	50米跑/秒		800米跑		立定跳远/厘米		仰卧起坐/(次/分钟)		坐位体前屈/厘米	
	单项得分	大一、大二	大三、大四	大一、大二	大三、大四	大一、大二	大三、大四	大一、大二	大三、大四	大一、大二	大三、大四
优秀	100	7.5	7.4	3'18"	3'16"	207	208	56	57	25.8	26.3
	95	7.6	7.5	3'24"	3'22"	201	202	54	55	24.0	24.4
	90	7.7	7.6	3'30"	3'28"	195	196	52	53	22.2	22.4
良好	85	8.0	7.9	3'37"	3'35"	188	189	49	50	20.6	21
	80	8.3	8.2	3'44"	3'42"	181	182	46	47	19.0	19.5
及格	78	8.5	8.4	3'49"	3'47"	178	179	44	45	17.7	18.2
	76	8.7	8.6	3'54"	3'52"	175	176	42	43	16.4	16.9
	74	8.9	8.8	3'59"	3'57"	172	173	40	41	15.1	15.6
	72	9.1	9	4'04"	4'02"	169	170	38	39	13.8	14.3
	70	9.3	9.2	4'09"	4'07"	166	167	36	37	12.5	13
	68	9.5	9.4	4'14"	4'12"	163	164	34	35	11.2	11.7
	66	9.7	9.6	4'19"	4'17"	160	161	32	33	9.9	10.4
	64	9.9	9.8	4'24"	4'22"	157	158	30	31	8.6	9.1
	62	10.1	10	4'29"	4'27"	154	155	28	29	7.3	7.8
	60	10.3	10.2	4'34"	4'32"	151	152	26	27	6.0	6.5
不及格	50	10.5	10.4	4'44"	4'42"	146	147	24	25	5.2	5.7
	40	10.7	10.6	4'54"	4'52"	141	142	22	23	4.4	4.9
	30	10.9	10.8	5'04"	5'02"	136	137	20	21	3.6	4.1
	20	11.1	11	5'14"	5'12"	131	132	18	19	2.8	3.3
	10	11.3	11.2	5'24"	5'22"	126	127	16	17	2.0	2.5

(四) 大学生身体素质加分指标评分表

大学生身体素质加分指标评分表如表 4-6 所示。

表 4-6　大学生身体素质加分指标评分表

加分	男生 1000 米跑	男生引体向上/次	女生 800 米跑	女生一分钟仰卧起坐/次
10	−35″	10	−50″	13
9	−32″	9	−45″	12
8	−29″	8	−40″	11
7	−26″	7	−35″	10
6	−23″	6	−30″	9
5	−20″	5	−25″	8
4	−16″	4	−20″	7
3	−12″	3	−15″	6
2	−8″	2	−10″	4
1	−4″	1	−5″	2

　　注：引体向上、一分钟仰卧起坐均为高优指标，学生成绩超过单项评分 100 分后，以超过的次数所对应的分数进行加分；1000 米跑、800 米跑均为低优指标，学生成绩低于单项评分 100 分后，以减少的秒数所对应的分数进行加分。

第二节　大学生体质测试方法

　　随着《标准》的实施及推广，测试方法和手段的合理与否，对《标准》实施的目的和效果起着至关重要的作用。如果测试方法不合理、不科学，测试手段不正确、不规范，则无论《标准》的内容、结构、测试项目、评价指标设计得多么完美，《标准》测试结果的真实性和可比性也无法得到保证，《标准》的实施可能会流于形式，从而失去《标准》实施的意义。因此，无论是测试工作人员还是广大学生，都应该正确掌握各项目的测试方法和手段，以提高《标准》实施的效率，保证测试数据的真实性和准确性。

一、身高

　　身高指人体自然站立时头顶到地面的垂直高度。通常将身高与体重相结合，对人体的身体匀称程度、生长发育水平和营养状况进行评价。

(一) 测试目的

　　测试学生身高，与体重测试相配合，评定学生的身体匀称程度，评定学生生长发育的水平及营养状况。

(二) 测试方法

受试者赤足，立正姿势站在身高计的底板上(上肢自然下垂，足跟并拢，足尖分开约成60°)。足跟、髂骨部及两肩胛区与立柱相接触，躯干自然挺直，头部正直，耳屏上缘与眼眶下缘呈水平位。测量结果以厘米为单位，精确到小数点后一位。测试误差不得超过 0.5 厘米。

(三) 注意事项

(1) 身高计应选择平坦靠墙的地方放置，立柱的刻度尺应面向光源。
(2) 严格执行"三点靠立柱""两点呈水平"的测量姿势要求。
(3) 水平压板与头部接触时，头顶的发结要放开，饰物要取下。
(4) 测量身高前，受试者不应进行体育活动和体力劳动。

二、体重

体重指人体的重量。通常将体重与身高相结合，对人体的身体匀程度、生长发育水平和营养状况进行评价。

(一) 测试目的

测量学生的体重，与身高测试相配合，评定学生的身体匀称程度，评价学生生长发育的水平及营养状况。

(二) 测试方法

测试时，测试仪应放在平坦地面上，受试者赤足，男性受试者身着短裤，女性受试者身着短裤、短袖衫，平稳站立在测试仪上。读数以千克为单位，精确到小数点后一位。测试误差不超过 0.1 千克。

(三) 注意事项

(1) 测量体重前，受试者不得进行剧烈体育活动和体力劳动。
(2) 受试者上下测试仪器的动作要轻，测试过程中应保持稳定。

三、肺活量

肺活量是指在不限时间的情况下，一次最大吸气之后尽最大力所呼出的气体量。它是反映人体生长发育水平的重要机能指标之一，也是评价人体呼吸系统机能状况的最主要指标。肺活量的大小与体重、身高、胸围等因素有着密切的关系。因此，为了使影响学生身体发育的不同因素在肺脏机能的评价中得到体现，采用肺活量指数进行评价。

(一) 测试目的

测试学生的肺通气功能。

(二) 测试方法

使用干燥的一次性吹嘴。被测试者进行一两次较平日深一些的呼吸动作后，更深地吸一口气，向吹嘴处以中等速度和力度做匀速呼气至不能再呼出为止(中等速度和力度吹气效果最好)。每位受试者测三次，每次间隔 15 秒，记录三次数值，选择最大值作为测试结果。结果以毫升为单位，不保留小数。

(三) 注意事项

(1) 电子肺活量计应保持通畅干燥，吹气筒的导管必须在上方，以免口水或杂物堵住气道。

(2) 导气管存放时不能弯折。

四、1000 米跑或 800 米跑

耐力是指机体长时间进行肌肉活动并对抗疲劳的能力，是衡量人的体质健康状况和劳动工作能力的基本因素之一，是从事各项运动必不可少的一种运动素质。1000 米跑(男)、800 米跑(女)既测试大学生有氧耐力的水平，也测试无氧耐力的水平，对于评价大学生体质健康状况有着非常重要的意义。

(一) 测试目的

测试学生耐力素质的发展水平，特别是心血管及呼吸系统的机能和肌肉力量。

(二) 测试方法

受试者至少两人一组进行测试。受试者听到"跑"的口令后站立式起跑。发令员在发出口令的同时要摆动发令旗。计时员视旗动开表计时，受试者躯干部到达终点线的垂直面停表。记录以分、秒为单位的成绩，不计小数。

(三) 注意事项

(1) 受试者测试时不得穿钉鞋、皮鞋、塑料凉鞋，最好穿运动鞋。
(2) 测试人员应向受试者报告圈数，以免跑错距离。
(3) 受试者跑完后不要立即停下，继续缓慢走动，调整呼吸，以免身体出现不良反应。

五、50 米跑

50 米跑是国际上通用的测试项目，用以测试学生速度、灵敏素质及神经系统灵活性的发展水平。它既能部分地反映身体运动的综合素质，也是人们从事体育活动、学习运动技能所必须具备的身体基本素质。

(一) 测试目的

测试学生速度、灵敏素质及神经系统灵活性的发展水平。

(二) 测试方法

受试者至少两人一组测试，站立起跑，受试者听到"跑"的口令后开始起跑。发令员在发出口令的同时要摆动发令旗。计时员视旗动开表计时，受试者躯干部到达终点线的垂直面停表。记录以秒为单位，精确到小数点后一位。

(三) 注意事项

(1) 受试者测试时不得穿钉鞋、皮鞋、塑料凉鞋，最好穿运动鞋。
(2) 如有抢跑者，要当即召回重跑。
(3) 遇风时一律顺风跑。

六、立定跳远

立定跳远是测试爆发力的项目，主要测试向前跳跃时下肢肌肉的爆发力。力量(最大力量)在体育运动和日常生活中是非常重要的身体素质，没有力量就谈不上爆发力，也谈不上肌肉耐力。腿部的爆发力以腿的力量为基础。

(一) 测试目的

测试学生下肢肌肉爆发力及身体协调能力的发展水平。

(二) 测试方法

受试者两脚自然分开站立，站在起跳线后，脚尖不得踩线(最好用线绳作起跳线)。两脚原地同时起跳，不得有垫步或连跳动作。丈量起跳线后缘的垂直距离。每人试跳三次，记录其中成绩最好的一次。以厘米为单位，不计小数。

(三) 注意事项

(1) 受试者测试时不得穿钉鞋、皮鞋、塑料凉鞋，最好穿运动鞋。
(2) 发现犯规时，此次成绩无效。三次试跳均无成绩者，再跳至取得成绩为止。

七、坐位体前屈

坐位体前屈是用于反映人体关节和肌肉柔韧性的测试项目。柔韧素质与健康的关系极为密切，柔韧性的提高对增强身体的协调能力，更好地发挥力量、速度等素质，提高运动技能和技术，防止运动创伤等有积极的作用。当人们缺乏体育锻炼，体质下降时，很多都是从柔韧素质的下降开始的。

(一) 测试目的

测量学生在静止状态下的躯干、腰、髋等关节可能达到的活动幅度，主要反映这些部位关节、韧带和肌肉的伸展性和弹性，以及学生身体柔韧素质的发展水平。

（二）测试方法

受试者坐在坐位体前屈测试仪上，两腿伸直，两脚平蹬测试纵板，两脚分开约 10～15 厘米，上体前屈，两臂伸直向前，用两手中指尖逐渐向前推动游标，直到不能前推为止。测试仪的脚蹬纵板内沿平面为零点，向内为负值，向前为正值。记录以厘米为单位的数值，保留一位小数。测试两次，取最好成绩。

（三）注意事项

(1) 身体前屈，两手指向前推游标时两腿不能弯曲。
(2) 推游标时要求匀速，不得突然发力或用力过猛。

八、仰卧起坐

仰卧起坐是测试腹肌力量和耐力的一个项目，主要是腹肌和髋部肌肉参与工作，而这两部分肌肉的力量和耐力与女生的很多生理功能有密切的联系，因此将仰卧起坐单独列为女生的一个测试项目。

（一）测试目的

测试腹肌耐力。

（二）测试方法

受测者全身仰卧于垫上，两腿稍分开，屈膝呈 90°，两臂手指交叉贴于脑后。另一同伴压住其踝关节，以便固定下肢。受测者起坐时两肘触及或超过双膝为完成一次，仰卧时两肩胛必须触垫。测试人员发出"开始"口令的同时开表计时，记录 1 分钟内完成的次数。计时结束时，受测者虽已坐起但未达到双肘触膝者不计该次数，精确到个位。

（三）注意事项

(1) 如发现受测者借用肘部撑垫或臀部起落的力量起坐时，该次不计数。
(2) 测试过程中，观测人员应向受测者报数。
(3) 受测者双脚必须放于垫上。

九、引体向上

引体向上是反映男生肩臂最大力量和上肢力量耐力的典型指标，一直是我国学生体质与健康调研、体育考试的重要内容。将该项目纳入学生体质健康标准的指标体系，旨在增强学生参加锻炼和测评的选择性，促进学生积极参与锻炼。

（一）测试目的

测试学生的上肢肌肉力量和耐力的发展水平。

(二) 测试方法

受试学生跳起双手正握杠，两手与肩同宽成直臂悬垂，身体静止后，两臂同时用力引体(身体不能有附加动作)，上拉到下颌超过横杠上缘为完成一次，记录完成次数作为测试成绩。

(三) 注意事项

(1) 受试学生双手正握杠，待身体完全静止后开始测试。
(2) 身体不能有附加动作或大的摆动。
(3) 两次引体向上的间隔时间超过 10 秒终止测试。

第三节　大学生运动处方

一、运动处方设计的目的

大学生是未来社会发展的基石，关注大学生的体质健康相当于关注国家的未来。近年来，学生的体质下降幅度较快，提高学生体质健康成为当前迫切需要解决的问题。国家各种政策对提高学生的体质健康都有明确规定，应根据国家政策规定，顺应时代发展的潮流，不断进行教学改革，以此推动学生体质健康水平的发展研究。

为了有效提高大学生群体的体质健康水平，促使其形成良好的锻炼、生活习惯，应制订大学生运动处方，达到利用运动干预与饮食控制，综合提高学生体质健康水平的目标。

二、大学生运动处方

按照《国家学生体质健康标准》，针对不同测试项目、不同成绩段(优秀、良好、及格、不及格)的学生，制订科学、系统、合理的运动处方，为每位学生制订"一对一"的健身指导方案。学生根据运动处方进行有目的、有计划和科学的锻炼，不断提高体质健康水平，大学期间养成良好的锻炼习惯，培养学生终身体育的意识。

大学生运动处方每三个月为一个训练周期，一个训练周期分为三个阶段，每一阶段为四周训练时间，前三周采取由少到多的方式增加运动总负荷，第四周重复第一周内容。三个月后，根据锻炼情况重新调整运动负荷。每周训练 2～3 次，每周训练量为各项目对应成绩匹配的训练内容的总和。大学生运动处方如表 4-6、表 4-7、表 4-8 所示。

表 4-6　饮食处方　　　　　表 4-7　男生运动处方　　　　　表 4-8　女生运动处方

第五章

体 能 训 练

🔘 学习目标

(1) 了解体能训练的内容、原理、价值等基础知识。

(2) 学习体能训练的筛查评估与处方设计等基本技能。

(3) 掌握改善身体机能和增强身体素质的方法，培养健康的生活方式。

🔘 课程思政点

体育服务民众健康，科技赋能体育强国

习近平总书记指出："建设体育强国，必须实现高水平的体育科技自立自强。"这意味着，体育与科技的融合，不仅要科技赋能竞技体育的高质量发展，还要更好满足群众对体育美好生活的需要。

田径被称为运动之母，短跑项目作为人类速度极限的象征，被黑人运动员长期统治。奥运会、世锦赛等国际级 100 米决赛中，曾有很长时间未有黄种人的出现。直到 2021 年东京奥运会，32 岁的苏炳添以 9 秒 83 的成绩刷新亚洲记录，并成为进入奥运会决赛的第一个亚洲人，他用行动打破了世界一直以来对黄种人和田径运动的偏见。专业人士分析，助力苏炳添成功的因素有：刻苦训练和自律；教练对苏炳添的技术改造；对最前沿的运动人体科学的合理利用等。

伴随着人民生活水平的提高与健康意识的转变，人们的体育参与热情空前高涨。生命在于运动，适度、科学的体育锻炼不仅可以愉悦身心、增强体魄、延缓衰老，还能增强免疫力。然而，运动需要科学，普通民众尚需从"爱运动向懂运动、会运动"的科学体育锻炼转变。如何才能让运动更科学，这不仅是落实全民健身国家战略的一个重要课题，也是"体能训练"这门新兴综合型训练学科责无旁贷的任务。

着眼未来，体育服务民众健康，科技赋能体育强国，仍然是促进体育强国建设和惠及民众美好生活的必经之路。

第一节　体能训练概述

一、定义与分类

1. 定义

体能(Physical Fitness)也叫"体适能"，从广义上讲，它是指人体在完成日常生活、工作以及各种体育活动中所表现出的综合生物适应能力。

体能训练是通过对人体协调、柔韧、灵敏、速度、力量、耐力等六类身体素质进行干预，从而达到改善身体形态、身体机能，促进身体健康状况，提升运动表现能力的训练。

2. 分类

在体能概念中，基于人体适应生活与生存的不同适应能力要求，学界将体能分为"健康体适能"和"竞技体适能"。

体能水平的高低，取决于人体的机能，而机能又源于形态学特征。因此，形态特征是体能的物质构成基础，机能特征是体能的生物功能基础。

体能训练既包含"以身体形态为基础的身体机能完善层面的健康体能训练"，也包含"依据不同运动项目特点要求，对人体形态、机能与素质针对性塑造的竞技体能训练。"

二、起源与发展

1. 起源

体能一词最早起源于美国，在英文文献中，其常被用于表达身体对某种事物的适应能力。

世界各地对体能的描述不一，德国人将之称为"工作能力"，法国人称之为"身体适性"，日本人称之为"体力"，在华语流行国家和地区的体育学术界将之翻译为"体适能"。

2. 发展

体能训练从 20 世纪 50 年代至今，大致经历了以下五个阶段，如图 5-1 所示。

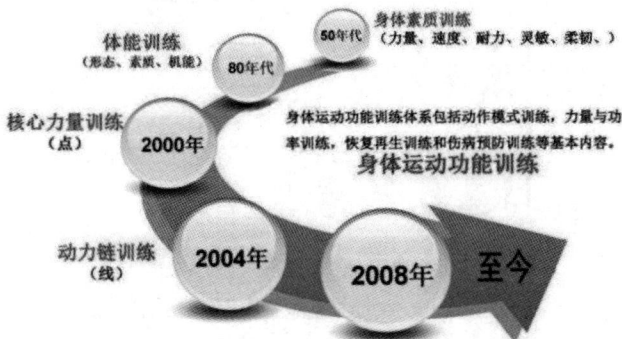

图 5-1　体能训练体系的发展过程

(1) 身体素质训练阶段：20 世纪 50 年代至 80 年代，以"协调、柔韧、灵敏、速度、力量、耐力"六项素质为主导的训练阶段。

(2) 体能训练阶段：20 世纪 80 年代至 2000 年，以"身体形态""身体机能""身体素质"为主导的训练阶段。

(3) 核心力量训练阶段：2000 年至 2004 年，以"核心力量"为主导的训练阶段。

(4) 动力链训练阶段：2004 年至 2008 年，以"动力链"为主导的训练阶段。

(5) 身体运动功能训练阶段：2008 年至今，逐渐形成了包含动作模式训练、力量与功率训练、恢复再生训练和伤病预防训练等基本内容为主导的身体运动功能训练阶段。

第二节　体能训练的原理

现代体能训练的整体工作原理是通过让受训者明晰，支撑其体育运动项目的必备要素，然后对其形态、机能、素质进行筛查评估，进而针对性设计其训练内容与方法。

一、体能训练的必备要素

在 20 世纪 80 年代，运动科学领域的研究表明，通过控制可变训练因素，可以影响人体适应能力和提高运动成绩。其中可变因素体系包含训练的选择、训练内容的顺序、负荷量、训练组数和间歇时间等。研究还证明，一切可改变、提升运动成绩的可变训练因素，必须以必备因素为依托和支撑，其中必备要素有运动项目的能量代谢特征、运动项目的生物力学需求以及运动过程的损伤风险。

(一) 运动项目的能量代谢特征

在训练或者运动项目中，人体能源系统的供能形式分为磷酸原系统(ATP-CP 系统)、糖酵解系统(乳酸系统)、三羧酸循环或柠檬酸循环系统(有氧系统)。不同的运动时间、运动强度，三种能源供应系统的介入程度有很大差别，如图 5-2 所示。

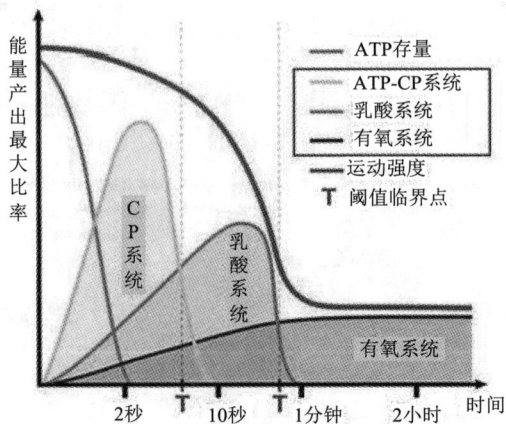

图 5-2　运动过程中三种能源供应系统的分配

不同运动项目有不同的能量代谢路径，这取决于运动过程中肌肉的工作情况。当一块肌肉在运动过程中收缩产生力，消耗大量能量，这导致主要供能系统不断变化，具体情况如表5-1所示。

表5-1 各种运动项目运动过程中的能量消耗分配情况(百分比)

运动项目	ATP-CP系统	乳酸系统	有氧系统	运动项目	ATP-CP系统	乳酸系统	有氧系统
排球	15	20	65	长距离跑	5	10	85
乒乓球	20	25	55	马拉松	0	0	100
足球	25	25	50	武术套路	15	35	50
篮球	30	25	45	散打	30	40	30
网球	40	20	40	瑜伽	0	5	95
羽毛球	50	30	20	体育舞蹈	10	30	60
短跑	85	10	5	健美操	30	50	20
中距离跑	15	50	35				

同理，不同运动项目有着各异的运动形式与参与肌群，其运动强度导致的能量供应形式不同，其能源物质、代谢产物、供能优缺点也有着很大差别，具体如表5-2所示。

认真分析运动项目代谢需要，对准备设计训练计划非常重要，特别是对运动项目整体供能特征的认识。

表5-2 运动过程中不同能量代谢的形式与差异

能量系统	无氧		有氧
	ATP—CP系统 (磷酸原代谢)	乳酸系统 (糖酵解代谢)	有氧系统 (有氧代谢)
供能时间	6~8秒钟	30秒钟~2分钟	大于3分钟
恢复时间	50%/30秒钟 100%/2~3分钟	50%/2~3分钟 100%/20~120分钟	肝糖原与肌糖原 补充还原需48小时
能量来源	磷酸肌酸	血糖、糖原	碳水化合物、脂肪
代谢产物	ADP(几乎无)	乳酸	二氧化碳和水
运动强度	95%~100%	60%~90%	小于60%
优点	供能快、功率大	输出功率大	供能时间长
缺点	供能时间短	产生乳酸抑制肌肉收缩	输出功率小
体能表现	力量与速度	速度耐力	有氧耐力
运动项目	短跑、50米蝶泳、50米自由泳、举重、跳远	400~800米跑、100米自由泳、大球项目、散打搏击	长跑、舞蹈、瑜伽、长距离游泳与自行车

(二) 运动项目的生物力学需求

任何人体体育运动形式，无论是自身运动，还是对抗运动，其本质都是人体在自身肢体维度与时空间维度下的生物力学呈现。这种变化主要集中在整体肢体动作模式维度(如矢状轴、额状轴、横向轴)的变化，关节的活动范围(ROM)下的肌肉的收缩形式，以及动作速度与位移距离的多元呈现。

通过对专项运动中动作模式与肌肉收缩等可控生物力学属性进行分析，可以清楚地了解专项技术动作要求，进而有针对性的进行训练设计，从而促进动作速度、位移距离与综合运动价值等不可控因素提升，这便是体能训练的原理与价值所在。

1. 动作模式

一般动作模式可以描述为在一个特定位置上或动作平面内静态或动态的动作。在动态动作术语中，动作可以进一步分为开放式动力链或闭锁式动力链。

(1) 开放式动力链：身体保持相对不动状态下，距离身体最远位置的手或者脚，其中一侧处在自由移动状态下，而且没有碰触到运动的平面。例如踢足球、打球、跑步、投掷等项目动作，因其是在相对稳定状态下的局部肢体自由活动，所以对于速度、爆发力的提升有很大作用。

(2) 闭锁式动力链：其运动表现是距离身体最远的手或脚，能接触到运动平面，处于相对不动状态，而且身体移动相对自由。例如举重、深蹲、俯卧撑、摔跤等项目动作，因其是在整体稳定状态下的固定活动，所以对于稳定性、最大力量、力量耐力等方面的提升有较大帮助。

2. 肌肉收缩

早期的运动生理学研究依据运动时人体肌肉收缩的长度，将肌肉收缩分为"等长收缩"与"等张收缩"，如图 5-3 所示。随着学科的发展，学界又将肌肉瞬间产生多元变化的形式称为"超等长收缩"。不同的肌肉收缩模式，对应驱动着肢体不同的运动效果。具体肌肉运动特点、动作范畴与作用详见表 5-3 所示。

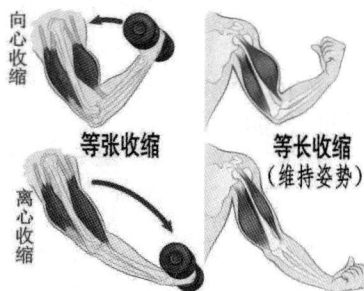

图 5-3　人体肌肉的收缩形式

表 5-3　不同肌体收缩模式的运动特点、动作范畴与作用

收缩类型	运动特点	动作范畴	作用	动作表现形式与项目
等长收缩	无位移	静态训练	肌肉耐力	静蹲、负重悬停、平板支撑等
等张收缩	等距位移	动态训练	最大力量	蹲起、弯举、推举
超等长收缩	非等距位移	动力性训练	爆发力	跳深、跳栏架、跨步跳、多级跳

(1) 等长收缩：长度保持恒定而张力发生变化的肌肉收缩，在该收缩状态下，肌肉张力可增至最大。由于不存在位移，从物理上讲肌肉并没有对外做功，然而仍需要消耗大量的能量。肌肉的这种收缩是支持、固定和保持特定人体姿势的基础。

(2) 等张收缩：张力保持恒定而长度发生变化的肌肉收缩，它是人体实现各种加速运动和位移运动的基础。

(3) 超等长收缩：肌肉先做离心式拉长，继而做向心式收缩的一种复合式收缩形式。

(三) 运动过程的损伤风险

运动损伤是指运动员在运动过程中发生的各种身体伤害，其损伤部位与运动项目以及专项技术特点有关。

1. 损伤分类

(1) 按照损伤部位可分为运动系统的骨骼、关节韧带、肌肉和肌腱损伤造成的肢体功能性障碍；还可能涉及由运动主导产生的神经和脏器系统的功能紊乱(运动性贫血、晕厥等)，具体情况详见表 5-4。

表 5-4　运动中常见的运动损伤情况与应急处理

损伤部位		损伤性质	表现形式	应急处理方法
肢体	表皮	擦伤	皮肤破裂、血液渗出	止血、清创、消毒、包扎
	软组织损伤	挫伤	皮肤完整、皮下钝痛	停止运动、冰敷患处
		拉伤	皮肤完整、皮下锐痛	12 小时后方可理疗
		撕裂	功能障碍、疼痛尖锐	停止运动、冰敷患处
		断裂	伤侧浮肿、皮下淤青	伤侧固定、送医就诊
	骨连接	骨裂	功能障碍、疼痛肿胀	开放性先止血、闭合性需固定
		骨折	功能障碍、畸形痛肿	中枢慎重移动、积极送医就诊
		关节脱臼	功能障碍、畸形痛肿	患侧弹性固定、送医就诊复位
脏器	运动性	贫血	面唇灰白、乏力恶心	停止运动、屈腿仰卧
		晕厥	目眩头晕、四肢冰凉	保温补糖、增氧送医
		腹痛	两肋岔气、下腹胀痛	调整运动、无缓则停、就诊
	外力所致	脑震荡	昏迷失忆、恶心呕吐	轻度卧床休息、重度送医治疗

(2) 按照损伤时间可分为急性损伤与慢性损伤，运动损伤中急性多于慢性，急性损伤治疗不当或过早参加训练等原因可转化为慢性劳损。

(3) 按照损伤触发原因可分为外力对抗产生的接触性损伤与无外力施加情况下自身运动的非接触性损伤。大多数非接触性损伤发生在动作的加速阶段与变向过程中。

2. 损伤成因

形成运动损伤的原因很多，有可控的内在因素，也有不可规避的外在因素。常规运动损伤的形成，均有一个可追溯的闭合逻辑，其关联如图 5-4 所示。

疲劳 → 运动链破坏 → 不合理负荷或不可控动作 → 损伤

图 5-4　导致运动损伤诸多因素的关联

(1) 内在因素：比如运动前的身心状态与准备活动，自我身体素质对运动方法的支撑情况，动作技术的正确性和运动负荷的适宜度，以及运动中的自我保护意识与能力等。

(2) 外在因素：例如天气、场地、设施等运动环境条件对运动的适应性，训练计划制订的科学性，竞赛工作组织的保障度等。

3. 损伤预防与应急康复

在大多数情况下，通过了解运动项目的技术动作流程，进行运动生物力学和能量代谢需求的分析，设计科学的专项训练计划与练习手段，是降低在训练与比赛中损伤风险的关键，但损伤依然是不可避免的。及时了解运动损伤的成因，通过调整行为来预防和规避风险。即便运动损伤意外发生，掌握恰当的应急手段也会对防止损伤的扩大与康复有所助益，现实中常见的运动损伤情况与应急处理方法详见表 5-4。

二、体能训练的筛查评估

因为不同的运动项目对运动员的身体形态、机能、素质及其专项动作模式的要求各异，所以运动训练前的筛查评估对运动项目的选择和运动成绩的提高，起着至关重要的作用。

(一) 形态测试

身体的外部形态是选择运动项目与实现运动成绩的先决条件，常规的身体形态主要是身高、体重与 BIM 指数。BIM 指数即身体质量指数，这个指数用来衡量人体的肥胖程度，通常被认为是评估个体是否健康的一个标准。

专业角度的身体形态还包括体脂率、肌肉骨骼比、肌纤维类型等。

(二) 机能测试

1. 柔韧性

柔韧性是人体关节活动幅度的大小，肌肉、肌腱、韧带等软组织的伸展性，是协调一切运动能力的基础。柔韧性分为肌肉弹性和肌腱韧性。

柔韧性对于提升运动中关节与肢体的活动度，以及预估运动损伤有很大作用。

在校学生通常采取坐位体前屈的方式进行柔韧性测试。

2. 灵敏性

灵敏性是指能够迅速改变方向的能力，它是大多数竞技能力测试中的常用指标。

筛查方法：既有通过听觉、视觉指令检测人体行为能力的神经反应测试，也有专业的"T 测试"(见图 5-5)、"伊利诺斯测试"(见图 5-6)、"5-10-5 测试"(见图 5-7)。不同的运动专项选择对应的筛查方法，"伊利诺斯测试"评价标准详见表 5-5，"T 测试"与"5-10-5 测试"评价标准参照表 5-6。

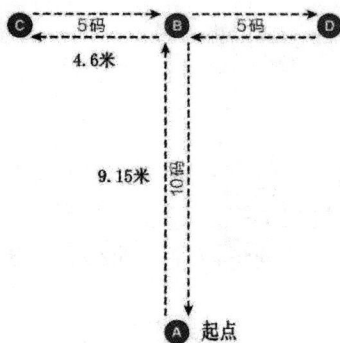

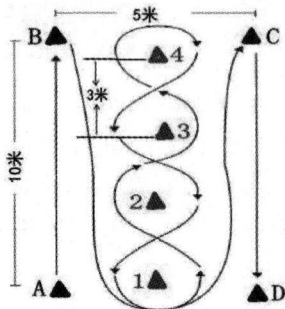

图 5-5 "T 测试"　　　　　图 5-6 "伊利诺斯测试"　　　　　图 5-7 "5-10-5 测试"

表 5-5 "伊利诺斯测试"评价标准

类别标准	男子(秒)	女子(秒)
优秀	<15.5	<17.0
良好	15.2～16.1	17.0～17.9
中等	16.2～18.1	18.0～21.7
合格	18.2～18.3	21.8～23.0
不合格	>18.3	>23.0

表 5-6 "T 测试"与"5-10-5 测试"评价标准

运动项目	运动员	性别	T 测试成绩(秒)	5-10-5 测试成绩(秒)
业余	大学生	男子	10.49 ± 0.89	
		女子	12.52 ± 0.90	
篮球	后卫	男子	8.95 ± 0.41	
	前锋		8.74 ± 0.38	
	中锋		9.28 ± 0.81	
足球	14 岁以下	男子	11.6 ± 0.1	
	15 岁以下		11.0 ± 0.2	
	16 岁以下		11.7 ± 0.1	
	大学生	男子		4.43 ± 0.17
		女子		4.88 ± 0.18
排球	大学生	女子	11.16 ± 0.38	
				4.75 ± 0.19

3. 协调与稳定性

测试方法:通过各种形式的跑、跳、交叉步,来衡量动作的连贯性和韵律性,目前常用绳梯测试与训练。稳定性项目测试方法多采用波速球的单脚双脚停留,以及各种跳跃加落地控制练习。

(三) 素质测试

1. 速度测试

测试方法:反应速度的测试方法是由光、声音指令对人体视觉与听觉功能触发的反应机制测试;动作速度的测试多使用物体抛接与瞬间身体位移能力进行评价;位移速度的测试通常借助秒表和跑道,以启动计时的方式,对受试者进行 30 米(常用)、60 米等短距离移动能力进行评价。在位移速度的测试中,电子计时比手动计时更为准确,通常情况下,手动计时比电子计时成绩快 0.2 秒。

2. 力量测试

(1) 1RM 测算法:力量素质测试通常是指对运动员的最大力量(1RM)的测试。1RM 的数值是一切不同类型、目的力量训练的指标，具体测试方法如表 5-7 所示。

表 5-7　最大力量(1RM)测试方法

完成一组 10 次力量的热身练习，练习的负荷超过预期 50%1RM 重量	不休息
完成另一组 5 次力量的热身练习，练习的负荷超过预期 75%1RM 重量	休息 3~5 分钟
完成一次预期 90%~95%1RM 重量的练习	休息 3~5 分钟
尝试完成一次 1RM	休息 3~5 分钟
增加重量并尝试新的 1RM	
增加重量直到失败为止，失败前的重量即自己的 1RM	

(2) 1RM 计算法：最常用的爱普利公式或者称为内布拉斯公式。

$$1RM = [1 + (0.0333 × 完成的次数)] × 使用的重量$$

3. 心肺耐力测试

测试方法：最大摄氧量是指从事最激烈的运动时，组织细胞所能消耗或利用氧的最高值，它是评估个人心肺耐力的最佳指标，该测试适宜有实验测试条件的专业训练团队使用。

学校与初级训练阶段的心肺耐力测试，通常使用 3 分钟电子台阶指数测定仪进行测试。以 ±30 次/分的频率持续 3 分钟登台阶运动，台阶高度为男 30 厘米、女 25 厘米。运动后，受试者静坐在椅子上，立即在中指戴上指脉测试仪，使手心向上，放置在桌面上，持续 3 分钟即显示台阶测试指数，表 5-8 为对应的测试评价标准。

表 5-8　台阶测试评价心肺功能适应能力的参考标准

等　级	男　子	女　子
1 分(差)	45~48.5	44.6~48.5
2 分(较差)	48.6~53.5	48.6~53.2
3 分(一般)	53.6~62.4	53.3~62.4
4 分(较强)	62.5~70.8	62.5~70.2
5 分(强)	大于 70.9	大于 70.3

(四) 功能性动作筛查(FMS)

1. 发展历史

FMS 筛查于 1995 年被 PNF 设计出来，1999 年由美国体能协会向全国推广，2001 年比尔·佛兰所著的《高水平运动训练》第一次以书的形式介绍了功能性动作筛查。2003 年，在库克所著的《身体运动功能的平衡发展》中，详实阐述了功能性动作筛查的根由、理念、测试细则和纠正策略。目前，FMS 已成为风靡全球的运动功能评价体系。

功能性动作筛查

2. 构成与理念

功能性动作筛查具体的体系构成与理念详见表 5-9 所述。

表 5-9 功能性动作筛查(FMS)体系的构成与理念

分 类	测试动作	理 念	核 心
原始动作	肩关节活动度	人体各种灵活性动作，人体发育过程中最原始的动作	以人体运动功能为基础，对运动系统整体评价，而后实施纠正分级(优先、其次、最后)
	主动直腿抬高		
过渡动作	躯干稳定俯卧撑	经过灵活性发展之后，身体稳定适应的过程	
	旋转稳定		
高级动作	深蹲测试	建立在原始动作和过渡动作之上，形成反应人体灵活性、稳定性和相互对称能力的动作	
	跨栏测试		
	直线分腿蹲		

3. 功能与作用

FMS 可以测试出运动员在训练的时候是否有关节活动度不够、核心力量太弱、肌力不对称、动作模式不正确等一些问题，然后针对问题进行一些相对应的调整运动来解决问题，对预防运动损伤起到一定作用。

4. 测试规则与评分标准

规则：每个动作重复三次(如果第一次完成动作能够得 3 分，则不需要重复后两次)，双侧测试动作以评分较低的一侧记入总分。测试开始前仅用语言描述，不用示范动作。测试过程中不得进行语言提示，每一次动作完成后可以指出不规范动作，在下一次完成动作时改正。

服装：宽松运动服，舒适的运动鞋。

工具：FMS 套件包含 3 根测量棒、1 条测量皮筋和 1 个测量板。

评分标准：FMS 每个子项目评分标准分为 3 分、2 分、1 分、0 分四个等级，满分为 21 分。当测试结果低于 14 分时，受伤的概率会大幅增加，此时建议受试者应接受医学检查。具体的测试评分标准如下：

3 分：受试者能高质量的完成动作；

2 分：受试者能够完成整个动作，但完成的质量不高；

1 分：受试者无法完成整个动作或无法保持起始姿态；

0 分：测试中任何部位出现疼痛。

第三节　体能训练的方法

一、身体激活

在进行练习和比赛前都应进行身体激活。一套精心设计的身体激活活动能够增加骨骼肌血流量，提高体温，增强代谢反应，并增大关节的活动范围，从心理上和身体上为训练和比赛做好准备。身体激活的效果能够通过增强氧气输送量、提高神经冲动的传输速度、提高力量增长率、增大力量和爆发力来提高运动竞技表现。身体激活的程序应与运动的需求、目标和能力保持一致，也是训练和比赛中必不可少的内容。

科学的身体激活程序是从活动关节开始，进而逐步进入热身活动，最后对发热的肢体进行适度的拉伸。

(一) 关节活动

从运动生物力学角度来说，一切体育运动的关节活动顺序是大关节首先运动产生初速度，其次是中等关节的加速过度，最后是末梢小关节的鞭打发力。然而，准备活动是为了更好的为运动服务，其顺序恰好反向进行。

从运动训练学角度而言，体育运动需要优先激活神经中枢，其次是远心端，最后是近心端。而绝大多数的陆上运动，都属于神经系统指挥下的克服重力行为，因此，体能训练里身体激活部分中的关节活动，应依照以下次序进行。

1. 颈部活动

颈部活动

颈部作为脊柱链中的四个生理弯曲之一，属于平面关节，其活动范围分为前屈、后屈、左侧屈、右侧屈、左旋与右旋等 6 个方向。实践练习中，每个部位练习 3～5 秒钟再交换位置，往返 2 次。

颈部前屈动作要领：双手叉腰站立，颔首低头，下颚触及锁骨。

颈部后伸动作要领：双手叉腰站立，抬头后伸，后脑尽力向后伸展。

颈部左侧屈动作要领：双手叉腰站立，头颈尽力向左侧屈，尽量避免耸肩。

颈部右侧屈动作要领：双手叉腰站立，头颈尽力向右侧屈，尽量避免耸肩。

颈部左旋动作要领：双手叉腰站立，目视前方，头颈向左侧旋转到极致，5 秒钟后回旋至常态。

颈部右旋动作要领：双手叉腰站立，目视前方，头颈向右侧旋转到极致，5 秒钟后回旋至常态。

2. 足部活动

足部活动

足部作为一切陆地体育活动的支撑点，其活动范围需兼顾关节使用频率、易损情况等因素，采用足跟、脚趾、脚外侧刺激，以及踝关节主动屈伸。

足跟激活动作要领：身体正直，双脚脚尖翘起，足跟原地交替点地，循环 10 次。

脚趾激活动作要领：身体正直，核心收紧，双脚提踵，脚尖原地交替点地，循环 10 次。

外踝激活动作要领：身体正直，核心收紧，双脚踝内收，脚外沿交替点地，循环 10 次。

左脚踝绕环动作要领：右腿独立支撑，左脚尖点地，左脚踝关节逆时针环转 5 周。

右脚踝绕环动作要领：左腿独立支撑，右脚尖点地，右脚踝关节逆时针环转 5 周。

3. 肩部活动

肩部活动

肩关节的主要活动范围为上下、前后开合与前后旋转。

上下开合动作要领：自然站立，双手点赞式握拳于体侧，两臂直臂由下至上开合。

前后开合动作要领：自然站立，双手点赞式握拳前平举，大拇指向后，直臂前后开合。

前后绕环动作要领：自然站立，双手点赞式握拳侧平举，大拇指向上，两臂分别直臂反方向绕环。

4. 膝部活动

膝关节唯一的活动方式为屈伸，其他及旋转动作均为违规操作。

动作要领：背部挺直，双手扶在膝盖上；抬头挺胸目视前方，膝盖保持稳定，做膝关节自然屈伸。

膝部活动

5. 腰部活动

腰部的活动范围分为前屈、后屈、左侧屈、右侧屈、左旋与右旋等 6个方向。

体前屈动作要领：双手屈臂抱于胸前，上体前屈肘触膝；膝、髋关节微微屈，徐徐吐气体前振。

体后屈动作要领：双脚开立与肩同宽，双臂上举向后伸，屈膝下腰脊反屈，抬头开肩是要点。

腰部活动

左侧屈动作要领：双脚开立与肩同宽，左手上举向右探，右手下垂摸左臀，身体微微向右振颤。

右侧屈动作要领：双脚开立与肩同宽，右手上举向左探，左手下垂摸右臀，身体微微向左振颤。

抱头左弓步转体动作要领：双手放耳后，挺直背部，左腿弓步上步，带动上半身左侧扭转。

抱头右弓步转体动作要领：双手放耳后，挺直背部，右腿弓步上步，带动上半身右侧扭转。

6. 掌、腕、前臂

掌、腕、前臂背屈旋转动作要领：双脚开立与肩同宽，双手合十至胸前，旋转前臂立掌平掌若干次。

掌、腕、前臂掌屈旋转动作要领：双手背对前平举，屈肘内旋至脸前，往复循环若干次。

手臂活动

7. 髋部活动

髋关节属于球状关节，常用的活动方式有前屈、侧屈、内收、外展以及顺、逆时针的旋转。

左腿正侧屈髋动作要领：双手叉腰站立，左腿屈膝前抬起落地接屈膝侧抬回落，往返若干次。

髋部活动

右腿前侧屈髋动作要领：双手叉腰站立，右腿屈膝前抬起落地接屈膝侧抬回落，往返若干次。

(二) 热身运动

一套热身活动由各种准备性活动和功能基础性活动组成，这些活动都是为使身体能适应训练或比赛而专门设计的。相比之下，拉伸活动的首要目的则是为了增强柔韧性。这种区别具有重要意义，因为长期以来对传统热身活动的观点近年来受到质疑。现在一些科学家和医务人员提出，在运动训练和比赛之前，应将静态拉伸活动从热身活动中剔除。

1. 传统热身

传统的热身运动通常包括中低强度心肺功能练习加上静态拉伸活动。这种有氧练习目的是为了提高心率、血流量、肌肉温度和身体体温；静力性拉伸练习则是为了增大关节的活动范围，提高竞技表现，预防运动损伤。

研究表明，运动前静态拉伸会使神经系统兴奋性显著降低，肌腱硬度明显下降，这种行为对爆发力、耐力水平、反应时间和跑速等竞技表现产生的负面影响将会长达 1 小时，尤其是涉及力量与爆发力的运动项目。

2. 动态热身方法

中低强度的专项关联动作组合"TABATA"练习，是大众动态热身的常用方法。通常采取原地肢体活动，单个动作做 10～12 次或 15～20 秒，相邻动作间歇 10～15 秒，具体动作如下。

动态热身方法

小步跑：双手握拳交替摆臂，双脚原地轻松慢跑。

开合跳：目视前方，腰腹收紧，双腿左右向外跳开，同时双手在头上交叉触碰，双脚回收并拢时，双臂从上到下自然落于体侧。动作起落轻盈连贯，整个身体有弹动感。

折叠跑：双手交叉在臀后，双脚交替后抬自然折叠后碰手，轻松慢跑。

马克操：右脚蹬地抬左膝，右手触碰左膝落地；左脚蹬地抬右膝，左手触碰右膝落地。

转髋跳：双脚"A"字站立，左转左足跟，右脚尖着地，右转右足跟，左脚尖着地，动作轻盈循环。

半蹲起：两脚开立与肩同宽，下蹲两臂前平举，蹲起两臂自然下落，动作轻盈往复循环。

踏步：两脚开立同肩宽，屈膝点脚足跟，交替踏步快摆臂，节奏连贯眼看前。

滑雪步：直立起始，右脚蹬地向左滑步，双臂左摆，左脚独立支撑；反之，左脚蹬地向右滑步，双臂右摆，右脚独立支撑；往复循环。

(三) 肢体拉伸

肢体拉伸通常用在运动前的准备活动与运动后的肌肉松解部分。准备部分的肢体拉伸原则是多采用与专项动作模式近似的动态拉伸，从远心端到近心端，从小关节到大关节，小肌肉群拉伸时间较短(5～10 秒钟交替 2 回合)，大肌肉群拉伸时间较长(10～15 秒钟交替 2 回合)。运动后的肌肉拉伸原则是哪里使用频率高拉伸哪里，小肌肉群拉伸时间约 10～15 秒钟，大肌肉群拉伸时间约 20～25 秒钟，主要目的是放松与排酸。

1. 上肢拉伸

1) 前臂尺桡侧拉伸

左侧尺桡肌群拉伸动作要领：左手前伸平举，指尖向上后屈，右手后拉左指。

上肢拉伸

右侧尺桡肌群拉伸动作要领：右手前伸平举，指尖向上后屈，左手后拉右指。

2) 大臂与肩锁关节拉伸

左侧肩背拉伸动作要领：左手尽量直臂右伸，右肘扣住左侧大臂。

右侧肩背拉伸动作要领：右手尽量直臂左伸，左肘扣住右侧大臂。

2. 下肢拉伸

1) 小腿后侧肌群拉伸

左小腿后侧拉伸动作要领：正向右弓步，双手抱于胸前，双脚全脚掌着地，直体上下振颤。

右小腿后侧拉伸动作要领：正向左弓步，双手抱于胸前，双脚全脚掌着地，直体上下振颤。

下肢拉伸

2) 股后肌群拉伸

左腿股后肌群拉伸动作要领：右腿单足支撑，身体挺直，双手十指交叉抱左膝至左胸。

右腿股后肌群拉伸动作要领：左腿单足支撑，身体挺直，双手十指交叉抱右膝至右胸。

3) 股四头肌拉伸

左腿股四头肌群拉伸动作要领：右臂直臂上举，左腿正后屈膝，左手抓住左脚，后上拉伸。

右腿股四投肌群拉伸动作要领：左臂直臂上举，右腿正后屈膝，右手抓住左脚，后上拉伸。

3. 核心部位拉伸

1) 胸部肌群

左侧胸部肌群拉伸动作要领：左手 90°屈臂外展上举，肘附着支撑点，右弓步直体前移。

右侧胸部肌群拉伸动作要领：右手 90°屈臂外展上举，肘附着支撑点，左弓步直体前移。

核心部位拉伸

2) 肩背部位

猫式拉伸动作要领：臀部跪坐在小腿上，身体前屈，双手尽力向前伸。

3) 腹直肌

海豹支撑拉伸动作要领：俯身直臂支持，双腿并拢，双手从胸部位置推起身体拉直腹部。

4) 腹外斜肌

左侧腹外斜肌拉伸动作要领：双脚开立为肩距的 1.5 倍，双手十指交反掌，向左极力侧推。

右侧腹外斜肌拉伸动作要领：双脚开立为肩距的 1.5 倍，双手十指交反掌，向右极力侧推。

5) 臀部肌群

左侧臀后肌群拉伸动作要领：右腿独立支撑，左脚斗式抬起，双手十指交叉抱左脚，抬头挺胸目视前方，直体上抬左腿。

右侧臀后肌群拉伸动作要领：左腿独立支撑，右脚斗式抬起，双手十指交叉抱右脚，抬头挺胸目视前方，直体上抬右腿。

6) 髂腰肌

左侧髂腰肌拉伸动作要领：右弓步，左膝跪地伸足趾，上体正直，左髋部位背伸。

右侧髂腰肌拉伸动作要领：左弓步，右膝跪地伸足趾，上体正直，右髋部位背伸。

7) 核心螺旋链

支撑左弓步转体动作要领：直臂俯身支撑，左腿弓步上步至左支撑手，同时屈肘触脚；左臂向上右旋直臂打开，目视左手后，身体回旋到直臂支持状态，左弓步还原至起始状态。

支撑右弓步转体动作要领：直臂俯身支撑，右腿弓步上步至右支撑手，同时屈肘触脚；右臂向上左旋直臂打开，目视右手后，身体回旋到直臂支持状态，右弓步还原至起始状态。

二、协调与稳定性训练

(一) 协调性

1. 定义

人体各部位肢体协作完成单一或重复动作的能力，即人体在运动过程中表现出来的动作连贯性与韵律性。

2. 表现形式

各种形式的跑、跳、交叉步。

3. 训练方法

(1) 标志线双脚前后跳。

(2) 标志线双脚左右跳。

(3) 标志线双脚四方跳。

(4) 标志线单脚四方跳。

(5) 正向跑绳梯。

(6) 侧向跑绳梯。

(7) 单脚侧向进出跑绳梯。

(8) 单脚横向进出跑绳梯。

协调性训练

(二) 稳定性

1. 定义

稳定性也叫平衡能力，它是指维持或控制关节动作或姿势的能力。

2. 表现形式

包含上肢、下肢及核心部位的平衡性与功能性训练，一般表现有静态稳定与动态稳定。

3. 训练方法

1) 上肢稳定性练习

(1) 弹力圈横向抗阻。

(2) 弹力圈纵向抗阻。

(3) 触肩平板支撑。

(4) 屈肘平板支撑。

稳定性训练

2）核心稳定性练习

(1) 正位变式平板支撑。

(2) 侧位变式平板支撑。

(3) 四点支撑旋转。

(4) 四点动态平板支撑。

3）下肢稳定性练习

(1) 原地弓箭步交换。

(2) 动态燕式平衡。

(3) 无反向半蹲跳。

(4) 滑雪步。

三、灵敏性训练

1. 定义

灵敏素质是指在没有准备状态下的急起、急停、变向、再加速的运动能力，即在各种变化条件下迅速改变身体运动方向、节奏的能力。

2. 表现形式

从运动专项的角度看，灵敏素质可分为一般性灵敏素质和专门性灵敏素质。

从竞技过程中灵敏素质的表现与应用来看，可分为闭合式灵敏和开放式灵敏。闭合式灵敏是指在预先设计好的计划、可预知及稳定的环境下，进行的灵敏性训练；开放式灵敏也称为随机灵敏，是指在没有预先设计好的程序或在随机变化的环境下，进行的灵敏性训练。

3. 训练方法

1）闭合式灵敏训练方法

围绕预先设计好的"之""T"字或多边锥形障碍物跑、绳梯跑等训练。闭合式灵敏训练不存在自发性动作，在固定状态下改善力量、爆发力、柔韧性和身体控制能力。

2）开放式灵敏训练方法

开放式(随机)灵敏素质训练更符合球类、搏击、对打等运动项目的专项需求，是灵敏素质训练中最重要的，也是最难掌握的训练方法，一般分为躲闪、追逐练习类，抛接不规则弹性球练习类，专门性灵敏练习三类。

四、速度训练

1. 定义

速度素质是指人体短时间内完成动作的能力，它是体育运动中最重要的运动能力之一。

2. 表现形式

速度素质一般分为反应速度、动作速度、位移速度，如图5-8所示。

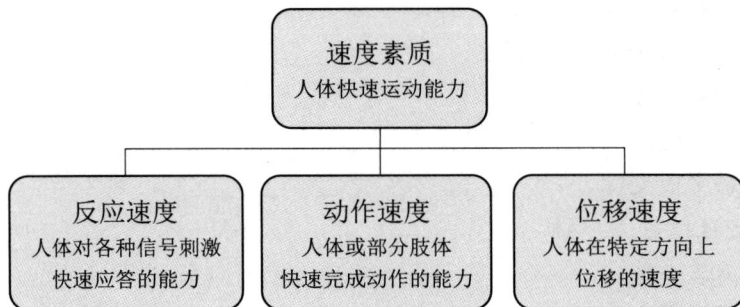

图 5-8　速度素质的表现形式

1) 反应速度

反应速度指人体对各种信号(声、光、触等)刺激的快速应答能力,如短跑从发令到启动的时间。

2) 动作速度

动作速度是指人体或某一局部快速完成单个动作的能力。例如,投掷运动员在做滑步、旋转和最后用力的速度;跳跃运动员的起跳速度;体操和武术运动员完成某一练习的速度等。

3) 位移速度

位移速度是指在周期运动中,单位时间内机体快速移动的能力。提高移动速度有两个基本途径:一是使参训者的力量增长,进而提高速度;另一个是反复进行专项练习,例如球类项目的短距离加速跑,径赛项目的速度能力练习等。

3. 训练方法

不同表现形式的速度素质有着各异的动作模式,不同的动作模式有着对应的制约因素。例如:反应速度的主要影响因素有感受器的敏感程度、中枢神经系统机能、效应器的兴奋性;动作速度的主要影响因素有身体外部形态、快肌纤维(白肌纤维)数量的多少、肌肉力量的协调性、动作技术的完善性;位移速度的影响因素是步频、步幅、速度耐力。如何设计科学的速度素质训练计划,有效提升运动表现,必须要考虑到不同速度表现形式的技术要求,只有解决对应的问题,才会使训练事半功倍。

在不能改变身体外部形态与内在肌纤维构成的前提下,提升反应速度的训练手段就应该对听觉、视觉以及触觉感知系统进行重复刺激训练。而提升动作速度与位移速度的方法通常主要采取优化技术动作,提高肌肉力量,突破困境壁垒等方法。不同表现形式对应的训练方法和要求如表 5-10 所示。

表 5-10　不同速度素质的表现形式对应的训练方法和要求

分　类	内　容	方　法	要　求
反应速度	视觉反应	方向与颜色指令	身心最佳状态下、注意力高度集中、训练次数少、训练时间短
	听觉反应	方向与声音指令	
	视听混合	方向与语音指令	
	触觉反应	感触指令	

分 类	内 容	方 法	要 求
动作速度	上肢动作	投掷、推举、摆动	徒手或轻器械、次数少或时间短、快速动作模式
	下肢动作	踝、膝、髋屈伸	
	全身动作	高抬、跨步、跳跃	
位移速度	启动跑	高频跑	短距离、短时间
	加速跑	变速跑	重在加速与惯性跑
	速度耐力	间歇跑	控制间歇时间
	有氧速度	配速跑	适宜的配速与组数

五、力量训练

1. 定义

力量素质是指人的肌体或某一部分肌肉工作时克服内外阻力的能力。

2. 表现形式

在力量素质训练中，肌肉收缩、运动状态载荷以及其展现在身体的部位和功效，都有着不同的表现形式，详情如表 5-11 所示。

表 5-11 力量素质的不同表现形式

身体部位	功效	载荷	运动状态	肌肉收缩
核心	力量耐力	徒手	静态	等长收缩
上肢	最大力量	负载	动态	等长收缩
下肢	爆发力			超等长收缩

3. 训练方法

不同专项训练的运动特点与培养目标是力量素质训练的先决条件，然而，任何身体部位、负载情况、练习手段的力量训练，都必须遵循相对规范的运动量与强度法则，具体情况如表 5-12 所示。

表 5-12 力量素质的一般训练原则(NSCA)

分类/标准		负载强度%	次数	组数	间歇时间	3～5 原则
最大力量	极限	大于 85%1RM	1～3	3～5	3～5 秒钟	3～5 次/周练
	重复	65%～85%1RM	3～5	3～5		
爆发力	一次	80%～90%1RM	3～5	3～5		3～5 项/次
	多次	75%～85%1RM	1～2	3～5		3～5 组/项
增肌	重复	67%～85%1RM	3～6	6～8	30～90 秒钟	3～5 次/组
力量耐力	持续	25%～60%1RM	力竭	3～5	3～5 分钟	3～5 分/间歇
	循环		6～10 项/组	3～5	30～90 秒钟/项	

1) **上肢部位**

爆发力：投掷轻物，轻负荷推举、抓举，击掌俯卧撑等练习。

最大力量：杠铃挺举(见图 5-9)、杠铃或哑铃的卧推(见图 5-10)等动作。

力量耐力：徒手各式力竭俯卧撑、轻负载哑铃弯举、哑铃推举等练习。

上肢力量训练

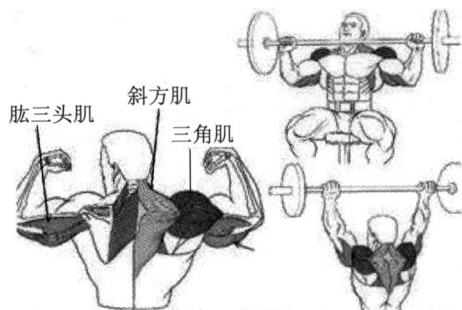

图 5-9　杠铃挺举

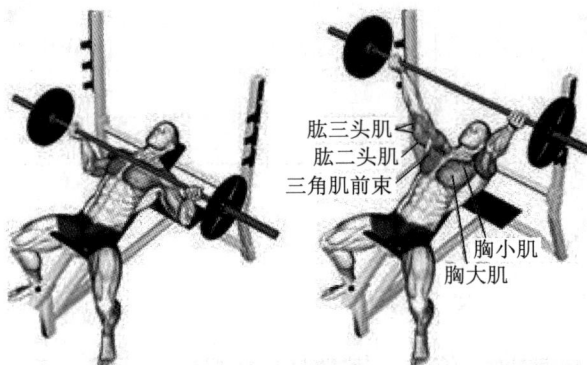

图 5-10　杠铃卧推

2) **核心部位**

爆发力：核心区域作为人体的稳定部位，力量与爆发力训练相对较少。

最大力量：专业训练多采用负重臀桥顶髋(见图 5-11)与大重量硬拉(见图 5-12)。

力量耐力：仰卧船式摇摆、仰卧交剪腿、仰卧超人飞行、仰卧躯体雨刷以及仰卧直腿两头起等动作。

核心力量训练

图 5-11　臀桥顶髋

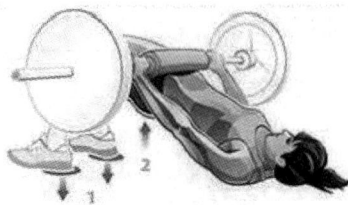

图 5-12　杠铃硬拉

3) **下肢部位**

爆发力：负重与徒手的踝跳、半蹲跳、弓步交换跳以及收腹跳等动作。

最大力量：负重下蹲动作(见图 5-13)。

力量耐力：自重下蹲或靠墙静蹲(见图 5-14)等动作。

图 5-13　杠铃下蹲

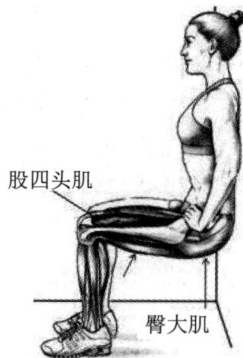

图 5-14　靠墙静蹲

下肢力量训练

六、耐力训练

1. 定义

广义的耐力素质是指机体在一定时间内保持特定强度负荷或动作质量的能力，或者说是肌肉长时间持续运动和对抗疲劳的能力。心肺耐力仅属于狭义的普通受众对耐力素质的认知。

2. 表现形式

耐力素质是对人类肌体活动持久能力的一个相对广义范围的描述，按照人体的生理系统、肌肉工作力学特征以及对专项的影响，又有着对应的界定，如图 5-15 所示。

图 5-15　耐力素质的学科范畴分类

1) 生理学分类

按人体的生理系统分类，耐力素质可分为肌肉耐力和心肺耐力，如图 5-16 所示。

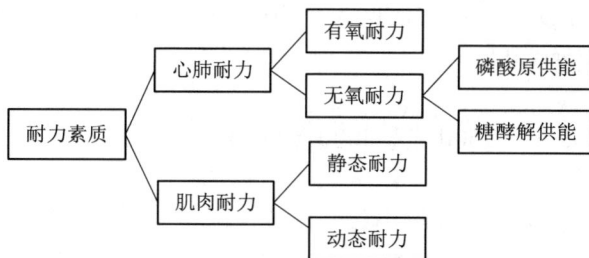

图 5-16　耐力素质的生理学分类

(1) 肌肉耐力：肌肉耐力也称为力量耐力，是肌肉长时间持续运动和对抗疲劳的能力。常见于多次数、轻负载的持续性肢体运动对肌体产生的耐受性活动，例如引体向上、俯卧撑、仰卧起坐、下肢蹲起以及拳击、划船等项目活动。

(2) 心肺耐力：心肺耐力是指个人的肺脏与心脏从空气中携带氧气，并将氧气和营养物分配输送到组织细胞并加以利用，以及回流清除体内垃圾的综合代谢能力。心肺耐力又分为有氧耐力和无氧耐力。

有氧耐力是指机体在氧气供应比较充足的情况下，能坚持长时间工作的能力。有氧耐力训练的目的在于提高机体微循环吸收、输送和利用氧气的能力，促进机体的新陈代谢。

无氧耐力是指机体以无氧代谢为主要的供能形式，坚持较长时间工作的能力。无氧耐力又分为磷酸原供能无氧耐力和糖酵解供能无氧耐力。

2) 力学分类

根据肌肉工作的力学特征，可分为静力性耐力(如立姿步枪射击)及动力性耐力。

(1) 静力性耐力：一切肌体等长收缩状态的持久运动都属于静力性耐力。例如：上肢的负载状态悬停、核心部位各个方向的稳定支撑、下肢的徒手与轻负载静蹲等运动。

(2) 动力性耐力：详见力量素质中各部位的力量耐力训练方法，此处不再赘述。

3) 专项分类

(1) 一般耐力：中长跑项目的一般耐力是指超过专项距离的长距离有氧运动能力；球类项目的一般耐力为长时间、全场段比赛的能力。

(2) 专项耐力：中长跑、自行车、游泳的专项耐力是指小于等于专项距离的高强度速度耐力训练；球类与技巧类项目的专项耐力则是依据各自比赛时间与场地容积，反复进行中高强度的防守转换与竞技对抗。

3. 训练方法

1) 有氧耐力训练方法

(1) 匀速持续跑。

适合运动项目：马拉松、10000 米、5000 米、公路竞走等。

目的：发展有氧耐力。

心肺耐力训练

方法：跑的负荷量尽可能多，运动时间大于 1 小时，心率控制在 150 次/分左右。

(2) 变速跑。

适合运动项目：1500 米、3000 米障碍、2000 米障碍、5000 米。

目的：发展有氧耐力。

方法：负荷强度由低到高，练习时间大于 30 分钟，心率分别控制在 130～150 次/分(中低强度)、170～180 次/分(高强)左右。

(3) 间歇跑。

适合运动项目：800 米、1500 米、3000 米障碍。

目的：发展有氧耐力。

方法：训练负荷量较小时，训练中每一次练习的持续时间不长。负荷强度较大时，心率达到 170～180 次/分左右。在身体尚未完全恢复起始状态的情况下，就进行下一次练习，心率在 120～140 次/分左右。

2) 无氧耐力训练方法(间歇跑)

适合运动项目：100 米、200 米、400 米、400 米栏。

目的：发展乳酸供能无氧耐力。

方法：采用 80%～90%的练习强度，心率达到 180～190 次/分。一次练习的持续时间和距离稍长，练习的重复次数不宜过多。

3）有氧和无氧混合耐力训练方法

（1）反复跑。

适合运动项目：400 米、400 米栏、800 米、1500 米。

目的：发展有氧和无氧混合耐力。

方法：采用 80% 以上的强度，每组反复跑 150 米、250 米、500 米，之间间歇 4～5 分钟，每组练习之间休息约 20 分钟。

（2）间歇快跑。

适合运动项目：400 米、400 米栏、800 米、1500 米。

目的：发展有氧和无氧混合耐力。

方法：以接近 100% 强度跑完 100 米后，接着慢跑 1 分钟，间歇练习。快慢方式对照组成一组，反复训练 10～30 组。

（3）力竭重复跑。

适合运动项目：400 米、400 米栏、800 米、1500 米。

目的：发展有氧和无氧混合耐力。

方法：采用专项比赛或稍长的距离，以 100% 强度全力跑若干次，间歇时间充分休息。

七、肌肉放松与筋膜松解

1. 作用

运动后的肌肉放松与筋膜松解是通过心理疏导与物理干预，对人体进行运动神经与肌肉疲劳的缓解，加速体内乳酸与代谢产物分解，恢复肌肉弹性与功能的康复性训练手段。

肌肉放松与
筋膜松解

2. 方法

肌肉放松与筋膜松解的方法很多，一般分为心理暗示与疏导，静态拉伸与整理活动，使用筋膜枪、泡沫轴、扳机球进行的物理按摩，以及冷热水浸泡疗法等。

1）心理疏导

放松首先是心境上的放松，轻松、愉悦的心情会对身体产生良好的促进作用，而疲惫、抑郁的心情会让身体感到"累"。

2）静态拉伸

运动后，静态拉伸肢体活动中参与的肌肉较多，直到感到它完全绷紧，保持 15～30 秒即可。静态拉伸能放松肌肉，有助于缓解身体的僵硬和疼痛感。

3）冷热水浸泡

最新研究表明，运动后迅速将身体置于冷水或低温氮气中，对肌肉收缩产生的肌纤维损伤有愈合作用；在相对低的温度下，人体持续耗能也会有所控制。运动后，肢体在 30℃～40℃ 的温水中浸泡洗浴，对心脏活动和神经系统有镇静作用。需要注意的是，一般程度的肌肉酸痛和疲劳其实是有益的，这证明运动取得了效果，通过休息恢复、整理放松，体能将会比以前有所提高。

4) 物理按摩

肌肉放松与肌筋膜松解常用的有按摩床、泡沫轴、扳机球、筋膜枪以及筋膜刀等器械。其中，扳机球与筋膜枪多用于对局部痛点的刺激；泡沫轴与筋膜枪用于对局部或大面积肌肉的按摩；筋膜刀则用于对表层与深层肌筋膜的梳理。目前，因泡沫轴、扳机球携带与操作相对便捷且实效明显，所以被大众推崇，常见的操作部位与方法如下。

(1) 小腿腓肠肌：小腿跟腱与腓肠肌、比目鱼肌部位的按摩与放松。

(2) 股后肌群：主要针对股二头肌进行肌肉疏解。

(3) 臀部肌群：对臀大肌、臀中肌、腘绳肌部位进行疏解。

(4) 背部肌群：主要是对背阔肌、斜方肌、大小圆肌、菱形肌进行疏解。

(5) 股四头肌：主要针对股直肌、股内外侧肌群进行疏解。

八、体能训练计划的因素整合

1. 作用

1) 周期训练逻辑

一个运动单元的训练时间约 1.5～4 小时不等；不同单元训练内容组合而成的周训练计划称其为小周期训练；4～6 个小周期训练组合为一个中周期训练计划；3 个中周期训练计划构成一个大周期训练计划。

2) 结构训练逻辑

结构训练逻辑是指以目标为导向的训练计划制订与实施模式，即"因发展抑制因素而设计的解决问题的元素结构设计"。

3) 元素训练逻辑

专项目标关联多元素的混合搭配训练，是近些年提出的新型训练方式。它相对于传统单元训练过程中单一训练元素而言，其训练的趣味性、练习者的注意力集中度以及效能覆盖度均有成倍的提高，且不容易形成局部训练疲劳。

2. 方法

1) 训练计划周期整合

训练周期的整合，不仅要形成元素、单元、周期等局部与整体的系统整合，还要兼顾准备期、比赛期、过渡期与伤病调整期之间的关联。

2) 训练实践应急整合

(1) 全身适应综合征理论。

适应综合征理论是训练分期的基础性理论之一。这一理论描述了人体对压力的特定反应，包括身体反应和心理反应。运动员在接受一种训练压力时，最初的反应为"警觉期"，此时期内会因为疲劳积累、伤痛、肌肉僵硬和能量储存的下降而使运动能力退步。

如果训练刺激强度适中且规划得当，那么在"抗拒期"内就会出现适应性反应，此时竞技状态就会恢复到基准水平或提升到更高的水平上(超量补偿)。相反，如果训练负荷的强度过大，运动员就会因为无法适应这一训练负荷而使竞技状态下降，从而出现训练过度反应的情况。从训练反应的角度来看，所有的压力源都是额外的刺激，而且训练计划以外的各种因素(情绪、营养和生活等)也会影响到训练者的适应能力。

(2) "刺激-疲劳-恢复-适应"理论。

无论什么时候施加训练刺激,都会产生一种综合反应,这被称为"刺激-疲劳-恢复-适应"理论。对某一训练负荷最初的反应是疲劳的累积,它会同时导致身体应激状态与竞技状态的下降。疲劳的累积量和竞技状态的相应下降量的大小与训练时间的长短成正比。随着疲劳的消退和恢复过程的开始,应激状态和竞技状态就会提升。如果在恢复与适应完成之后没有接受新的训练刺激,那么应激状态和运动表现能力最终就会下降,这种情况通常被认为是一种训练的退化状态;反之,如果在恢复与适应完成之后,继续给予新的训练刺激,那么应激状态和运动表现能力将继续适应新的状态,这便是训练的进化状态。

3) 训练过程元素整合

在传统的周训练计划中,球类项目一般都是由专项素质、技术与战术构成;田径、游泳、技巧、舞蹈、技击类训练由专项素质与技术构成。仅就素质而言,大多都不外乎协调、灵敏、稳定、速度、力量和耐力。在体能训练元素中,身体形态、身体机能以及身体素质之间有着很多高度相关性,如图 5-17 所示。在有限的时空与体力状态下,安排相对充足且关联度极高的训练元素,对训练质量的提升无疑是显著的。

图 5-17 体能训练元素的结构关系

(1) 球类项目训练元素关联与整合。

由于资源空间有限,此处仅拿篮球训练为例,训练者可以以此思路拓展到其他项目。具体操作如表 5-13 所示,在球场 1~5 号位置的不同施职决定其球场职能,不同位置又对身体形态、机能、素质有着各异的要求。NBA 球员在非战术集体训练时,不同球员在练习其专项技术的同时,都会整合与自身位置职能高度关联的专项身体素质训练,例如,艾弗森的急停变向,哈登的启动、制动再启动,库里的不同距离投射,奥尼尔的有球、无球对抗等。在 CBA 官方的对球员进行身体素质测试时,也一样根据不同位置,进行"5-10-5"折返跑、"T 型"跑、纵跳摸高、2 分钟自投自抢高强度投篮等测试。

表 5-13 篮球场不同职位运动员——体能指标评估

位置代码	施职名称	球场职能	身体形态		身体机能		身体素质		
			身高	体重	协调	灵敏	速度	力量	耐力
1	控卫	组织、运球、传球	1	1	3	2.5	3	1	1.5
2	分卫	跑位、投篮、上篮	2	1.5	3	3	2	1.5	2
3	小前	跑动、进攻、防守	3	2	2.5	2	3	2	3
4	大前	防守、掩护、篮板	3	2.5	2	1.5	2	3	2.5
5	中锋	防守、篮板、进攻	3	3	1	1	1	3	1

(2) 素质项目训练元素关联与整合。

在运动训练学科的长期发展过程中,以身体素质为主导的运动项目通常都会面临训练时间与训练任务如何兼顾,运动效果与疲劳度之间如何取舍等问题。一直到体能训练学科的出现,元素关联与整合法为素质训练提供了新的训练思路。与传统的训练方法相比,多元素整合训练方法是一种相对兼容且高效的训练方法，笔者以田径短跑和健身健美项目为例，分别做出了如表 5-14 所示的比较，以供大家参考。

表 5-14　不同运动项目传统训练方法与多元素整合训练方法的对比

分类		传统训练方法						多元素整合训练方法	
		田径短跑			健身健美			田径短跑	健身健美
		练1休1	练2休1	练3休1	练1休1	练2休1	练3休1	练2休1	
训练方式	周一	速度	速度	技术	胸	胸	胸	速度与专项技术	胸、腿
	周二		爆发力	速度		肩	肩	爆发力与灵敏性	肩、腹
	周三	速度耐力		速耐	肩		背		
	周四		专项技术			背		速度与专项技术	胸、背
	周五	专项技术	速度耐力	爆发力	背	腿	腿	速度耐力与稳定性	肩、腿
	周六			技术			腹		
	周日	力量	力量	力量	腿	腹	胸	力量与柔韧性	背、腹
特点		单薄、低效		疲劳	单薄、低效		疲劳	丰富、实效性高	

健 康 篇

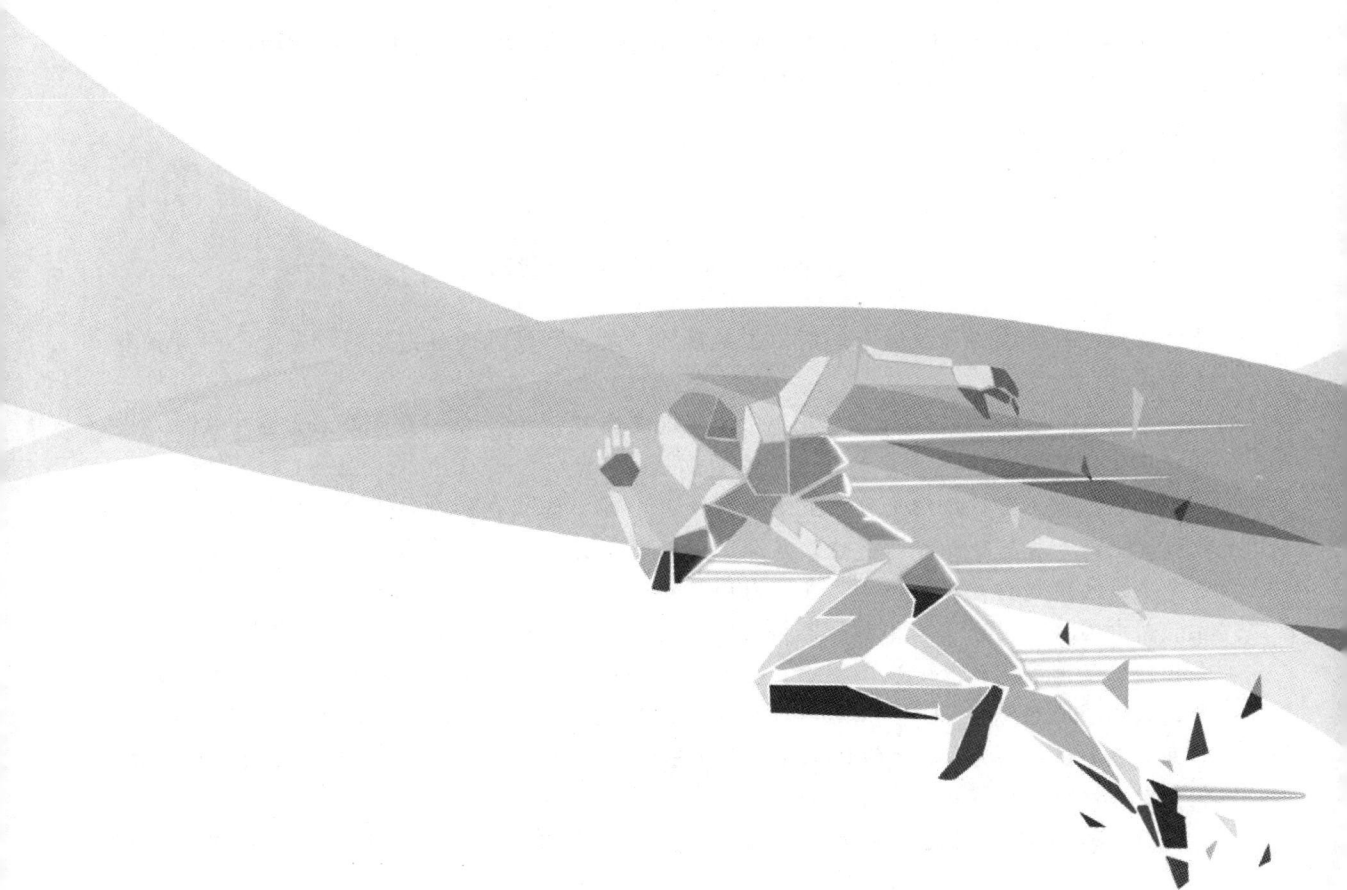

第六章

篮球运动理论与技术

学习目标

（1）通过篮球课的教学，使学生的身体素质得到全面发展，增进身心健康，了解篮球运动的发展史、篮球运动的特点和作用。

（2）通过学习，提高学生对篮球运动的兴趣，培养学生在运动中善于学习、勤于动脑，培养吃苦耐劳的精神；掌握运用篮球技、战术能力并运用于实践中，提高篮球技、战术水平；掌握篮球运动的科学锻炼方法，养成体育锻炼的习惯。

（3）通过篮球课的教学，使学生树立正确的审美观，提高观赏能力，陶冶情操；培养学生积极进取的精神，建立良好的人际关系，提高对社会的适应能力。

课程思政点

创新是引领发展的第一动力

虽然现代篮球运动起源于美国，但是篮球"跳投"技术的最先发明者是一个叫黄柏龄的中国人。

黄柏龄（1924—2008 年），1924 年出生于南安丰州，1951 年毕业于复旦大学中文系。少年时就爱好篮球，1945 年参加福建侨乡晋江篮球队。

黄柏龄是中国篮坛的奇才，虽然身高仅 1.70 米，但出色的身体素质和高超的球技，使他成为上海大公篮球队和福建晋江篮球队的一员，并且逐渐在篮球场上打出了知名度。他首先采用的跳起腾空投篮技术，在国内和东欧、东南亚传播，影响深广。1950 年，刚刚成立的新中国派出国家篮球队参加世界大学生运动会篮球赛，时年 26 岁的黄柏龄被招入队，并担任首任国家队队长。在比赛中，当他不断地跳起在空中单手投篮频频得分的时候，对手还只在原地双手投篮，黄柏龄的跳投让身材高大的欧洲球员的防守无所适从。他承担了国家队近半数的得分，而跳投技术也轰动了东欧，他的跳投照片成为国外体育刊物的封面，跳投动作被摄影机拍摄下来进行分析、研究和学习。

黄柏龄 1946 年创造了原地跳投技术，随后又创造了"运球急停跳投"和"突破急停跳投"的组合技术。他发明的"跳起滞空单手投篮"对世界篮球投篮技术的发展作出了里程碑式的贡献，被国外同行称为"黄柏龄式跳投"，成为当时人们竞相仿效的一项绝技。

第一节　篮球运动概述

篮球运动是一项集体性、综合性，围绕高空展开的立体型攻守对抗的活动性游戏；是将球投入对方篮筐，以得分多少决定胜负的集体球类运动项目。

现代篮球运动已经逐步发展完善成为一项融科技、教育和技艺为一体的受大众欢迎的国际性竞技体育运动项目，其在愉悦身心、强健体质、培养品质等方面具有重要作用。

一、篮球运动的起源

篮球运动起源于美国，它的发明人是詹姆士·奈史密斯博士。1891年12月21日，他在马萨诸塞州斯普林菲尔德市基督教青年会干部训练学校发明了篮球运动。当天，他执教的班级举行了世界上第一场篮球比赛，后来，篮球界就将这一天定为"国际篮球日"。

篮球运动的起源

二、篮球运动的特点

(一) 对抗性

与其他球类运动相比，篮球运动的特点是具有紧张激烈的对抗性。

(二) 集体性

篮球比赛是以两队成员相互协同攻守对抗的形式进行的竞赛过程，具有明显的集体性。

(三) 集约多变性

篮球运动是由低级到高级，在去粗取精的动态中发展进化的，至今已成为一项集约、多变、综合性的竞技运动。

(四) 多元组合性

篮球运动以手控制球，并围绕着投篮得分展开攻守对抗为主要活动形式，其技术动作复杂多样。这些技术在比赛中的运用均是组合形式的，活动结构形式是多元化的。

(五) 职业化与商业性

20世纪中期，欧美国家率先成立职业篮球俱乐部，随着竞技水平的提高以及赛制和规则的完善，现代篮球运动已在全球蓬勃发展。

第二节　篮球运动基本技术

篮球技术是运动员在比赛中为了达成一定的目的而采取的各种专门动作方法的总称，也是篮球运动攻守动作体系的总和。

篮球技术可以分为进攻技术和防守技术两大部分。其中进攻技术有传接球、投篮、运球、持球突破等；防守技术有防守对手、抢球、打球、断球、盖帽。进攻技术和防守技术中都有移动和抢篮板球，各类动作又有若干不同的动作方法和不同的完成方式。篮球技术动作分类如图6-1所示。

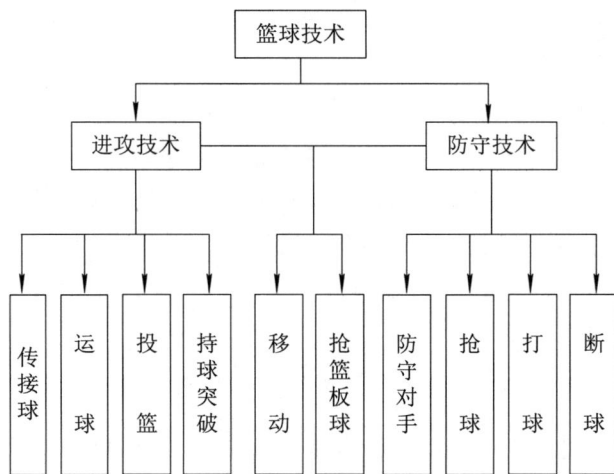

图 6-1　篮球技术动作分类

一、传、接球技术

（一）接球技术动作方法

接球是一种获得球的动作，是传球配合、抢篮板球和抢断球技术的基础，是篮球运动中的主要技术之一。在激烈的对抗中，能否正确、顺利地接球，决定了队员是否能够减少传球失误、弥补传球不足以及截获对方传球等。

单手接球技术

接球有双手接球和单手接球两种，不论是哪一种接球方式，接球时眼睛要注视球，肩臂都要放松，手臂要迎球伸出，手指自然分开。当手指触球时，弯曲手肘，手臂顺着球的动向后引，以缓冲球的冲力，两手握球，保持身体平衡，以便做下一个动作。

1. 原地接球

双手接球技术

原地接球是获得球的基本方法之一，是进攻队员之间为了调整进攻位置而采用的接球

方法。其动作方法是面向或侧向同伴成基本站立姿势，上体转向来球并注视，可采用双手或单手手法接球，接球同时身体重心降低，准备衔接下一个动作。

2. 跑动接球

跑动接球是篮球比赛中常用的接球方法之一，是进攻推进和快攻过程中采用的主要获得球方法。其动作方法是在跑动过程中，脚尖朝着前进方向，上体侧转面向来球，双臂伸出，主动迎接来球。跑动接球后可以运球、投篮或传球等。

(二) 传球技术动作方法

在篮球比赛中，传球是进攻队员之间有目的转移球的一种方法，是进攻队员在场上配合和组织进攻的纽带，是实现战术配合的一种具体手段。

1. 双手胸前传球

动作方法：两手手指自然分开，拇指呈八字形相对，用指根以上部位持球，手心空出。两肘自然弯曲于体侧，将球置于胸腹之间的部位，身体成基本站立姿势。传球时，后脚蹬地，身体重心适当前移，同时前臂快速伸向传球方向，手腕前屈，拇指用力下压，食指和中指用力拨球将球传出，如图 6-2 所示。球出手后身体迅速调整为基本站立姿势。传球距离近时，前臂前伸的幅度、蹬地、腰腹和伸臂的协调用力相对较小；远距离的传球，需加大蹬地、腰腹和伸臂的协调用力。传球距离越远，蹬地、伸臂的动作幅度则越大。

传球技术

图 6-2　双手胸前传球

双手胸前传球可在原地和跑动中进行。跑动中双手胸前接球和传球是一个连贯动作。接球时手和双脚的动作必须协调配合，一般是左(右)脚上步接球后，右(左)脚上步，左(右)脚抬起在落地前出球。传球的动作过程是双手接球后迅速收臂后引，接着迅速伸前臂，手腕前屈，手指拨球，将球传出。

2. 单手体侧传球

动作方法：两脚开立，双手持球于胸前。右手传球时，左脚向左侧前方跨步的同时将球引至身体右侧，右手单手持球，出球前的一刹那，持球手的拇指在上，手心向前，手腕后屈。传球时，前臂向前快速摆动，手腕前屈，食指、中指、无名指拨球并将球传出，如图 6-3 所示。

单手体侧传球技术

动作要领：跨步动作与向体侧引球动作同时进行，前臂摆动要快，传球手腕要用力。

图 6-3　单手体侧传球

3. 单手肩上传球

动作方法：两脚平行开立，双手持球于胸前。进行右手传球时，左脚向传球方向跨出半步，右手靠左手拨送球的力量将球引至右肩上方，右肩关节引展，大、小臂自然弯曲，手腕稍向后屈，持球的后下方，左肩对着传球方向，重心落于右脚上。传球时，右脚蹬地发力的同时转体带动上臂，以肘领先前臂，手腕前屈，食指、中指、无名指用力拨球将球传出，如图 6-4 所示。

动作要领：自下而上发力，蹬地、扭转肩、挥臂、扣腕动作要连贯。

图 6-4　单手肩上传球

传球的动作方法很多，除双手胸前传球、单手体侧和单手肩上传球三种基本方法外，还有双手低手、双手头上、单手低下、单手胸前、单手背后和勾手等传球。

二、运球技术

运球是指持球队员在原地或移动中，用手连续按拍由地面反弹起来的球的动作方法。

高低运球技术

1. 高运球

动作方法：运球时，两腿微屈，眼平视，手用力向前下方推按球，球的落点在身体侧前方，使球反弹的高度在胸腹之前，手脚协调配合，使球有节奏地向前运行，常用于没有防守队员时从后场往前场的推进，如图 6-5 所示。

动作要领：推按球要用力，手脚配合要协调。

图 6-5　高运球

2. 低运球

动作方法：两腿深屈，抬头，目视前方，上体前倾，身体半蹲，用手短促地按拍球，非运球的手臂架起，握紧拳头收缩手臂肌肉，用身体、手臂和腿保护球，球反弹的高度在膝关节以下，便于控制球和摆脱防守继续前进，如图6-6所示。

动作要领：降低重心，目视前方，注意保护球。

图6-6 低运球

3. 体前变向换手运球

动作方法：以运球队员右手运球向对手右侧突破为例。先向对手左侧快速运球，当对手向左侧移动堵截时，运球队员突然变向，用右手拍按球的右侧后上方，手跟着球下坠，当球下坠到一定的高度(此高度越低，防守球员越难干扰运球队员的动作)后，靠近身体向左侧送拍球，使球落在身体的左侧前方反弹，右脚迅速向左侧前方跨出，上体左转并前倾探肩，换手拍按球的后上方，加速运球突破。

动作要领：变换手时，手按拍球正确的部位，进行运球动作时注意不能与防守队员距离过远。

4. 运球转身

运作方法：以右手运球为例。运球转身时，侧对防守，左脚在前做中枢脚，将球控制在身体右侧，右手按球的右侧上方，随着后转身右脚蹬地后撤的同时，将球拉向身体后侧方落地反弹，即换左手运球，从对手的右侧突破。

动作要领：转身时要加力运球，以加大球的反弹力，增加手控制球的时间，利于拉引球动作的完成。运球转身时，使上臂紧贴躯干来减小球的转动半径，同时运球手臂提拉球的动作和蹬地、跨步、转身动作应紧密结合。

5. 胯下运球

动作方法：以右手运球为例。变向时，左脚在前，右手拍按球的右侧上方，将球从两腿之间运至身体左侧，然后上右脚，换手运球，加速前进，如图6-7所示。

图6-7 胯下运球

动作要领：注意球的击地点和动作的连贯性、协调性。

三、投篮技术

投篮是篮球比赛中唯一的得分手段，是一切进攻技战术的最终目的和全部攻守的焦点。投篮的基本方法主要有以下三种。

1. 原地单手肩上投篮

原地单手肩上投篮是最基本的单手投篮方法，其他各种单手投篮方法大都由此演变而来。以右手投篮为例。双脚原地开立，右脚稍向前，身体重心落在两脚中间，屈肘，手腕后仰，掌心向上，五指自然张开，持球在右眼前上方，左手扶球的左侧，两膝微屈，上体放松并稍前倾，目视瞄篮点。投篮时下肢蹬伸，同时依势伸腰展腹，抬肘上伸前臂，手腕前屈，以指端拨球，通过食、中指柔和用力将球投出，球离手后，右臂应有自然跟进动作，如图6-8所示。

单手肩上投篮技术

图 6-8   原地单手肩上投篮

2. 行进间单脚起跳的单手肩上投篮

以右手投篮为例。行进间右脚跨出一大步的同时双手接球，并用身体保护球，接着左脚迈出一小步制动，同时用力蹬地起跳，随之充分伸展身体，举球于肩上，当身体接近最高点时右臂向前上方伸直，手腕前屈，食、中指用力拨球，通过指端将球投出。这种投篮可在篮下和中距离投篮时运用。

3. 行进间单脚起跳的单手低手投篮

以右手投篮为例。行进间右脚跨出一大步的同时双手接球，并用身体保护球，接着左脚迈出一小步制动，同时用力蹬地起跳，随之充分伸展身体，右臂伸直向篮圈方向举球(手心向上)，当举球手接近篮圈时，向上挑腕和以中间三指为主拨球，使球通过指端投出。投碰板球时需要注意控制球的不同旋转。这种投篮动作多用于快速移动中超越对手并接近篮下的情况。

行进间投篮技术

四、持球突破技术

持球突破是持球队员运用脚步动作和运球技术快速超越对手的一项攻击性很强的技

术。掌握良好的突破技术和突破时机，既能直接切入篮下得分，又能打乱对方的防守部署，创造更多的进攻机会，增加对手的犯规，从而获得更多的罚球次数，给对方防守造成很大的威胁。

1. 持球交叉步突破

动作方法：以右脚为中枢脚为例。两脚左右开立，两膝微屈，身体重心降低，持球于胸腹之间。突破时，左脚前脚掌内侧迅速蹬地，上体稍向右转，左肩向前下压，重心向右前方移动，左脚向右侧前方蹬地，将球引于右侧，中枢脚蹬地向前跨出，迅速超越防守，如图6-9所示。

交叉步突破技术

图6-9　持球交叉步突破

动作要领：屈膝降重心，移动脚迅速蹬地，中枢脚向前跨出。

2. 持球同侧步突破

动作方法：以左脚为中枢脚从防守队员左侧突破为例。突破时，上体积极前倾的同时，右脚迅速向右前方跨一大步，同时上体右转，左肩积极下压。左脚内侧用力蹬地，在左脚离地前，用右手推按球于右脚外侧前方，然后左脚迅速跨步抢位，加速运球超越对手，如图6-10所示。

侧步突破技术

图6-10　持球同侧步突破

动作要领：起动时要突然，跨步、运球快速连贯，中枢脚离地前球要离开手。

五、移动技术

移动是篮球比赛中队员为了改变位置、方向、速度和争取高度等所采用的各种脚步动作的通称，它是篮球运动重要的基本技术之一。

1. 起动

动作方法：保持基本的站立姿势，起动时，身体重心向跑动方向移动以后，脚(向前起动)或异侧脚(向侧起动)的前脚掌内侧突然用力蹬地，两臂积极配合摆动，如图6-11所示。迈步时，前两步要小而快速，身体重心逐渐前移，上体逐渐抬起，在最短的时间里获得最大的速度。

动作要领：迅速蹬地转移重心，前两步小而快。

起动技术

图6-11　起动

2. 跑

跑是指队员在篮球场上为改变位置、争取时间完成攻防任务的一种脚步移动方法。篮球场上常用的跑主要有侧身跑、变速跑、变向跑、后退跑等。

跑技术

1) 侧身跑

动作方法：侧身跑时，脚尖向前，头部和上体自然向有球方向扭转，以便观察场上情况。

动作要领：侧身跑动，脚尖向前。

2) 变速跑

动作方法：跑动中，慢跑变快跑时，重心迅速前移，前脚掌迅速向后蹬地，前两步短促迅速，两臂快速摆动；由快跑变慢跑时，步幅加大，上体抬起，重心稍降低，可使用前脚掌抵地来抵消前进冲力。

动作要领：速度变化要明显，掌握跑动的节奏。

3) 变向跑

动作方法：以从右向左变向跑为例。变向时，膝关节内收，右脚尖指向跑动方向，右脚前脚掌内侧用力蹬地，向左前侧方转体，移动重心，左脚迅速向左前方跨出一小步，用力蹬地，右脚迅速向左侧前方跨出一大步，继续加速跑动。向右变向时，方法相同，动作相反。

动作要领：左脚蹬地快而有力，重心转移快，右脚上步快。

4) 后退跑

动作要领：在后退跑时，脚跟提起，两脚前脚掌交替用力蹬地(用力方向与向前跑动相反)，小腿及时后收向后摆动，两臂积极摆动，上体自然放松后仰，以维持身体平衡，眼睛注意观察场上情况。

动作要领：脚跟提起，小腿后收，前脚掌用力蹬地。

3. 跳

跳是指队员在球场上为争取高度，控制空间优势而采用的动作方法。在

跳技术

篮球比赛中，很多技术动作需要队员在空中完成，这就需要队员能及时在原地或移动中，运用单脚、双脚向不同方向起跳，能够在原地、跑动中和对抗条件下通过向不同方向跳、连续跑等来完成技术动作。

跳包括双脚起跳和单脚起跳两种类型。

1) 双脚起跳

动作方法：两脚开立，与肩同宽，屈膝降低重心。起跳时，两脚用力蹬地，两臂用力上摆，使身体腾起在空中，并保持平衡伸展。落地时，屈膝缓冲，控制身体重心，快速和其他动作衔接。

动作要领：起跳前屈膝降低重心，起跳时用力蹬地，摆臂、提腰等动作应协调配合。

2) 单脚起跳

动作方法：单脚起跳时，起跳腿迅速屈膝，同时脚跟积极着地，并迅速过渡到前脚掌用力蹬地，同时，腰胯用力上提，两臂用力上摆，另一腿屈膝上抬，加快起跳速度。当身体腾起到空中高点时，两腿自然伸直并拢，身体伸展。落地时双腿屈膝缓冲，以利于控制身体的平衡。

动作要领：起跳腿用力蹬伸，摆动腿、腰腹、两臂和上体要协调配合并向上用力。

4. 急停

急停是指队员在跑动或移动时，突然制动的方法，它也是各种脚步动作衔接和变化的过渡动作。急停在球场上更多的是和其他脚步动作结合在一起运用。

篮球比赛中，常用的急停动作主要包括跳步急停和跨步急停两种。

急停技术

1) 跳步急停

动作方法：队员在跑动中用双脚或单脚起跳(不宜高跳)时，上体稍后仰，两脚同时平行落地，控制好身体平衡。落地时，用全脚掌着地或脚跟向前脚掌过渡。落地后，双膝微屈，降低重心，两臂自然弯曲，保持身体平衡。

动作要领：控制好起跳的高度，双脚落地时，屈膝并降低重心，膝关节内收，脚内扣，控制身体平衡。

2) 跨步急停

动作方法：在快速跑动中突然急停时，先向前跨出一大步，全脚掌触地的同时，迅速屈膝，降低重心，身体稍后仰，减缓前冲力；接着迅速跨出第二步，用前脚掌内侧着地，脚尖内扣，膝关节内收，身体侧转微前倾，重心在两腿间，两臂自然弯曲张开，以控制身体的平衡。

动作要领：着地制动，降低重心，第二步前脚掌用力抵地，体内收，转体。

六、抢篮板球技术

比赛中进攻队员投篮未中，在球处于从篮圈或篮板反弹上升的状态时，双方队员采用的抢位、堵截和跳起抢球的策略、技巧与方法，统称为抢篮板球。进攻方争抢本方投篮未中的球称为抢进攻篮板球；防守方争抢对方投篮未中的球称为抢防守篮板球。抢篮板球包括双手抢球、单手抢球、点拨球和顶抢篮板球，由抢占位置、起跳动作、空中抢球动作和抢获球后的动作有机衔接组成。

1. 抢占位置

抢占位置是抢篮板球技术的关键，它对能否抢到篮板球起到极其重要的作用。抢占位置时，应根据对手和投篮队员所处的位置正确判断篮板球的反弹方向、距离，运用快速的脚步动作，配合身体动作抢占有利位置。

2. 起跳动作

起跳时，两脚迅速用力蹬地向上跳起，同时双臂上摆，腰腹协调用力，充分伸展身体以抢占空间位置。

3. 空中抢球动作

手在空中接触球后，迅速屈指、屈腕、屈肘收臂将球拉下，可用双手也可用单手，也可以在空中将球直接点拨给同伴。

4. 抢球后动作

当进攻队员抢到篮板球后，应首先补篮或继续投篮，如果没有投篮机会则应迅速将球传给同伴，重新组织进攻。防守队员抢到篮板球后，要及时将球传给接应同伴，为快攻创造有利条件。

抢进攻篮板球时要用快速的移动步法，配合身体动作，摆脱防守队员阻挡，冲抢篮板球或补篮。抢防守篮板球时一定要利用自己靠近篮圈的有利条件，首先挡住对方队员，然后再去抢球。

七、抢球、打球、断球

抢球、打球、断球是防守中具有攻击性的技术，也是防守对手时获得球的重要手段。比赛中抢球、打球、断球的成功，不仅可以破坏对方的进攻，鼓舞本队的士气，而且为由守转攻和发动快攻创造有利的战机。

1. 抢球

抢球是指防守队员从进攻队员手中夺取球的方法。

(1) 拉抢。防守队员看准对手的持球空隙部位，迅速用两手抓住球向后方突然猛拉，将球抢过来。

(2) 转抢。防守队员抓住球的同时，迅速利用手臂后拉和两手转动的力量，将球从对方手中抢出。抢球时，为了加大抢夺球时的力量，可以利用转体动作，迫使对方无法握球。若抢球不成功，则应力争与对手形成争球。

2. 打球

打球是指运动员在防守进攻队员运球或投篮过程中，击落或封盖对方手中之球所采用的策略、技巧与方法。它包括打持球队员手中的球，打运球队员手中的球，打行进间投篮队员手中的球，对投篮队员"盖帽"。

3. 断球

断球是在对方传球过程中，截获飞行中的球的方法。根据防守队员与对手之间的位置关系，分为横断球、纵断球和封断球。横断球和纵断球要注意跃出的步法，蹬地要快而有力，用身体将接球对手挡在后面。封断球则要求手臂拦截动作要快速。截获球后要注意身体平衡，迅速转入下一个动作，反守为攻。

八、防守对手

防守对手是指防守队员合理地运用脚步移动和手臂动作积极地抢占有利位置，阻挠和破坏对手的进攻意图和行动，并以争夺控制球权为目的所采用的动作方法。

防守时，不仅要选择合理的防守位置，而且要保持正确的防守姿势(包括手臂、身体动作与步法)，做到"人、球、篮、区"四位一体，力争在严密控制好自己的防守对象的同时，还能及时协防与补防，伺机进行抢球、打球、断球以转入快速进攻。

(一) 防守基础动作

队员在防守时需要有一个既稳定又机动的准备姿势，既要用来保持身体平衡又要有较大的应变性，以便迅速对进攻队员的行动作出及时的应答。防守准备姿势是两脚后跟稍稍提起，两脚左右开立，比肩稍宽，身体重量分布在两脚上，膝关节弯曲稍深，后背伸直，臀部稍低，头部要位于两脚之间中点的垂直线上方，两眼平视或环视、扫视前方和左右。

(二) 防守无球队员

防守无球队员由防守的位置与距离、防守姿势、移动步法三个环节组成。

1. 防守的位置与距离

防守无球队员时，始终要保持"球-我-他"的选位原则，即防守者的位置始终要位于对手与球篮之间，并偏向有球一侧，与球和所防对手三者要成钝角三角形，防守者始终位于钝角处。防守者与对手的距离要和对手距球的远近成正比，做到对手近球则近，对手远球则远。根据球和对手所处的位置，防守无球队员可分为强侧(有球侧)防守和弱侧(无球侧)防守。

(1) 强侧防守。当防守的对手处在强侧时，因其临近球，随时都有接到球的可能。为了全力封锁对手接球，同时又能控制对手向篮下切入，防守者应站在球与自己所防守对手的传球路线的内侧位置，逼近对手，采用面向对手侧向球的斜前站立姿势。靠近球侧的脚在前，屈膝，重心在两脚之间；与前脚同侧的手前伸，拇指朝下，手掌处于球与对手的假想连线上，切断对手的传接球路线；离球远的手臂弯曲，以便感觉对手的动向以防切入；眼睛要既看到人，又能兼顾到球。

(2) 弱侧防守。当防守的对手处于弱侧时，因其距球较远，故威胁相对较小。为了协助同伴共同加强对有球侧的防守，便于控制篮板球，应向球和球篮方向靠拢。通常采用的是面向球、侧向对手的站立姿势，即两脚开立，两膝稍屈，两臂伸于体侧，密切观察球、人的动向。

2. 防守姿势

正确的防守姿势能扩大场地及空间的控制范围并及时向不同方向移动。采用何种防守姿势应根据防守者与对手和球的距离远近来选择。防守离球较近的对手，经常采用面向对手侧向球的斜前站立姿势。靠近对手的异侧脚在前，堵截对手摆脱移动的接球路线，伸前脚一侧的手臂，封锁接球的路线；防守离球较远的对手，经常采用面向球侧向对手的平行站立姿势，在防住自己对手的基础上，便于断球或进行协同防守配合。

3. 移动步法

防守时，防守队员要根据球和人的移动，合理地运用脚步动作来保证及时占据有利的防守位置，争取主动。防守无球队员常用的移动步法有滑步(前、后、横滑步)、撤步、碎步、快跑和转身等。每种步法的运用都是针对一定的进攻行动的。

移动步法

防守位置、姿势与移动步法三者有密切的内在联系。不同位置、不同姿势、不同步法的有机结合、运用与变化，构成了完整的防守。

(三) 防守有球队员

防守有球队员由防守的位置与距离、防守姿势、移动步法三个环节组成。

防守技术

1. 防守的位置与距离

当对手接球后，必须迅速调整位置和距离，防守人应站在对手与球篮之间，使对方、自己和球篮三点保持在一条直线上。如果对手离篮近则防守者应靠对手近些，离篮远则离对手远些。当然，还应根据对手的进攻技术特点和习惯(善投、善传或善突)以及防守战术的需要调整防守距离和位置。

2. 防守姿势

由于有球队员的特点、意图以及与球篮的距离不同，所以防守有球队员时的动作也有所不同。一般防守有球队员有两种方法：

(1) 平步防守。两脚取平行站立的防守姿势，两臂侧伸和挥摆。这种方法防守的面积大，攻击性强，可以很方便地向左右移动，适合于防守运球、突破。

(2) 斜步防守。两脚前后站立的防守姿势，前脚同侧手臂向前上方伸出，另一手臂侧伸进行阻挠。这种防守姿势便于前后移动，有利于对投篮的防守。

不论采用哪种防守方法，都要积极移动。当对手运球或突破时，应阻截他的移动路线，迫使他运向边角；当对手做假动作时，不要受其引诱而失去身体平衡。

3. 移动步法

防守有球队员的脚步动作与对手接球时所处的情况以及防守者的站立姿势有直接关系。常用的移动步法有运用碎步或跳步急停，突然逼近对手；平步站立——横滑步；斜前站立——撤步、滑步。

第三节　篮球运动基本战术

篮球战术是篮球比赛中队员所运用的攻守方法的总称，是队员个人技术的合理运用和队员之间相互协同配合的组织形式。在比赛中队员之间采用相互协同行动的方法，其目的是为了更好地发挥本方队员的技术与特长，制约对方，力争掌握比赛的主动权。

一、队员的位置和分工

篮球比赛中很早就有队员的位置分工，随着技术与战术的发展和规则的演变，正确分配队员的位置，明确其职责变得更为重要。篮球战术中队员的位置从大的方向上分为中锋、前锋、后卫；按场上队员落地位置细分为控球后卫、得分后卫、小前锋、大前锋、中锋。

二、进攻战术基础配合方法

进攻基础配合是指进攻队员之间为了创造进攻机会，合理运用技术而组成的合作方法。进攻战术基本配合方法包括传切配合、突分配合、策应配合和掩护配合。

(一) 传切配合

传切配合是进攻队员之间利用传球和切入技术所组成的简单配合。

1. 传切配合的方法

示例一：一传一切。如图 6-12 所示，⑤传球给④后，立即摆脱对手❺向篮下切入，接④的回传球投篮。

示例二：空切。如图 6-13 所示，④传球给⑤，⑥立即摆脱对手❻向篮下切入，接⑤传来的球投篮。

图 6-12　一传一切　　　　一传一切　　　　图 6-13　空切　　　　空切

2. 传切配合的要求

传球队员要利用瞄篮、突破、运球或假动作吸引和牵制对手。切入队员要根据情况把握好时机，果断、快速摆脱对手切入篮下，并接同伴的传球。当切入队员摆脱对手处于有利位置时，应及时而准确地将球传给他。

(二) 突分配合

突分配合是持球队员在突破过程中受到防守队员阻截时，及时将球传给无人防守或已摆脱防守的同伴，为同伴创造进攻机会的配合方法。

1. 突分配合的方法

如图 6-14 所示，⑤从防守者的左侧突破，❹协防，封堵⑤向篮突破的路线，此时④及时跑到有利的进攻位置，接⑤的球投篮，或做其他进攻配合。

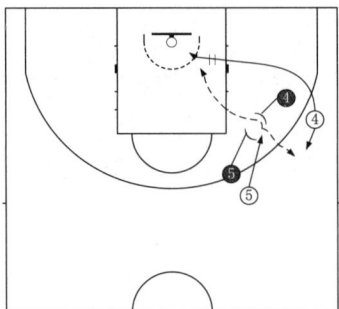

图 6-14　突分配合

突分配合

2. 突分配合的要求

突破动作要快速，要随时观察场上攻守队员行动和位置的变化，既要做好投篮的准备，又要及时、准确地传球给同伴。其他进攻队员要及时跑到有利于进攻的位置上接应。

(三) 策应配合

策应配合是指进攻队员背对篮筐或侧对篮筐接球，作为枢纽与同伴空切相配合而形成的里应外合的进攻方法。

1. 策应配合的方法

示例一：如图 6-15 所示，④摆脱防守插到罚球线作策应，⑤将球传给④，并立即空切篮下，接④的策应传球投篮。

示例二：如图 6-16 所示，④传球给策应者⑤，并从⑤身边切入篮下，⑥向底线下压后绕出，⑤可将球传给④篮下进攻或传给⑥外围投篮，也可自己进攻。

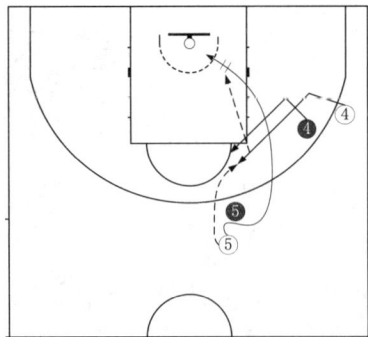

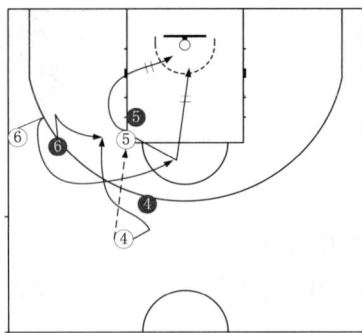

图 6-15　策应配合一　　　策应配合一　　　图 6-16　策应配合二　　　策应配合二

2. 策应配合的要求

策应者要及时抢位接球，接球后两脚开立，要用手臂、身体和腿部挡住防守者。两手持球于胸前，两肘外展保护球，身材较高的策应者可将球持于头上。要随时观察场上情况，以便及时将球传给最有利进攻的同伴，并注意自己的攻击机会，根据攻防的实际情况，处理好内外结合的关系。在策应过程中要用转身、跨步、假动作及时调整策应的方向和位置，以便协助同伴摆脱防守，增加策应的变化与成功率。

配合队员要根据策应者的位置，及时传球给策应者远离防守的一侧，做到人到球到。

(四) 掩护配合

掩护配合是掩护队员采用合理的行动，用自己的身体挡住同伴的防守者，使同伴得以借机摆脱防守，或利用同伴的身体和位置使自己摆脱防守的配合方法。掩护配合可以在无球队员与有球队员、有球队员与无球队员、无球队员与无球队员之间完成。

1. 掩护配合的方法

示例一：给持球队员做侧掩护。如图 6-17 所示，⑤传球给④后跑到④的侧面做掩护，④接球后做投篮或突破的动作，吸引❹的防守，当⑤到达掩护位置时，④持球从❹的右侧突破投篮。⑤掩护后及时移动到有利的位置去接球或抢篮板球。

示例二：给无球队员做侧掩护。如图 6-18 所示，⑤传球给④后，跑去给同伴⑥做掩护，当⑤跑到⑥侧面掩护到位时，⑥贴着⑤切入篮下接④传来的球投篮。④接到⑤传来的球后，要做投篮、突破假动作吸引自己的防守人和调整配合时间，当⑥借助⑤掩护插入篮下无人防守时，④及时将球传给⑥投篮。⑤掩护后要根据防守的情况及⑥的移动情况及时采取其他战术行动。

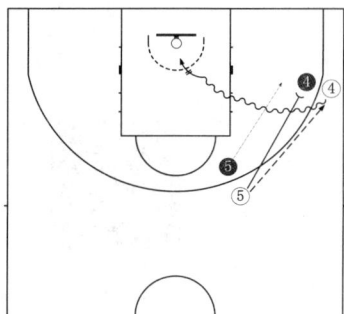

图 6-17　掩护配合一　　　掩护配合一　　　图 6-18　掩护配合二　　　掩护配合二

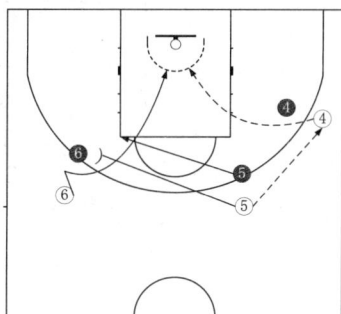

掩护配合还有定位掩护、行进间掩护、连续掩护、假掩护等。掩护后经常出现第二次机会，如图 6-19 所示，⑤做掩护后对方换防时，④就不向篮下突破而适当向外拉开运球。⑤则及时利用转身把❹挡在身后而向篮下切入，接④的传球投篮。又如图 6-20 所示，④给⑤做后掩护后，⑤将球传给⑥，之后④与⑤换防，④及时转身切向篮下，接⑥的传球投篮。

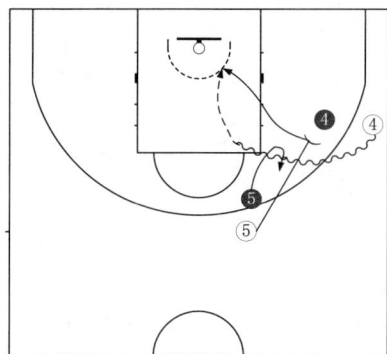

图 6-19　掩护配合三　　　掩护配合三　　　图 6-20　掩护配合四　　　掩护配合四

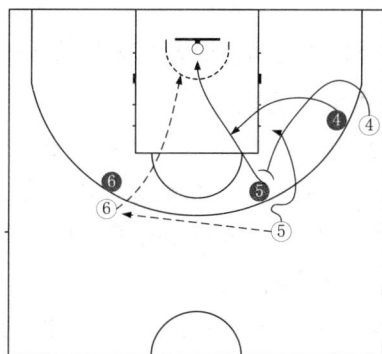

2. 掩护配合的要求

做掩护的队员目的要明确，行动要隐蔽，动作要合理，避免造成犯规。被掩护的队员要配合掩护队员隐蔽行动意图与方向，运用假动作吸引对手，当同伴到达掩护位置时，摆脱对手的动作要突然、快速。

三、防守战术基础配合

防守基础配合是指防守队员之间为了破坏对方进攻的配合，或当同伴防守出现困难时，及时互相协作和帮助的行动方法。

以下介绍几种常用的基本防守战术配合的方法。

(一) 关门配合

"关门配合"是两名防守队员靠拢协同防守突破的配合方法。

1. 关门配合的方法

如图 6-21 所示，当⑤从正面突破时，❹❺或❺❻进行"关门"配合。

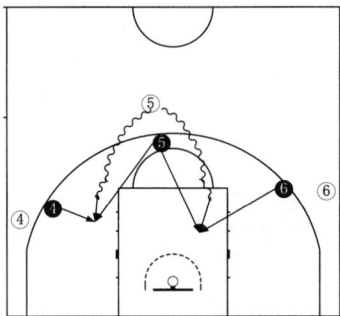

关门配合

图 6-21　关门配合

2. 关门配合的要求

防守队员应积极堵截进攻者的突破路线，临近突破一侧的防守队员要及时向同伴靠拢进行"关门"，不给突破者留有通过的空隙。关门配合也运用于区域联防。

(二) 夹击配合

夹击配合是两名防守队员积极防守一名进攻队员的配合方法。

1. 夹击配合的方法

如图 6-22 所示，④从底线突破，❹封堵底线，迫使④停球，❺同时迅速向底线跑去与❹协同夹击④，封堵其传球路线，迫使其违例或失误。又如图 6-23 所示，⑤发边线球，❺协同❻夹击⑥，两人积极封堵⑥的接球。

2. 夹击配合的要求

夹击配合的目的是造成对手 5 秒违例或传球失误，因此，要正确地掌握夹击的时机和区域，行动要果断，要出其不意。在形成夹击时要用身体和腿部限制进攻队员的活动，用手臂封堵传球和接球，但要防止犯规。夹击配合一般是在边角区域进行。

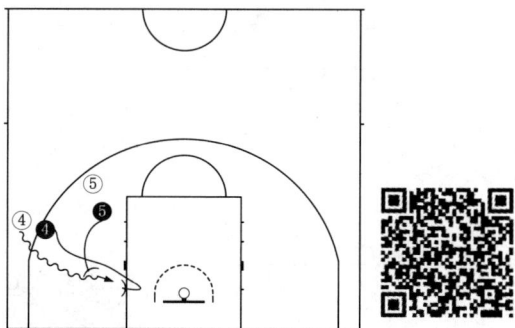

图 6-22　夹击配合一　　　夹击配合一　　　图 6-23　夹击配合二　　　夹击配合二

(三) 补防配合

补防配合是指防守队员在同伴漏防时，立即放弃自己的对手，去补防那个威胁最大的进攻者，是漏人的防守队员及时换防的一种协同防守方法。

1. 补防配合的方法

示例一：如图 6-24 所示，⑤传球给④后，突然摆脱防守的❺直插篮下，此时❹放弃对❻的防守而补防❺，❺去补防❻。

示例二：如图 6-25 所示，❺持球突破❹，直接威胁球篮，❺放弃对❻的防守而补防❺，❹立即补防❻。

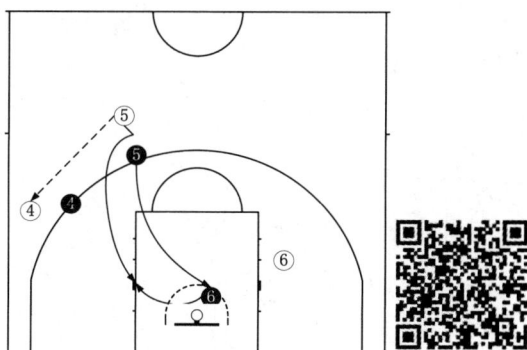

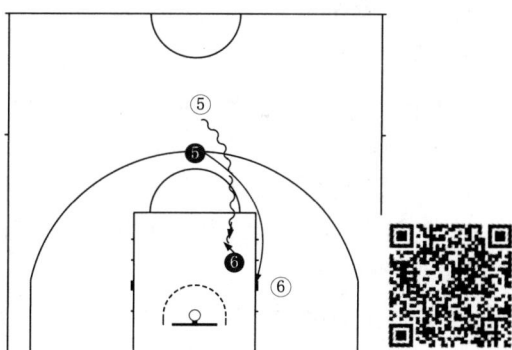

图 6-24　补防配合一　　　补防配合一　　　图 6-25　补防配合二　　　补防配合二

2. 补防配合的要求

漏防队员要积极补防，其他防守队员要密切注意场上情况，及时调整防守位置，随时注意补防和断球。

(四) 挤过配合

挤过配合是破坏掩护配合的积极有效方法之一。

1. 挤过配合的方法

示例一：如图 6-26 所示，④传球给⑤后跑去给⑥做掩护，❹发现后要提醒同伴❻注意，❻在④临近的一刹那，迅速抢在④之前继续防守⑥。

示例二：如图 6-27 所示，⑤接球后向右侧运球，④上前来掩护，此时❹要及时提醒❺，

❺在④临近的刹那，迅速靠近⑤，从④和⑤之间挤过，继续防⑤，❹要配合行动。

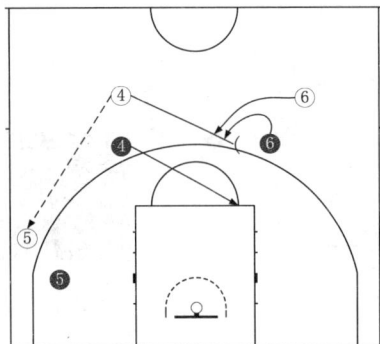

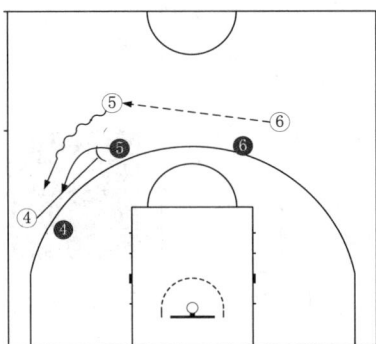

图 6-26　挤过配合一　　　挤过配合一　　　　图 6-27　挤过配合二　　　挤过配合二

2. 挤过配合的要求

挤过时要贴近进攻者，上前侧抢步的动作要及时、突然、有力。发现对方掩护，一定要提醒同伴。要选择好有利协防的位置，密切注意两名进攻者的行动，及时做好补防。

(五) 穿过配合

穿过配合是破坏掩护配合、及时防住自己对手的一种配合。

1. 穿过配合的方法

当进攻队员进行掩护配合时，防守去做掩护的队员要及时提醒同伴并主动后撤一步，让同伴及时从自己和掩护队员之间穿过，以便继续防住各自的对手。如图 6-28 所示，⑤传球给⑥后去给④做掩护，❺要提醒同伴，并离⑤远一点。❹当⑤掩护到位前一刹那主动后撤一步，从⑤和❺中间穿过，继续防守④。

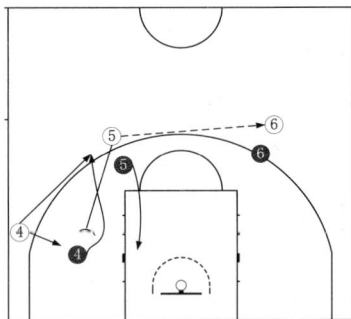

穿过配合

图 6-28　穿过配合

2. 穿过配合的要求

防守掩护的队员应及时提醒同伴并主动让路，穿过队员要迅速穿过，并调整防守位置和距离。穿过配合，一般在无投篮威胁时运用。

(六) 绕过配合

绕过配合是指当进攻队员进行掩护配合时，防守做掩护的队员主动贴近对手，让同伴从自己的身旁绕过，继续防住各自对手的配合方式。

1. 绕过配合的方法

示例一：如图 6-29 所示，⑥传球给⑤并去给他做掩护，⑤传球给④后利用⑥的掩护向篮下切入，❺从⑥和❻旁绕过。

示例二：如图 6-30 所示，⑤传球给⑥利用④的掩护切入篮下，❺封堵⑤向球切的路线，迫使其向另一侧切入，此时❹要贴住④，❺从④和❹身旁绕过继续防守⑤。

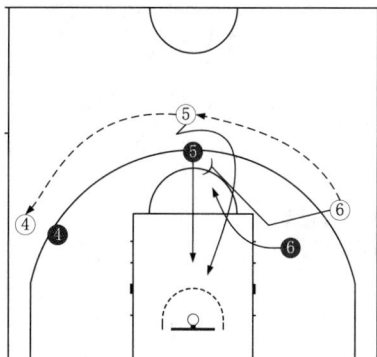

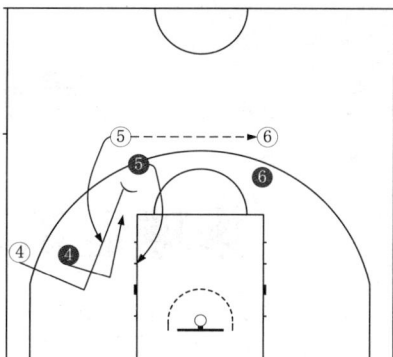

图 6-29　绕过配合一　　　　绕过配合一　　　　　图 6-30　绕过配合二　　　　绕过配合二

2. 绕过配合的要求

防护者要及时提醒同伴，并贴近自己的对手，绕过队员要及时调整位置和距离，继续防住对手。

(七) 交换配合

交换配合是为了破坏进攻队员的掩护配合，在防守队员之间及时进行交换自己所防守的对手的配合方法。

1. 交换配合的方法

示例一：如图 6-31 所示，⑤去给④做掩护，❺要主动发出换人信号，及时封堵④向篮下突破的路线，此时❹应及时调整自己的防守位置，防止⑤向篮下空切。

示例二：如图 6-32 所示，④传球给⑤，并利用⑥定位掩护切入篮下，此时❻看到❹被掩护住了，应主动招呼同伴换防，❻防④篮下接球，❹调整位置防⑥。

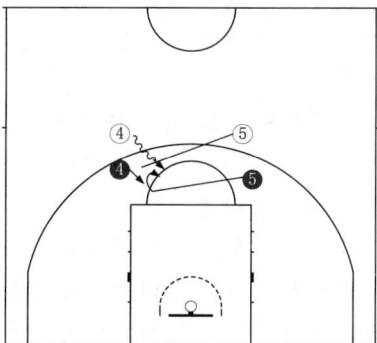

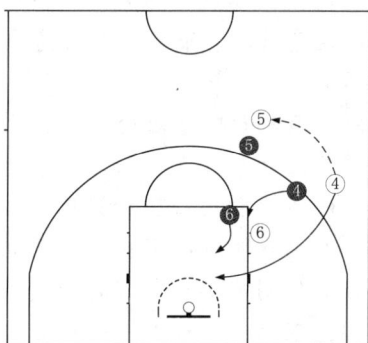

图 6-31　交换配合一　　　　交换配合一　　　　　图 6-32　交换配合二　　　　交换配合二

2. 交换配合的要求

交换防守时，防守掩护者的队员要主动发出换人信号，二人准备换防。两防守队员要到位交换，及时换防。运用交换防守后，应在适当时机再换防，以免在个人防守力量对比上失衡。

第七章

排球运动理论与技术

学习目标

(1) 了解排球运动的起源、排球运动发展的阶段性特征以及排球运动的主要国际赛事。

(2) 了解排球技术动作体系的基本内容，认知排球运动各项技术动作的基本要领和完成技术动作时需要注意的技术关键点。

(3) 理解排球战术的含义，了解排球常用技术的基本战术运用。

课程思政点

弘扬中国女排精神

女排精神曾是时代的主旋律，是中华民族精神的象征，影响了几代人积极投身到改革开放和社会主义现代化建设的伟大事业当中。女排精神不仅成为了中国体育的一面旗帜，更成为整个民族锐意进取、昂首前进的精神动力。在 21 世纪，女排精神仍具有巨大的现实意义和时代价值。

弘扬女排精神有利于改善社会风气，引导人们树立正确的价值观，增强人们的思想道德意识。在改革开放的条件下，人们在享受市场经济发展带来好处的同时，也感觉到经济活动中存在个别的投机取巧心理和极端个人主义、损人利己的不道德行为。因此，必须弘扬女排精神，让人们能明确国强我荣、国弱我辱，能正确处理国家、集体、个人三者之间的利益关系。让人们明确实现良好的社会风气，需要每个人勇敢的奉献，真诚的付出，建立同心同德、团结互助、和谐美好的社会关系，最终用正确的精神力量规范人们的行为和价值观念，获得人生价值的最终实现。

弘扬女排精神有利于调动人们进行社会主义建设的积极性，激励人们迎难而上，加快小康社会美好理想的实现。人总是要有一点精神的，越是艰苦的事业，越需要精神的支撑，必须具有社会主义必胜的信念。必须用"女排精神"教育人们，发扬艰苦奋斗的精神，不畏艰险、埋头苦干实现全面小康社会，才能使经济更加发展，社会更加和谐，人民生活更加殷实。

女排精神所蕴含的意义已经远远超越了体育的范畴，它是可以融入各项事业中的宝贵精神财富，已经深深扎根在中国人的心中，化作浓浓的解不开的情结，显示了强大的生命力和感召力，它将永远激励着中国人民。

第一节　排球运动概述

"排球"这个国际通用的名字，是美国春田市的霍尔斯特德教授在 1896 年提出来的。为了更好地推广排球运动和开展排球游戏比赛，美国人喀麦隆在 1896 年编写出版了第一套排球比赛规则，使排球游戏的比赛和对抗有了统一评判的标准。为了适应各个阶层人们的需要，排球运动不断繁衍和分化了一些新的形式，使排球运动的运动负荷适中，娱乐性更强，易于被人们接受，主要以娱乐排球和竞技排球两种形式发展。

奥运会排球比赛、排球世界锦标赛、排球世界杯被称为世界三大排球比赛。全面、高度、快速、多变、创新是世界竞技排球发展的总趋势，它同时也标志着竞技排球的技术战术发展的方向。

排球运动最高级的组织机构为国际排球联合会，截至 2020 年 9 月，其共有 222 个协会会员，分属欧洲、亚洲、非洲、中北美洲和加勒比地区、南美洲 5 个洲级排球联合会。中国排球协会是中华全国体育总会的团体会员，是中国奥林匹克委员会承认的全国性专项运动协会。

1981 年到 2019 年，中国女排先后 10 次在世界女排三大赛上夺得冠军。每一次的夺冠历程不尽相同，有 5 连冠时代的水到渠成，有雅典奥运会上的惊天逆转，也有像 2019 年在世界杯上的"十全十美"。

第二节　排球运动基本技术

排球基本技术包括准备姿势和移动、垫球、传球、发球、扣球和拦网六大类。

一、准备姿势和移动

1. 准备姿势

准备姿势可根据膝关节的弯曲程度分为稍蹲、半蹲、低蹲三种。稍蹲多用于扣球、拦网及球在对方时的间歇；低蹲多用于保护扣球、保护拦网及后排防守中；半蹲则是运用最基本、最广泛的姿势，是学习和练习的基本内容。

准备姿势和移动

(1) 半蹲准备姿势，如图 7-1 所示。

下肢：两脚左右开立，约与肩同宽，两脚前后稍错开，脚尖稍成"内八字"形，后脚跟稍提起，两膝屈成半蹲，膝关节内扣，膝部垂直面超过脚尖。

躯干部：稍收腹含胸，上体稍前倾，重心置于两脚支撑面稍偏前。

图 7-1　半蹲准备姿势

手臂：自然屈肘放松置于体前，抬头，颈部自然放松，两眼注视来球。

(2) 稍蹲准备姿势。

身体重心稍高于半蹲姿势，膝关节角度较大，其他动作与半蹲姿势基本相同。

(3) 低蹲准备姿势。

两脚分开比半蹲姿势更大，脚跟提起，膝关节角度更大，上体前倾，两手于胸前自然平伸。

2. 移动

移动的目的在于迅速而及时准确地接近球，取得人与球之间恰当的位置，便于合理、准确地击球。移动的方法有并步、跨步和跨跳步、撤步、交叉步、跑步等。

(1) 并步移动。来球距身体仅一步左右时，采用并步法移动。移动时，前脚迅速向来球方向迈出一步，身体重心随着移向来球方向，同时后脚用力蹬地，前脚落地后，后脚立即跟上，做好击球前的准备姿势。

(2) 跨步和跨跳步移动。来球较低或来球距身体两米左右时采用跨步和跨跳步移动。移动时，后脚用力支撑蹬地，前脚迅速向来球方向跨出，身体重心随之移至前腿上。如果判断采用跨步移动仍不能接近球时，则可采用跨跳步移动。

(3) 撤步移动。当来球较高或来球距身体很近时，应采用撤步移动。移动时，首先身体重心后移，然后根据来球的情况和采用击球的方式向后撤步。

(4) 交叉步移动。来球在身体周围三米左右时，可采用交叉步移动。移动时，上体向移动方向倾斜，同时后腿从支撑腿前(或后)迅速迈出一步，并变成支撑腿，原支撑腿从支撑腿后跟上，做侧跨步动作，准备迎击球。

(5) 跑步移动。当判断来球的落点离身体较远时，应采用跑步法移动。移动时，边跑边观察球的情况，根据人与球、网的位置关系取捷径并有节奏地移动至球前，边跑边降低重心，最后一步做跨步移动，并做好击球的准备。

二、垫球

1. 正面双手垫

动作要领：垫球时，两手臂对准垫球方向伸直插向球下，两手叠合，两拇指平行对齐，两手掌握紧，两臂夹紧，手腕紧压，两小臂外旋，使前臂腕关节以上 10 厘米处形成垫击球的平面，如图 7-2 所示。充分利用脚蹬地、伸髋、含胸提肩抬臂的协调用力将球击出，如图 7-3 所示。为了更好地控制垫球方向，在垫球的同时身体要有伴送动作。

垫球技术

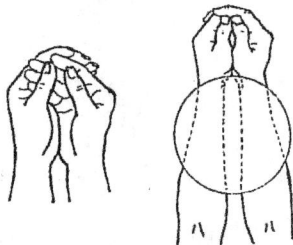

図 7-2　垫球手形与部位　　　　图 7-3　正面双手垫球

2. 侧垫球

当来球在体侧，可采用侧垫球技术。

动作要领：当球向体侧飞来，同侧脚内旋蹬地，重心随之移动，膝关节弯曲，上体内转，同时两臂夹紧伸向来球方向。侧垫球时，两手臂挺直，垫球侧手臂稍高形成向内的斜面，然后利用脚蹬地并伴有向外转体的动作，垫击球的外侧下方，将球垫出。

3. 背垫球

当不便采用传球或正面垫球时，可采用背垫球。

动作要领：当身体移动至球的落点约一米时，背对垫球方向，两臂插于球下，腕关节高于肩关节，掌握好垫击角度，然后抬头、挺胸、展腹、扬臂、身体后仰将球向后上方垫出。

4. 滚翻垫球

当来球距身体较远需奋力救球时，采用滚翻垫球。

5. 垫入网球

球一旦入网，首先判断好球入网的力量、角度和部位，然后卡准球的反弹路线，以低蹲准备姿势将球救起。

6. 单手垫球

当来不及传球或双手垫球时，可采用单手垫球技术。

7. 挡球

挡球是在既不能传球又不能垫球的情况下的一种"应急"技术，常在来球力量大、速度快、弧度平时运用。挡球可分为双手和单手两种，双手挡球又分并掌法和抱拳法，如图7-4所示。

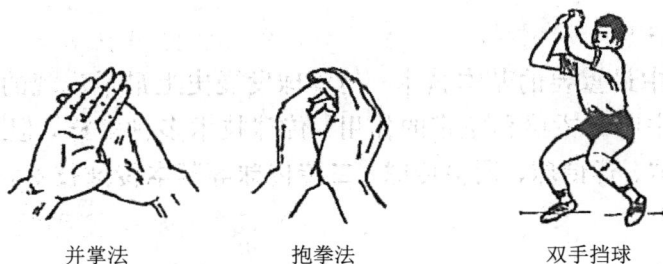

并掌法　　　　　　抱拳法　　　　　　双手挡球

图 7-4　双手挡球

三、传球

1. 正面上手传球

动作要领：传球前，依据来球做好判断，双手迅速移动至球下，此时下肢稍蹲，上体稍挺起。

传球技术

手型：两手手指自然张开，手指稍屈成半球形，小指在前，两拇指相对接近一字形，以拇指、食指、中指指腹触球为主，无名指和小指包在球两侧辅助，掌心空出，手腕稍后仰，如图7-5所示。

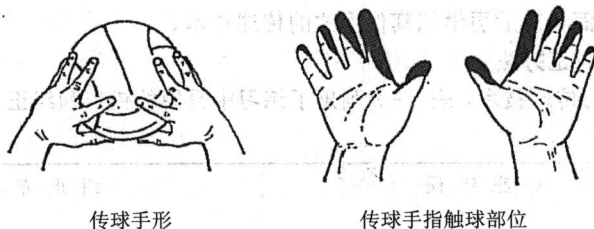

传球手形　　　　　　　传球手指触球部位

图 7-5　正面上手传球手形与手指触球部位

击球点：一般保持在额前上方约一球距离。

击球的用力：传球前，手指、手腕和手臂要稍放松。球触手时，指、腕应保持一定的紧张。球触手后，以拇指、食指和中指承担球的压力，无名指和小指包在球两侧辅助控制球，然后充分利用蹬地、伸膝、展髋、伸臂、手腕手指的弹力与身体协调力量将球传出，如图 7-6 所示。

图 7-6　正面上手传球

2. 背传球

背传球是具有一定隐蔽性和战术意义的传球技术。

传球前，身体保持正面上手传球的准备姿势。传球时，抬头看球，将上臂抬起，手腕后仰，掌心向上，上体稍后仰，击球点保持在额上方，手臂、手腕、手指向后上方用力将球传出，如图 7-7 所示。

图 7-7　背传球

3. 侧传球

向右传球时，右手稍低，左手稍高，身体稍向右侧倾斜。向左侧传球时，与向右侧传球动作方向相反。

4. 跳传球

以双脚或单脚起跳，待身体上升至最高点时，利用伸臂及手指、手腕的力量将球传出。跳传球用于各种战术进攻，具有较强的攻击性和隐蔽性，对身体的协调性要求较高。

四、发球

1. 正面下手发球

发正面下手球前，在底线后的发球区面对发球方向站好，左脚在前(以右发手球为例)，两脚前后分开约一步，身体重心稍偏后腿。发球时，左手持球于腹前，将球抛向右肩前下方，距身体约一臂远；同时右臂后摆，然后利用后腿蹬地、身体前移、右臂伸直的力量由后向前加速挥臂，用全手掌或虎口、掌根击球的后下部，如图 7-8 所示。

下手发球技术

图 7-8 正面下手发球

2. 正面上手发球

正面上手发球是用途最广、最基本的发球技术，是发球技术向高水平发展的基础。发球前，在底线后面对球网两脚前后开立，左脚在前，身体重心在右脚上，左手托球于腹前。发球时，左手将球平稳地上抛至右肩前上方高于头约 1 米；同时右臂抬起向后上方引，使肘高于肩，手高于头，手自然张开，抬头挺胸，展腹送髋，上体稍向右侧转。然后利用蹬地、收腹、收胸和大臂带小臂的力量加速用力向前上方做甩动鞭打动作，全手掌击球的后中下部，击球点保持在右肩前上方，并伴有手腕向前推压动作，使球呈上旋飞行，如图 7-9 所示。

上手发球技术

图 7-9 正面上手发球

3. 正面上手发飘球

正面上手发飘球指采用正面上手的形式，使发出的球不旋转且不规则地飘晃飞行的发球方法。以右手击球为例，队员面对球网，两脚前后自然开立，左脚在前，左手托球于身前，用抬臂和手掌的平托上送，将球平稳地垂直抛于右肩前上方，高度略低；在左手抛球的同时，右臂抬起，屈肘后引，肘与肩平，上体稍向右转；击球前，臂自后向前做直线挥动；击球时，五指并拢，手腕稍后仰，用掌跟平面击球的后下部，作用力通过球体重心。击球瞬间手指、手腕紧张，手形固定，不加推压动作，手臂并有突停动作，如图 7-10 所示。

图 7-10　正面上手发飘球

4. 跳发球

跳发球就是在端线附近助跑起跳的大力上手发球，它是发球技术和远网扣球技术的结合。跳发球是当前比赛中最有攻击性的发球，它的特点是力量大、速度快、弧度平，过网时间短，具有较大威胁。跳发球技术难度大，需要运动员具有相当好的弹跳高度、爆发力、手法和良好的控制能力。跳发球的具体动作如图 7-11 所示。

图 7-11　跳发球

五、扣球

1. 正面扣球(均以右手扣球为例)

正面扣球是扣球技术中最基本的方法，它的优点是正对球网和对方，便于观察，动作灵活性大，适应性强，并能随时根据对方的拦网和防守情况变换扣球路线。正面扣球的具体动作如图 7-12 所示。

扣球技术

图 7-12　正面扣球

(1) 准备姿势。采用稍蹲准备姿势站在进攻线附近，根据二传传出的球确定助跑起动时机和路线，准备助跑。

(2) 助跑。一般采用两步助跑为多，左脚先自然向球的预判落点方向迈出第一步，紧接着右脚迈出一大步。右脚迈出时应根据球的落点调整步幅，确定起跳位置。当右脚落地时，左脚迅速跟上，两腿屈膝，重心降低，身体稍后倾，两脚稍分，两脚尖稍内扣，准备起跳。

由于传球的高度、弧度、落点的位置不同，助跑的路线也须调整，一般常用直线、斜线、外绕弧线助跑。

(3) 起跳。在助跑跨出最后一步的同时，两臂经体侧后引。两脚脚跟先着地，迅速过渡到全脚掌，立即做蹬地起跳动作，两臂由后积极向前向上猛摆，配合起跳增加弹跳高度，并做好扣球准备。

(4) 空中击球。身体腾空后，上体稍后仰，并向右侧转体，挺胸展腹；右臂屈肘上举后引，置于头的右侧后方，肘关节指向侧前方；下肢稍后摆，身体成反弓形，以收腹转体之力，带动肩、肘、腕关节，使手臂尽量向前上方快速挥动伸直，以全手掌猛力扣击球的后上部；击球的瞬间，手腕做出鞭甩动作，手掌和手指包满球，手腕有扣压动作，使球产生加速上旋。

(5) 落地。击球后，顺势收臂以免触网。落地时，双脚前脚掌先着地，然后过渡到全脚掌。着地的同时，顺势屈膝、收腹，缓冲下落的力量。

2. 扣快球

扣快球的特点是进攻速度快，突然性大，牵制性强，在比赛中能争取时间和空间上的优势，达到突然袭击、攻其不备的目的。快球可分为近体快球、背快、短平快球、平快球、平拉开快球、前飞、背飞、快抹以及个人战术快球等。

3. 个人战术扣球

(1) 时间差扣球。时间差扣球是利用起跳时间的变化牵制对方，争得时间差避开拦网，确保网上主动。扣球队员上步佯做扣快球的起跳动作，动作逼真，虚晃对方，使对方以假当真起跳拦网。当对方拦网队员下落时，突然原地起跳扣半快球或半高球。常用的时间差扣球有近体快球时间差和短平快时间差等。

(2) 位置差扣球。位置差扣球是利用助跑结束后突然改变起跑位置的方法，争取空间的扣球技术。起跳时，先按照扣快球的起跳动作佯跳，随即突然改变起跳位置起跳扣半快球或半高球。

(3) 空间差扣球。空间差扣球是指利用快速助跑及冲跳能力，不做垂直起跳，跳起后在空中顺网移动位置改变扣球击球点，错开拦网队员位置，从而达到摆脱对方拦网目的的一种有效扣球技术。常见的空间差扣球有前飞、背飞、拉三、拉四等。

六、拦网

1. 单人拦网

完整的拦网动作由准备姿势和移动、起跳、空中拦击和落地组成。

拦网技术

(1) 准备姿势和移动。队员面对球网，两脚分开平行站立，与肩同宽，距中线约 40 厘米，两膝稍屈，上体收腹稍前倾，两臂自然屈肘置于胸前。

拦网的移动通常采用沿中线的平行并步或交叉步移动，在距球远时可采用跑步法移动，移动结束时须迅速做好制动动作，使两脚尖及上体转向球网。

(2) 起跳。拦网起跳时，两膝弯屈，身体重心降低，两臂屈肘向上摆动配合两脚有力蹬地垂直向上跳起。同时收腹，防止身体前冲以便控制身体平衡。

(3) 空中拦击。起跳后，两臂顺势沿着球网的垂直面向上伸，两臂超过网上沿后提肩向前上方伸臂，两臂保持平行。拦击时，两手主动接近球，手指自然弯曲成弧形，并保持一定的紧张度，在球的前上方采用"盖帽"或封路线式拦击。拦击瞬间，两手手指和手腕应充分用力，并伴有手腕下压动作。如图 7-13 所示。

图 7-13　单人拦网

(4) 落地。拦网动作结束后，两手臂要立即回缩，以免下落时触网。落地动作以前脚掌先着地，随即过渡到全脚掌屈膝缓冲。

2. 集体拦网

集体拦网是以单人拦网为基础，通过两人或三人的集体配合，扩大拦网范围，提高拦网效果，减小后排防守压力的战术形式。

(1) 双人拦网。双人拦网是集体拦网的主要形式。常由②、③号位或③、④号位队员组成双人拦网。对中路进攻则以③号位队员为主，②号位或④号位队员配合其一起拦网。

(2) 三人拦网。三人拦网是以③号位队员主拦直线，其他队员配合拦网拦斜线。

第三节　排球运动基本战术

一、概述

1. 排球战术分类

排球战术分为进攻战术和防守战术两大系统，在实际运用中有攻防结合、攻防转化等特点。

2. 排球战术系统

根据排球运动攻防结合、互为转化等特点，排球的战术系统分为接发球进攻、接扣球进攻、接拦回球进攻、接传垫球进攻四种战术系统，在当前我国排球界简称为"一攻""反攻""保攻""推攻"。除"一攻"外，其他三种为"防反"(防守反攻)。

3. 排球战术意识

排球战术意识是指队员在发挥技术过程中，具有一定的战术目的的心理活动，也是队员在运动实践中具备的经验、才能和知识的反映。战术意识具体内容反映在技术的目的性、行动的预见性、判断的准确性、攻防的主动性、战术的灵活性、动作的隐蔽性和配合的一致性等方面。

二、阵容配备、位置交换及信号联系

1. 阵容配备

阵容配备是合理地搭配场上队员，充分发挥每个队员特长和作用的组织手段。

(1) "四二"配备。

在"四二"配备中，两个二传手安排在对称位置上，其他四人为攻手，两个主攻手、两个副攻手分别站在对称的位置上，如图 7-14(a)所示。这种阵容前后排都能保证有一个二传队员和两个进攻队员，便于组成"中一、二"和"边一、二"进攻技术。

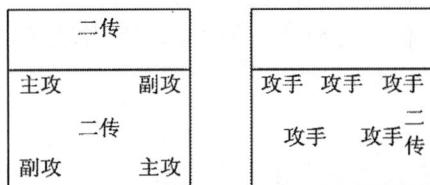

(a)"四二"配备　　(b)"五一"配备

图 7-14　阵容配备

(2) "五一"配备。

"五一"配备为五个进攻队员和一个二传队员的配备，如图 7-14(b)所示。这种配备适

于攻防兼备、技术较全面的队采用。还可在二传队员的对角位置配备一名接应二传，弥补二传队员来不及去传球的被动局面。

2. 位置交换

在比赛中为了战术需要和利于充分发挥队员的特长，在队员发球后可采用交换位置的方法，以达到扬长避短的目的。

(1) 前排及前后排之间的换位。

前排及前后排之间的换位主要包括：为加强进攻，把进攻能力强的主攻手换到最有利强攻的④号位，把善于扣球的副攻手换到③号位或②号位；把在前排或轮到后排的二传换到②号位或③号位；为了加强拦网，把拦网好的队员换到③号位。

(2) 后排队员之间的换位。

为了加强后排防守，可把队员互换至各自擅长的防守区域，采用专位防守，或把防守能力强的队员换到防守任务重的区域。

3. 信号联系

排球运动是一项要求高度默契配合的集体项目，为实现快速多变的进攻战术配合，必须通过信号联系统一行动。信号联系有以下几种：

(1) 语言联系：多用简练的语言，将战术编成代号进行联系。

(2) 手势信号联系：确定几种战术手势，在接发球时由二传队员出示。

(3) 落点信号联系：根据一传球的落点位置而运用某种战术的联系方式。

三、个人战术

1. 发球个人战术

(1) 攻击性发球指从弧度、速度、飘度、力量和旋转度等方面来加大发球攻击性。

(2) 控制落点的发球指找人、找区、朝对方接发球薄弱的地方或个人发球。

(3) 破坏对方进攻的发球指通过运用以上两种发球战术，让对方的接发球和战术的分工受到干扰，从而使对方战术无法组织成功。

2. 一传个人战术

一传个人战术是指根据本队进攻战术的需要垫出各种不同弧度、速度、落点的一传。

(1) 组织快攻战术。一传弧度要平，速度稍快，以加快进攻节奏。

(2) 组织二次球战术。一传弧度要高，便于扣二次球或转移。

(3) 向对方场区直接找空当垫球。

3. 二传个人战术

二传个人战术的基本任务是有效地组织进攻战术，利用空间、时间和动作上的变化，给扣球队员创造有利的进攻条件。二传动作上的变化主要包括假动作、晃传和隐蔽传球等。

(1) 根据战术目的队员的特点，掌握好集中与拉开、近网与远网、高与低等传球。

(2) 传球时，尽量避开对方拦网强的区域。

(3) 通过隐蔽性传球迷惑对方，以便进行突然攻击。

(4) 根据临场一传的到位或不到位、高球或低球来合理运用技术组织战术。

4．扣球个人战术

扣球既是个人战术的体现，又是集体配合的最后一环，因此，扣球的成败与个人战术的运用有直接关系。

(1) 灵活运用扣球路线的变化，避开拦网的扣球。

(2) 利用击拦网队员手的扣球(打手出界)。

(3) 采用扣吊结合，运用突然单脚起跳或原地起跳扣球，以达到避强打弱的目的。

5．拦网个人战术

拦网个人战术是指通过时间、空间和动作的变化，准确地判断来球，完成拦网动作。

(1) 佯拦直线实拦斜线，或正拦侧堵、侧堵正拦。

(2) 发现对方轻扣或吊球时，可做拦网假动作实际后撤防守。

(3) 盯人拦网或重叠梯次拦网。

6．防守个人战术

防守个人战术主要体现在防守的意识上。需要运动员善于做出正确判断，选择有利位置，采用合理的接球动作，以保证组成战术的需要。

(1) 根据二传队员的位置和球的落点，预判来球，选择最佳位置，垫球到位。

(2) 根据对方队员的进攻特点，采取相应的防守行动。

(3) 根据对方扣球队员的挥臂动作、扣球手法的变化和本方拦网队员的封网位置，预判球的路线，选择灵活的防守位置。

四、接发球进攻战术

1．接发球站位

接发球站位阵形一般常用的有五人接发球、四人接发球和换位"一三二"接发球。

进攻战术

(1) 五人接发球站位。五人接发球站位常在"中一二"和"边一二"进攻战术中运用。运动员可站成"一三二"阵形，也称"W"形，如图 7-15 所示。若对方发球落点比较分散或比较集中，则可使用矩形稍松散或相对集中的"一"字形站位，如图 7-16 所示。

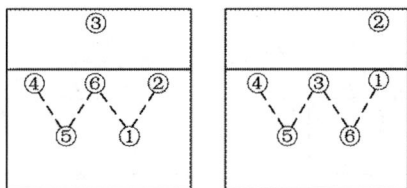

图 7-15　"W"形接发球站位　　　　图 7-16　"一"字形接发球站位

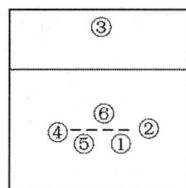

(2) 四人接发球站位。在插上进攻战术中，为缩短插上时间，插上队员与同列前排队员站在网前不接发球，其他四人站成弧形接发球阵形，如图 7-17 所示。

(3) 二传队员转到②或④号位时，可采用换位"一三二"的形式，如图 7-18 所示。换位后组成"中一二"进攻技术。

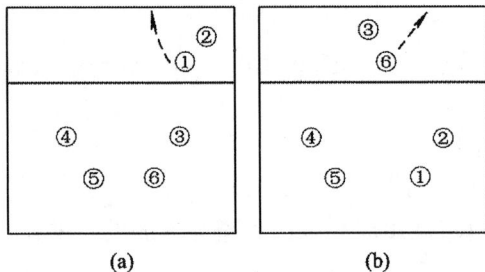

图 7-17　四人接发球站位

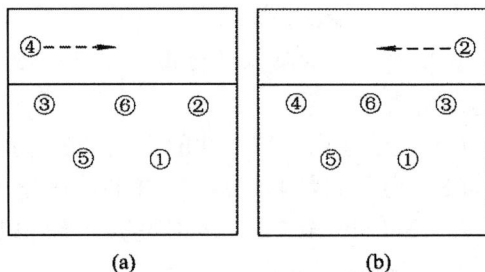

图 7-18　换位"一三二"接发球站位

2. 进攻战术

进攻战术主要有"中一二""边一二"和"后排插上"等战术形式。

(1) "中一二"进攻战术。

③号位队员做二传，④、②号位队员进攻的形式称为"中一二"进攻战术，如图 7-19 所示。这种战术简单易学，适合于技术水平较低的队采用。其缺点是两点进攻，战术变化少。

(2) "边一二"进攻战术。

②号位队员做二传，③、④号位队员进攻的形式称为"边一二"进攻战术，如图 7-20 所示。此战术简单易学，有较多的战术变化形式。

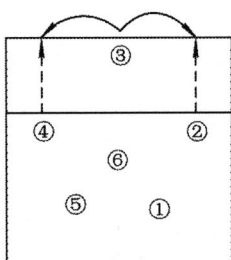

图 7-19　"中一二"进攻战术

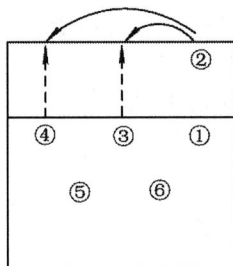

图 7-20　"边一二"进攻战术

(3) "后排插上"战术。

后排①号位、⑥号位或⑤号位队员，由后排插到前排做二传组织进攻的形式称为"后排插上"进攻战术，如图 7-21 所示。这种战术的特点是前排能保持三点进攻，可组成多种战术变化，是现代排球的重要进攻战术形式之一。

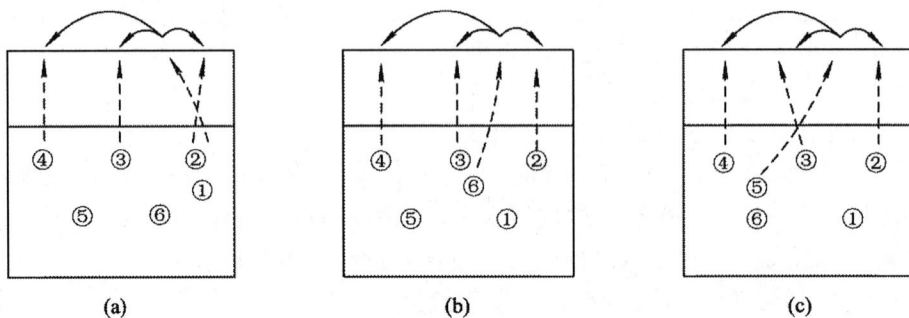

图 7-21　"后排插上"战术

五、防守反攻战术

1. 拦网

拦网是防守的第一道防线，又是反攻的前沿阵地，具有网上防守和进攻的双重作用，是得分的重要手段。拦网时应根据对方的战术，采用相应的拦网对策，如个人拦网、集体拦网、人盯人拦网、人盯区拦网、换位拦网等。

防守战术

2. 后排防守

后排防守要根据前排队员的拦网人数、战术等不同情况，采用不同的防守阵形。

(1) 单人拦网时的防守阵形。

前排采用与对方扣球队员相对位置拦网，若对方④号位进攻，本方②号位队员拦网，则后排防守阵形如图 7-22(a)所示。若本方③号位队员拦网，则后排防守阵形如图 7-22(b)所示。

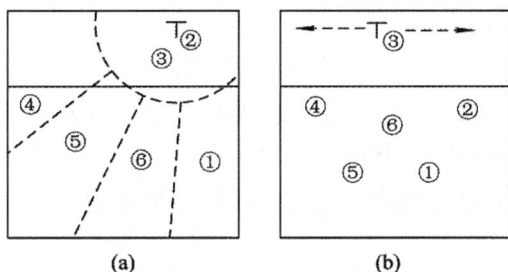

图 7-22　单人拦网的后排防守

(2) 双人拦网时的防守阵形。

双人拦网时通常采用"边跟进"和"心跟进"防守阵形。

"边跟进"防守也称"马蹄形"防守。若对方④号位进攻，则由本队②、③号位队员双人拦网，①号位队员"死跟"或"活跟"拦网保护，④号位队员后撤与⑤、⑥号位队员共同组成后排防守阵形——马蹄形(见图 7-23)，其弱点是中间空隙较大。

"心跟进"防守又称⑥号位跟进防守(见图 7-24)。本队②、③号位队员双人拦网时，⑥号位队员跟上保护拦网，④号位队员后撤，与⑤、①号位队员共同组成后排防守阵形，其弱点是后排防守空隙大。

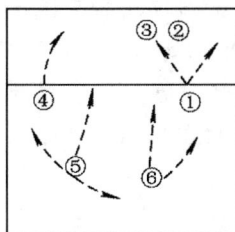

图 7-23　"边跟进"防守　　　　　图 7-24　"心跟进"防守

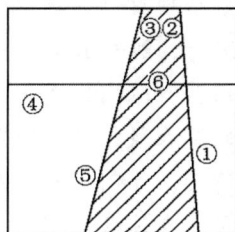

3. 防守反攻

防守反攻是比赛中最有效的战术手段，对比赛的胜负起着十分重要的作用。不论是拦起的球，还是后排防起的球，二传或接应二传队员都要力争将球调整给适合进攻的队员，进行反攻。

第八章

足球运动理论与技术

学习目标

(1) 学习足球运动基础理论，了解足球运动的锻炼价值。
(2) 学习足球运动基本技术，掌握足球技术动作要领与方法。
(3) 学习足球运动基本战术，掌握足球攻防战术原则与方法。
(4) 了解足球运动发展趋势与规律性特点，提高足球竞技能力与水平。

课程思政点

传承悠久足球历史文化，立志再创辉煌报效国家

泱泱华夏，历史悠久，文明璀璨。我们不仅拥有举世闻名的古代四大发明，还被全世界公认为当今第一体育运动足球运动的最早起源地。中国古代的球类游戏"蹴鞠"或"蹋鞠"正是足球运动的真正起源。

在浩瀚的历史长河中，"蹴鞠"游戏方兴未艾，深得我国古代民众的喜爱。它不仅作为我国古代宫廷的娱乐项目，还被统治者阶层作为训练兵士的方法和手段，而且在民间也得到了更为广泛的流行，创造出了多种运动游戏形式：有单人游戏、双人游戏以及多人游戏；有无球门、单球门、双球门、多球门的多种游戏形式。不仅在场地、器材方面独树一帜，还在竞赛规则、比赛人数、场上裁判、场上队长等方面都有明确、具体的要求，还出现了最早的女子足球运动，开创了女子足球之先河。

作为华夏子孙，在惊叹我国古代璀璨的文明与非凡的文化成就时，一种强烈的民族自豪感与文化自信力油然而生！足球历史的传承与传播，是中华文明、文化繁荣发展的象征，也是中华文明、文化走向世界的重要见证，这无疑会成为激发华夏儿女立志再创辉煌、报效祖国的强劲动力。

第一节　足球运动概述

一、足球运动的起源

1. 古代足球运动

足球运动是一项古老而悠久的球类游戏活动，我国古时称为"蹴鞠"或"蹋鞠"，蹴与蹋均为踢的意思，鞠是球名。"蹴鞠"是足球活动的最早起源，这已经得到了国际足联的官方认定。

2. 现代足球运动

最早起源于中国的球类游戏"蹴鞠"经阿拉伯人传入欧洲后，在公元 10 世纪，法国、意大利、英国等一些国家兴起了足球游戏；到了 15 世纪末，开始有了"足球"之称，并逐渐发展成为现代足球运动。1863 年 10 月 26 日，英国人在伦敦成立了世界上第一个足球运动组织——英格兰足球协会，并统一了足球运动的规则。人们称这一天为现代足球运动的诞辰日，英国成为现代足球运动的发祥地。

二、足球运动的锻炼价值

足球运动是世界上开展最为广泛、影响最为巨大的体育运动项目，被称为世界第一体育运动。足球运动易普及推广，在全世界范围内具有广泛的群众基础，其作用和影响已远远超出了足球运动本身的范畴，甚至成为国家间政治、经济、文化交流的重要工具。

足球运动技术复杂、战术多变，参加比赛的人员多、场地大、比赛时间长，运动员的体力消耗大，是一项极具对抗性的集体运动项目。

经常参加足球运动，有利于培养参与者机动灵活与随机应变的能力，激发想象力与创造力，感受足球运动的精神，享受足球运动的乐趣。

经常参加足球运动，有利于提高参与者的机体健康水平，增强人体的力量、速度、耐力、灵敏、协调等多方面身体素质，尤其是对于增强人体心脑血管系统、呼吸系统、神经系统、内脏器官系统功能具有积极的作用。

经常参与足球运动，可以磨炼意志品质，培养运动参与者勇敢、顽强、拼搏、进取的精神，养成机智、果敢、坚韧不拔、团结协作的优秀品质。培养运动参与者既能享受运动成功带来的喜悦，也能承受运动失败带来的痛苦，形成健康良好的心理品质与素质，建立健全人格。帮助运动参与者在运动中正确建立与处理好个人与同伴与团队的关系，不断激发集体主义与爱国主义精神。

第二节　足球运动基本技术

足球技术是指运动员在足球训练、比赛中所采取的合理动作的总称，它是由特定的动作结构所组成，并使其贯穿于整个足球活动中的基本运动方式。足球技术是由技术动作和技术能力两方面组成，技术动作是指运动员在完成某一技术时，所采用的动作方法；技术能力是指运动员在训练和比赛活动中运用技术的准确、合理以及娴熟的程度。技术动作是技术运用能力的前提，只有掌握了技术动作，才能使技术运用达到全面、准确、快速、合理、娴熟的程度。

足球技术可分为无球技术和有球技术两大类。

一、无球技术

无球技术是足球技术中的重要组成部分，它包括起动、跑、身体假动作、急停和转身。

1. 起动

足球比赛中的起动动作是多种多样的，有在静止中，有在慢跑中，有在跳起落地后，有在倒地爬起过程中，有在转身过程中，有在后退过程中，它在很多情况下是与各个技术动作紧密联系在一起的，并在一定程度上影响着技术动作完成的质量。因此，不论在什么情况下，起动都必须在最短的时间内发挥最快的速度，为完成各项有球技术动作赢得有利的时间优势。比赛中，运动员突然快速的起动是在短时间内超越对手或盯住对手，占据有利空间位置的有效手段。

2. 跑

速度已成为现代足球运动的特点之一，而快速的跑动则是"足球速度"的重要组成部分。在足球比赛中，队员是随着球的移动及场上的情况变化在高速中活动着。如进攻队员的运球突破、摆脱接应、拉出空档、占领空位及包抄射门等；防守队员的紧逼盯人、相互补位、堵截争抢及封闭射门角度都需要快速的跑动来完成。

由于足球比赛中进攻与防守在时刻变化，要求队员的跑动速度、路线、动作也要随之变化。如慢跑、快跑、直线跑、曲线跑、折线跑以及在特殊情况下的侧身跑、插肩跑、后退跑等。

3. 身体假动作

在比赛中，为了摆脱对手的紧逼或者为了把对手控制的球夺过来，常用快速而逼真的身体虚晃动作，使对手产生错误的判断，做出错误的行动或动作，达到自己的预定目的。

做得逼真的假动作，会使对手产生相应的反应。当对手做出相应的反应时，由假变真的动作必须做的突然，才能收到预期的效果。因此在快速的虚晃中，自如地控制自己身体重心的移动是顺利完成假动作的关键因素。

4. 急停和转身

比赛中进攻和防守不断变换，球的位置也时刻变化。为了甩掉对手或不被对手甩掉，需要队员有时在高速奔跑中突然停止跑动，以及突然停止跑动后立即转身或原地转身改变移动方向，如正面急停、转身急停、前转身、后转身。

二、有球技术

在激烈对抗的条件下，准确完成技术动作的关键就是有球技术，它包括踢球、停球、头顶球、运球、抢截球、假动作、掷界外球及守门员技术。

(一) 踢球

踢球是有目的、有意识地用脚的某一部位将球踢向某一预定的目标，用于传球和射门。

1. 踢球动作结构

踢球方法很多，动作要领也各自不同，但无论哪种踢球，都是由以下五个环节组成。

(1) 助跑。助跑分为直线助跑和斜线助跑。助跑的目的就是使踢球腿充分摆动，增大摆腿速度，增大击球的速度和力量，制动身体的前冲和提高踢球的准确性。

(2) 支撑脚站位。支撑脚的位置要以踢球腿的摆动能发挥最大的速度和有利于踢球脚准确触球为原则。支撑脚一般是在球的侧方(10～15 厘米)或侧后方(25～30 厘米)。支撑脚膝关节应微屈，以便稳固地支撑身体。

(3) 踢球腿的摆动。踢球腿的摆动是踢球力量的主要来源。踢球腿的摆幅大、摆速快，球的运动速度就快，距离就远。

(4) 脚触球。脚触球是决定出球准确性的重要环节，也是影响出球力量的重要环节。脚触球包括脚的部位和球的部位。击球时，脚踝应保持适度紧张，膝盖应在球的上方或侧上方，以利于保持正确的脚触球部位和控制出球的方向。

(5) 踢球的随前动作。踢球的随前动作是指踢球腿随球前摆送髋使整个身体继续前移，这样既易于控制出球方向和加大踢球力量，又能缓冲踢球腿的急速前摆而产生的前冲惯性，有利于维持身体的平衡。

在以上五个环节中，支撑脚的站位、踢球腿的摆动、脚触球是其中的重要环节，而脚触球又是决定踢球动作质量的重要环节。

2. 踢球方法

(1) 脚内侧踢球。脚内侧踢球是用脚内侧部位(跖趾关节、舟骨和跟骨所构成的三角部位)接触球的一种踢球方法。其特点是脚与球的接触面积大，出球比较平稳、准确。由脚内侧踢球时，因为踢球腿屈膝外转，小腿的摆幅和摆速都受到一定程度的限制，所以出球力量较小。适用于短距离传球，射门以及"二过一"战术配合。

脚内侧踢球技术

踢定位球时，直线助跑，支撑脚踏在球的侧方约 15 厘米处，膝关节微屈，在支撑脚着地的同时踢球腿以髋关节为轴由后向前摆动，在前摆过程中屈膝外转，踢球脚的内侧正对出球方向，小腿加速前摆，脚尖稍翘起，脚掌与地面平行，用脚内侧部位击球的后中部。

踢空中球时，大腿在踢球前先抬起，小腿拖在后面，脚内侧正对出球方向，利用小腿的摆动平敲球的中部。若要踢出低球或高球时，则要踢球的中上部或中下部。

用右脚向左侧踢球时，右脚以脚内侧正对出球方向，由右向左侧摆腿，用推送或敲击动作将球踢出。

用右脚向右侧踢球时，以支撑脚前脚掌为轴，上体向右扭转，使右脚内侧正对出球方向，向右摆腿踢球。

(2) 脚背正面踢球。脚背正面踢球是用脚背正面部位(楔骨和跖骨的末端)接触球的一种踢球方法。其特点是踢球腿的摆幅大、摆速快,踢球的力量大,出球的性能变化小,出球方向也比较单一。比赛中常用于踢定位球、空中球、反弹球及倒勾球等。

脚背正面踢球技术

踢定位球时,首先直线助跑,最后一步稍大并积极着地,支撑脚踏在球的侧方约 10～15 厘米处,脚尖正对出球方向,膝关节微屈。同时踢球腿向后摆起,膝弯屈,然后用力向前摆动。大腿向前摆,小腿留在后面,脚背绷直,当膝盖摆至接近球的垂直上方的刹那,小腿加速前摆,身体稍前倾,两臂自然张开维持身体平衡。在击球的刹那,踢球腿脚尖向下,脚踝用力,脚背绷直,脚趾扣紧,以脚背正面击球的后中部。

踢反弹球时,要准确判断球的落点、落地时间和反弹起来的路线。身体正对球的反弹方向,支撑脚踏在球的侧方。当球将落地时,踢球腿小腿急速前摆,在球刚弹离地面时,以脚背正面击球的后中部。

踢空中球(侧身踢空中球)时,首先要判断好球的运行路线和确定好击球点,并使身体侧对出球方向,支撑脚跨上一步,脚尖指向出球方向,上体向支撑脚一侧倾斜,踢球脚的大腿高抬至接近与地面平行,以大腿带动小腿急速向出球方向挥摆,用脚背正面击球的后中部,同时身体向出球方向扭转。踢球后,面对出球方向。

(3) 脚背内侧踢球。脚背内侧踢球是用脚背内侧部位的楔骨、趾骨末端接触球的一种踢球方法。其特点是踢球腿的摆幅大、摆速快,踢球的力量大。由于助跑方向、支撑脚选位灵活性较大,所以出球的方向变化幅度也较大。因此,可踢出平直球、远距离弧线球等,也便于转身踢球。比赛中,经常用于踢定位球、过顶球、中远距离传球及转身球。

踢定位球时,首先斜线助跑,助跑方向与出球方向约成 45°,支撑脚踏在球的侧后方约 25～30 厘米处并在球的横轴(与出球方向垂直的横轴)的延长线上。膝弯曲,支撑脚脚尖指向出球方向,身体向支撑脚一侧倾斜。在支撑脚着地的同时,踢球腿以髋关节为轴,大腿带动小腿前摆。当膝盖摆至接近球的垂直上方的刹那,小腿加速前摆,脚尖稍外展,脚背绷直,脚趾扣紧,脚尖指向斜下方,以脚背内侧踢球的后卜部。踢球后,踢球腿随球前摆。

踢过顶球时,动作方法基本上与踢定位球相同,只是支撑脚应踏在球的侧后方,踢球脚不要过于绷直,踢球的后下部,并稍有下切的动作,使球向前上方飞起并回旋。踢球后,踢球腿不随球前摆。

踢弧线球时,用脚背的内侧踢球的后中部位。摆腿的方向不通过球心,在踢球的刹那,踝关节用力向里并上翘,使球成侧旋并沿一定的弧线运行。

(4) 脚背外侧踢球。脚背外侧踢球是用脚背外侧部位的趾骨的背面接触球的一种踢球方法。比赛中多用于踢定位球、弧线球和弹拨球。

踢定位球(平直球)时,动作基本与脚背正面踢球相同,只是用脚背外侧接触球。

脚背外侧踢球技术

踢弧线球时,支撑脚踏在球的侧后方约 15～20 厘米处,踢球脚的脚踝用力,并以脚背外侧踢球的后中部。摆腿的方向不通过球心,并向支撑脚一侧的前方继续摆动,以加大球的旋转。

踢弹拨球时，踢球腿以膝关节为轴快速侧摆或侧前摆。击球时，踝关节快速转动将球弹出，踢球脚快速收回。

(二) 停球

停球是指队员有目的地用身体合理部位，把运行中的球停住，并使其落于所需要的控制范围内。

1. 停球动作结构

足球比赛中的停球除了规则不允许使用手臂以外，身体的其他任何部位都可以用来停球。停球动作大多由移动、停球部位和方法、削弱球的冲力、停球后的跟随移动等环节组成。

(1) 移动。移动是指准确判断来球的速度、路线、落点以及球的反弹角度，迅速地进行移动，使自己能够处于停球时所需要的恰当位置。

(2) 停球部位和方法。根据来球和比赛临场情况，正确选择和使用停球的部位和方法，合理地运用停球技术，并且符合技战术要求。

(3) 削弱球的冲力。停球时，要做好迎撤动作以缓冲来球的力量。做轻微下压、下切和撤引来球的动作，以求变换球的前进方向，抵消球的前进力量。

(4) 停球后的跟随移动。停球后的身体重心必须及时跟进，做好与下一个动作的衔接准备。

2. 停球的部位与方法

比赛中常用的停球方法有脚内侧停球、脚底停球、脚背外侧停球、胸部停球、大腿停球、脚背正面停球等。

(1) 脚内侧停球。脚接触球的面积大，易停放，并且便于改变方向和连接下一个动作。可以用来停地滚球、反弹球和空中球。

停地滚球时，支撑脚正对来球，膝关节微屈，停球腿屈膝外展并前迎。当脚与球接触前的刹那开始后撤，在后撤过程中用脚内侧接触球，把球控制在下一个动作需要的位置上。

脚内侧接停球技术

停反弹球时，支撑脚踏在球落点的侧前方，膝关节弯曲，上体稍前倾并向停球方向微转，同时停球脚提起，踝关节放松，用脚内侧对准球的反弹路线。当球落地反弹刚要离开地面时，用脚内侧推压球的中上部。若要把球停向左侧，则支撑脚应踏在球落点的左侧方，脚尖指向左侧，同时上体也向左侧前倾。

停空中球时，根据来球高度提起大腿迎球，脚内侧对准来球路线，在脚与球接触前的刹那开始后撤。在后撤过程中用脚内侧接触球，把球控制在下一个动作需要的位置上。

在停空中球时也可将脚提起至稍高于选择的停球点，在脚与球接触前的刹那开始下切，在下切过程中用脚内侧切球的侧上部，将球停在地上。用下切停法停下来的球，落地后一般还会跳动，需要立即做下一个动作，将球控制住，否则易被对手抢去或破坏。

(2) 脚底停球。由于脚底接触球面积大，易于将球停稳，常用于停地滚球和反弹球。

停地滚球时，支撑脚踏在球的侧后方，膝关节微屈，脚尖正对来球的同时将停球脚提起，膝关节自然弯曲，脚尖翘起(脚离地不高于一球)，踝关节放松，用前脚掌接触球的中上部。

停反弹球时，支撑脚踏在球落点的侧后方，当球着地的一刹那，用脚前掌对准球的反弹方向，触球的中上部。

(3) 脚背外侧停球。脚背外侧停球技术常与假动作结合起来做。虽然动作更具有隐蔽性，但因重心移动大，故较难掌握。常用脚背外侧停地滚球和反弹球。

停地滚球时，停球脚稍提起，膝关节和脚内转，以脚外侧正对来球，在支撑脚的前侧接触球时，要向停球脚外侧轻拨，将球停在侧前方或侧方。

停反弹球时，面对来球，支撑脚的膝关节微屈。停球脚在支撑脚前方稍提起，脚内翻，使停球腿的小腿与地面成一定角度，踝关节放松。当球刚反弹离地时，用脚外侧触球侧上部，将球停在体侧。

(4) 胸部停球。胸部面积大、位置高，适宜停高球和空中平球。胸部停球有缩胸停球和挺胸停球两种方法。

缩胸式停球一般用来停胸部高度的平直球。停球时，两脚前后开立，两臂自然张开，挺胸迎球。当球与胸接触前的刹那，迅速缩胸、收腹以缓冲来球力量，把球停于体前。若要把球停向左(右)时，则应在接触球前的刹那向左(右)侧转体，并用同侧胸触球。

胸部停球技术

挺胸式停球一般用来停高于胸部的下落球。停球时两脚前后开立，两膝微屈，两臂自然张开。当胸与球接触前的刹那，上体稍后仰并收下颚，同时挺胸、展腹，使球弹向身体前上方并落于体前。

(5) 大腿停球。面对来球，停球腿大腿抬起，以大腿中部对准下落的球，肌肉适当放松。在大腿与球接触前的刹那，大腿迅速撤引挡球，使球落于衔接下一个动作需要的位置上。

(6) 脚背正面停球。脚背正面停球是用脚背正面停空中落下的球的一种比较简便的停球方法。停球时，面对来球，停球脚提起迎球，以脚背正面对准下落的球。在脚背与球接触前的刹那开始下撤，在下撤过程中用脚背正面接触球的底部，膝、踝关节放松，使球落在体前需要的位置上。

(三) 头顶球

头顶球是传球、射门和抢截球的有效手段，在进攻和防守中都起着重要的作用。

头顶球技术

1. 头顶球技术的要点

(1) 准确判断来球的性质、速度和落点，选择好顶球的位置及起跳时间。

(2) 击球点应在身体恢复到直立状态时前额所在的位置。

(3) 顶球时的接触部位应是额正面与额侧面。

(4) 顶球时蹬地、屈体、甩头等用力动作要协调一致。

(5) 跳起顶球时，要保持身体平衡，落地时要注意屈膝缓冲。

2. 头顶球方法

(1) 前额正面头顶球。原地顶球时身体正对来球，两脚前后开立，膝微屈，上体后仰，重心在后脚上，两臂自然张开，两眼注视来球。当球运行到身体垂直部位前的一刹那，后

脚用力蹬地，收腹，迅速向前屈体，身体重心由后脚移向前脚。顶球时颈部应保持紧张，快速甩头，用前额正面顶球的后中部，上体继续前摆。

跳起顶球时，无论是原地起跳还是助跑起跳，在跳起上升过程中，上体后仰成弓形，当球运行到身体的垂直部位前的刹那，收腹，屈体甩头，用前额正面顶球。顶球后两腿同时自然屈膝，屈踝落地。

(2) 前额侧面头顶球。原地顶球时，两脚前后开立，出球方向的同侧脚在前，两膝微屈，上体和头部稍向出球的相反方向回旋侧屈，身体重心放在后脚上，后膝微屈，两臂自然张开，眼睛注视来球。当球运行到出球方向同侧肩上方前的刹那，后脚用力蹬地，上体迅速向出球方向扭摆，同时颈部紧张地甩头，以前额侧面击球的后中部。

跳起头顶球时，无论是原地跳起顶球还是助跑起跳顶球，都要在跳起上升过程中，上体向出球的相反方向回旋侧屈，侧对来球。在跳起接近到达最高点时，上体急速向出球方向扭转，甩头，用前额侧面将球顶出。注意顶球后两膝微屈以缓和落地力量。

(四) 运球与运球过人

运球是运动员在跑动中用脚的推拨动作使球保持在自己控制范围内的连续触球动作。运球过人则是运动员利用合理的运球动作越过对手。

1. 运球时应注意的问题

(1) 运球跑动要自然，步子小而短促，以便随时改变方向。

(2) 脚触球时应是推拨动作。

(3) 运球时，两眼要兼顾球和场上情况，以便及时传球，射门，改变速度、方向或躲闪对手。

(4) 遇有对手争抢时，要用身体掩护球或用离对方远侧的脚运球。

2. 运球方法

常用的运球方法有脚背内侧运球、脚内侧运球和脚背外侧运球。

(1) 脚背内侧运球。脚背内侧运球多在需要用身体掩护球且改变运球方向时运用。运球时步幅要小些，上体稍向运球方向转动，脚尖稍外展，膝关节微屈，在迈步前伸着地前，用脚背内侧推拨球。

(2) 脚内侧运球。当运球接近对方，需要用身体掩护时，多采用脚内侧运球。运球时支撑脚踏在球的侧前方，膝关节微屈，上体前倾并内转。运球脚提起，用脚内侧推球的后中部。

脚内侧运球技术

(3) 脚背外侧运球。脚背外侧运球多在快速奔跑和改变方向时运用。运球时步幅要小些，上体稍前倾。运球脚脚尖内转，膝关节微屈，在迈步前伸着地前用脚背外侧推拨球。

脚背外侧运球技术

3. 运球过人

运球过人在比赛中的运用是千变万化的，要运用合理必须做到灵活机动地利用时机，准确无误地掌握好过人距离，随心所欲地改变球的速度和方向。在比赛中，常用的动作方法有拨球、拉球、扣球等。

(1) 拨球是运用脚腕抖拨的动作，以脚背内侧或外侧触球。

(2) 拉球是指用脚底拖球的动作，如由前向后、由左向右或由右向左的拖球动作。

(3) 扣球是运用转身和脚腕急转压扣的动作，以脚内侧或外侧将球迅速停住或变向的动作。

(五) 抢截球

抢截是防守技术的综合体现。抢截球包括抢球和截球两个内容。抢球是用规则允许的条件和动作，把对方控制的或将要控制的球夺过来、踢出去或破坏掉。截球则是把对方队员间传出的球堵截住或破坏掉。

抢截球技术

1. 抢截球技术要点

(1) 选择有利的位置。抢截前应与对方保持一定的距离(大约一大步左右)，站在对手与本方球门之间，待机而动。

(2) 掌握好抢截时机。当对方背对抢球人接球时，要大胆上前截球或贴身逼抢。在对方控制好球并面向自己时，不要轻易扑球。当对方控制的球离身体较远时，应果断、快速进行抢截。

(3) 要利用身体的合理冲撞。用肩以下肘以上之部位冲撞对方相应部位，使其失去重心，把球抢过来。

(4) 动作衔接要快。抢截球时，身体重心移动要快，以便连续抢截或抢得球后尽快控制球、处理球。

2. 抢截球的方法

抢截球包括正面抢截、侧面抢截等。

(1) 正面抢截(跨步抢截)。两脚前后开立，重心在两脚间，两膝弯曲，面向对方。当对方运球脚触球即将着地或刚着地时，一脚立即用力蹬地，抢球脚用脚内侧对准球并向球跨出一步，膝关节微屈，体前倾，身体重心移至抢球脚上，另一脚立即前跨成支撑脚。若对方的脚同时触球时，则要顺势向上提拉，使球从对方脚背滚过。身体要迅速跟上，把球控制住。

(2) 侧面合理冲撞抢球。侧面合理冲撞抢球是与对方同一方向并肩跑时采用的抢球方法。当与对手并肩跑动时，身体重心稍下降，同对方接触一侧的臂要紧贴身体。当对手靠近自己一侧的脚离地时，用肘关节以上部位冲撞对手相应部位，使其失去平衡而离开球，乘机将球控制过来。

(六) 假动作

在比赛中，运动员为了摆脱对手的阻挠，突破对方的防守，抢夺对方的球或破坏对方对球的控制，经常采用一些假动作。假动作已渗透在各项技术和临场应用之中。

(1) 假动作要给人以逼真的感觉。假动作与真动作的衔接要突然、快速、连贯。

(2) 假动作必须在接近对方时运用才易生效。

(3) 假动作不要求统一规格，在明确它的一般规律后，可以结合各种技术动作，创造适合本人特点的假动作。

假动作可分为有球和无球假动作两大类。无球假动作是指运动员在无球时，所做的改变速度、方向的假动作。有球假动作是指运动员在有球时，所做的传球、停球、运球过人等假动作。

(七) 掷界外球

掷界外球是一次绝好的组织进攻的机会。若能将球掷得既远又准，则会加快进攻的速度，加强进攻的威力。

掷界外球技术

掷界外球的方法有原地掷和助跑掷两种。

原地掷界外球时，面对出球方向，两脚前后或左右开立，膝关节微屈，上体后仰成背弓，重心移到后脚上(左右开立时，重心在两脚之间)，两手自然张开，拇指相对，持球的侧后部，屈肘将球置于头后。掷球时后脚用力蹬地，两腿迅速伸直，身体重心由后脚移到前脚，收腹屈体，同时两臂急速前摆。当球摆到头上时用力甩腕将球掷入场内，掷球时，后脚可沿地面向前滑动，两脚均不得全部离地或踏入场内，但允许踏在边线上。

助跑掷界外球时，掷球动作同原地掷界外球。助跑掷界外球主要是借助于助跑的速度把球掷得更远。

(八) 守门员技术

守门员技术包括准备姿势、移动选位、接球、扑球、托球、拳击球、掷球和抛踢球。

1. 准备姿势

两脚左右开立与肩同宽，两膝自然弯曲并稍内扣，脚跟稍提起，身体重心在前脚掌上，两臂于体侧伸开，肘微屈，手指自然张开，掌心向前，眼睛注视来球。

2. 移动选位

守门员移动时，多采用侧滑步和交叉步两种步法向两侧移动。守门员选位时，一般情况下应在两球门立柱与球所处的位置所构成的角分线上。当对方在端线附近传中或发角球时，守门员应站在"远角"或球门线的远端三分之一处。

3. 接球

接球是守门员最主要的技术，它包括接地滚球、接平直球、接高球等。

(1) 接地滚球。接地滚球有直腿式和单腿跪撑式两种方法。

直腿式接球：两腿自然并立，脚尖正对来球，上体前屈，两臂并肘前迎，两手小指靠近，手掌对球。在手触球的刹那，随球后引并屈肘、屈腕，两臂靠近将球抱于胸前。

单腿跪撑式接球：身体正对来球，两腿左右开立，一腿弯曲支撑身体重心，另一腿内转跪撑，膝盖接近地面并靠近前脚脚踵，上体前屈，手臂下垂，两手小指相对，手掌对准来球，稍向前迎，在手触球的刹那，两手随球后引并屈肘、屈腕，两臂靠近，将球抱于胸前，然后起立。

(2) 接平直球。平直球可分为低于胸部和与胸齐高的两种平直球，它们在接法上各不相同。

接低于胸部的平直球时，身体正对来球，两脚左右开立，上体稍前倾，两臂下垂并屈肘前迎，两手小指相靠，手掌对球，当手触球的刹那，两臂后引并屈肘，顺势将球抱于胸前。

接齐胸高的平直球时，身体正对来球，两臂屈肘并稍上举，两拇指靠近，五指微屈，手掌对球。当手触球时，手腕和手指适当用力，顺势屈臂后引，转腕将球抱于胸前。

(3) 接高球。在确定接球点后，迅速移动并跳起，两臂上伸迎球，两手拇指成八字，手指微屈，手掌对球。当手触球时，手腕和手指适当用力将球接住，顺势屈肘，回缩下引，并转腕将球抱于胸前。

4. 扑球

扑球是守门员在通过移动接球来不及的情况下所采用的一种救球方式，它是守门员技术中难度较大的动作。

(1) 倒地扑两侧低球。扑接左侧低球时，左腿屈膝向左跨出一步，身体左侧。左脚着地后，随着以小腿、大腿、臂部、上体和手臂的外侧依次着地。两臂向球伸出，左手掌心正对来球，右手在左手前上方，两手腕稍向内屈。触球后把球收回胸前，然后站起。

(2) 鱼跃扑侧面地滚球。来球距守门员较远时，可用这种扑接方法。扑接时，两膝微屈，身体重心下降，在身体向扑球方向侧倒的同时，同侧脚用力蹬地跃出，挺胸使身体展开，两臂快速伸出，两手拇指自然分开，手掌对球，向球扑去。手触球时，手指和手腕用力，以屈肘、扣腕的连续动作将球抱于胸前，同时屈膝团身落地，以两手按球，前臂、肘肩、上体侧面、臂部、大腿、小腿依次着地。

(3) 扑接侧面平高球。扑接时，身体重心先移向靠近来球一侧的脚上，同时用力蹬地向侧面跃出，身体展开，两臂自然伸出，两手拇指靠近，手指自然分开，手掌对球。当手触球时，以扣腕动作将球接住。落地时，以两手按球，前臂、肘、肩、上体侧面、臂部、大腿、小腿依次着地，同时屈肘，转腕将球抱于胸前，并屈膝团身。

5. 拳击球

守门员在没有把握接住球或有对方猛烈冲门的情况下，为了避免接球脱手，可采用拳击球。拳击球有单拳击球和双拳击球两种方法。

(1) 单拳击球。单拳击球动作灵活，活动范围大，击球点高，多用于击侧面传中球和高吊球。击球时，屈肘握拳于肩前，蹬地跳起接近球，在击球前的刹那，快速冲拳，以拳面将球击向预定目标。

(2) 双拳击球。双拳击球动作，接触球的面积大，准确性高，多用于击正面高球或平高球。击球时，两臂屈肘、握拳于胸前，两拳靠拢，拳心相对，当跳起接近最高点即将触球的刹那，两拳同时快速冲出，以拳面将球击向预定目标。

6. 托球

托球是在来球弧度较大，其运行路线又是奔向球门横梁的情况下，守门员起跳接球把握性不大时运用。起跳准备托球时，全身伸展成背弓，一臂快速上伸，掌心向上，用手掌前部和手指用力将球稍往后上方托起，使球越过球门横梁。

7. 掷球

守门员为了争取时间组织快速反击，经常使用手掷球技术。手掷球包括单手肩上掷球、单手低手掷球和侧身勾手掷球等方法。

(1) 单手肩上掷球。守门员需要做较远距离的掷球时，一般采用单手肩上掷球。单手肩上掷球时，两脚前后开立，两膝微屈，单手持球，屈臂于肩上。掷球前，持球手臂后引，同时身体随之侧转，重心落于后脚上。掷球时，利用后脚向后蹬地、转体和挥臂、甩腕的力量将球掷向预定目标。

(2) 单手低手掷球。单手低手掷球，由于掷出的球是沿地面滚动的，所以平稳而易接。因此，掷出的球力量较小，故适用于近距离掷球。掷球时，两脚前后开立，两膝微屈，单手持球于体侧，掷球前持球手臂后摆，同时身体随之侧转或侧前屈，重心移动到后脚上。掷球时，利用后脚蹬地和挥臂、甩腕、手指拨球的力量将球掷向预定目标。

(3) 侧身勾手掷球。勾手掷球是手掷球中力量最大的掷球方法，一般在远距离掷球时采用。勾手掷球时，两脚前后开立，身体侧对出球方向，单手持球后引，臂微屈，同时重心移至后脚上。掷球时，后脚用力蹬地，同时转体，重心由后脚移向前脚。当持球手臂由后经体侧沿弧线摆至肩上时，手指和手腕用力将球掷向预定目标。球出手后，掷球手臂继续前摆，上体前倾，后脚向前迈出，维持身体平衡。

8. 抛踢球

抛踢球是守门员把获得的球直接传给远离自己的同队队员的技术动作。抛踢球有踢自抛下落的空中球和踢自抛反弹球两种方法。抛踢球动作与脚背正面踢球基本相同，只是由于要求踢得远，故守门员都是用力向前上方将球踢出。

第三节 足球运动基本战术

足球战术是在足球比赛中，为了战胜对手，根据主客观的实际，正确安排阵容、分配力量以及采取的个人行动和集体配合的总称。足球战术可分为进攻战术和防守战术两大类，其中每一类又都包含着个人战术和集体战术，如图 8-1 所示。

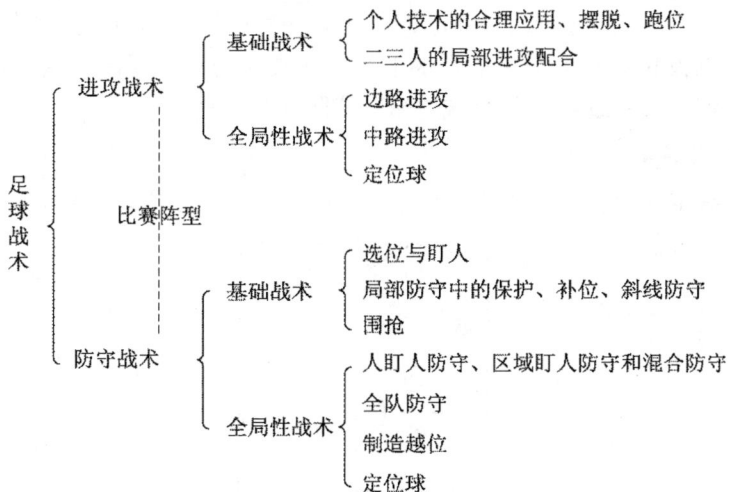

图 8-1　足球战术分类示意图

一、比赛阵形

比赛阵形是指比赛场上队员基本位置的排列，是本队攻守力量搭配和职责分工的形式。

阵形是比赛战术的一个组成部分，它使队员和全队能在进攻和防守中更好地发挥自己的特长。一个球队所采用的阵形主要应根据本队队员的特长和与赛队的特点来选择。每个场上队员应在明确个人基本位置和主要职责的前提下，充分发挥自己的智慧，机动灵活地行动。

比赛阵形在现代足球发展过程中也在不断演变，阵形的种类繁多，以下简单介绍几种。

1. "WM"阵形

"WM"阵形即"三二二三"阵形，如图 8-2 所示。采用这一阵形进攻时，中锋中央突破，两边锋外线吊中；防守时，三个后卫看守对方三个前锋，两个前卫防守对方两个内锋。"WM"阵形在足球阵形的发展中，第一次达到了攻守人数排列上的平衡，推动了现代足球运动的发展。

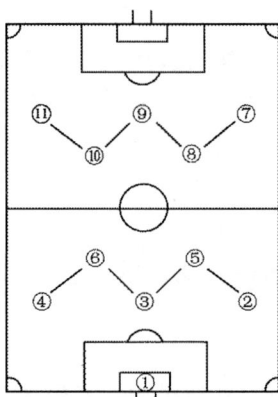

图 8-2 "WM"阵形

"WM"阵形在使用中，队员位置清楚、分工明确，前锋、前卫、后卫易保持距离，容易形成相互联系的三角配合。这一阵形曾风行并一直保持到 20 世纪 50 年代。由于"WM"式阵形攻守比较刻板和随着运动员技术水平和身体素质的不断提高，这一阵形被人们逐渐适应，尤其是"W"式的进攻很容易被"M"式防守所扼制。

2. "四前锋"阵形

"四前锋"阵形即"三二一四"阵形，亦为"三三四"阵形，如图 8-3 所示。

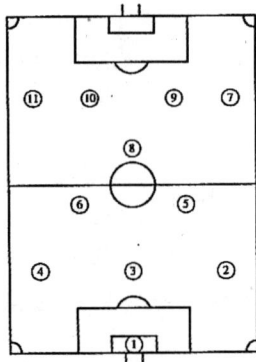

图 8-3 "四前锋"阵形

"四前锋"阵形的特点是两内锋在罚球区附近频繁交叉换位，又拉又插，进行二过一和传切配合，而拖后中锋则是忽而拉开中央防守空当，忽而又反切插入罚球区，这种频繁地拉插使"WM"阵形中的一个中卫难以应付，加速了"WM"阵形的消亡。这种使比赛阵形从攻守平衡发展向攻守人数不平衡发展的改变，被称为足球运动发展中的第一次变革。

3. "四二四"阵形

1958 年，巴西队首创了"四二四"阵形，如图 8-4 所示，再次使攻守人数的排列趋于平衡。它被称为足球运动发展中的第二次变革。

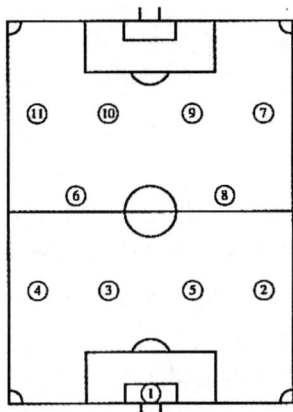

图 8-4　"四二四"阵形

"四二四"阵形较之"WM"阵形，既加强了锋线的攻击力，又增加了后卫的防御力，攻守兼备。重要的是两个前卫既是进攻的组织者，又是防守的参与者，在锋卫之间起到桥梁与纽带的作用。这比"WM"和"四前锋"阵形层次减少，锋卫联系更紧凑，前后穿插更快捷。该阵形最大的弱点是中场力量相对薄弱。

4. 全攻全守踢法

20 世纪 60 年代相继出现了"四三三"和"四四二"阵形，它是从锋线上抽调回 1～2 名队员加强中场力量。特别是通过 20 世纪五六十年代的攻守较量，人们更加深刻地认识到只强调攻与守的某一方面都是片面的和不完善的，必须要稳固防守，积极进攻，攻守平衡。体现在比赛中，不是攻守人数排列上的平衡，而是攻守力量组织上的平衡。1970 年荷兰的阿贾克斯队首创了攻可上、退可守、潮起潮落式的全攻全守踢法，赋予现代足球阵形新的内涵。它被称为足球运动发展中的第三次变革。

而后的几十年，比赛阵形没有大的突破与变革。随着运动员身体素质的加强和技战术水平的提高，逐渐形成守多攻少的人数排列，突出体现在稳固后防、力拼中场、插上进攻的立体型打法，并逐渐向全面型过渡。

二、进攻战术

1. 全队进攻战术原则

(1) "制造宽度"原则。进攻者应尽可能多利用场地宽度，使防守队员被迫扩大横向防守面积，从而创造便于利用的进攻空间。

（2）"传切渗透"原则。在采用横向拉开防守后，应迅速采用渗透防守的纵向传球，以创造直接射门机会或为射门创造有利的条件。

（3）"机动灵活"原则。当进攻至对方罚球区及前沿危险地带时，防守队员一定会采用紧逼盯人、保护补位等密集的防守措施，阻止进攻和射门。这时进攻者必须灵活地运用各种有球和无球活动，创造性地运用技战术的突然变化，巧妙地运用个人渗透和所熟悉的战术套路配合，拉出空当，达到切入射门的目的。

（4）"快速攻击"原则。防守中一旦抢得球，要利用对手由攻转守、回撤和重新组织防守的时间，以最快速度攻向对方球门。进攻的速度越快，越容易抓住可乘之机，争取突破与射门的时间和空间。"快攻"不只是一个人或两个人的快，快攻最大的威力在于全队同步行动，以便同时制造多个进攻点，实施多点攻击，令对手防不胜防。

2. 个人进攻战术与原则

（1）传球。传球是集体配合的基础，是完成战术配合、创造射门时机的主要手段。比赛中当控球者同时可向几个队员传球时，应将球传给威胁最大的队员。传球前要注意观察、隐蔽自己的意图，及时、准确地传给向前、向空当跑和威胁最大的队员。在向空当传球时，传球的速度应与同伴的跑速相吻合，做到人到球到。在向前方空当传球时，若在突破队员速度快、守门员不易出击时，则传球力量可大些，以便发挥突破队员的速度。

（2）摆脱与跑位。摆脱常常作为跑位的前奏而与跑位联为一体。摆脱是指进攻队员为了避开对方队员的紧逼盯人而采取的各种有目的的身体动作。摆脱的方式有突然起动、冲刺跑、急停、变速、变向和假动作等。跑位是指无球队员在进攻中为自己或同伴创造接传球、射门等机会所实施的战术行动，它是指跑向有利的位置与空当。

（3）射门。射门是一切战术配合的最终目的，进攻者应充分利用有利时机，进行突然、准确、有力的射门。

3. 二、三人局部进攻战术

（1）二人局部进攻战术。二人局部进攻战术主要包括：斜(横)传直插二过一，如图 8-5①所示；斜(横)传斜插二过一，如图 8-5②所示；踢墙式二过一，如图 8-5③所示；回传反切二过一，如图 8-5④所示；交叉掩护二过一，如图 8-5⑤所示。

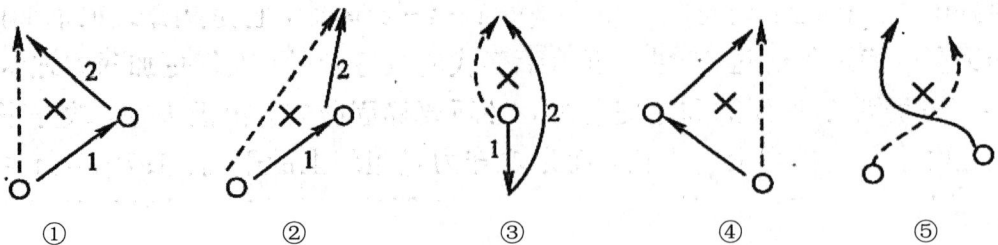

图 8-5　二人局部进攻战术（二打一）

（2）三人局部进攻战术。三人配合比二人配合进攻面更广、更加富有变化。三人配合的方法归纳起来大致可分为两种：一种是一名队员利用自己跑向空当来牵制一名防守队员，其他两个进攻队员利用传切配合越过另一防守队员，这种配合称为传第二空当，如图 8-6①②③所示；另一种是三名队员通过传球进行一次间接二过一或连续二过一的配合以越过两名防守防员，如图 8-6④⑤所示。

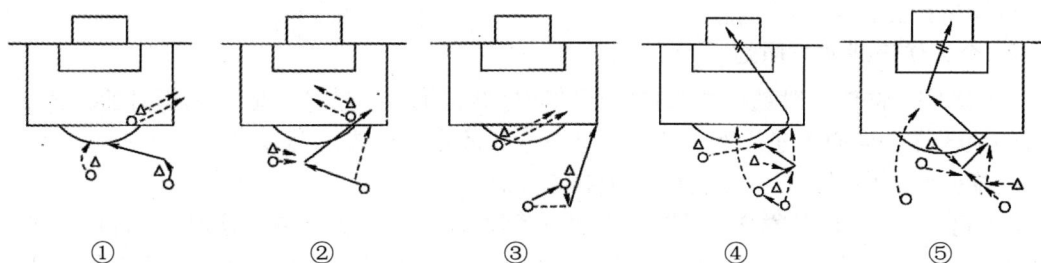

| ① | ② | ③ | ④ | ⑤ |

图 8-6　三人局部进攻战术

4. 集体进攻战术

(1) 边路进攻。边路进攻一般是指禁区线以外两侧地区的进攻。它多是通过边锋或交叉到边路的中锋、前卫或插上的后卫，利用传球配合或运球过人的方法突破对方防线，一般是以快速下底传中或切底回扣传中(切入罚球区内到端线附近回扣传中)，以实现中间包抄或跟进射门，边路队员也可运球内切射门。

(2) 中路进攻。中路进攻是指在对方半场中间区域的进攻。它多是通过中锋、内切的边锋或插上的前卫运用传球配合或运球过人，把进攻推向罚球区附近，以罚球区外远射、运球过人、突破和踢墙式配合对对方球门实施攻击。

(3) 快速反击。反击是指在防守中获球的队尽快把球输送给处于有利位置的中前场队员，使他们在对方尚未完全组织好严密防守之前得到一次良好的进攻机会。快速反击的机会通常出现在下列情况：断截到一次对方不准确的传球后；抢得对方脚下控制的球后；对方进攻中犯规而被判罚任意球后等。

三、防守战术

1. 全队防守战术原则

(1) 延缓原则。丢球后迅速由攻转守的瞬间是夺回球的最重要的时机，应立即逼抢持球人和相邻的对手，压缩空间，形成紧密的衔接与保护，使对手无法向前传球或快速带球推进。特别要阻止对方发动快速反击，以利于其他同伴迅速调整防守，从而争得时间，退守到位，形成以多防少的局面。防守对方控球队员时必须谨慎有效，迫使对手横传、回传以减缓进攻速度。

(2) 平衡原则。在延缓对手进攻速度的同时，其他队员要迅速调整位置，根据战术的布署，在局部地区或中后场，形成攻守人数的均衡，进行盯人防守，使对方在发动进攻阶段就不占有人数的优势。无论是盯人防守还是区域防守都应做到对位防守，才能达到防守人数平衡和以多防少，起到稳固防守的目的。

(3) 控制原则。在对方向罚球区组织进攻时，每个防守队员都要选好位置紧盯自己的对手，不让对手在有利的位置接球射门和传球，特别要盯紧无球队员，卡好位置，使他们无法很好地切入得球。在守门员出击和扑救时，要加强保护。

(4) 收缩原则。在罚球区附近区域防守时，要组织好整体防守，每个队员要负起分工防守的职责，边卫要向中路收缩，在盯住对手的前提下，应缩小与中卫间的空隙，便于相互保护与补位。自由中卫也要妥善选好位置，随时注意保护与补位，以有效地破坏和控制对手的进攻。

2. 个人防守战术与原则

(1) 选位。选位一般是指由攻转守后的防守队根据自己的位置职责和当时的具体情况，有目的地选择恰当的防守位置。一般应选位于进攻者与本方球门线中点的连线上，并保持适宜的横向和纵向联系，以备提供保护和有效补位。

(2) 盯人。盯人的基本含义是防守者通过各种方法，紧紧跟随并看住对手，以达到严密控制和干扰对手所采用的技术和战术行动。盯人有紧逼盯人和松动盯人两种方式：紧逼盯人一般运用于禁区地带或接近球的进攻队员；松动盯人一般运用于离球远的队员。

(3) 抢截。抢截是指防守者有意识地运用各种争抢动作，主动向持球者发动进攻，破坏掉或是把持球者的传球断下来。它与其它防守手段最显著的区别在于它的攻击性和主动性。常见的抢截形式有：在对手接球前断截球；在对手接球的刹那间抢断球；在对手持球后抢截球。

(4) 补位。无论是进攻还是防守，其有效性都是由整体力量所决定的，这就需要全队队员高度协作与配合。在任何队的防守体系中，队员们的相互补位是必不可少的。补位又分补空当和相互补位两种形式。

3. 集体防守战术

(1) 人盯人防守。人盯人防守是一种除自由人以外，其他每个队员都有固定盯人对象的防守形式。自由人的主要任务是补位和指挥。采用这种方法时，要求队员有极强的个人作战能力，并能根据场上情况进行灵活、及时的补位，同时对队员的体能素质也有极高的要求。

(2) 区域盯人防守。每一防守队员占据一定的活动区域，当对手进入该防区时，对其实施严密盯人，控制其一切有效活动。采用这种方法时，要特别注意各区域间交界处的防守任务要分工明确。

(3) 混合防守。混合防守是人盯人防守和区域盯人防守两种形式联合运用的防守打法，是当今比赛中运用较为普遍的防守形式之一。混合防守的运用通常是选择体力好、作战能力强的队员，以人盯人防守盯住对方的核心或威胁大的队员，限制其行动自由，其他队员多采用区域盯人防守。

(4) 全队防守。全队防守要求防守时发挥集体的力量，努力延缓对方进攻，尽力快速回防到位，注意保持防守层次，采用紧逼盯人，严密防守门前 30 米范围内最危险的区域。

(5) 制造越位。制造越位是一种特殊形式的防守战术，防守队利用越位规则对进攻队员进行限制，故意造成进攻队员处于越位位置，使进攻队员越位犯规。采用这种战术时，防守队的几个队员必须十分默契，动作协调一致，听从一个队员(一般是自由人)的指挥。

四、定位球战术

定位球战术包括任意球、角球、掷界外球、球门球和中场开球战术等。下面仅介绍任意球、角球、掷界外球的攻守战术配合。

(一) 任意球战术

1. 任意球进攻战术

(1) 直接射门。在罚球区附近获得直接任意球时，由脚法好的队员直接射门。

(2) 配合射门。配合射门的目的是避开人墙，创造射门机会。组织这种配合时应注意简捷，传球次数不能多；注意运用假动作迷惑对方，声东击西，避开"人墙"，争得射门机会；传切配合应力求巧妙、准确、及时。

2. 任意球防守战术。

无论是防守直接任意球还是间接任意球，前锋、前卫应迅速回防，组织"人墙"要快。若射门角度大，则组"墙"人数要多；反之，组"墙"人数可少。一般"人墙"由二至六人组成，"人墙"可封堵距球门较近的一侧，守门员站在距球门较远的一侧，"人墙"要听从守门员的指挥，其他的防守队员应注意盯人与区域防守。一般情况下，头球好的防守者盯住对方空中争顶能力强的队员，中锋盯住对方插上的盯人中卫或拖后中卫，其他防守者分别盯人或站在"墙"的侧后起保护作用。一名速度快且运球突破能力强的队员站在中线附近准备反击。

(二) 角球战术

1. 角球进攻战术

在组织角球进攻中，队员应分别站位于球门区近角、罚球点和罚球区远角这三点所构成的进攻带上。角球进攻常用的方式有：内弧线球至近门柱和远门柱；外弧线球至近门柱和远门柱。

2. 角球防守战术

站位和盯人是角球防守中重要的环节之一。守门员应站在靠近远端立柱附近，一名防守队员站在近门柱附近，发角球一侧的锋线防守队员应站在发球队员的前面，争顶能力强的队员盯住头球好的进攻队员，一名速度快且运球突破能力强的队员站在中线附近准备反击，其余队员根据本队战术思想分别选位和盯人。盯人时，应尽可能站在既能观察到对手和球，又能抢先于对手之前触球的位置上。

(三) 掷界外球战术

1. 掷界外球进攻战术

掷界外球的进攻方式有：掷球者沿边线掷球，接球者运球或与同伴配合沉底传中；接球者长传转移或与同伴配合长传转移；发球者掷球于门前或禁区附近，创造直接威胁球门的进攻配合。

2. 掷界外球防守战术

对方在前场掷界外球时，除一至两名队员置于中场准备反击外，其余队员均应回防。掷界外球异侧的防守队员应适当向中路靠拢，以备为同伴提供保护和减小空当距离。对掷球队员附近的进攻队员和门前队员应紧盯，特别应防范对方掷向门前的进攻配合。

第九章

触式橄榄球运动理论与技术

学习目标

(1) 了解触式橄榄球运动的基础理论。

(2) 掌握触式橄榄球的基本技战术。

(3) 通过橄榄球运动激发学生运动兴趣，学会锻炼身体的方法，养成锻炼身体的习惯，提高运动审美水平，扩宽知识视野。

课程思政点

东京奥运会中国女橄进入八强

橄榄球运动就是当代体育中的"战争"，激烈的身体对抗使得此项运动具有更强的体育精神。我国橄榄球运动起步较晚，整体成绩在亚洲落后于日韩等国家。

2021年7月30日，东京奥运会女子七人制橄榄球小组赛继续进行，中国队对阵东道主日本队。在之前的小组赛前两轮中，中国队先后输给了美国队和澳大利亚队，晋级希望渺茫。

日本队正常水平在中国队之上，本场比赛中国女橄只能破釜沉舟，背水一战。比赛中，中国女子橄榄球队在身体对抗上明显强于对手，全场比赛日本队几乎没有任何机会能够威胁到中国队的球员，最终中国队以29∶0大胜日本，日本队两战一分未得。中国队在战胜日本队之后，净胜分为−1，而B组的加拿大队在0∶31不敌法国队之后，净胜分只有−19，这样排名C组第三的中国队就成功晋级四分之一决赛。

这是中国女子橄榄球队首次进入奥运八强，整个过程激昂顿挫，最后是酣畅淋漓，这种以弱胜强的案例是我们青年人学习的榜样。

第一节　触式橄榄球运动概述

一、触式橄榄球的起源

触式橄榄球源起于澳大利亚，由英式橄榄球运动发展演变而来，是对英式联合式橄榄球运动改良后的一种简易形式。触式橄榄球是20世纪50年代流行于澳大利亚橄榄球联盟部分俱乐部日常训练的一种游戏活动。在发展初期，虽然触式橄榄球由于参与人数少，较强地依附于橄榄球运动，并不受官方与民间的重视，也没有成为主流项目，但与橄榄球运动不同的是，触式橄榄球是一项不受场域限制、易开展的户外运动。其特点是比赛规则简单，运动时间持续较短(通常为 1 个小时)，身体对抗强度小，禁止暴力成分，男女老少皆适宜，是团队合作、大众化、娱乐性、游戏性较强的平民运动。

二、触式橄榄球的特点

触式橄榄球运动是极其重视团队精神的体育运动。与橄榄球项目比较，触式橄榄球规则更简单，运动中不发生身体碰撞。从规则和技术运用角度分析，该项目具有简单易学、趣味性强、安全可靠、身心两健的特点。

1. 易学有趣且安全可靠

触式橄榄球在规则上要求持球队员不与防守队员发生身体碰撞，从根本上降低了对运动参与者的体能和技术要求，实施起来安全可靠，老少皆宜。在触式橄榄球运动中，参与者只要掌握传球、接球以及持球跑的技术即可进行比赛。在比赛参与的人数上要求宽松，人数可多可少，可男女分开比赛，也可男女混合比赛，这极大地丰富了触式橄榄球的参与性和娱乐性，激发起受众的学习动机，更易得到受众的认可。

2. 团队协作有利于参与者身心两健

触式橄榄球不仅需要个体的智慧，更需要团队的协作配合。每位队员为了球队的荣誉，将自身的技艺、智慧和力量融入集体战术中，全队上下同心协力、密切配合，全力以赴形成坚固的攻防体系，与强大的对手拼搏对抗。触式橄榄球不仅能锻炼参与者身体的速度、耐力和协调能力，增强中枢神经系统、心血管系统、呼吸系统等器官的功能，而且有利于培养队员尊重对手、敢于拼搏、团结协作的团队意识。因此，触式橄榄球运动凝聚着智慧与力量，在团队协同中利于参与者最大限度的身心两健。

三、触式橄榄球的价值

1. 触式橄榄球的运动价值

触式橄榄球运动只靠个人是无法进行的，必须同伴之间配合完成，在此过程中，人们学会了如何融入集体，如何通过自己和同伴的配合取得成功，这便是触式橄榄球运动的魅力所在。触式橄榄球的观赏性很强，现场的快速进攻与防守的气氛更是扣人心弦、引人入胜，观众要非常投入才不会错过任何一个进球。正是由于这种吸引力，使整个比赛更加有趣，不论场上还是场下都会是一片欢呼。进攻时，队友之间通过密切配合才能够达阵得分，一个细小的转身或是转向都会影响全局。正是这些特点营造出触式橄榄球运动激烈的竞争气氛，吸引着人们观赏或参与其中，彰显其运动价值。

2. 触式橄榄球的健身、娱乐价值

触式橄榄球项目对神经系统、心血管系统、呼吸系统、消化系统和运动系统都有积极的影响，有利于增强练习者体质。触式橄榄球对人体的健身作用是多方面的，尤其是强烈的团队精神，能使参与者心理得到很大的鼓舞。触式橄榄球能够迅速开展起来，就是因为它不

仅没有橄榄球强烈的冲撞性，而且更有趣味性。再加上规则简明，不需要过多解释，上场试试就可以很快参与其中。触式橄榄球要求触碰时大喊"touch"，表示触碰的发生，正是这样的口号，使得每个人都变得勇敢自信起来，这样的热情也吸引了大批的观众和爱好者。

3. 触式橄榄球的文化、教育价值

触式橄榄球从澳大利亚传遍全球，在传播发展的过程中丰富了其原有的文化内涵。触式橄榄球作为集体项目能够使参与者通过互相帮助、互相认同产生一种成就感。在这种团结文化的背后是一种团队意识，是一种精神支撑。

触式橄榄球是一项新兴运动，要求每一位运动员不怕挫折、不断进攻，更重要的是队友之间配合失败以后不抱怨，迅速组织第二次进攻。这种不怕失败的心态，这种自强不息的品质，使每一位队员受益。参与触式橄榄球的男女运动员都体形匀称，表现出一种运动美。这种健康向上的态度展现了一种自信与活力的美。这种美是社会需要倡导的，对社会大众也是一种品德教育。

4. 触式橄榄球的社会、经济价值

触式橄榄球是集体项目，讲究团结协作，不仅培养了运动员团结协作的精神，而且更加强调完成好本职工作。体育的娱乐价值、健身价值逐步成为一种时尚，人们在享受触式橄榄球的健身乐趣时也产生了一定的经济效益。合理的开发不仅有利于触式橄榄球的发展，而且更有利于当地的经济发展，例如触式橄榄球运动推广的不只是运动本身，还有配套的设施、便利的场所、优质的服务等。

第二节　触式橄榄球运动基本技术

1. 双手持球

双手手指张开，持握球上 1/2 的两侧。手指接触球，掌心不接触球。双手持球于腹前，球距离腹部 20～30 厘米。手臂自然弯曲，以能够自然协调摆动为宜。

双手持球技术

2. 单手持球

以远离防守人一侧的手臂持球。球尖的一端顶在腋窝处，另一端则用手掌和手指持握。

3. 接球

当球在空中运行时，接球人朝着球跑动。眼睛注视球，双臂伸出，手指自然张开呈半球形。向前跨步，重心前移，身体朝向来球方向。双手手指接球，接球后将球引至控制球或迅速传出球的位置。

接球技术

4. 滚球

持球人抬头站立在标点上面或后面，面向防守队。膝盖弯曲，两腿分开，将球放在地上。两脚从球上迈过，球向后滚动不得超过 1 米。

滚球技术

5. 抄捡地上球

沿着球的旁边俯身前进，眼睛注视球，当到达球的旁边时，一只脚向球的前方跨出，使球在两脚之间。抬头，屈膝弯腰，降低重心，两手一前一后将球捡起，或用靠近球一侧的手将球抄起。随后将球顺势引入胸前或腹前，持球继续跑动。

抄捡球技术

6. 挑传球技术

(1) 原地挑传球技术要领。

两脚与肩同宽站立，双手持球于胸腹前。传球时身体转向接球人，两臂伸直，两手将球举到胸的高度。手腕下沉(两手内收)，手腕向上抖动(两手外旋)，手指拨球，将球传出。

挑传球技术

(2) 行进间挑传球技术要领。

跑动中双手持球，传球时，与传球方向相反的一侧腿跨出(若向左侧传球，则右脚跨出)，上体转向接球人，两手将球举到胸腹高度。手腕下沉(两手内收)，手腕向上抖动(两手外旋)，手指拨球，将球传至接球人胸腹高度。

7. 平直球技术

(1) 原地挑传球技术要领。

两脚与肩同宽站立，双手将球持握在与传球方向相反一侧(向右传球，持球时球的位置偏向身体左侧)。上体转向接球人，肘关节发力，带动手臂以肩关节为轴自然摆动。同时手腕发力，手指顺着传球的目标将球推出。

平直球技术

球在离开指尖时，两手掌向外翻，掌心朝上。球传出时，眼睛注视着球，依靠肘关节和手腕的发力控制球速，并且要使球在空中直立，运行中重心平稳，不宜翻转。传球的目标在接球人胸前，在双手自然上举就可以接住的高度和位置。

(2) 行进间平直球球技术要领。

直线跑动，双手持球，吸引一名防守人。若向右侧传球，则左腿向前跨出，身体向右转，面向支援的接球同伴，将球持于左侧大腿的前面。以肘关节和手腕的发力控制传出球的速度，手臂向传球方向摆动，手指将球推出，两个掌心自然向上翻。球出手后，手臂向传球方向送出。将球传至接球同伴的胸部位置，在双手自然上举就可以接住球的高度。

8. 旋转球技术

(1) 原地挑旋转球技术要领。

两脚与肩同宽前后开立，双手持球于腰部一侧，两臂自然弯曲。持球的双手前后稍微分开，置于球的两侧。前面的手(离接球人较近的一侧手)控制球的运行方向。保持球的稳定。球的长轴与水平线成30°，并对准接球人。后面的手(离接球人较远一侧的手)为球的运行提供动力并使球旋转。

旋转球技术

手指自然张开并与球的骑缝垂直。传球时，手臂朝传球方向摆动。后面手臂的肘关节和手腕发力，四指(拇指除外)朝球的上方拨球。球出手后，手臂顺势摆出，手指指向接球人。

(2) 行进间传旋转球技术要领。

开始以走动的速度练习行进中传旋转球，然后在慢跑中进行练习，逐渐加快跑动速度。传球人要根据接球人的移动速度，把握传球的速度和提前量。传球人尽量把握传球的准确性，不要将球传到接球人的头上或膝盖以下，更不要将球传到接球人身后，影响接球人接球后做下一个动作。尽可能地做到以球领人、球到人到。接球人接球后，只能从身体内侧将球传出，不能把球移动到身体外侧将球传出。

9. 持球侧步变向跑

双手持球正对防守人跑动，随后改变跑动方向。如果持球队员从对手右侧突破时，则先向对手左侧跑动，当对手向左侧移动时，右腿向右前方跨出，身体向右前倾，重心移向右腿，当右脚前脚掌落地时，脚尖内扣，迅速屈膝，右脚前脚掌内侧用力蹬地。腰部随之内转，重心移向左腿，上体向左前倾，眼睛注视对方。左脚向左前方跨出一步并用力蹬地，右脚迅速向左侧前方跨出，继续加速跑动。

持球侧步变向跑术

10. 假传球技术(The Dummy Pass)

双手持球，直线跑动。当距离防守人 2 米左右时，若假装向持球人右侧传球时，则持球人左腿向前迈出，头和上体转向接球队友，眼睛的余光注视防守人，双手持球于左腿一侧。当防守人犹豫或开始向传球方向移动时，手臂向传球方向摆动，做出明显的传球动作。同时右腿向斜上方跨出一步，重心随之转移至右腿，右脚蹬地，上体迅速转向左侧，同时双手将球迅速收回至胸前，并向防守人的右侧加速跑出。

11. 持球绕跑技术

双手或单手持球朝防守人内侧肩方向跑动。若要从防守人右侧突破，则先向防守人左侧肩方向跑动，并控制自己的跑动速度以便随时变向加速。当防守人向前移动时，右腿跨步，右脚外侧蹬地，上体向左转，向防守人的右侧加速跑动，使持球人偏离并且绕开防守人，眼睛始终看着防守人，朝着防守队空当大的地方跑动，并注意本方支援队友的位置。

第三节　触式橄榄球运动基本战术

1. 重叠跑动战术

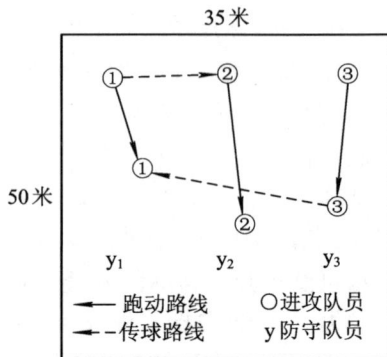

重叠跑战术如图 9-1 所示。

①将球传给②，②接球后向左侧跑动，触摸对方后滚球，③将球从地上拾起后将球传给从右侧加速跑过来的①，然后迅速向右侧跑动。①接球后③进行重叠跑动传接球配合。

重叠跑动战术

此种战术配合进攻队持球人也可以 2 次触摸对方，即②持球触摸对方后滚球，③将球传给①，①持球触摸对方后滚球，②将球拾起传给从右侧跑过来的③并向右侧跑动，与③进行重叠跑动传接球配合。

图 9-1　重叠跑战术

2. 进攻反打战术

进攻反打战术如图 9-2 所示。

三名进攻队员彼此相距 5～7 米。①触踢球后将球传给②，②接球后持球向自己的左前上方跑动。当防守队员 y_2 随着②向右侧移动时，②突然急停后上体转向右侧，①加速接球并朝着 y_1 和 y_2 的空当跑去。当①与防守人发生触摸时，①将球放在地上滚球。②将球从地上拾起，将球传给加速跑动的③。③试图从左侧寻求突破。

3. 交叉跑动战术

交叉跑动战术如图 9-3 所示。

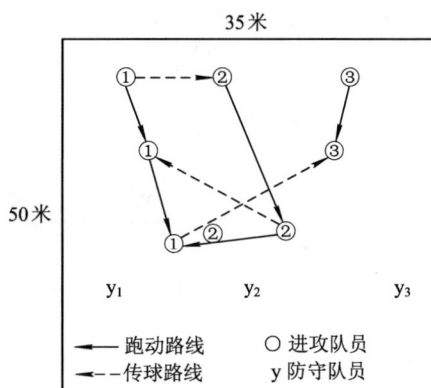

图 9-2　进攻反打战术

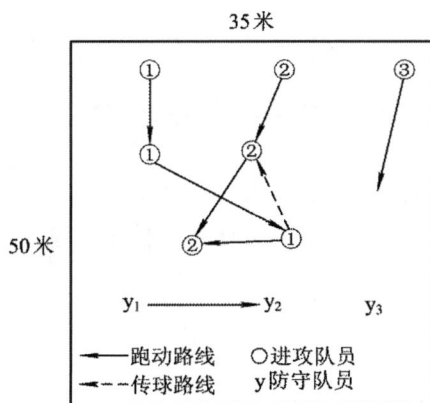

图 9-3　交叉跑动战术

持球队员双手持球朝着防守队员跑动，当持球队员和防守队员相互接近，并且防守队员朝着持球队员跑动的方向移动时，持球队员突然改变跑动向，向接球队友和防守接球队友的防守人之间的空当横向跑动。接球队友跑向持球队员，在接球队友跑到持球队友身后时，持球队员的身体转向接球队友，使得持球队员在传球瞬间防守队员看不到球，持球队员用柔和的力量将球传到接球队员身前。接球队员加速接球，朝着防守队的空当快速跑出。持球队员也可在防守队员犹豫、迟疑的瞬间做假传球然后持球突破。

交叉跑动传球练习：双方队员在 10 米 × 20 米的方形场地的 2 个角的标志桶后面各自站成一路纵队，一队队员持球，另一队队员不持球。持球队的第一位队员在方形场地内向锥形标志桶横向跑动，与不持球队的第一名队员进行交叉跑动传接球。接球队员跑到另一侧锥形标志桶后，再与跑到锥形标志桶的最先传球队员做同样的练习，然后两人回到各自队伍的队尾。下一组继续练习，如此反复。

第十章

乒乓球运动理论与技术

○ **学习目标**

(1) 了解乒乓球运动的起源、乒乓球运动发展的阶段性特征以及乒乓球运动的主要国际赛事。

(2) 了解乒乓球技术动作体系的基本内容、认知乒乓球运动各项技术动作和基本要领。

(3) 理解乒乓球战术的含义，了解乒乓球常用技术的基本战术运用。

○ **课程思政点**

中国乒乓的闪耀时刻

在湖南韶山的毛泽东纪念馆里，陈列了毛主席生前使用过的三个乒乓球拍和一个球网，其中一个球拍是木制的，而这个木制球拍则是毛泽东在延安时期打乒乓球时用过的。在陕西体育博物馆，一张被放大了的毛泽东打乒乓球的照片吸引了很多人的目光——在简陋的乒乓球案桌前，毛泽东身穿棉衣，手持"光板"，在厚厚的雪地上打乒乓球……这张照片拍摄于 1946 年 1 月的延安王家坪。毛泽东所持的"自力更生牌"球拍是警卫员将不知从何处找来的两块木板用工具刨平，再用刀削一削而做成的"光板"乒乓球拍。毛泽东用这副"光板"乒乓球拍，不仅坚持训练，还参加了延安时期开展的乒乓球比赛，打乒乓球也成为伴随毛泽东工作生活的重要健身方式。

1959 年 4 月 15 日，我国乒乓球男运动员容国团获得第 25 届世界乒乓球锦标赛男子单打冠军，为中国夺得世界体育比赛中的第一个世界冠军。周总理将容国团夺冠和国庆十周年视为 1959 年的两件大喜事，将中国首次生产的乒乓球命名为"红双喜"，乒乓球热迅速在全国兴起。第 26 届世乒赛 1961 年在北京举行，容国团率领的中国队以 5 比 3 击败日本队，首获男团世界冠军。1964 年后他担任中国乒乓球女队教练，带队获得第 28 届世界乒乓球锦标赛女子团体冠军。容国团的乒乓创举为中国体育打开了一扇门，也改变了乒乓球项目在中国体育体系中的地位。随着容国团的夺冠，乒乓球也慢慢走进了中国人民群众的生活，乒乓球逐渐成为了我国的"国球"。

1971年4月4日，在第31届世界乒乓球锦标赛比赛期间，美国国家队选手格林·科恩在前往比赛场馆的途中误上了中国国家队的大巴车，中国国家队队员、世界冠军庄则栋与其友好地"历史性互动"并互赠礼品，成为中美"乒乓外交"的起步。进而，毛泽东主席果断作出邀请美国乒乓球队访华的重大决断，这一被外界称为"乒乓外交"的举动震惊了世界。1971年4月10日至17日，参加第31届世乒赛的美国乒乓球代表团访华，成为新中国成立后第一批访问中国的美国客人。毛泽东主席和尼克松总统等中美两国老一辈领导人，从两国人民共同利益出发，以非凡的战略眼光和政治魄力，作出了重新开启两国交往大门的战略决策，推动实施了中美"乒乓外交"，推动了中美关系的破冰。这段被誉为"小球推动大球"的"乒乓外交"，以两国人文交流为契机，不仅推动了中美两国关系正常化的进程，加速了新中国走向世界的步伐，更深刻影响和改变了世界格局。

第一节　乒乓球运动概述

一、乒乓球运动发展

乒乓球运动起源于19世纪末，至今已有100多年的发展历史。在这个过程中，乒乓球运动从一种民间游戏演变为正式的竞技项目，从区域性的竞技项目发展成为全球性的竞技项目。在乒乓球运动发展过程中，竞技制度和乒乓球技术的发展始终起着重要作用。

(一) 乒乓球运动的起源

1. 乒乓球运动的游戏阶段

乒乓球运动起源于19世纪的英国，是在网球的发展过程中派生出来的。大约在1890年，英国的著名越野跑运动员J.吉布从美国带了一些作为玩具的赛璐珞球回英国。由于这种赛璐珞球用到桌上网球中，并在由两面贴羊皮纸的空心球拍或木制的球拍触及时发出"乒乓"之声，随后就有人将这项运动称为"乒乓"球。1902年在英国游学的日本东京高等师范学校教授坪井玄道将乒乓球的整套用具带回日本，就此乒乓球运动传入了亚洲。1905—1910年，乒乓球运动又传入中欧一些国家，以后逐渐扩展到北非的埃及等地，为乒乓球运动的国际化奠定了基础。

2. 乒乓球运动成为竞技项目阶段

20世纪初期，乒乓球运动在世界各国逐渐发展起来。1926年12月，在英国伦敦举行的第一届欧洲乒乓球锦标赛期间，召开了第一次国际乒联全体代表大会。会议通过了正式成立国际乒乓球联合会的决议和国际乒联章程，讨论了乒乓球规则，推选英国乒协的负责人伊沃·蒙塔古为国际乒联的第一任主席。参加第一届欧洲乒乓球锦标赛的国家有德国、匈牙利、威尔士、英格兰、奥地利、印度、捷克斯洛伐克、瑞典、丹麦，共 64 名男、女运动员。由于参赛的印度是亚洲国家，于是国际乒联决定把第一届欧洲乒乓球锦标赛改为第一届世界乒乓球锦标赛，这标志着乒乓球成为正式的竞技运动项目。世界乒乓球锦标赛从 1926 年起每年举行一次，1939—1946 年因第二次世界大战而中断，1957 年以后改为每两年举行一届，到 2023 年共举行了 57 届。

(二) 世界乒乓球运动的发展

1. 欧洲全盛期(1926—1951 年)

欧洲全盛期共举行了 18 届世界乒乓球锦标赛，这一阶段参加比赛的主要是欧洲选手，除第 13 届在埃及外，其余 17 届均在欧洲举行，欧洲国家获得了绝大多数的冠军。匈牙利是这一时期的代表国家，共获得 57.5 项世界冠军。

2. 日本称雄世界乒坛(1952—1959 年)

日本乒协 1928 年加入国际乒联，直至 1952 年日本选手在第 19 届世界乒乓球锦标赛中一举夺得了女团、男单、男双、女双四项世界冠军，冲破了欧洲选手保持 20 多年的传统削球的防线。日本选手创造的"长抽攻击型"打法使日本队从第 19 届至 25 届世界乒乓球锦标赛上均获得了优异成绩，独揽了 24 个冠军，占全部锦标赛冠军的 49%。

3. 中国崛起(1959—1969 年)

1959 年，中国运动员容国团在第 25 届世界乒乓球锦标赛男子单打比赛中为中国夺得了有史以来的第一个世界冠军。1961—1969 年中国参加了 3 届世界乒乓球锦标赛，共夺得冠军 11 项，占金牌总数的 52%，标志着中国队已经进入世界先进行列。

4. 欧洲乒乓运动的复兴与欧亚对抗(197—1990 年)

欧洲选手经过整整 20 年的时间，经过反复的摸索，吸取了日本弧圈球和中国快攻的优点，创造了适合弧圈结合快攻和快攻结合弧圈的两种新打法。器材方面反胶胶皮被大量运用，正胶胶皮也不断革新，横握球拍的选手增多，从此步入与亚洲抗衡的态势。

5. 进入奥运时代，欧亚竞争激烈，中国称霸世界乒坛(1991 至今)

1988 年，乒乓球被列入奥林匹克运动会正式项目，这一时期欧亚争夺日趋激烈，技术流派发展为快攻型、弧圈型、削攻型三种，乒乓球运动朝着"积极主动、特长突出、技术全面、战术灵活多变"的方向发展。以瓦尔德内尔为首的瑞典男队，以两面弧圈结合快攻的打法横扫乒坛，连续夺得第 40、41、42 三届世界锦标赛团体冠军，女子方面亚洲女队一直保持领先优势。21 世纪后，中国队在乒乓球世锦赛中实现了男团 11 连冠，而中国女队也实现了三次 6 连冠，中国乒乓球保持领先地位。

(1) 中国称霸乒坛时期乒乓球运动的基本特征。

① 弧圈球进攻打法取代直拍正胶打法成为主流打法。

② 速度、旋转、准确、力量、弧线及变化的合理组合与运用密不可分。

③ 规则频繁改变。

(2) 器材、规则的改变。

① 2000 年 10 月乒乓球直径由 38 毫米改为 40 毫米，乒乓球重量由 2.5 克改为 2.7 克。

② 2001 年 9 月乒乓球比赛每局由 21 分改为 11 分。

③ 2002 年 9 月乒乓球比赛执行无遮挡发球。

④ 2005 年奥运会男、女双打项目改为男、女团体项目。

⑤ 2008 年 9 月开始禁用有机胶水，使用无机胶水。

(三) 世界乒乓球运动的重大赛事

1. 世界乒乓球锦标赛

世界乒乓球锦标赛(World Table Tennis Championships)简称世乒赛，是由国际乒乓球联合会主办的一项最高水平的世界乒乓球大赛。世界乒乓球锦标赛从 1926 年起每年举行一次，这标志着乒乓球成为了正式的竞技运动项目。1940—1946 年世锦赛因第二次世界大战而中断，1957 年第 24 届以后"世乒赛"每两年举行一次。比赛设有七个项目：男子团体、女子团体、男子单打、女子单打、男子双打、女子双打和混合双打。从第 47 届开始，团体比赛和单项比赛分别在两个不同国家或地区举行，偶数年举行男、女团体赛，奇数年举行男女子单打、男女子双打、男女混合双打五个单项比赛，到 2023 年共举办了 57 届世锦赛。

2. 奥运会乒乓球比赛

奥运会乒乓球比赛是乒乓球国际比赛的主要赛事。在 1988 年第 24 届汉城奥运会上，乒乓球运动首次被列为奥运会正式比赛项目，设男单、男双、女单、女双 4 项比赛。2008 年第 29 届奥运会乒乓球比赛项目改为男团、男单、女团、女单 4 项。2020 年东京奥运会将混双设为新增的项目。乒乓球运动进入奥运会后，大大提高了乒乓球运动在国际体坛的位置，有力推动了世界乒乓球运动的发展。

3. 世界杯乒乓球赛

世界杯乒乓球赛由国际乒乓球联合会主办，从 1980 年起每年举行一届比赛最初仅设男子单打单项，由国际乒联指定 16 名运动员参加，分别是世界单打冠军、各洲单打冠军、主办协会单打冠军和国际乒联公布的世界优秀选手名单中名次靠前的部分地区选手。1990 年增设了世界杯团体比赛和双打比赛，首届团体比赛在日本举办，首届双打比赛在汉城举办。1996 年又增加了女子单打项目，第一届世界杯女子单打比赛在香港举行。到 2020 年，世界杯男子单打比赛已成功举办了 41 届，女子单打比赛已举办了 24 届。

二、乒乓球场地与器材

1. 球台的台面

球台的上层表面称为"台面"，台面长 2.74 米，宽 1.525 米，离地面高度 76 厘米，如图 10-1①所示。

2. 球网装置

球网装置包括球网、悬网绳、网柱及将它们固定在球台上的夹钳部分。球网高 15.25

厘米，网柱外缘离开边线外缘的距离为 15.25 厘米，如图 10-1②所示。

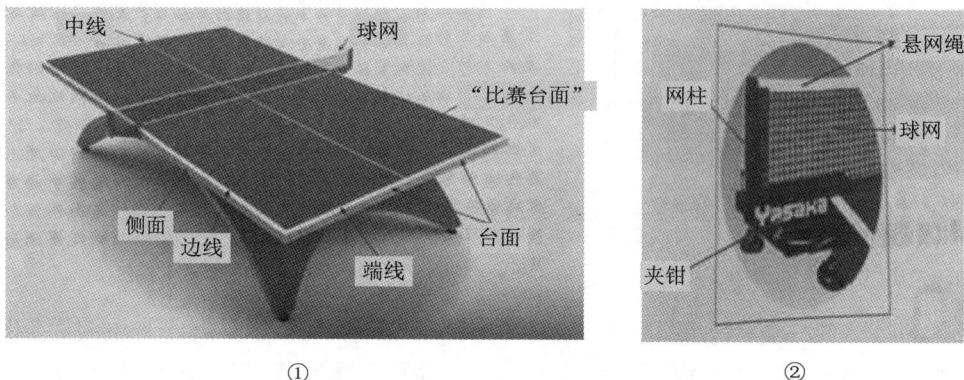

图 10-1　乒乓球球台、球网装置

3. 场地条件

赛区空间应不少于 14 米长、7 米宽、5 米高。赛区应由 75 厘米高的同一深色的挡板围起，以与相邻的赛区及观众隔开。

4. 球

比赛用球应为圆球体，直径为 40 毫米，球重 2.7 克。球应用赛璐珞或类似的塑料制成，呈白色或橙色，且无光泽。2014 年 6 月之后国际乒联规定大赛使用新材料无缝乒乓球。

5. 球拍

乒乓球拍由底板、海绵和胶皮三个部分组成。在乒乓球运动中，人们根据自己的技术特点和打法类型，对不同类型的底板、海绵和胶皮进行选择。

第二节　乒乓球运动基本技术

一、基本站位、准备姿势与握拍

(一) 基本站位

站位是指运动员与球台之间所处的位置。基本站位是指一个范围，而不是一个点，可以依据击球者的身高、技术风格、打法类型选择适度的站位。不同打法类型的运动员可选择相应的基本站位：左推右攻打法运动员基本站位在近台中间偏左；两面攻打法运动员基本站位在近台中间；弧圈球打法运动员的基本站位在中台偏左；横板攻削结合打法运动员基本站位在中台附近；以削为主打法的运动员基本站位在中远台附近。

(二) 准备姿势

准备姿势一般是两脚平行站立，略比肩宽，身体稍向右侧，面向球台；两膝微屈并内旋，前脚掌内侧着地，重心置于两脚之间；上体略前倾，注视来球，执拍手自然弯曲，置于身体侧前方,手腕适当放松,球拍略高于台面,非执拍手自然弯曲置于体侧。如图 10-2、图 10-3 所示。

图 10-2　直拍准备姿势(正面、侧面)

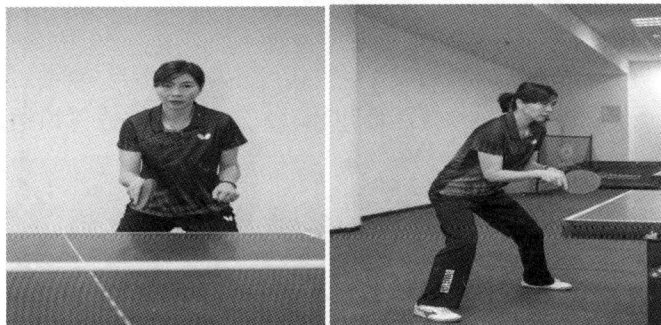

图 10-3　横拍准备姿势(正面、侧面)

(三) 握拍方法

乒乓球握拍包括直握球拍和横握球拍两种类型。

1. 直拍握法

直拍握法大体上可分为快攻、弧圈、横打和削球握法四种,这里重点讲快攻型和直拍横打握拍方法。

直拍快攻的握拍方法:食指和拇指自然弯曲,拇指的第一指关节和食指的第二指关节分别压住球拍的两肩,食指与拇指间的距离要适中(一般为一指宽);中指、无名指、小指自然弯曲斜形重叠,中指的第一指关节侧面顶在球拍背面约 1/3 处,使握拍点形成三角,如图 10-4 所示。

图 10-4　直拍握法

直拍横打的握拍方法:与直拍近台快攻握法相比,拇指往里握得深一点,食指移至球拍边缘处,食指握拍不要过紧,拍背面用中指、无名指的指端顶住球板,这样有利于用直拍的反面进行击球,如图 10-5 所示。

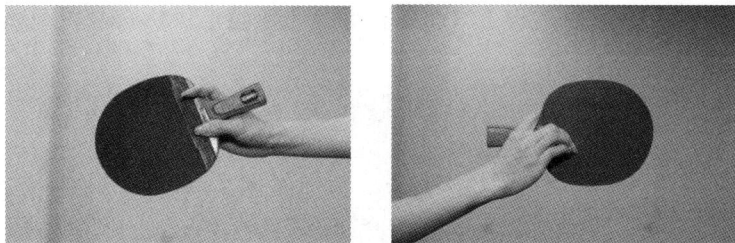

图 10-5　直拍横打握法(正面、反面)

直握球拍的特点是手腕比较灵活，可以充分运用手腕动作，台内球处理较好，侧身进攻比较灵活。

2. 横拍握法

(1) 标准握法：拇指在球拍的正面轻贴手中指旁边，食指自然伸直斜贴在球拍的背面，虎口正中央贴拍柄正侧面，中指、无名指辅助配合小指自然地握住拍柄，如图 10-6 所示。

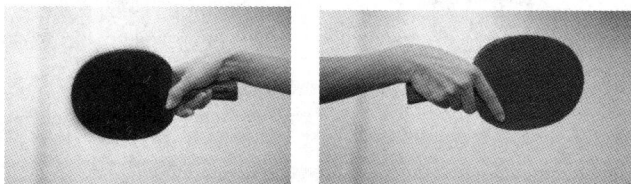

图 10-6　横拍标准握法(正面、反面)

(2) 浅握法：如果虎口处稍离开拍柄肩侧，可称为浅握法，如图 10-7①所示。

(3) 深握法：如果虎口稍紧贴拍柄正侧面，可称为深握法，如图 10-7②所示。

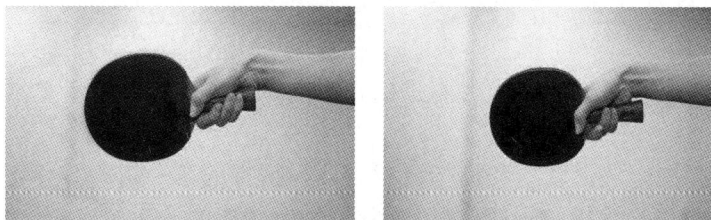

①　　　　　　　　　　　②

图 10-7　横拍浅握法、横拍深握法

横握球拍的特点是方法比较简单，动作容易固定，易于发力，但是灵活性略差一些。横握球拍的方法中深握法的拍型比较容易固定，发力比较容易，但是手腕灵活性相对差一些；浅握法手腕相对灵活些，处理台内球比较容易，但发力相对略差。

二、基本步法

步法是指运动员为寻找最佳击球位置和击球时间所采用的脚步移动方法，它是乒乓球击球环节中的重要组成部分。

1. 步法的基本因素与要求

打乒乓球时，步法要求基本有两条：一是判断准确、视神经反应灵敏迅速；二是步伐启动及时，脚步移动简单，实现击球的目标。

2. 步法的种类与动作要点

乒乓球运动的基本步法主要有单步、并步、跨步、跳步、垫步、侧身步、交叉步、小碎步等，这里主要介绍一下几种步法。

(1) 单步动作要点：以一只脚的前脚掌为轴，另一只脚向前、后、左、右的不同方向移动，当移动完成时身体重心也随之落到摆动脚上，如图10-8所示。

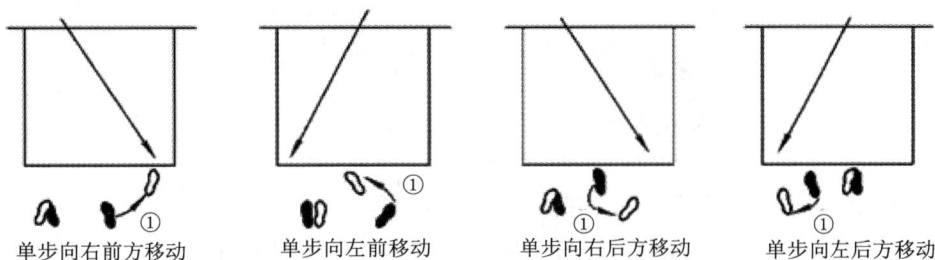

单步向右前方移动　　单步向左前移动　　单步向右后方移动　　单步向左后方移动

图 10-8　单步

(2) 并步动作要点：先以来球异侧方向的脚用力蹬地向另一只脚移(或叫并)半步或一小步，另一只脚在并步落地后即向同方向移动，如图10-9所示。

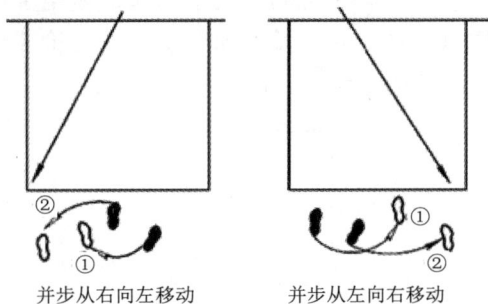

并步从右向左移动　　　　并步从左向右移动

图 10-9　并步

(3) 跨步动作要点：来球方向异侧脚用力蹬地，另一只脚向来球方向侧跨一大步，而蹬地脚迅速跟着移动，击球后立即还原为准备姿势，如图10-10所示。

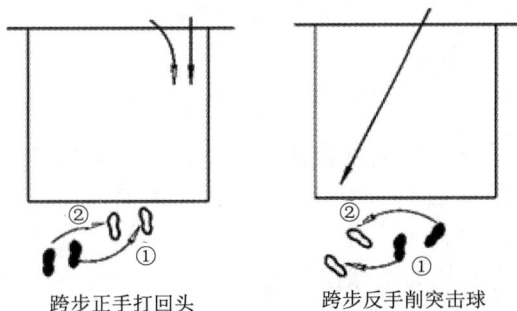

跨步正手打回头　　　　跨步反手削突击球

图 10-10　跨步

(4) 交叉步动作要点：交叉步应先以靠近来球方向的脚作为支撑脚，使远离来球的脚迅速向前、后、左、右不同的方向跨出一大步，支撑脚跟着前脚的移动方向再迈一步；在移动时膝关节始终保持弯曲,与来球方向同侧脚外旋、异侧腿内旋,腰、髋迅速转向来球方向,与挥拍击球同步进行。如图 10-11 所示。

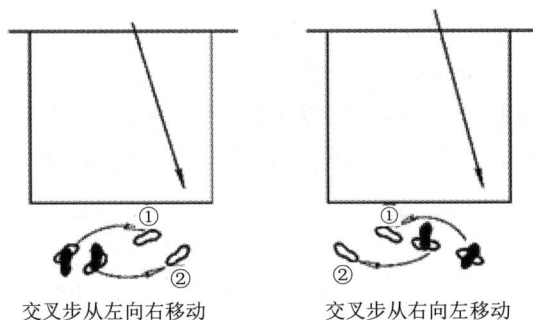

交叉步从左向右移动　　　　　交叉步从右向左移动

图 10-11　交叉步

(5) 侧身步包括单步侧身、跳步侧身和交叉步侧身。

单步侧身动作要点:右脚向左侧跨一步,同时上体收腹侧转体,重心落在右脚上,快攻打法较多采用此法,如图 10-12 所示。

跳步侧身动作要点:基本上同正常的跳步动作,跳动中腰、髋向同侧腿方向转动,如图 10-13 所示。它适用于正手发力攻球或发力拉、冲弧圈球。

交叉步侧身动作要点:基本上同正常的交叉步动作,适用于在来球离身体较远时,其移动的范围比跳步大,让位更充分,对于弧圈球选手的发力抢冲比较有利。在移动的同时要注意腰髋关节配合向右后方转动让位,如图 10-14 所示。

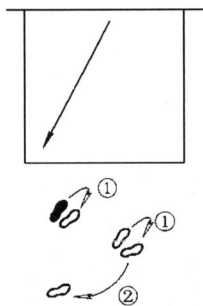

图 10-12　单步侧身　　　　图 10-13　跳步侧身　　　　图 10-14　交叉步侧身

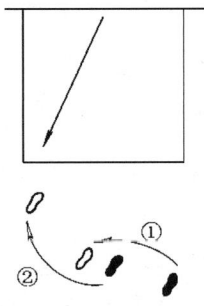

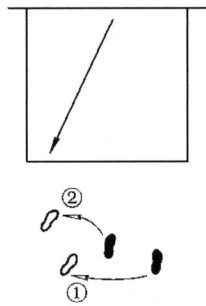

三、发球技术

发球技术从发球技术动作产生的旋转性质上划分,主要有平击发球、转与不转发球、侧上旋与侧下旋发球;从发球技术动作的方式划分,主要有正手发球技术、反手发球技术和下蹲发球技术;从抛球的高低上划分,有高抛发球和低抛发球。下面从发球技术动作产生旋转性质的角度,对常用的几类发球技术动作要领、关键点进行分述。

(一) 平击发球

平击发球触球基本以平动式向前撞击为主,发出的球略带上旋,技术容易掌握。

平击发球技术

1. 正手平击发球

(1) 技术动作要领。

站位：身体离球台约 40 厘米，两脚开立，略宽于肩。

引拍：抛球同时向右侧上方引拍，上臂带动前臂向前平行挥动，拍形稍前倾。

挥拍击球：在球的下降期，小臂向前挥动击球的中上部，使球的第一落点在球台的端线或球台中段附近。

还原：击球后迅速还原。

(2) 技术动作关键点。

抛球和引拍的时机要准确；挥拍击球时有一个略微向前下方向压球的动作；力量不要过大。

(3) 正手平击发球技术示范如图 10-15、图 10-16 所示。

图 10-15　正手平击发球(直拍)　　　　图 10-16　正手平击发球(横拍)

2. 反手平击发球

(1) 技术动作要领。

站位：身体离球台约 40 厘米，两脚开立，略宽于肩。

引拍：发球前，身体略向左转，含胸收腹，将球抛至身体左侧前方的同时，向左后方引拍。

挥拍击球：右臂外旋，拍形前倾，在球的下降期，小臂向前挥动击球的中上部，使球的第一落点在球台的端线或球台中段附近。

还原：击球后迅速还原。

(2) 技术动作关键点。

抛球和引拍的时机要准确；挥拍击球时有一个略微向前下方向压球的动作；力量不要过大。

(3) 反手平击发球技术示范如图 10-17、图 10-18 所示。

图 10-17　反手平击发球(直拍)　　　　图 10-18　反手平击发球(横拍)

(二) 转与不转发球

转与不转发球技术

转与不转发球的技术特点是用相似的技术动作发出一套旋转差异较大的发球，其中转的发球是指强烈下旋发球，而不转指发球以撞击为主，发出几乎没有旋转的发球。

1. 正手转与不转发球

(1) 技术动作要领。

站位：左脚在前，右脚在右侧后，以便发挥腰的力量。

引拍：将球垂直向上抛起，同时球拍向右后上方引拍，使拍面后仰，手腕适当外展，腰向侧后转。

挥拍击球：以腰带臂向前下方挥动，触球时，拍面后仰，手腕加力，身体微向前下压，使身体发力充分运用出来。

还原：发球后，挥拍动作尽可能停住，以利于还原。

(2) 技术动作关键点。

在拍触球的瞬间，决定转还是不转发球。发下旋时，用球拍下半部偏前的部分摩擦球的中下部。发不转球时，用球拍的上半部撞击球的中下部。

(3) 正手转与不转发球技术示范如图 10-19、图 10-20 所示。

图 10-19　正手转与不转发球(直拍)

图 10-20　正手转与不转发球(横拍)

2. 反手转与不转发球

(1) 技术动作要领。

站位：球台近台中间偏左，重心稍低，持拍手的肩部略低于对侧肩。

引拍：抛球时，持拍手向左后上方引拍，拍面后仰，同时身体向左侧适当转动，以利于用力。

挥拍击球：球拍向右前下方挥动，控制好球拍的角度。保证动作的连贯性和相似性，触球时用力多靠手腕。

还原：控制动作幅度，并注意还原。

(2) 技术动作关键点。

发下旋球时，用球拍的前半部去摩擦球的中下部，手腕用力摩擦。发不转球时，用球拍的后半部去摩擦球的中下部，手腕和前臂有送球的感觉。

(3) 反手转与不转发球技术示范如图 10-21、图 10-22 所示。

图 10-21　反手转与不转发球(直拍)

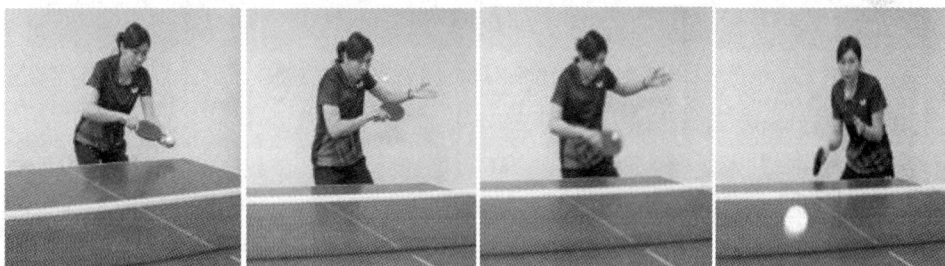

图 10-22　反手转与不转发球(横拍)

(三) 侧上旋、侧下旋发球

侧上旋与侧下旋发球是一套具有混合旋转性质，易于在旋转和速度方面进行变化组合的常用发球技术。

1. 正手侧上旋、侧下旋发球

(1) 技术动作要领。

站位：左脚在前，右脚在侧后，身体侧向球台，降低身体重心。

引拍：当球向上抛起的同时执拍手向右后上方引拍，身体稍向右转动，手腕背伸 90°，球拍稍后仰。

挥拍击球：当球下落时，手臂自右上方向左下方挥动，腿和腰腹用力带动手臂，球拍触球时，手臂和手腕发力。触击球后，可使手腕做外展的假动作。侧上旋发球的拍面略微立起，在球拍横向挥动中，摩擦球的中部；侧下旋发球的拍面略后仰，在球拍向侧下方挥动中，摩擦球的中下部。

还原：控制结束动作，利于还原。

(2) 技术动作关键点。

引拍要充分，要发挥身体转动的力量。侧下旋发球时，球拍略后仰，摩擦球的内侧下

部。侧上旋发球时球拍略立起，摩擦球的内侧中部。触球时动作尽量一致，发力要集中。

(3) 正手侧上旋、侧下旋发球技术示范如图 10-23、图 10-24 所示。

图 10-23　正手侧上旋、侧下旋发球(直拍)

图 10-24　正手侧上旋、侧下旋发球(横拍)

2. 反手侧上旋、侧下旋发球

(1) 技术动作要领。

站位：两脚平行或右脚稍前。

引拍：抛球时，球拍向左后上方引，手腕稍外展，同时腰后转，左脚稍抬起，重心移至右脚，球拍适当后仰。

挥拍击球：击球时，以转腰、身体重心向左脚回转带动手臂、手腕向右侧发力。发侧上旋球时，球拍摩擦球的中部向右侧上方发力；发侧下旋球时，球拍摩擦球的底部向右侧下方发力。

反手侧上旋、侧下旋
发球发球技术

还原：发球后，迅速还原。

(2) 技术动作关键点。

发侧上旋球时，在身体转动的后期球拍触球向右上发力；发侧下旋球时，身体转动的前期球拍触球向右下方发力。侧上旋、侧下旋发球时，击球点的位置要尽可能接近。

(3) 反手侧上旋、侧下旋发球技术示范如图 10-25、图 10-26 所示。

图 10-25　反手侧上旋、侧下旋发球(直拍)

图 10-26 反手侧上旋、侧下旋发球(横拍)

四、推拨技术

推挡技术和拨球技术分别是直拍和横拍反手的主要技术之一，具有动作小、速度快、稳定性强等特点。推拨技术主要包括平挡技术、直拍推挡技术、直拍横拨、横拍拨球技术和直拍长胶的磕球技术、横拍长胶的拱球技术等。

(一) 直拍推挡技术

(1) 技术动作要领。

站位：判断来球，选好站位，左脚稍前。

引拍：以肩为轴，屈肘向右后稍引拍，肘关节靠近胸腹侧。球拍稍前倾，右肩稍沉，拍头向斜下方。

直拍推挡技术

挥拍击球：挥拍向前上方，击球的中部偏上。击球时，肘关节快速展开以便于帮助手腕的发力。

还原：距离要短，还原要快。

(2) 技术动作关键点。

肘关节靠近胸腹侧，便于发力；手腕发力动作要准确，不要盲目用力。

(3) 直拍推挡技术示范如图 10-27 所示。

图 10-27 直拍推挡

(二) 横拍拨球与直拍横拨技术

(1) 技术动作要领。

站位：判断来球，选好站位。

引拍：球拍向后下引，肘关节稍前顶，手腕内收，右肩稍沉。

直拍横拨技术

挥拍击球：球拍以肘关节为轴，向前上方弹出，击球的中上部，触球时发力要集中。

还原：随势挥拍不宜太长，以利于还原。

(2) 技术动作关键点。

肘关节略提起，手腕略下垂，直拍横拨时拇指压拍，以便打开拍面；击球时用前臂和手腕的力量，略用弹击的方式发力。

(3) 横拍拨球与直拍横拨技术示范如图 10-28、图 10-29 所示。

图 10-28　横拍拨球

图 10-29　直拍横拨

五、攻球技术

乒乓球攻球技术是乒乓球主要得分技术之一，在击球方式上是以撞击为主的进攻性技术。乒乓球攻球技术主要包括正手攻球技术和反手攻球技术，其中又可细分为快攻、挑打、快带、扣杀、杀高球等各种技术，这里我们主要介绍一些重点攻球技术。

(一) 正手攻球技术

在比赛中，运动员经常用正手攻球来还击上旋球，它具有力量大、速度快、落点变化多的特点。近台攻球的站位离台约 50 厘米，击球点在来球的上升期或高点期，击出球的速度比较快，动作幅度比较小，借对方来球的力量发力；中远台攻球的站位离台约 70～100 厘米，击球点在来球的下降期，击出球的速度比较慢，动作幅度比较大，主要靠自己主动发力。

正手攻球技术

(1) 技术动作要领。

站位：判断来球，选好站位。

引拍：引拍时，重心向右脚移，球拍向右后下方引拍，球拍不要低于球台，右肩随转

腰略下沉。拍形前倾，直拍握拍手的拇指稍用力压拍，食指略放松，中指、无名指前端顶住球板。

挥拍击球：向左前上方挥拍，击球的中上部，在来球的上升期或高点期击球，身体重心由右脚移至左脚。

还原：重心与身体姿势迅速还原。

(2) 技术动作关键点。

引拍动作不要过大，注意运用腰的转动；击球点在身体的右侧前方；要主动迎击来球。

(3) 正手攻球技术示范如图 10-30、图 10-31 所示。

图 10-30　正手攻球(直拍)

图 10-31　正手攻球(横拍)

(二) 正手挑打技术

(1) 技术动作要领。

步法移动与选位：通常使用单步和跨步，迈出右脚使身体向右前靠近球台。

引拍：拍面略向外侧撇并略微引拍，拍形立起。

挥拍击球：利用身体的前迎增加挥拍速度。拍向前下挥，击球前再向上挥，在来球的高点期击球，触球时手腕发力挑打球的中部。

还原：由于身体过于贴近球台，在挥拍击球后要注意身体快速还原。

(2) 技术动作关键点。

步法移动快速，选位合理；动作要适当放松，尤其是腕关节的肌肉；击球时发力要突然和集中。

(3) 正手挑打技术示范如图 10-32、图 10-33 所示。

正手挑打技术

图 10-32　正手挑打(直拍)

图 10-33　正手挑打(横拍)

六、搓球技术

搓球是近台还击下旋球的一种基本技术，搓球技术一般有正手搓球技术、反手搓球技术、摆短技术和晃搓技术。搓球也可分为快搓与慢搓。慢搓是搓球学习的入门技术，快搓是比赛中常用的改变下旋节奏的搓球技术。慢搓时击球的下降期，快搓时击球的上升期。

(一) 正手搓球技术

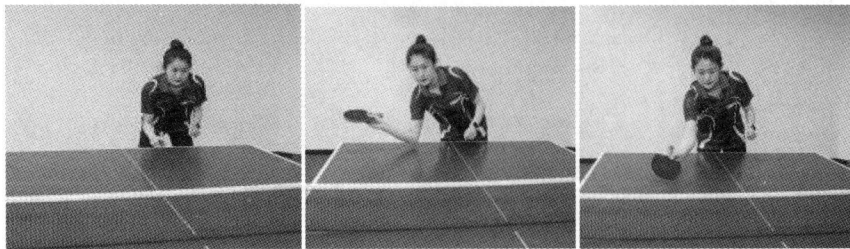

(1) 技术动作要领。

站位：判断来球，选好站位，左脚在前，右脚稍后。

引拍：球拍向右后上方稍引，前臂带手腕外展，球拍稍后仰。

挥拍击球：球拍向前下方挥动，用球拍的下半部摩擦球的中下部，击球时前臂手腕适当加力。

还原：随势挥拍动作尽可能短。

(2) 技术动作关键点。

注意借力发力；身体前迎通过转体带动小臂发力；触球时手腕快速发力摩擦球。

(3) 正手搓球技术示范如图 10-34、图 10-35 所示。

正手搓球技术

图 10-34　正手搓球(直拍)

图 10-35 正手搓球(横拍)

(二) 反手搓球技术

(1) 技术动作要领。

站位：判断来球，选好站位，站位近台，左脚稍前。

引拍：球拍向腹前左后上方引拍，前臂内旋，手腕适当放松。

挥拍击球：拍面后仰，球拍迎前向前下方搓去，击球时手腕发力击球的中下部。直拍击球时，食指略用力。慢搓时，在球的下降期击球。

反手搓球技术

还原：随势挥拍动作尽可能缩短，利于还原。

(2) 技术动作关键点。

注意借力发力；摩擦球的力量要集中。

(3) 反手搓球技术示范如图 10-36、图 10-37 所示。

图 10-36 反手搓球(直拍)

图 10-37 反手搓球(横拍)

(三) 正手摆短技术

摆短技术是回接和控制对方近网下旋短球的有效技术。摆短技术具有动作小、借力多、出手快、回球短的特点，正手侧身摆短时具有战术的隐蔽性。

正手摆短技术

(1) 技术动作要领。

步法移动和选位：判断来球，右脚向前跨步，身体靠近球台。

引拍：球拍向后略引，球拍稍后仰。

挥拍击球：拍向前下侧方挥动，在来球的上升前期，摩擦球的中下部。触球时用手腕适当发力，并控制球在对方球台的近网处。

还原：击球后，退步还原。

(2) 技术动作关键点。

步法前跨要及时，保证手臂充分伸进台内；摩擦球的动作要快而小，注意借力用力。

(3) 正手摆短技术示范如图 10-38、图 10-39 所示。

图 10-38　正手摆短(直拍)　　　　图 10-39　正手摆短(横拍)

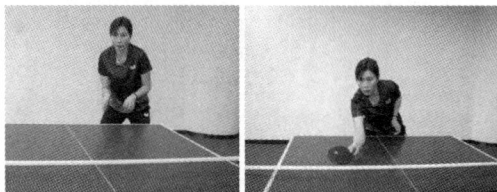

七、弧圈球技术

弧圈球技术是乒乓球技术中比较先进的进攻技术。弧圈球技术主要包括正手弧圈球技术、反手弧圈球技术、反撕技术和台内侧拧技术。

(一) 正手弧圈球技术

正手弧圈球技术的力量大、速度快，是弧圈球技术中最具有威力的进攻性技术。在进攻时，正手弧圈球在击球的时间和空间方面比较充分，因此，根据来球性质进行球拍调整的机会就多于反手弧圈球技术。

正手弧圈球技术

(1) 技术动作要领。

站位：判断来球，确定拉球时间和拉球部位，拉球前身体重心较低。

引拍：球拍向下后引，身体随之向右转动，右肩下沉，重心在右脚上。

挥拍击球：向前上方挥拍，拉球点在肘关节收缩至 130°～150°之内，在来球上升后期、高点期或下降前期触球，摩擦球的中部或中上部，并加大摩擦力，身体重心向左前迅速移动，身体稍向上抬起。

还原：随势挥拍动作要尽量小，并注意还原。

(2) 技术动作关键点。

控制拍面角度，摩擦球的中上部；充分利用腿部蹬伸的力量。

(3) 正手弧圈球技术示范如图 10-40、图 10-41 所示。

图 10-40　正手弧圈球技(直拍)

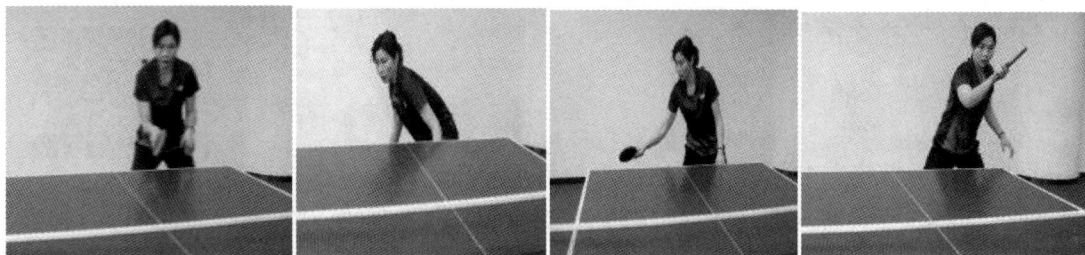

图 10-41　正手弧圈球技术(横拍)

(二) 反手弧圈球技术

反手弧圈球技术出手速度快，落点变化隐蔽，是主动上手的有效技术，可以为正手进攻创造良好的机会。

(1) 技术动作要领。

站位：判断来球，选好拉球位置。

引拍：身体重心下降，右肩下沉。球拍向下后方引至左腹下，球拍适当前倾，肘关节略向前顶出，持拍手要适当放松，手腕下垂。

挥拍击球：球拍向上前方挥动，击球点在腹前方，在球的下降前期触球，击球时身体向前上方顶劲，前臂以关节为轴，在快速挥动中带动手腕的扭动发力，直拍击球时，拇指压拍，食指带动球拍挥动。摩擦球的中部，身体稍后仰，帮助手腕调整弧线。

还原：要控制挥拍的距离，以便尽快还原。

(2) 技术动作关键点。

引拍时手腕要略下垂，直拍尤其如此并拇指压拍。拍面要打开，顶肘，挥臂，手腕要短促加力。

(3) 反手弧圈球技术示范如图 10-42、图 10-43 所示。

图 10-42　反手弧圈球技术(直拍)

图 10-43　反手弧圈球技术(横拍)

(三) 台内侧拧技术

(1) 技术动作要领。

站位：判断来球，身体前迎，选好拉球位置。

引拍：肘关节略向前上顶出，拍头下垂引拍至靠近台面，根据来球旋转情况，拍面适当前倾或立起，持拍手要适当放松，手腕稍内收。

挥拍击球：球拍向前上方呈半弧形挥动，触击球时，前臂以肘关节为轴，带动手腕快速发力，摩擦球的中外侧部，拉球的高点期。

还原：要控制挥拍的距离，尽快还原。

(2) 技术动作关键点。

身体前迎，手腕发力快速且充分；发力时拇指和中指、无名指用力。

八、接发球技术

(一) 接发球站位的选择

接发球站位的选择是否合理，主要判断依据是这种站位是否能为本方直接进攻创造一定的有利条件，而且还要观察对方发球的站位。通常站位在球台左半台，离球台端线的远近距离视来球的落点而定，以便于前后移动接长、短球，一般离台30~40厘米左右。

(二) 接发球对来球旋转的判断

(1) 球拍从右向左挥动，或球拍擦击球的左侧(下蹲式发球)时，通常可发出左侧上、下旋球和左侧旋球，或不转球和奔球。

(2) 球拍从左向右挥动，或球拍擦击球的右侧(下蹲式发球)时，通常可发出右侧上、下旋球和右侧旋球，或不转球和奔球。

(3) 球拍从后上方向前下方挥动时，通常可发出下旋球和不转球。当拍形后仰，球拍从球的后中下部向前方擦击球则为下旋球，当拍形后仰球碰拍则为不转球。

(4) 球拍从后下方向前上方挥动时，通常可发出上旋球和奔球。

(三) 接发球对来球方向、长短、速度和旋转强度的判断

(1) 判断方向：拍触球瞬间拍面所朝方向为发球的方向。

(2) 判断速度：通常发球动作幅度与鞭打效应与速度成正比关系，其快则快，反之则慢。

(3) 旋转强度：通常发球旋转强度与拍触球的擦击系数成正比关系，与撞击系数成反比关系。擦击成分多则旋转强，撞击成分多则球速快，球碰拍则不转，球速慢。

(4) 判断长短：通常落台点区域与发球的长短成正比关系。发球第一落点落在本方球台的端线附近区域则为长球；发球第一落点远离本方球台的端线区域则为短球。

(四) 接发球的方法

接发球的方法很多，它由点、拨、推、攻、拉、搓、削、摆短、撇侧旋、挑、晃接、劈长、拧、反撕、台内抢拉、抢冲等多种综合性技术组成。

回接不同旋转发球的接发球的方法：逆旋转接发球，即拍形和用力方向均逆着旋转方向接发球；顺旋转接发球，即拍形顺着旋转方向而击球用力则逆着旋转方向，或拍形逆用力顺。

接发球技术是各项基本技术的综合运用，只有比较全面掌握各种接发球的方法，才能在比赛中减少被动，赢得主动。

九、结合技术

乒乓球结合技术是两个或两个以上单一技术的组合运用。两个单一技术的结合涉及不同手法技术的结合、不同步法技术的衔接，以及不同手法技术与不同步法技术的匹配。

乒乓球结合技术主要要包括发球与抢攻结合技术、接球与抢攻技术、连续进攻技术，削攻结合技术、接下来介绍各类结合技术中一些常用的基础结合技术。

(一) 左拨(推)右攻技术

(1) 技术动作要领。

判断与步法移动：反手拨球后，要判断来球的方向。当对方变线到正手位时，移动方向的异侧腿蹬地，移动身体重心，运用跨步或小并步加跨步，快速抢到击球位置。

引拍：一般情况下，引拍的距离是根据来球旋转程度和回击力量的大小决定的。来球下旋强，需要加大击球力量，引拍距离就大，反之亦然。

抢攻：击球的高点期或高点后期，挥拍击球的中上部，用腿的蹬伸力量带动手臂和手腕发力。

还原：击球后，要保持身体平衡，迅速还原。

(2) 技术动作关键点。

推拨球要有速度和压迫性，并对对方回接球的速度和落点做出预判；进攻技术和推拨球技术要衔接好，正手进攻时，可以通过调整击球点提高进攻质量。

(3) 左拨(推)右攻技术示范如图 10-44、图 10-45 所示。

图 10-44　左拨(推)右攻技术(直拍)

直拍左拨右攻技术

图 10-45　左拨(推)右攻技术(横拍)

横拍左拨右攻技术

(二) 拨(推)侧扑技术

(1) 技术动作要领。

推拨球：反手推拨球时重心在两脚之间，身体稍略前迎。

判断与步法移动：反手推拨球后，要判断来球的方向。当对方继续压反手位，且回接球的质量不高时，用移动方向的异侧腿蹬地，移动身体重心，运用跨步或小并步加跨步进行侧身，快速抢到击球位置。

引拍：引拍的距离是根据来球旋转程度和回击力量的大小决定的。来球下旋强，需要加大击球力量，引拍距离就大，反之亦然。

抢攻：击球的高点期或高点后期，挥拍拉球的中上部，用腿的蹬伸力量带动手臂和手腕发力。

还原：击球后，要保持身体平衡，迅速还原。

步法再移动：当球回接到正手位时，用移动方向的异侧腿蹬地，用并步加交叉步的方法，抢到正手位的击球位置。

引拍：同上。

抢攻：击球的高点期或高点后期，挥拍击球的中上部，在前交叉脚落地前，挥拍击球。充分发挥腿的蹬伸力量，带动手臂和手腕发力。

还原：击球后，持拍同侧脚快速进行支撑，保持身体平衡，迅速还原。

(2) 技术动作关键点。

推拨球技术要有压迫性，并对对方回接球的速度和落点做出预判；进攻技术和推拨球技术要衔接好，正手侧身位和扑正手位进攻时，可通过调整击球点提高进攻质量。步法移动时，要尽量保证身体的水平移动。

(3) 拨(推)侧扑技术示范如图 10-46、图 10-47 所示。

图 10-46　拨(推)侧扑技术(直拍)

图 10-47　拨(推)侧扑技术(横拍)

(三) 发球后正手抢攻(拉)技术

(1) 技术动作要领。

发球：根据对方回接球的控制能力，决定发何种球。

判断与步法移动：发球后判断来球的方向。当对方回接球到正手位时，移动方向的异侧腿蹬地，移动身体重心，运用并步或交叉步快速移动到正手位。

引拍：在步法移动过程中，进行引拍。引拍的距离是根据来球旋转程度和回击力量的大小决定的。来球下旋强，需要加大击球力量，引拍距离就大，反之亦然。

抢攻：在脚将落地时，挥拍攻(拉)球的中上部，身体带动手臂发力。

还原：攻球后，要保持身体平衡，迅速还原。

(2) 技术动作关键点。

发球技术使用要严谨，预先估计对方回接球的落点和旋转程度；进攻技术和发球技术要衔接好，注意利用可以选择的击球点进行调整。

(3) 发球后正手抢攻(拉)技术示范如图 10-48、图 10-49 所示。

图 10-48　发球后正手抢攻(直拍)

图 10-49　发球后正手抢拉(横拍)

(四) 搓接后正手抢拉技术

搓接后正手抢位技术控制性强，两个技术衔接在旋转上的反差比较大，是相互控制过程中转为主动和下旋转上旋的关键性技术。

(1) 技术动作要领。

搓球：根据对方回接球的情况，决定搓球的性质，以制造进攻机会。

判断与步法移动：搓球后判断来球的方向。当对方回接球到正手位时，移动方向的异侧腿蹬地，移动身体重心，运用跨步选好击球位置。

引拍：在步法移动过程中，进行引拍。一般情况，引拍的距离是根据来球旋转程度和回击力量的大小决定的。来球下旋强，需要加大击球力量，引拍距离就大，反之亦然。

抢攻：挥拍拉球的中上部，身体带动手臂发力。

还原：保持身体平衡，迅速还原。

(2) 技术动作关键点。

快搓使用要有质量，预先估计对方回接球的落点和旋转程度；进攻技术和搓球技术要衔接好，正手进攻时，可通过调整击球点提高进攻质量。

(3) 搓接后正手抢拉技术示范如图 10-50 所示。

图 10-50　搓接后正手抢拉技术(横拍)

(五) 搓接后反手抢拉技术

1. 正手搓接后反手抢拉技术

(1) 技术动作要领。

搓球：根据对方回接球的情况，决定搓球的性质，以制造进攻机会。

判断与步法移动：正手搓球后身体还原到球台左侧，判断来球的方向。当对方回接球到反手位时，收腹和降低身体重心，快速找好击球位置。

引拍：一般情况下，引拍的距离是根据来球旋转程度和回击力量的大小决定的。来球下旋强，需要加大击球力量，引拍距离就大，反之亦然。

抢攻：击球的高点期，挥拍拉球的中上部，用腿的蹬伸力量带动手臂和手腕发力。

还原：拉球后，要保持身体平衡，迅速还原。

(2) 技术动作关键点。

搓球技术使用要严谨，预先估计对方回接球的落点和旋转程度；进攻技术和搓球技术要衔接好，注意根据可以选择的击球点对击球时间进行调整。

(3) 正手搓接后反手抢拉技术示范如图 10-51 所示。

图 10-51　正手搓接后反手抢拉技术

2. 反手搓接后反手抢拉技术

(1) 技术动作要领。

搓球：根据对方回接球的情况，决定搓球的性质，以制造进攻机会。

判断与步法移动：反手搓球后身体还原到球台左侧，判断来球的方向。当对方回接球到反手位时，收腹和降低身体重心，快速找好击球位置。

引拍：一般情况下，引拍的距离是根据来球旋转程度和回击力量的大小决定的。来球下旋强，需要加大击球力量，引拍距离就大，反之亦然。

抢攻：击球的高点期，挥拍拉球的中上部，用腿的蹬伸力量带动手臂和手腕发力。

还原：拉球后，要保持身体平衡，迅速还原。

(2) 技术动作关键点。

快搓要有质量，预先估计对方回接球的落点和旋转程度；进攻技术和搓球技术要衔接好，反手进攻时，注意击球时间的调整。

(3) 反手搓接后反手抢拉技术示范如图 10-52 所示。

图 10-52　反手搓接后反手抢拉技术

第三节　乒乓球运动基本战术

一、发球抢攻战术

发球抢攻战术以旋转、线路、落点以及速度不同的发球来增加对方回

发球抢攻

击的难度，使对手降低回球质量，然后进行抢攻以争取主动或直接得分。发球抢攻是乒乓球各类打法的主要战术和得分手段。

(一) 发球的战略思想

(1) 发球的目的性：发球后具备抢攻思路。
(2) 发球的试探性：发现对手接球的弱点。
(3) 发球的变化性：导致对手判断错误。实际运用可以体现在发球的落点变化，相同旋转落点可变；发球的旋转变化，同一落点旋转必变；发球的速度变化，相似技法速度多变；发球的节奏变化，连续发球节奏有变。
(4) 发球技术的组合性：多种发球技能整合成一套熟练的发球技术。
(5) 发球还原的变化性：知彼则改变还原方法，利于抢攻。

(二) 发球后抢攻的战略思想

(1) 当对手接发球出现扣杀机会时，抢攻直接得分。
(2) 当对手接发球出现抢攻机会时，抢冲或突击空当，扣杀直接得分。
(3) 当对手接发球出现抢拉、快攻机会时，抢攻追身，连续进攻得分。
(4) 当对手接发球出现进攻机会时，积极上手，主动相持，伺机得分。
(5) 当对手接发球未出现进攻机会时，回球限制对方上手，创造主动相持的局面。
(6) 在比赛点、局点和关键分时，敢于拼搏，以奇制胜。

(三) 发球抢攻战术常用技术组合

(1) 发转与不转球结合落点变化进行抢攻。
(2) 发侧上、侧下旋球结合落点进行抢攻。
(3) 发长急球或急下旋与侧上、侧下旋短球相结合进行抢攻。

二、接发球战术

(一) 接发球抢攻的战略思想

(1) 力争积极主动，克服单纯求稳的思想，可以增强攻球和侧身意识。
(2) 最大限度控制对方的发球抢攻，同时为下一板进攻创造机会。
(3) 接发球后，要有防御意识，当对方发球抢攻后，要有从被动转为主动的意识和能力。

(二) 接发球战术运用

1. 接发球直接抢攻

接发球直接抢攻是接发球战术中最积极的战术，是处于被动的接发球状态时采取攻球技术的进攻性打法，其进攻性强，可使接发球的不利地位变为主动地位，也可直接得分，常采用快点、拧拉、抢拉或抢冲等手段。接发球抢攻要看准对方发球的旋转方向、强度与高度，采用适当的攻球方法进攻，一般不可过凶，抢攻后要立即做好连续进攻的准备，同时要注意抢攻、抢冲的线路，落点应落在对方弱点区。

2. 接发球后和第四板结合

通过接发球时的摆短、劈长或落点和线路的调动，使对方发球后无法上手抢攻，而且回球质量不高，将第二板与第四板球连为一体，进行有效进攻压制对方。常采用反手搓(摆)后接反手拉攻战术、正手劈长后接正手弧圈球进攻战术、正反手搓接后抢攻战术等。

3. 稳健控制法

稳健控制法的接发球方法主要用来对付削球运动员，运用高吊弧圈球、推拨、搓球等技术接发球，在回接过程中要加强对落点和弧线的控制，防止对方轻松进攻。

三、相持战术

(一) 相持战术的战略思想

(1) 压制反手，结合变线，伺机抢攻的战术。
(2) 加、减力推压中路，攻两角或调右压左伺机抢攻的战术。
(3) 打回头球的战术则是有预谋的后发制人，由被动转为主动。

(二) 常用相持战术

1. 推拨(挡)变线战术

推拨(挡)变线战术是近台快攻型打法的常用战术。
(1) 用推挡连压对方反手左角取得主动时，变推直线袭击其正手右角空挡。
(2) 当对手连续侧身抢攻时，可以使用推拨变直线进行牵制。变直线时，要加力推(拨)压住对手，或者推拨角度大。在对方身体重心左移或对方侧身时变线，不适宜的机会变直线则容易被对方反击。

2. 左拨(推)右攻战术

左拨(推)右攻战术是以近台正手攻球为进攻，以反手推拨技术为防守和助攻的一种战术。
(1) 当对方推拨技术占优势主动变线正手位时，应给予有力、快速、狠、准的正手回击。
(2) 主动推拨变直线，引诱对手回正手斜线，用正手攻直线反袭对方空当。
(3) 佯装侧身，诱使对方变线，给自己创造正手主动回击的机会。

3. 搓攻战术

搓攻战术是进攻型选手的一项辅助战术，主要是利用搓球的旋转和落点变化来控制对方，为进攻创造条件。在搓球相持中遇到机会球进行扣杀常带有突然性，往往可以直接得分。搓攻战术是乒乓球各种打法都不可或缺的辅助战术，也是大学生乒乓球运动中的常用战术。
(1) 搓对方进攻的薄弱环节，自己抢先进攻。
(2) 对于不擅长反手进攻的对手，先搓反手大角，再变直线，伺机进攻。
(3) 搓强烈下旋后配合搓不转球，结合落点控制、给对方抢攻制造困难，自己伺机抢攻。
(4) 搓接后采用弧圈球或挑打等技术将下旋球过渡为上旋球，然后进入连续进攻阶段。

4. 连续进攻战术

连续进攻战术是进攻型打法在相持阶段常用的重要战术，是在获得进攻优势的时候连续依靠反手攻球、正手攻球与对手相持，充分发挥相持中连续快速多变的进攻以战胜对手。

5. 削中反攻战术

削中反攻战术是削球打法的主要战术。

(1) 常以逼对方两个大角加转削球为主，伺机返攻。

(2) 以转、低、稳、变的削球，迫使对手在走动中拉攻，导致对方回球质量不高，从中寻找机会反攻。

第十一章

羽毛球运动理论与技术

学习目标

(1) 了解羽毛球运动的基本知识。

(2) 掌握羽毛球的基本技术和战术。

(3) 提升羽毛球的运动技能及基本体能。

课程思政点

精忠报国，无悔人生

20 世纪 50 年代，新中国百废待兴，一大批心系桑梓的爱国华侨回到祖国，王文教就是其中之一。王文教从 8 岁开始练习羽毛球，不到 20 岁已成为印尼家喻户晓的羽毛球明星，在人生最辉煌的时刻，他放下一切回到祖国。从风华正茂到白发耄耋，从运动员到教练员，56 个羽毛球世界冠军、9 座团体世界冠军奖杯，他带领中国羽毛球队创造了一个轰动世界羽坛的辉煌时代。

2015 年，王文教被国际羽联授予"终身成就奖。2019 年，他被授予"人民楷模"国家荣誉称号和"最美奋斗者"称号。

祖籍福建南安的王文教 1933 年出生于印度尼西亚梭罗市。1941 年，刚满 8 岁的他就开始打羽毛球，只要一下课他就立刻放下书包跑去打球，整天都泡在球场里。正是心怀赤诚的热爱，一直勤修苦练的他逐渐成长为印尼国家羽毛球队的一员，后来更是凭借其精湛的球技成为了印度尼西亚家喻户晓的羽毛球明星。1953 年，建设大潮中的新中国处处生机盎然。同年 5 月，全国四项球类(篮球、排球、网球、羽毛球)运动会在天津举办，作为印尼羽毛球明星的王文教跟随印尼华侨青年体育观摩团受邀参会。运动会后，王文教与刚刚产生的全国羽毛球冠军进行了一场友谊赛，结果以 15 比 0 和 15 比 6 取胜。看似轻松的胜利，却让王文教倍感沉重，一个想法在他心底悄悄萌发。他与队友私下商议，回新中国打球，用自己的技术为祖国的羽毛球事业贡献一份力量。然而，在当时的环境下，回国并不是一件容易的事。那时的王文教在印尼已是家喻户晓的羽毛球明星，选择回国，他就要放弃已经取得的荣誉和地位，更要面对印尼当局的重重阻挠。在申请护照的时候，印尼当局要求王文教签下"离开印尼后，永远不再回到印尼"的保证书，签了保证书意味着永远与家人断绝关系。当时，中国还不是国际羽毛球联合会的会员，回国就会失去很多参加国际大赛的机会，这对于将羽毛球视作生命的王文教来说，无疑是残酷的。带着对家人的愧疚和对祖国的赤诚，王文教毅然签下保证书。1954 年 5 月，他登上了回国的轮船。

1956 年，福建省成立了我国第一支省级羽毛球队。两年后，中国羽毛球协会成立，全国有 20 多个省市成立了羽毛球队。王文教和队友联合撰写了中国第一部羽毛球训练专业教材，确立了中国羽毛球最初的战术风格。

1965 年，王文教率队来到丹麦，向当时的世界亚军发起挑战。一踏上丹麦的土地，王文教和队员们就感受到了东道主的傲慢。第一场比赛，丹麦人派出了五届全英锦标赛冠军科普斯，中国队派出了小将汤仙虎。根据汤仙虎的打法特点，赛前王文教特意让汤仙虎进行了 45 分钟的热身，这引来了丹麦人的嘲笑。国家羽毛球队原总教练汤仙虎回忆说："他们就说中国队很傻，等下还有力打球吗？我们就憋着一口气，既然你是冠军，看你能高到什么程度。"出人意料，第一局 15 比 0，科普斯被汤仙虎打得毫无还手之力。在接下来的 17 场比赛中，丹麦队溃不成军、无一胜绩。经此一战，中国羽毛球队赢得了"无冕之王"的美誉。

1982 年，王文教带领中国羽毛球队出征汤姆斯杯，这是中国恢复国际羽联合法席位后参加的第一次国际羽毛球赛事，最终以总比分 5∶4 战胜印尼队，首夺汤姆斯杯！此后，王文教带领中国羽毛球队一路拼杀，10 夺汤姆斯杯、14 次夺得尤伯杯、11 次夺得苏迪曼杯，累计获得 18 枚奥运金牌，培养出杨阳、赵剑华、李永波、田秉毅等一大批羽毛球顶尖人才，开启了中国羽毛球叱咤国际羽坛的辉煌时代。

有人问王文教的座右铭，他思考许久，总结为八个字——"精忠报国，无悔人生"。他将最美的年华献给祖国，怀着一颗为党为国、舍我其谁的肝胆初心，用半个多世纪的不懈奋斗成就了属于自己的无悔人生。

第一节　羽毛球运动概述

一、世界羽毛球运动的起源与发展

现代羽毛球运动起源于 19 世纪的英国，据说起初是在一场网球比赛中，由于雨天而转移到室内，使用网球拍和软木球进行游戏，后来这项运动迅速在上流社会中流行起来。1877 年，英国出版了第一本羽毛球比赛规则，为羽毛球的标准化奠定了基础。

1893 年，英国成立了第一个羽毛球协会，标志着羽毛球运动组织化的开始。1899 年，举办了第一届全英羽毛球锦标赛，此后成为每年一度的重要赛事。

20 世纪初，羽毛球从大不列颠诸岛传播到全世界。1934 年，国际羽毛球联合会(Badminton World Federation，BWF)成立(现总部设在马来西亚吉隆坡)，进一步促进了羽毛球运动的国际化。

20 世纪中叶，亚洲国家特别是马来西亚和印度尼西亚在羽毛球运动上的发展迅速，开始在国际比赛中占据主导地位。1948 年举办的首届汤姆斯杯赛(世界男子羽毛球团体赛)见证了亚洲羽毛球的强势崛起。

20 世纪 50 年代到 70 年代，羽毛球运动在技术、战术上不断创新和发展，尤其是印度尼西亚的崛起，将羽毛球技术水平提高到了一个新的阶段。女子羽毛球方面，美国和日本分别在不同时期占据了优势。

1981 年，中国重新获得在国际羽毛球联合会的合法席位，开启了中国羽毛球在国际舞台上的辉煌时期。中国羽毛球队的加入，极大地丰富了国际羽毛球竞技的层次和竞争。

在 1988 年汉城奥运会上，羽毛球成为表演项目。在 1992 年巴塞罗那奥运会上，羽毛球被纳入为正式比赛项目，标志着羽毛球运动进入了一个新的发展阶段，得到了全球范围内更广泛的认可和关注。

进入 21 世纪，羽毛球运动在技术和战术层面持续创新。选手们的技术更加全面，比赛风格更加多样化。高速多变的比赛节奏与更复杂的战术布局成为现代羽毛球的显著特点。

随着羽毛球运动在全球范围内的普及，越来越多的国家和地区涌现出顶尖水平的羽毛球运动员。国际比赛的竞争更加激烈，不再是某一两个国家的垄断，比如中国、印尼、马来西亚、丹麦、日本和韩国等国家都有着世界级的羽毛球选手。

羽毛球运动的商业化程度不断提高，各种专业联赛和国际赛事吸引了大量赞助商和媒体关注。这不仅提升了羽毛球运动的市场价值，也为运动员提供了更多的职业发展机会。与此同时，羽毛球在学校和社区的普及程度不断提高。各级培训机构和俱乐部的发展，为青少年提供了更多学习和参与羽毛球运动的机会。

二、我国羽毛球运动的发展历程

我国羽毛球运动的发展历程可谓是一部励志的史诗，从 20 世纪初传入中国，到中华人民共和国成立后的大力推广，再到如今的拥有全球竞争力，中国羽毛球运动经历了无数的挑战与突破。

1920 年前后，羽毛球运动传入中国，最初仅在上海、广州、天津、北京等城市的基督教青年会和一些大中学校里有羽毛球活动。中华人民共和国成立后，羽毛球运动得到了迅速发展，1953 年首次在全国范围内举行了羽毛球表演赛，1956 年举行了全国首次羽毛球锦标赛。

1956 年以后，福建、广东、上海、江苏、天津、湖南、湖北等省市相继建立了羽毛球队，并每年举行一次全国比赛，这些措施极大地促进了羽毛球运动的发展和技术水平的提高。

1978 年，中国羽毛球运动迎来了新的发展机遇，1981 年在美国举行的世界运动会上，中国羽毛球队取得了 4 项冠军。1982 年，中国男队首次参加汤姆斯杯赛并夺得冠军，1984 年女队首次参加尤伯杯赛并获胜，标志着中国羽毛球运动正式进入世界强者的行列。

20 世纪 90 年代后，中国羽毛球运动继续保持强劲势头。在 1996 年亚特兰大奥运会上，中国羽毛球队取得了金牌；2004 年到 2012 年，中国队连续 5 次捧得汤姆斯杯；1998 年到 2008 年、2012 年到 2016 年中国队分别连续 6 次和 3 次获得尤伯杯冠军；1995 年到 2001 年、2005 年到 2015 年、2019 年到 2023 年中国队分别连续获得 3 次、6 次和 3 次苏迪曼杯比赛冠军。2024 年，在中国成都举办的第三十三届汤姆斯杯和第三十届尤伯杯的决赛中，中国队均战胜印度尼西亚队，双双捧得冠军奖杯。这些成绩标致着中国羽毛球队的整体实力已居世界前列。

三、主要羽毛球赛事简介

1. 汤姆斯杯赛

世界男子羽毛球团体锦标赛的冠军奖杯是汤姆斯杯，该赛事自 1948 年起，每三年举办一次，至 2022 年已举办了 23 届。自 1984 年的第 13 届起，该赛事改为每两年举办一届，并且与尤伯杯赛在双数年同时举行。中国羽毛球队自第 12 届起参赛，并在首次参赛时就赢得了冠军，截至 2022 年已累计获得 10 次冠军。汤姆斯杯由英国著名羽毛球运动员汤姆斯捐赠，作为赛事的流动奖杯，获胜国家的名字将被刻在奖杯上，并由该国保存至下一届比赛。

2. 尤伯杯赛

尤伯杯赛是世界女子羽毛球团体锦标赛，自 1956 年起，每三年举办一届，至 2022 年已举办了 29 届。从 1984 年的第 10 届起，赛事改为每两年举办一届，与汤姆斯杯赛同时举行。中国女队自第 10 届起参赛，并连续五届夺冠，至 2022 年已获得 15 次冠军。尤伯杯由英国著名羽毛球运动员尤伯夫人捐赠，同样作为赛事的流动奖杯，获胜国家的名字将被刻在奖杯上，并由该国保存至下一届比赛。

3. 苏迪曼杯赛

苏迪曼杯赛是世界羽毛球混合团体锦标赛，以前印度尼西亚羽协主席苏迪曼的名字命名。1988 年，国际羽联决定将苏迪曼杯作为混合团体赛的冠军奖杯。自 1989 年首届比赛在印度尼西亚举行以来，至 2023 年已举办了 18 届。中国运动员在这项赛事中表现出色，共获得 13 次冠军。苏迪曼杯赛每两年举办一届，在单数年举行，采用五场三胜制，包括男单、女单、男双、女双和混双五个项目。

4. 世界羽毛球锦标赛

世界羽毛球单项比赛包括男单、女单、男双、女双和混双五个项目。自 1977 年起，每三年举办一届，至 2023 年已举办了 28 届。从第 4 届起，赛事改为每两年举办一届，并定在单年举行。中国队自第 3 届开始参加该项比赛。

5. 其他羽毛球赛事

除了上述国际羽联组织的正式比赛外，每年还有许多国际性的公开赛和大奖赛。其中，全英羽毛球锦标赛是最古老、最负盛名的非正式世界单项羽毛球锦标赛。自 1899 年首届比赛以来，每年在伦敦举办一次。中国队自 1982 年开始参加全英羽毛球锦标赛。

第二节　羽毛球运动基本技术

一、握拍法

握拍技术主要包括正手握拍和反手握拍两大类。

握拍方法

(一) 正手握拍法

用与握拍手手掌同一个朝向的拍面击球叫正手击球,正手击球时的握拍方法为正手握拍法。

方法:握拍时,先用左手拿住拍颈,使拍面与地面垂直。再张开右手(以右手握拍为例,后同),使手的小鱼际肌靠在拍柄底托处,虎口对准拍柄的内侧小棱边,然后小指、无名指和中指并拢握住拍柄,小指与无名指在拍柄的末端应稍紧,以保证不使球拍脱手,食指与中指稍微分开,用食指和拇指轻松地环扣拍柄,如图11-1、图11-2所示。

图 11-1 正手握拍法侧视图   图 11-2 正手握拍法下视图

(二) 反手握拍法

用与握拍手手背同一个朝向的拍面击球叫反手击球,反手击球时的握拍方法为反手握拍法。

方法:在正手握拍法的基础上,拍柄稍向外转,食指收回,拇指第二指节顶贴在拍柄内侧的宽面上,其余四指并拢握住拍柄,手心与拍柄之间应有一个明显的空间,如图11-3所示。

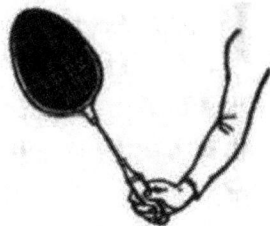

图 11-3 反手握拍法

二、发球法

(一) 发高远球

发球时,左手撒手放球,紧接着以转体和上臂的挥动带动前臂,形成臂在前,球拍随后的姿势。当球拍与球快要接触前,前臂挥动速度加快,并带动手腕向前上方闪动,由原来伸腕姿势经前臂内旋至屈腕,如图11-4、11-5所示,产生击球瞬间的爆发力,在拍面后仰(拍面与地面形成的仰角一般大于 135°)的情况下将球向前上方击出。击球点应在身体右侧前下方。在球击出后,球拍随着惯性往左侧前上方挥摆。随着挥拍的过程,身体重心也由右脚移到左脚,右脚跟稍提起,保持住身体的平衡,如图11-6所示。

正手发高远球技术

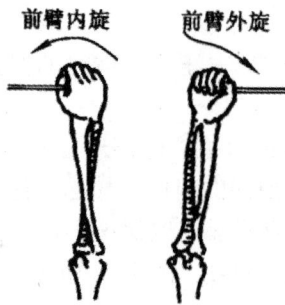

图 11-4　前臂动作　　　　　　　图 11-5　手腕动作

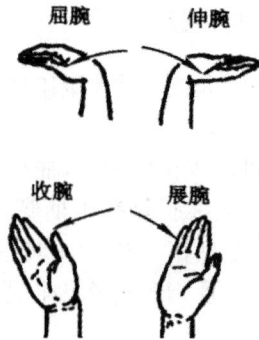

图 11-6　正手发高远球

发高远球的关键是球拍击到球时要控制好拍面的角度，由原来的伸腕经前臂内旋至屈腕击球应有强劲的向前上方的爆发力。

(二) 发平高球

正手发平高球的方法与正手发高远球的方法基本一致。因为平高球飞行弧线比高远球低，所以挥拍击球时多运用前臂带动手腕发力。球与球拍接触时，球拍后仰的程度比发高远球时小(球拍与地面形成的仰角一般在 120°～130°之间)，拍面略微向前推送击球。

反手发平高球时，主要以前臂带动手腕从左下方向右上方快速挥拍，在拍将要击到球之前，左手自然撒手放球，在拍面与地面形成的仰角在 120°～130°左右时，用反拍面正击球托。

发平高球的关键在于掌握好击球时球拍的仰角，以免出球太高缺乏攻击力，出球太低易受拦截。击球力量要适当，力量太小球发不到位，力量过大球易出界。

(三) 发平快球

正手发平快球在挥拍的前一段动作与发高远球相似。区别在于在击球前的瞬间，应在前臂的快速带动下，靠手腕和手指突然向前发力将球击出。击球时，拍面稍微后仰(球拍面与地面形成的仰角一般在 110°左右)。

反手发平快球的方法与反手发平高球的方法基本一致。区别在于击球时，拍面与地面形成的仰角一般应在 110°左右，击球的方向应更平直一些。

发平快球的战术效果在于快速和突然性，其技术关键有两点：一是发球姿势要与发其他弧线球的姿势保持一致，不使对方预见发球意图。二是要有较强的手腕爆发力，否则会因出球速度慢反遭攻击。

(四) 发网前球

正手发网前球时，挥拍幅度较小，主要靠前臂和手腕带动挥拍，上臂动作则不明显，球击出后，应控制拍子挥动。挥拍的加速不明显，甚至可以缓慢地挥动。击球的力量较小，拍触球时，握拍仍然较放松，利用手腕和手指的力量从右向左横切推送，使球贴网而过正好落在前发球线附近的发球区内，如图 11-7 所示。

图 11-7　正手发网前球

反手发网前球主要以前臂带动手腕使球拍从左下方向右前上方做画半弧形挥动。在拍将要击到球之前，左手自然撒手放球，用球拍对球做横切推送动作，使球贴网而过，正好落在前发球线附近的发球区内，如图 11-8 所示。

反手发网前球技术

图 11-8　反手发网前球

发网前球的关键在于严格控制击球力量和掌握好用力的方向。击球时，球拍面略后仰(拍面与地面形成的仰角一般在 120°左右)，在规则允许的情况下尽可能提高击球点，使球过网时的弧线尽可能低一些。

三、击球法

羽毛球运动的各种挥拍击球技术统称为击球法(也称手法)。击球法有很多技术动作，根据这些技术动作的特点，大致可分为高手击球、低手击球和网前击球三大类。

(一) 高手击球技术

一般将击球点高于头部的击球称为高手击球。高手击球按其技术特点和球飞行弧线的不同可分为高远球、平高球、扣杀球和吊球等，各种击球弧线如图 11-9 所示。

将击球点在身体右边，以正手握拍法用正拍面(拍面与手掌同一个朝向)击球称为正手击球。将击球点在头顶上方，以正手握拍法用正拍面击球称为头顶击球。将击球点在身体左边，以反手握拍法用反拍面(拍面与手背同一个朝向)击球，称为反手击球。

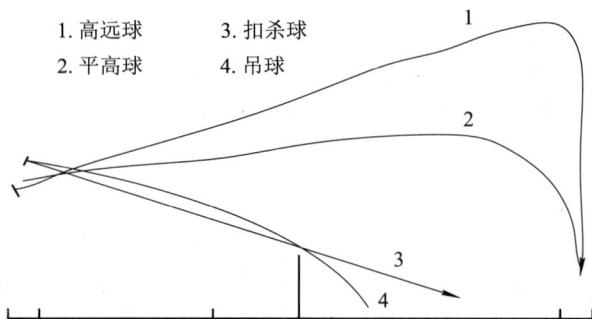

1. 高远球　　3. 扣杀球
2. 平高球　　4. 吊球

图 11-9　各种击球弧线

1. 高远球

一般在自己处于被动情况下，为了争取时间，调整场上位置，争取变被动为主动时就打出高远球，以使对方远离中心位置而退到端线附近去回击球。如果运用适当，高远球也能为进攻创造良好条件。

1) 正手击高远球

采用正手握拍法，击球点在身体的右侧方用正拍面击出的高远球，称为正手击高远球。它分原地和起跳正手高远球两种。初学者应从学习原地正手击高远球开始，然后过渡到起跳击球法。

原地正手击高远球应侧身对网(左肩对网)，左脚在前以脚尖垫地，右脚在后稍屈膝(脚尖朝右)，重心落在右脚上；上体和头稍后仰，眼盯着球，右手正手握拍举于右肩上方，上臂与躯干的夹角和上臂与前臂的夹角都在大于 45°小于 90°之间为宜；手臂放松微向后拉，前臂稍内旋，手腕与前臂保持伸直，左臂屈肘自然左上举，左肩高于右肩。当球降落到适当高度时开始转体，并以肩关节为轴带动上臂上举(肘部稍向前)，前臂往后伸，球拍垂于右肩后。发力击球动作是从球拍由前臂带动往上加速挥拍开始的，此刻手指握紧拍柄，从手腕充分后伸并稍微内旋至前屈闪腕动作产生爆发力，击球托的后下底部，使球往前上方击出。击完球之后，由于左臂的带动和右臂击完球之后的惯性作用，使身体转成面对球网，重心移到左脚上，向中心位置回动，如图 11-10 所示。

图 11-10　正手击高远球

2) 头顶击高远球

头顶击高远球在准备击球时，应右脚在后，上体向左后仰，击球点选择在头顶前上方(或左前上方)。挥拍的路线是右臂的肘关节高举过肩，稍靠近头部，使球拍绕过头后再向前挥摆，如图 11-11 所示。在挥拍过程中，前臂稍微内旋带动手腕向后伸经内旋往前屈腕，同时，肘关节急速制动，以鞭打状产生爆发力将球击出(击球托的后下底部，则成直线球；击球托的左后下底部，则成对角线球)。击完球之后，球拍顺势经体前收至右胸前。

图 11-11　原地头顶击高远球

3) 反手击高远球

反手击高远球是反手举拍于左胸前，当右脚向左后场区跨出最后一步时，重心移到右脚上，膝关节微屈，左脚在后，脚跟提起，脚掌内侧点地，背向球网，微收腹，头上仰，眼盯球，击球点选准在右肩上方；当球降落到适当高度时，右脚蹬地，上体往后伸展以带动右肘关节往上提，形成肘关节先行之势以带动前臂加速往上挥拍击球；击球时，手腕由原来的屈的姿势经前臂内旋至加速伸腕闪击，握紧拍柄，拇指顶压，将球击出；击完球之后，随着挥拍的惯性和右脚向右后蹬转的力量，身体随即转成面对网，向中心位置回动，如图 11-12 所示。

图 11-12　反手击高远球

2. 平高球

击平高球的方法与击高远球的方法是基本一致的，它的技术特点和要求的区别在于击球点的拍面仰角要小于击高远球时的拍面仰角(拍面仰角的大小是决定球的飞行弧线的关键)；要善于控制球的飞行弧线和落点，击出去的平高球的高度，要根据对方的身材高矮与弹跳能力来准确控制(以不让对方在中场位置上起跳拦截为准)。同时还要考虑到球的轻重、快慢、风速、风向等因素的影响，准确控制力量，才能使落点准确。

3. 扣杀球

扣杀球分为正手扣杀球及劈杀球、头顶扣杀球等。

1) 正手扣杀球及劈杀球

对自己右侧上空的高球，以正手握拍法用正拍面扣杀球，称为正手扣杀球。

正手扣杀球可以在原地或起跳后进行。它们的准备姿势和动作过程与击高远球相似，其技术方法上的区别在于以下几点。

(1) 发力要求不同：扣杀球要充分运用腰腹力量和肩关节的力量。发力前，身体较为后仰，特别是起跳扣杀球几乎成"满弓形"，然后发力击球，才能充分发挥身体各部分的力量。发力击球时，手臂以最大的速度挥摆，最后通过手腕的高速闪动(屈腕)产生强大的向前下方的爆发力。因此，挥拍击球时，手臂几乎是伸直的。

(2) 击球点不同：杀球点选择在右肩前上方稍前一些的位置上(比击高远球略前一点)，有利于发力击球。如果击球点太前，则杀球不易过网。如果击球点太后，则不易发力，不易控制拍面角度，杀下去的球既飘浮无力，又不易控制落点。

(3) 拍面角度不同：扣杀球时的拍面角度要比击高远球时小，一般控制在 75°～85° 之间为宜(即拍面应前倾)。当拍面正向前下方扣杀时，则杀直线球。当拍面斜向一侧扣杀时，则杀斜线球。随着杀球的动作过程，身体稍向左转，手臂和球拍也向左下方下落，维持身体平衡，将拍收至右胸前，即刻回动，如图 11-13、图 11-14 所示。

图 11-13　原地正手杀球

图 11-14　起跳杀球

2) 头顶扣杀球

在左后场区上空的球，击球点选择在头顶上方，以正手握拍法用正拍面扣杀球，称为头顶扣杀球。

头顶扣杀球的方法与头顶击高远球的方法相似，不同点是击球的力量比击高远球大，发力方向是向前下方的；击球点稍前些，拍面角度要小些，一般控制在 75°～85° 为宜，拍面保持前倾。

4. 吊球

吊球可分为正手吊球、头顶吊球和反手吊球。

1) 正手吊球

在处理自己右侧上空的高球时，以正手握拍法用正拍面吊球，称为正手吊球。

正手吊球的方法与正手击高远球的方法类似，区别在于以下两点。

(1) 击球力量要小。在击到球以前的刹那，突然减慢挥拍速度，以手指控制使拍面适当前倾，做放松收腕、屈腕动作，用球拍劈切羽毛球完成吊球。

(2) 拍面要适当前倾。如果要吊斜线球，应做前臂稍外旋至腕屈收，拍面向左下方偏斜切击球托的右后侧，使球落到对方右边网前区域。如果吊直线球，应做前臂稍内旋至腕稍屈展，当拍面稍前倾正对前下方时，切击球托的后部(球拍是从右向左挥动的)，使球落到对方左边网前区域，如图 11-15 所示。

图 11-15 正手吊球

正手吊球技术

2) 头顶吊球

在处理左后场区上空的高球时，击球点选择在头顶的前上方，以正手握拍法用正拍面吊球，称为头顶吊球。

头顶吊球的方法与头顶击高远球的方法类似，不同的是以下几点。

(1) 击球力量要小，拍触球瞬间只需放松地用拍切击球，而无需用大的爆发力。

(2) 拍面的仰角要小些，一般控制在 90° 左右为宜。

(3) 吊球时，前臂应内旋带动球拍自右往左挥动，手腕放松，手指控制好拍面角度。

3) 反手吊球

在处理左后场区上空的高球时，以反手握拍法用反拍面吊球，称为反手吊球。

反手吊球的方法与反手击高远球的方法类似，不同的是挥拍的速度较慢，力量小，拍面角度小(使反拍面略前倾)，要准确地控制拍面角度，运用手腕的转动明显地切击球。

(二) 低手击球技术

击球点低于头部高度的击球，称为低手击球。低手击球技术主要有半蹲快打(这是介于高手击球与低手击球之间的一种特殊打法，暂且归到低手击球一类)、接杀球和抽球。

1. 半蹲快打

在中场区，两脚平行站立或右脚稍前站立均可，两膝弯曲成半蹲，屈肘(用正手握拍法)

举拍于肩上。击球时，以前臂带动手腕快速挥拍，争取在身前较高部位将球平击过去，如图 11-16 所示。要求反应敏捷、果断，控制好拍面角度，挥拍幅度小，快而有力。

半蹲正面击球　　　　半蹲右侧击球　　　　半蹲头顶击球

图 11-16　半蹲快打

2. 接杀球

接杀球就是把对方扣杀过来的球还击回去。接杀球一般较多采用挡球、抽球和推球的技术。

1) 接杀挡球

两腿屈膝平行站立，两眼注视杀过来的球。身体右侧的来球用正手挡球，身体重心移向右脚(如果球离身体较远，则右脚先向右跨出一步，重心移向右脚)，右臂向右侧伸出，放松握拍，拍面略后仰对准来球，将球挡回对方网前区，如图 11-17 所示。

身体左侧的来球用反手挡球，身体重心移向左脚(如果球离身体较远，则左脚向左移一步，重心移到左脚上；如果球离身体更远，则以左脚为轴，右脚经左脚前往左方跨出一步，成背对网姿势)，右臂向左侧伸去，放松握拍，反拍面略后仰对准来球，将球挡回对方网前区，如图 11-18 所示。接杀自己身边的球叫接杀近身球，若是接右侧近身球，则只需身体向左略躲闪用正手将球挡回。

图 11-17　接杀正手挡球　　　　　　　　图 11-18　接杀右侧近身挡球

2) 接杀抽球

接杀抽球方法与挡球的方法相似，区别在于抽球时，先有一个向后引拍(后引的幅度要小)的预摆动作，握紧球拍，然后以前臂为主带动手腕向前上方急速挥拍抽球。如果抽平球，则挥拍时略带向上提拉即可；如果抽高远球，则触球时拍面较后仰，应有较明显的提拉动作。

3. 抽球

抽球是将低于头部的球用抽击的方法进行还击。抽球分正手抽球和反手抽球两种。抽球时，只要掌握好发力方向和调整好拍面的角度，即可把球回击成高远球、平高球、平快球和抽吊网前球。

1) 正手抽球

当对方击来右后场低球时，快步移动到右后场适当的位置上，最后一步以右脚向球下落的方向跨去，侧身对网，上身向右后倾，重心在右脚上。用正手握拍法，右臂屈肘举拍于右肩上方，在右脚跨步着地的同时，主要靠前臂带动腕部做"抽鞭式"的闪动挥拍，将球抽向对方，抽球后，即以右脚蹬地，向中心位置回动，如图11-19所示。

正手抽球技术

图 11-19　正手抽球

2) 反手抽球

当对方击来左后场的低球时，转身快步移动到左后场适当的位置上(在移动的过程中，由正手握拍法转换成反手握拍法)，最后一步以右脚向球下落的方向跨去，背对网，重心落在右脚上，右臂屈肘举拍于左肩上方。击球时，以躯干为竖轴，上臂带动前臂做向后的半圆形挥拍，在手臂近乎伸直时，手腕用力向后方闪动挥拍击球，球击出后，即以右脚蹬地，转身向中心位置回动，如图11-20所示。

图 11-20　反手抽球

(三) 网前击球技术

网前击球技术包括搓球、挑球、扑球、推球和勾球等。

1. 搓球

在网前用球拍切击球托，使球旋转翻滚越过网顶的击球技术，称为搓球。搓球时，由于运用"搓""切"等动作摩擦球托的不同部位，使球在越过网顶时的轨迹异常，给对方回击造成困难，从而创造了进攻的机会。搓球是一种从一般放网前球技术基础上发展起来的富有进攻性的网技术。

正手搓球与反手搓球，在上网时与放网前球的上网动作一样。其后的动作是最后一步跨步后，身体重心应较高，以争取较高的击球点。正

正手搓球技术

手搓球在伸臂举拍时应稍屈肘、展腕，使球拍自然地稍往后拉，然后再以肘关节为轴，通过小臂的外旋及收腕动作，用正拍面(拍面应适当后仰)切削球托的后底部(或侧底部)使球翻滚过网，如图 11-21 所示。反手搓球在伸臂举拍时，应稍屈肘(反拍面朝上)，屈腕使球拍略下垂，然后再伸前臂、伸腕，用反拍面切削球托的后底部(或侧底部)，使球翻滚过网，如图 11-22 所示。

图 11-21　正手搓球

图 11-22　反手搓球

反手搓球技术

2. 挑球

挑高球是把对方击来的网前球挑高回击到对方后场去。挑球的方法与放网前球的方法相似，区别在于正手挑球时右脚向前，做最后一个跨步并向前伸臂时，应放松伸腕，使球拍垂在后下方，紧接着以肩为轴，主要以小臂带动手腕发力，由右下方往左上方做弧形挥拍，将球挑出，如图 11-23 所示。反手挑球在右脚向前做最后跨步并向前伸臂时，应放松肘、腕，使球拍垂于后下方，紧接着以肩为轴，主要以小臂带动手腕发力，由左下方往右上方做弧形挥拍，将球挑出。

正手挑球技术　　反手挑球技术

图 11-23　正手挑球

3. 推球

在网前较高的击球点上，用推击的方法往对方底线击出弧度较平、速度较快的球称为推球。因为击球点到过网的距离很短，球又平直快速，再加上控制好落点，所以推球很有进攻性。

推球的方法与搓球相仿，主要区别在于推球在击球一刹那拍面竖得较直，正手推球时，由前臂内旋，用腕部的转动和手指(主要是食指)的力量向前快速推击，如图 11-24 所示。反手推球时(用反手握拍法)，由前臂外旋，用腕部的转动和手指(主要是拇指)的力量向前快速推击。

图 11-24　正手推球

4．勾球

在网前，用屈腕(或伸腕)的动作调整球拍角度，轻巧地将球回击到对方斜对角的网前区内称为勾球。

勾球的方法与搓球相仿，主要区别在于在击球一刹那，拍面要斜向出球方向。正手勾球时，前臂内旋带动屈腕动作，使拍面斜向左边，用球拍击球托的右后部分，将球勾向对方的右网前区，如图 11-25 所示。反手勾球时(用反手握拍法)，前臂外旋带动伸腕动作，使反拍面斜向右边，击在球托的左后部分，将球勾向对方的左网前区，如图 11-26 所示。

图 11-25　正手勾球

图 11-26　反手勾球

5. 扑球

对方击来的网前球刚过网且高度仍在网沿上面时，即迅速上网挥击将来球下压过去称为扑球。

扑球分正手扑球与反手扑球两种。其方法是蹬步上网，屈肘向前上方举拍，主要运用前臂和手腕的力量(正手扑球屈腕，反手扑球伸腕)，在体前用前倾的拍面向前下方挥击，如图 11-27 所示。

图 11-27　正手扑球

四、步法

步法是在羽毛球比赛时，运动员在场上为了跑到适当的位置击球而采取的快速、合理、准确移动的方法。步法一般分为后退步法、两侧移动步法和上网步法。

(一) 后退步法

从中心位置移动到后场各个击球点的位置上击球的步法称为后退步法。

1. 右后场区后退步法

(1) 侧身后退一步：起动后，以左脚前掌为轴，右脚往右后侧蹬转后退一步，重心移到右脚上(右脚尖朝右侧，左脚尖也顺势略转向右)，成侧身对网姿势，如图 11-28 所示。此时，可原地击球或起跳击球。

(2) 侧身并步后退：起动后，以左脚前掌为轴，右脚往右后侧蹬转后退一步，左脚即刻往右脚并一步，紧接着右脚再向右后撤一步(重心移到右脚上)，成侧身对网姿势，如图 11-29 所示。此刻，可原地击球或起跳击球。

(3) 交叉步后退：起动后，以左脚前掌为轴，右脚往右后侧蹬转后退一步(步幅不宜太大)，左脚即刻往右脚的后近交叉后退一步，紧接着右脚再往右后撤一步(重心落在右脚上)，成侧身对网姿势，如图 11-30 所示。此刻，可以原地击球或起跳击球。

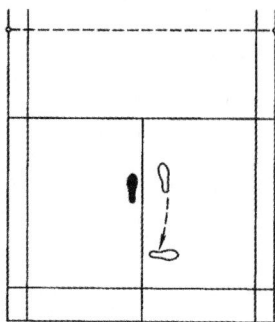

图 11-28　侧身后退一步　　　　图 11-29　侧身并步后退　　　　图 11-30　交叉步后退

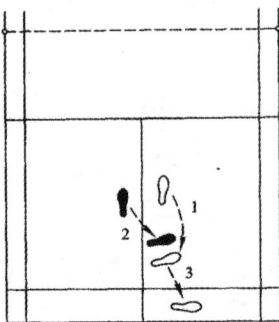

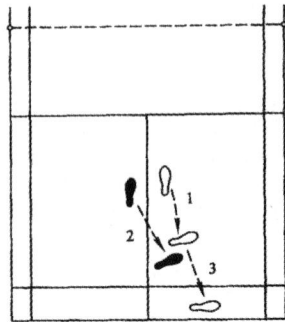

2. 左后场区后退步法

(1) 交叉步后退头顶击球步法：起动后，以左脚前掌为轴，右脚向右后蹬转(蹬转的角度应较大)向左后方撤一步，左脚即刻往身后交叉后退一步，紧接着右脚再往左后场退一步(重心落在右脚上)，成上体后仰面对网的姿势，如图 11-31 所示。此刻，可以原地或起跳头顶击球。

(2) 蹬转一步反手击球步法：起动后，以左脚前掌为轴，右脚向左后方蹬转使身体转向左后方，同时右脚经左脚前向左后场跨出一步(重心移到右脚)，成背对球网姿势。如图 11-32 所示。在移动过程中，由正手握拍法换成反手握拍法，在右脚跨步着地时发力反手击球。击球后，右脚往右后方蹬转，身体随即转成面对球网，回中心位置。

(3) 垫步蹬转反手击球步法：起动后，上身向左转，同时左脚后撤垫一步，紧接着以左脚前掌为轴，右脚经左脚前向左后场区跨出一步(重心移到右脚)，成背对网姿势，如图 11-33 所示。在移动过程中，由正手握拍法换成反手握拍法，在右脚跨步着地时发力反手击球。击球后，右脚往右后方蹬转，身体随即转成面对网，回中心位置。

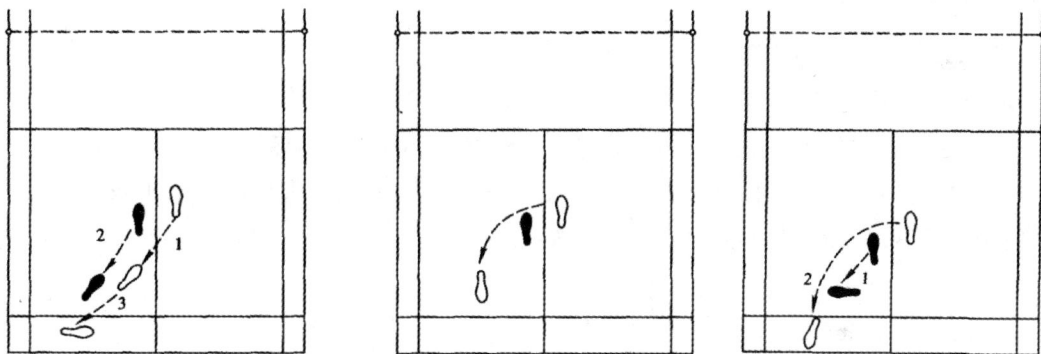

图 11-31　交叉步后退头顶击球步法　图 11-32　蹬转一步反手击球步法　图 11-33　垫步蹬转反手击球步法

(4) 蹬转交叉步反手击球步法：起动后，以左脚前掌为轴，右脚向左后方蹬转，使身体转向左后方，同时右脚经左脚前向左后场区跨一步成背对网姿势。在移动过程中，由正手握拍法换成反手握拍法，接着左脚迈一步，右脚再迈一步(重心移到右脚上)，在右脚着地时发力反手击球，如图 11-34 所示。击球后右脚往右后方蹬转，身体随即转成面对网，向中心位置回动。

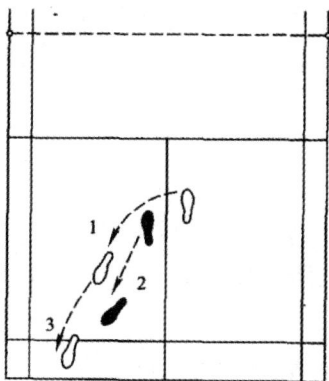

图 11-34　蹬转交叉步反手击球步法

(二) 两侧移动步法

从中心位置向左右两侧移动到击球点上击球的步法称为两侧移动步法，它一般用于中场接杀球和起跳突击。

1. 向右侧蹬跨步

起动后，左脚掌内侧用力起蹬(同时向右转髋)，右脚向右侧跨出一大步(重心落在右脚上，脚尖偏向右侧，以脚趾制动)，上身略向右侧倒(侧倒的程度根据击球点高低而定)做正手抽、挡球，如图 11-35 所示。击球后，以右脚前掌回蹬。若起跳突击，则用右脚(或双脚)起跳，突击后右脚先着地(或双脚同时着地)缓冲，回中心位置。

2. 向右并步加蹬跨步

起动后，左脚先向右脚并一步，紧接着以左脚掌内侧用力起蹬，此后的动作均与前述"向右侧蹬跨步"一致，如图 11-36 所示。

3. 向左侧蹬跨步

动作与向右侧蹬跨步相同，只是左右相反。

4. 向左蹬转跨步

起动后，以左脚前掌为轴，向左转髋，同时右脚内侧用力起蹬，经左脚前向左侧跨一大步(重心在右脚上，以脚趾制动)，成背对网姿势，上身略向前倾做反手抽、挡球，如图 11-37 所示。击球后，以右脚回蹬随即转成面对网，回中心位置。

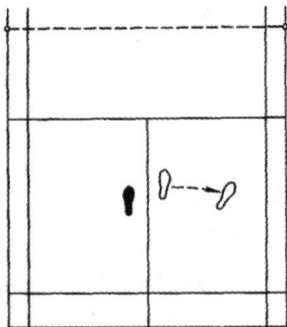

图 11-35　向右侧蹬跨步　　　　图 11-36　向右并步加蹬跨步　　　　图 11-37　向左蹬转跨步

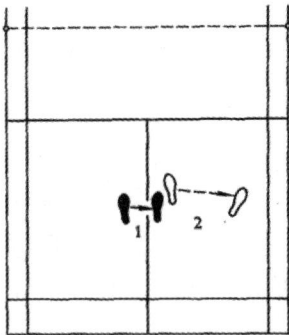

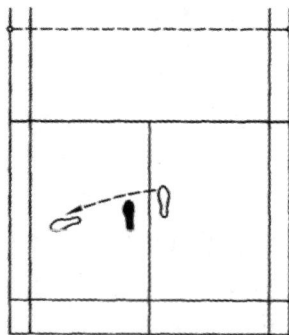

5. 向左垫步加蹬转跨步

起动后，左脚先向左侧垫一步，此后的动作与前述"向左蹬转跨步"一致。

(三) 上网步法

从中心位置移动到网前击球的步法称为上网步法。上网步法是由交叉步(或并步、垫步等)、蹬跨步(或蹬跳步)构成。

1. 蹬跨上网步法

起动后，左脚后蹬，接着侧身将右脚向球的方向跨出一大步击球。向右前场上网，用正手击球；向左前场上网，用反手击球。

2．两步蹬跨上网步法

起动后，左脚先朝球的方向迈一步，紧接着左脚后蹬，侧身将右脚朝球的方向跨一大步。如图 11-38 所示，向右前场上网，用正手击球；如图 11-39 所示，向左前场上网，用反手击球。

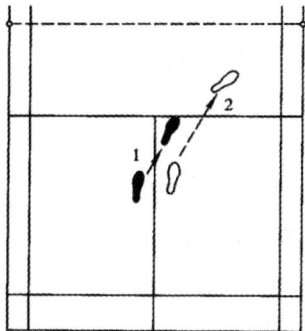

图 11-38　两步蹬跨上网步法(右)　　　　图 11-39　两步蹬跨上网步法(左)

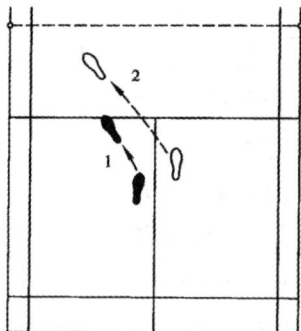

第三节　羽毛球运动基本战术

一、单打战术

羽毛球战术就是指运动员在比赛中根据双方的情况合理运用技术，有针对性地组织自己的球路以争取胜利的策略。在双方技术水平相当的情况下，正确运用战术就成了胜败的关键。

1．发球抢攻战术

发球抢攻战术是一种以发球为基础，迅速转为攻击的策略。一般以发网前球结合发平快球、平高球开始，如果对方接发球质量较差时第三拍就可主动进攻。实施该战术时，应依据对方的站位、回球习惯、反击能力、打法特点、精神状态和心理状况等因素，选择合适的发球方式，以取得前几拍的主动权。发球时应注意以下几点。

(1) 保持发球动作的一致性，以迷惑对手，降低对方的接球质量和主动权。

(2) 利用发球时间差，造成对手判断错误或接球失误，同时注意避免发球违例。

(3) 灵活变换发球位置和弧线，瞄准对方接球弱的区域。

(4) 观察并利用对方的接发球习惯，抓住机会，争取在一次击球中获胜。

2．接发球抢攻战术

比赛中，接发球方总是想尽一切办法做好充分准备，来还击对方的发球以求后发制人，不让发球方的意图实现。接发球抢攻战术的完成，要有两三拍抢攻路线的组织才能奏效。一旦发动抢攻，就要加快速度，抓住对方弱点或习惯路线，一攻到底，完成一个组合的抢攻战术。若发球质量不高，接发球有抢攻机会，则攻对方的弱点或空隙，然后快速上网进攻，以达到这个回合的抢攻目的。

3. 压后场战术

对后场还击能力较差的对手，可以攻对方后场底线两角(尤其是反手场区)，待回球质量差时发起进攻，或乘对方注意力只顾及后场时突然吊网前球。

4. 攻前场战术

对网前技术较差的对手，可多以吊球和放网前球使其在网前的对击中失误，或对方勉强回击成高球时进攻其后场。

5. 拉吊突击战术

若对手步法较慢、体力较差、技术又欠全面，则用平高球压对方后场底线两角和吊对方网前两角的战术，当对方回球质量差或站位不当时发动进攻。

6. 下压进攻控网战术

当对方击来后场高球时，通过各种不同速度和重量的下压球，如吊球、劈球、点杀、轻杀和重杀来压制对手，当判断对方挡回网前球时，即刻快速上网控制网前。一旦上网，便利用搓球、推球和勾球等技巧控制网前区域，吸引对手注意力，同时配合平高球攻击对方底线，为中后场的进攻创造机会，随后全力展开攻势。此战术可应对后场进攻能力强，但接杀球和网前球技术较差的对手。

二、双打战术

(一) 双打的站位与配合

1. 前后站位与配合

一般在本方处于进攻时采用前后站位。

1) 发球时的前后站位与配合

根据情况两人可以站得近些或远些，或者稍为偏左或偏右站。如发 1 号区(指前发球线与中线交接的角区)或 2 号区(指前发球线与边线交接的角区)或 1、2 号区之间的网前球时，前者发球后即刻举拍封前场区，后者则负责中场和后场的各种来球。图 11-40 所示为发 1 号区时的前后站位与配合(阴影区域是封网队员主要负责的场区，下同)。如果发 2 号区的网前球，则前者发球后略向左前场移动，重点注意封直线球并兼顾其他，后者则负责中场和后场的各种来球，如图 11-41 所示。

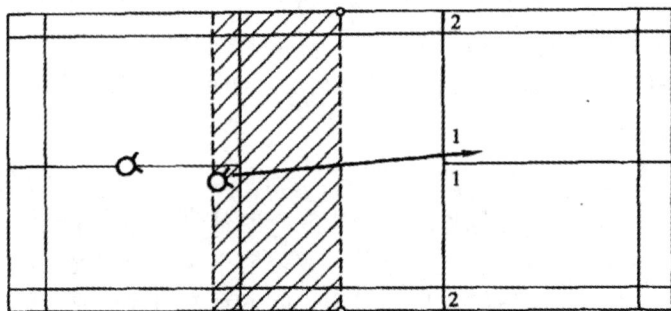

图 11-40　发 1 号区时的前后站位与配合

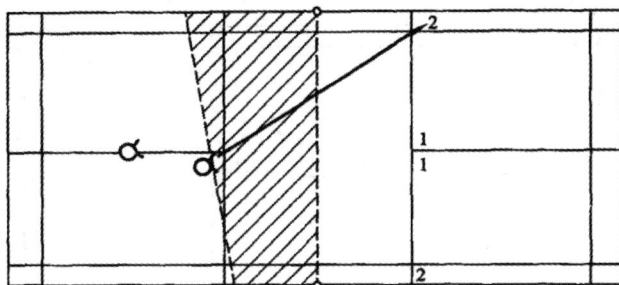

图 11-41　发 2 号区时的前后站位与配合

左发球区发球时的分工配合的原则同上述，但是要调一个方位。

2) 处于进攻时(杀球、吊球等下压进攻)的前后站位与配合

后者杀、吊进攻，前者积极举拍封网。如果后者在左后场头顶杀、吊直线球时，则前者略向左转面朝球的落点，积极举拍封前场和左前半场球，如图 11-42 所示。如果后者是杀、吊斜线球时，前者则略向右转面朝球的落点，积极举拍封前场和右前半场球，如图 11-43。

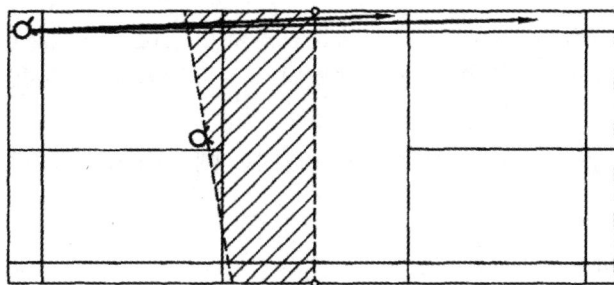

图 11-42　下压直线时前后站位与配合

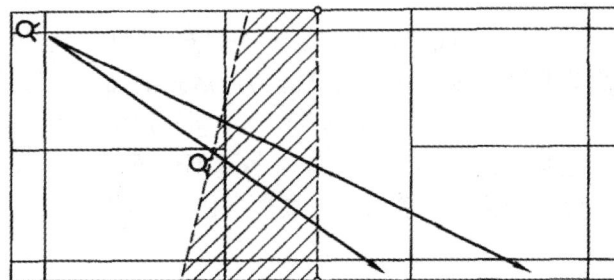

图 11-43　下压斜线时前后站位与配合

后者是在右后场杀、吊球时，两人分工配合的原则同上述，但要调一个方位。

2. 左右站位与配合

一般在本方受到下压进攻时，采用左右并列站位。

(1) 发 3 号区(指后发球线与中线交接的角区)或 4 号区(指后发球线与边线交接的角区)的平高球时，发球后由原来的前后站位即刻转换为左右站位。发球员在右发球区则向右后退步，后者向左移动形成左右站位，此时两人各负责左右半场区的防守，如图 11-44 所示。如果在左发球区发 3、4 号位平高球后，发球员则向左后退步，后者向右移动形成左右站位。

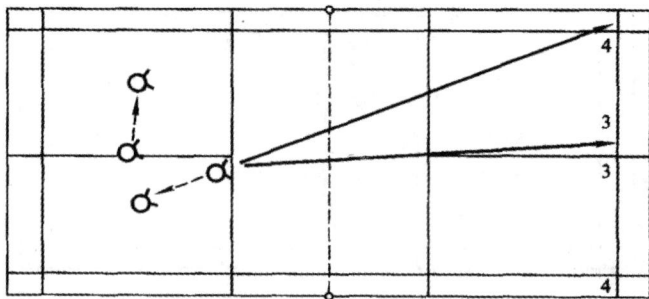

图 11-44　左右站位与配合

(2) 当本方打回高球后，应该即刻由前后站位转换成左右并列站位。

(3) 当左右站位时，如果对方扣杀中路球，则首先是以正手回击者接球(也可让水平高者接球，赛前要商定分工)，其次是落点靠近谁由谁接球。如果对方吊中间网前球，则谁反应判断快由谁上网接球。如果出现双方平抽快挡、半蹲快打的对攻局面，则两人齐心协力封住前半场，争取近打、快打、高打，不使对方有喘息机会。

3. 站位的轮转配合

一场比赛总是有攻有守，因比站位方法也总是前后站位与左右站位经常转换。

(1) 原来是左右站位，当有机会下压进攻时，一人退至后场杀(吊)球，另一人则上前封网。

(2) 原来是前后站位，当本方受到下压进攻时，则前面的队员直线后退，后面的队员视情况向侧移动改换成左右站位。

(二) 双打的战术

1. 发球与接发球战术

双打发球应以发 1、2 号区的低球为主，以避免对方接发球下压进攻。结合发一些 3、4 号区的平高球，平高球应突然发向对方接球能力最薄弱的部位。接发球时，如果对方发的网前球弧线较高，则最好能快速上网扑杀，不能扑杀的则争取以搓、推技术回击，迫使对方向上挑球，为后场进攻创造机会。接发球应尽量不用挑高球，以避免发球方(第三拍)的进攻。接发球的球路要有变化，不要只用习惯性的固定球路回击。

2. 发球抢攻战术

应以发网前球(1、2 号区)为主，结合运用平快球、平高球，抓住对方接发球的习惯性球路和弱点，突击或封网扑杀。

3. 攻中路战术

当对方采用左右并列站位时，中间的位置是同伴容易出现矛盾的地方，可攻其中路，乱其阵脚，伺机制胜。

4. 避强打弱战术

如果对方二人的技术水平悬殊，则可重点进攻弱者。强者争打来球时，场上必然会出现较大的空当，可乘虚击之。

5. 后攻前封战术

后攻前封战术即基本保持前后站位，后场遇高球就积极下压，连续大力扣杀，杀球的同时结合吊球，打乱对方的防守阵脚，当对方回球到前半场或网前球时，积极封住球路，进行致命性的扑杀。

6. 快攻压网战术

快攻压网战术即从发球、接发球抢攻开始，以平抽、平打快速杀球为主，左右两边平行站位，压在前场进攻。

7. 抽压底线战术

抽压底线战术即运用快速的平高球和抽球打压对方后场底线两角，在对方扣杀球时，也能用平抽反击或挑高球至底线两角，调动对方跑动，寻找机会进攻。

第十二章

网球运动理论与技术

学习目标

(1) 了解网球的概念以及网球的发展。
(2) 了解网球基本技术和战术，培养终身体育意识。

课程思政点

中国网球的光彩

"路漫漫其修远兮，吾将上下而求索"，超越赛场，以精神和信念引领未来的力量，这说的就是中国网球天后——李娜。她是首位夺得网球大满贯的中国人，凭借一己之力，打破了西方人对于网球大满贯长达 100 多年的垄断，20 岁就拿到了 13 个冠军。2005 年，李娜因膝盖伤势暂时退出赛场，但这并没有让她放弃，相反，她以更加坚定的信念重返赛场。

当李娜在墨尔本的夏日里挥洒汗水，用不屈的意志书写历史的篇章时，斩获的不仅仅是个人的荣耀，更是点燃了无数有网球梦的孩子们的希望，当时电视机前 11 岁女孩儿郑钦文就是其中一员。凭借着对网球的无限热爱和为国争光的强大信念，郑钦文通过刻苦训练和艰苦的比赛，荣获了 2014 年澳大利亚网球公开赛女单冠军。作为中国网球新一代的年轻力量，郑钦文始终向着前辈的方向，一步一脚印，踏实勤奋，刻苦努力，让我们看到一个不断成长的"中国榜样"形象。

"江山代有才人出，各领风骚数百年。"在世界网坛崭露头角的商竣程，闪耀着中国网球新一代的青春光芒，商竣程从小就展现出惊人的天赋，11 岁时就获得了全国青少年网球锦标赛冠军，15 岁就获得了国际网联青少年大师赛冠军。他并没有满足于青少年时期的成就，而是继续努力，不断提高自己的技战术水平，在世界的舞台上展现属于中国新一代网球力量的无畏勇气和奋斗精神，这就是中国新一代网球运动员的风范与精神。

网球之约，榜样传承，青春无畏，勇攀高峰。这不仅是时间的见证，更是精神的传递，前有李娜等前辈的榜样力量，后有郑钦文、商竣程等的精彩表现，让我们始终相信，中国网球已经站在了一个新的起点上。

第一节　网球运动概述

一、网球运动的起源

网球运动的由来和发展可以用四句话来概括：孕育在法国，诞生在英国，开始普及和形成高潮在美国，现在盛行全世界。网球与高尔夫球、保龄球、桌球并称为世界四大绅士运动。它的起源可以追溯到 12 至 13 世纪的法国，当时在传教士中流行着一种用手掌击球的游戏，方法是在空地上两人隔一条绳子，用手掌击打由布包着头发制成的球来娱乐，这种游戏被称作"掌球戏"。

到了 14 世纪中叶，法国的一位诗人把这种球类游戏介绍到法国宫廷中，作为皇室贵族男女的消遣，使得这种游戏在法国上层社会中流行开来，并因其贵族特性而有"贵族运动"之称。当时的这种游戏场地是宫廷内的大厅，没有网也没有球拍，球是用布卷成圆形后用绳子绑成的。场地中间架起一条绳子为界，利用两手作球拍，把球从绳上丢来丢去。

15 世纪初期，用手击球的方法逐渐被使用板拍击球的方法代替，这促使了板拍和球拍的出现。到了 17 世纪初，场地中间的绳子被改成了小方格网子，球拍也变成了穿线的球拍。16 至 17 世纪是网球运动的兴旺时期，逐渐形成了比赛。在这个过程中，网球运动也在英国得到了广泛的传播和发展。

1858 年，英国人哈利·梅姆在伯明翰建造了一个网球场，这一举措促进了网球运动的发展。1872 年，他创立了莱明顿网球俱乐部，进一步推动了网球运动的形成。1874 年，网球场地和网的规格被确定下来，同年英国板球俱乐部制定了世界上第一部网球竞赛规则。1877 年，在温布尔登举办了首次草地网球锦标赛，成为网球运动发展的一个重要里程碑。

二、网球运动的主要特征

1. 网球运动生理特征

网球运动是技术、战术与体能并重的项目，网球比赛对体能要求很高，由于比赛时间长，以有氧代谢为主，无氧代谢为辅，随着比赛的日趋激烈，无氧代谢比例有增长的趋势。

1）比赛时间长

一场实力相当的网球单打比赛，可持续 3～5 个小时。规则规定了每盘中的单数局结束后要交换场地，并有 90 秒的休息时间，每分之间可以间隔 25 秒。另外，快速场地和慢速场地在比赛的回合上差别比较大，因而真正的净运动时间也是不同的。

2）比赛跑动量大

跑动量与打法和场地性能有关。据统计，在女子单打实力相当的高水平比赛中的跑动量可达 5000 米，男子可达 6000 米以上。随着快速场地的广泛使用和球拍的改进以及网前战术的发展，比赛中的跑动量有减少的趋势，但跑动的强度有所增加。

3）击球次数多

据统计，在慢速场地上两名底线战术型的选手比赛中，总击球次数可达千次以上；在快速场地上两名网前进攻型的选手比赛中，总的击球次数仅数百次。这说明攻击力与击球次数成反比。

高水平选手发球时速可达 200 多千米/小时，抽球时速可达 100 多千米/小时，一场比赛上千次的击球，没有良好的爆发力和力量耐力是不可能胜任的。

2. 网球运动心理特征

网球运动对运动员的心理品质、自信心、心理调控能力都有非常高的要求。优秀网球选手的心理特征一般表现为：对完成所建立的训练及比赛目标有很强的责任感和坚定性；有克服在艰苦的训练过程和比赛中所遇到的种种困难的勇气；情绪稳定，对自己的实力充满信心，有强烈的竞争意识，在大赛中不畏强手，敢于拼搏等。优秀选手的心理品质既与个性特征有关，又是通过多年的训练和比赛逐步培养形成的。

3. 突出的竞技性与频繁的国际比赛

网球运动是一项竞技性极强的运动项目。一方面，它的技术含量高，实战中的技术内容多种多样；另一方面，一场势均力敌的网球比赛对运动员的体能和心智都有较高的要求。网球比赛是双方运动员在技战术能力、体能和心态方面的综合较量。目前国际上各种类型的高水平赛事非常多，几乎每周都会有大型国际网球赛事，其中，英国温布尔顿网球锦标赛、美国网球公开赛、法国网球公开赛和澳大利亚网球公开赛是世界"四大网球赛"。另外，世界上最著名的团体项目赛事是戴维斯杯和联合会杯。除以上 6 项经典赛事之外，还有各种锦标赛、大奖赛、挑战赛和巡回赛等不同类型的多项网球国际大赛。

4. 各项攻防技战术不断创新和发展

在技术上，双手反拍技术大大加强了反拍的攻击力，攻击性上旋高球现已发展为反拍攻击性上旋高球。鱼跃截击球技术、双打中的扑抢网技术、用快速起跳高压来对付攻击性上旋高球等高难技术也在不断出现。发球上网战术在快速场地上的运用，推动着接发球破网技战术的发展。双打接发球的抢网战术不仅在男双而且在女双和混双中使用。这些技术的发展标志着各项攻防技战术已达到空前的高水平。

三、网球运动展望

随着网球运动的不断发展，未来网球运动将在以下几个方面取得更大的进步。

1. 技术革新

随着科技的不断发展，我们可以期待球器材和装备将不断升级。例如，球拍材料和线床设计将进一步提高球拍的性能，而运动鞋和服装的设计也将更加注重舒适度和运动表现。

2. 训练方式

运动员的训练方法将更加科学化和个性化。结合生物力学、数据分析等技术手段，教练员将能够为运动员制订更有效的训练计划，提高他们的技能和竞技水平。

3. 媒体与传播

数字媒体和技术的进步将为网球观赛带来全新的体验。观众可以通过高清直播、虚拟现实(VR)等技术观看比赛，感受更加逼真的现场氛围。社交媒体的普及也将使网球运动员与粉丝之间的互动更加便捷。

4. 普及与发展

网球运动将在全球范围内得到更广泛的普及和发展。尤其是发展中国家的网球运动，将得到更多的支持与投入，有助于提升网球在全球范围内的影响力。

5. 女子网球

女子网球运动将在未来取得更大的突破。随着女子运动员实力的不断提升，比赛的观赏性和竞争程度将大幅提高。四大满贯等顶级赛事的女单、女双比赛将成为全球瞩目的焦点。

6. 可持续发展

网球运动界将持续关注环保和可持续发展问题。网球场和赛事组织者将致力于减少资源浪费、采用可再生能源、提高废物回收率等措施，使网球运动成为环保的典范。

综上所述，网球运动将在技术、训练、媒体、普及、女子网球和可持续发展等多个方面取得更大的突破，网球必将受到更多人的青睐。

第二节　网球运动基本技术

一、握拍法

握拍的方法与击球动作有着密切的关系。球拍是击球者手臂的延伸和手掌的扩大，每个击球动作都是由手臂、手腕、手指相互配合用力来完成的，所以握拍的好坏对技术的提高和全面发展有较大的影响。

握拍法

1. 大陆式握拍

食指下指关节按在拍柄的右上斜边上。具体握法是食指并拢，拇指分开，把虎口对准拍框，顺着滑到拍柄底端，手指弯曲握紧拍柄，大拇指贴着中指，食指略与中指分开，如图 12-1 所示。因为它与使用榔头的握法相似，所以也被称为"榔头式握法"。该握拍法不需变换握拍，所以具有简单、灵活的特点，对处理低球很适合，多用于上网截击和发球，但对于腰部以上的来球，不宜控制拍面，容易打飞。

图 12-1　大陆式握拍

大陆式握拍

2. 东方式握拍

东方式握拍法分为正手与反手两种。东方式正手握拍法与握手的姿势十分相似，被称为"握手"式握拍法。是在大陆式握拍基础上将拍柄逆时针旋转一个面，让食指下指关节按在拍柄的右边，如图12-2所示。也可把手掌张开平贴在拍面中间位置，手顺着拍面滑到拍柄底部。东方式反手具体握拍方法是，食指下指关节按在拍柄的正上方，是在正手握拍法的基础上，将拍柄顺时针旋转两个平面。东方式握拍适合打平击球。

东方式握拍

图 12-2　东方式握拍

3. 半西方式握拍

半西方式正握拍是在东方式握拍基础上将拍柄继续逆时针旋转，让食指下关节按在拍柄的右边和拍柄的右下斜边之间，如图12-3所示。半西方式握拍法是介于西方式和东方式之间的一种握拍方法，易打腰部以上高度的球，它具备西方式握拍的旋转和东方式握拍的力量，倾向于正手主动进攻。这种握拍法不仅适合初学者，而且被当代顶尖的网球选手广泛使用。

半西方式握拍

图 12-3　半西方式握拍

4. 西方式握拍

西方式正拍握拍法的手掌心朝下，手掌的大部分放在拍柄的底部，手掌底部贴在拍柄的右下斜面上，拇指压在拍柄的上部手面，食指的下关节握住拍柄的右下斜面，拇指与食指的"V"形对准握柄的右垂直面，握拍的形状好似以"一把抓"，如图12-4所示。西方式反拍握拍法是在西方式正拍握拍的基础上，把球拍上下颠倒过来，用同一拍面击球或手腕顺时针转，使拇指与食指的"V"形对准拍柄的左垂直面，食指下关节压住拍柄的上部手面，手掌底部贴在左上斜面。

图 12-4　西方式握拍

5. 双手正、反手握拍

双手正手握拍通常以"东方式"正手握拍为主体，另一只手作为辅助，介于"大陆式"和"东方式"反拍握法之间，如图 12-5 所示。使用双手正手握拍的运动员人数很少，因为在步法上它要比单手击球多跑一步，要有很好的体力才能适应。双手反手握拍的右手握法介于"东方式"和"大陆式"反手握法之间，辅助的左手使用"东方式"正手握拍法，这样可以固定拍面，增强击球力量。

图 12-5　双手正手握拍

二、击球

1. 正手击球

下面以右手握拍为例介绍正拍击球的动作要领。

(1) 准备姿势。面对球网，两脚自然开立与肩同宽或略大于肩宽，两膝放松，重心落在前脚掌上，左手扶住拍颈，拍面与地面垂直，拍头向正前方，注意对方来球，做好击球准备。

(2) 后摆引拍。当判断来球需要用正拍回击时，要快速向后引拍，持拍的手臂放松向后直引拍，引拍的路线是直线向后，球拍指向球场后端的挡网，拍底正对着球网，拍头向上稍高于手腕，转动双肩，重心后移，左脚前踏，左肩对网，尽量保持侧身迎击球，左手一定要随着身体侧身转体而指向前面的来球。

(3) 挥拍击球。击球时应转动身体，用力蹬腿，以肩关节为轴，手腕固定，用大臂挥动带动小臂，提前挥拍，沿着来球的轨迹挥出去，击球点一般在左脚右侧前方与腰齐高，当来球较高时，就快速后退，来球较低时应上前，屈膝，让球保持与腰齐高的高度击球 。

(4) 随挥跟进。球触拍后，使拍面平行于网的时间尽量长些，挥拍沿着球飞行的方向

前送，重心前移落在左脚上，身体转向球网，拍头随着惯性挥到左肩的前上方，肘关节向前，用左手扶住拍颈，随挥跟进结束，立即恢复到准备姿势。

正手击球动作技术要点：击球全过程眼睛要始终盯住球；尽早、尽快地后摆引拍；击球点正对着前方；击球时，握紧球拍，绷紧手腕。

2. 反手击球

(1) 准备姿势。反手准备姿势与正手击球相同。面向球网，双脚分开与肩同宽，屈膝，上体稍前倾，重心落在前脚掌上，左手扶住球拍拍颈，拍头指向对方，拍面与地面垂直，眼睛密切注意对方来球。

(2) 后摆引拍。当判断对方来球朝反手方向飞来时，扶住拍颈的左手应迅速帮助右手将正手握拍变换为反手握拍，向左转肩转髋带动球拍向

反手击球技术

左后方摆动，后摆时肘关节自然弯曲，拍头稍翘起指向后方，右脚向左前方上步，右肩或者是右背对着球网，重心移向左脚，反手击球的引拍动作应比正手击球的引拍要完成的早。

(3) 挥拍击球。球拍由后先向下再向前上方挥出，挥拍轨迹如同月牙状，挥拍时手臂仍保持微弯曲，直到随挥结束后才伸直；击球点在右脚左侧前方，击球时球拍与右脚应在一条直线上，高度在膝与腰之间(比正手击球稍低)；拍触球时手腕绷紧，拍柄与地面平行，拍面与地面保持垂直，球击在球拍的中部，用转体和转肩的力量使重心前移到右脚上，双臂展开如扩胸动作。

(4) 随挥跟进。击球后，球拍沿着球的飞行方向向前、向上送，重心前移落在右脚上，挥拍在右肩上方结束，身体转向球网，恢复到原先的准备姿势。

3. 反手削球(下旋球)

反手削球的特点是球过网时很低，既能打较深的球又能打短球，落点容易控制，打球省力，控制范围大，稳健准确，但球速一般不快。当来球飞向反手时，要迅速转体引拍，引拍要比上旋球的反拍高，球拍要远离身体，拍头向上高于手腕，拍面稍后仰；右脚向左前方跨出，扶住拍颈部的左手放开，右手向前下方挥拍，在右脚左侧前方与腰齐高处触球，手腕绷紧，球拍与球接触的时间尽可能长一些，要有球在球拍上滑动的感觉；挥拍时不要用球拍向下"砍球"，要有向下前送的动作，眼睛始终盯住球；击球后，球拍随着球出去的方向向前方挥出，随挥动作要充分，然后面对球网恢复成准备姿势。

下旋球的弹跳特点是切削出较平弧线的下旋球时，球在落地后反弹的高度会很低，前冲力较强；切削出较大弧线的下旋球时，反弹的高度就会偏高，前冲力较弱，有向回弹跳的趋势。

4. 发球

网球发球种类通常分为三种，即平击发球、上旋发球与切削发球。在网球比赛中，发球扮演着非常重要的角色，发球也同样影响到网球运动员在自己的发球局中的比赛节奏。

发球

1) 平击发球

平击发球时的击球点应在身体的右眼前上方，以拍面中心平直对准球，击球的后中上部。因此，手腕的向前鞭甩和前臂的"旋内鞭打"非常重要。

平击发球技术

此外，身体要充分向上向前伸展，以获得最高击球点，提高发球命中率。平击发球技术要点是球要抛在握拍手的侧前上方，向上挥拍时，身体要像放开的弹簧，要在身体前面击球，并使重心跟进，球拍应斜挥过身体，结束于持拍手异侧的身体下方。

2) 切削发球

切削发球也称侧旋发球，发球时常带有侧旋，并能以曲线进入发球区，因而成功率较高。另外，能将右手握拍的接球者拉出场外，造成对手回球困难或失误。切削发球技术要点是握拍法采用东方式反手握拍，球拍正确拉至背后并抬起肘关节；保持抬头，以便眼睛始终看球，击球时做扣腕动作，球拍斜挥至身体另一侧，完成随挥动作。

切削发球技术

3) 上旋发球

上旋发球要求发出去的球带有强烈的上旋，落地后反弹较高，给对方造成一定的困难。发球时要尽量隐蔽，看上去像是在发平击球或切削球。上旋发球的抛球比平击球和切削球抛得更靠近身体。为了得到所需要的旋转，球拍应向上并翻越过球，这就需要与切削发球和平击发球有不同的击球位置和明显的扣碗动作。

上旋发球技术

上旋发球技术要点是球要抛得离身体近一些，可在头上方；屈膝，身体后弯，重心在后；击球时，用明显的扣腕动作使拍头向上并翻越过网，球拍横挥过身。

5. 接发球

随着发球技术的不断提高，接发球的重要性越来越高，以求在比赛中争取主动，打破对方发球优势。

(1) 握拍方法。应根据各人习惯选择最适合自己的握拍方法，可以选择东方式正手握拍法，也可以采用东方式反手握拍法。握拍不要太紧，应以舒适为好。

接发球技术

(2) 准备姿势与站位。两脚自然开立与肩同宽，双膝稍屈，脚跟离地，重心前倾，拍头约与腰同高并指向对方，两脚不停地轻轻跳动或身体微微晃动，两眼紧紧地注视着对方的抛球动作，包括抛球的高度、方向和拍面等。如果对方拍面有角度即为切削发球，则可准备向边上移动。接发球的站位应站在发球员与左右落点连线夹角的分角线上，这样正反拍的接发球距离相等，不会出现明显的空当，或者站在略偏于反手位置上。前后方向的站位要根据对手发球方式和力量大小来确定，如接大力发球要站在底线后 1～2 米处，接其他球一般站在底线前后就可以。

(3) 击球动作。接发球时的击球动作与正常击球动作基本相同。当对方球发出后，接球员要向预测击球点及时起动，迅速做出转体引拍动作，只是后摆距离要短一些，幅度大小要根据对方不同的发球来调整，握紧球拍，手腕固定，并向击球方向踏出异侧脚；同时向前迎击球，击球点在体前侧胸部高度处，向球击出的方向送出球拍，尽量加长球拍触球的时间，要像打落地球那样，做好随挥动作。

(4) 随挥跟进。接发球时，要稳定地击球，对自己的回击路线和落点要有所考虑。尽量加长球拍接触球的时间，球拍首先应跟着球出去，然后应充分地做随挥动作。随挥动作一结束，身体就要快速移动到自己的场地中央，准备迎接下一次来球。

6. 截击球

截击球就是对方来球在没有落到本方球场地面之前被本方击回的球(高压球除外)。

截击球技术

(1) 握拍方法。网前截击时，有时来球很快，没有时间改变握拍方法，采用大陆式握拍法就符合这个要求。大陆式握拍法的优点是正反手截击都可以使用，在快速的近网截击时，不需要变换握拍方法。

(2) 准备姿势与站位。面对球网，两脚自然开立约与肩同宽，双膝微屈，上体前倾，球拍放在身体前面，略高于正反拍底线击球的准备姿势，拍头朝前并高于握拍手，左手轻托拍颈，眼睛注视来球。当对手击球的一刹那，从对手的击球位置、挥拍动作判断出来球的方向、高度和路线，以便及早起步、快速移动。

(3) 击球动作。肩部稍做转动，球拍与肩平行，后拉拍要稳固，不得过肩。在向前挥拍的同时，正手截击用左脚朝球飞行的方向迈步，反手截击则用右脚，保持手腕固定并在身体前方击球。身体尽量倾斜，双肩面向球网。随挥动作要短，以便快速回到准备接下一个球的位置。

7. 高压球

高压球是指在头上用扣压的动作完成的一种击球方法，是回击对方挑高球的一项进攻技术。

高压球技术

(1) 基本姿势。高压球的动作与发球动作相似，握拍也与发球握拍相同。当对方挑高球时，应立即侧身转体并用短促的垫步向后退，同时持拍手上举至头部向后引拍，重心在两脚前脚掌上，后腿弯曲，随时准备扣杀。

(2) 挥拍击球。准备击球时，非持拍手上举指向来球的方向和高度，碎步调整位置。击球动作与发球一样，击球点在右眼前上方。如果跳起高压，则用后脚起跳，转体、收腹，击球后用左脚着地，同时右脚向前跨，准备再上网截击。

近网高压球击球点可偏前，便于下扣动作的完成；远网后场高压球的击球点可稍后些，击球动作向前下方挥击，以防下网。击球后的跟进动作尽量像发球后那样完整，起跳高压时要保持身体平衡。

8. 挑高球

防守性挑高球的弧线很高，把球挑过上网者的头顶，通常是挑到另一边的场地深处，完全是防守性的打法。进攻性挑高球的弧线稍低，常用在对方上网时，自己既能打两边破网球，又可挑高球到有利位置上。

挑高球技术

(1) 握拍方法。防守性挑高球一般用大陆式握拍法。

(2) 站位与准备姿势。无论是正手挑高球还是反手挑高球，其站位及准备姿势与地面击球相同。

(3) 击球动作。挑高球的击球方法是把球拍送到球下面去挑球打。球拍与球的接触时间要长，并且要求球拍与球的飞行在一条直线上。

无论是防守性还是进攻性的挑高球都应做到动作隐蔽，防止对方过早识破，从而增加挑球过顶的难度。另外，挑高球必须有一定深度，否则很容易被对方高压截击，从而陷入更加被动的境地。

9. 放小球

放小球也叫放短球，它是网球比赛中突袭制胜的一种手段。当处在网前或底线时突然回击近网短球，使球轻轻地越过球网，在离网附近处落地且跳得很低，造成对方因准备不足来不及到位回击。

放短球的准备姿势及引拍动作同正反手击球动作基本一样。击球前一定要"伪装"好，不要过早地暴露击球意图。击球时，侧身对网，眼睛要盯住球，拍面稍开放，轻轻削击球的下部，拍面大约以 45° 的开角从球的侧下方滑动，使球产生侧下旋转。击球后，球拍一定要朝着球出去的方向做随挥动作，然后面对球网，迅速跑到有利位置上准备下一次击球。

放小球技术

第三节　网球运动基本战术

在网球比赛中，进攻与防守、主动与被动、进攻与反击等各种战术经常交替出现并相互转换。因此，平时的技术训练要在一定的战术要求下进行，要带着战术意识和比赛意识练技术，这样才能达到技术训练与战术运用相结合的目的。

一、单打战术

1. 发球战术

1) 攻击对手的反手侧

球员一般都存在反手球技术较差以及容易出现失误的弱点。如果将球发向对手的反手位，对手接回来的球一般攻击性较弱，这就为自己下一拍进攻创造了条件。

单打发球战术

2) 发边角球

对方在接边角球时，必须向边线方向快速移动，且可能跑出场外，此时对方场区就会出现很大的空当，从而为自己进攻创造有利的条件。

3) 发深球

发深球会使对手移动到端线以外去接发球，因此接回的球不太可能有很强的攻击性。

4) 发"追身"球

在接发球中，"追身"球是一种很难回击的球。因为球是直冲人的身体而来，所以回球时一时难以决定用正手接还是反手接，一时的犹豫就会出现失误。

5) 发旋转球

发旋转球是发球上网型选手惯用的手段。这种球落地反弹较高，常常超过人的肩膀，给对方造成了很大的困难，使其很难回出攻击性很强的球，甚至造成接发球失误。

6) 变换发球的落点

比赛中，如果发球方式一成不变，那么当对手适应了你的发球风格后，就会提前侧身

接发球抢攻，使自己陷于被动。如果经常改变发球的落点，甚至发球的类型，则可以打破对手接发球的节奏，从而取得比赛的主动权，甚至直接发球得分。

7) 变换发球的角度

纵观历代"球王"，其发球的球速都并非那个时期最快的，他们发球往往是以角度变换见长。变换发球角度常常能收到意想不到的效果。

8) 二发增加旋转

一发失误后，二发不应该减力，而应该以同样的力量甚至更大的力量去增加球的旋转，提高二发的成功率。

2. 接发球战术

接好发球必须做到准确的预判、合理的步法以及正确的击球手法，下面就根据对方不同的发球类型，介绍几种接发球的战术。

1) 接平击球战术

如果判断对方是平击发球，则一般应站在底线稍后 1~2 米，靠近单打边线约一步的位置上。这种站位无论对方的球发到反手还是正手，都可以从容应对。当对方的球速很快时，引拍动作应该短小，及时地将拍面对准来球，借力将球顶回对方场地，甚至可以不必挥拍，只将拍面对准来球即可。

2) 接切削球战术

切削球落地后，不仅有向前的冲力，而且带有强烈的右侧旋。因此，接这种发球时，在平分区站位应尽量向边线靠近，在占先区可稍稍向中线靠近一些。当对方切削球的侧旋很强烈时，应及早向前踏步迎击，抢在球的方向改变之前击球，并且尽可能打深的对角线球。

3) 接上旋球战术

上旋球落地后明显带有强烈的向上旋转，甚至球会弹到肩部位置，给接发球带来困难。在平分区接这种球时，可稍稍靠中间一些；在占先区时，可靠近边线站位。另外，如果自己接发球的技术较好，则可以站在场内打球的上升点接发球抢攻。当对方的上旋球落地弹跳得又高又远时，回击这种球时应尽可能向前，在球弹起之前将球击回。

3. 底线战术

底线战术是指以底线正反手底线击球技术为基础的战术，它的指导思想是必须用速度、旋转、落点的变化来创造进攻机会。

单打底线战术

1) 对攻战术

对攻战术是利用底线正反拍抽击球所具有的强大的连续进攻能力，配合速度和落点变化与对方展开阵地战，力争首先调动对手，进而争取主动，达到攻击和控制对手的目的。

2) 拉攻战术

拉攻战术是以底线正反手拉上旋球，或使用正手拉上旋球、反手切削球，迫使对方左右移动，自己寻找空当，给予对方致命一击的战术。

3) 侧身攻战术

侧身攻战术是利用强有力的正拍抽击球，配合良好的判断和步法移动，在 2/3 的场地

上用正拍给予对方有力的攻击。用正拍进攻，调动对方，反手控制落点，伺机用正手突击进攻。全场逼攻对手的反手位，压制住对手，再突击边线正拍。

4) 紧逼战术

紧逼战术是以其快节奏对对方进行攻击的一种重要手段，也是当今世界上优秀选手常用的一种进攻战术。

4. 网前战术

比赛过程中，在必要的时候要主动上网击球，运用网前战术采取上网打法。

1) 网前战术的取位

网前战术中的截击球，其基本站位应在对手可能回球的范围之内的正中间。首先根据自己的进攻路线和球的深度来预测对手回球的可能范围，然后朝着这个范围的正中央移动取位。为了能做到正确取位，最重要的是确认自己所击出的球应落在对方场中的位置，接着是看清楚对手的跑动位置和击球姿势，并由此来预测对方回球的方向，从而决定自己的取位。

2) 迅速贴近球网，缩小防守范围

一般情况下，如果上网及时快速，那么对手回球的范围可能会变窄；相反，在底线相持时，对方回球的范围对自己防守范围来说可能就会变宽。截击时越靠近球网，对对手的压迫就会越大。因此，网前战术强调要尽可能地靠近球网，截击时封网的角度小，可使截击的攻击性增强且成功率高。

3) 取位时应靠近有球一侧

随球上网应是朝着自己击球的方向跑进，然后在对方可能回球范围的正中间做一个垫步。两脚分开，身体重心落在两脚之间，成准备姿势(拍子尽量前伸)，随时准备出拍截击。如果对手向一边移动，那么自己也一定要相应地随着变化，向对手的方向移动。

4) 发球上网战术

发球上网是上网型选手利用发球的力量、旋转、角度进行主动进攻，然后上网抢攻的一项网前战术，是上网型选手的主要得分手段。具体战术安排如下：右区发平击或强力的上旋球时，目标是对方右区的内角，发球后上网冲至发球线中线，判断来球，截击对方回球至对方底线正反手深区，再随中场截击靠近球网，准备近网截击得分。右区发切削的侧旋球时，目标是对方发球区右区外角，发球后上网冲至发球中线偏左，主要封住对手的正手直线回球，将球截至对方反手空当区域。左区发上旋球时，目标是对方发球区左区外角，发球后上网冲至发球线偏右，主要封对方反手直线回球，将球截至对方正手区域。左区采用平击发球或切削的侧旋发球时，把球发在对方的左区内角中场处，截击对方回球至对方正反手底线深区，然后再随球跟进，准备近网截击拿下这一分。

二、双打战术

1. 发球战术

1) 提高一发成功率

在双打比赛中，一发的力量应控制在单打比赛发球力量的 80%，重点是控制球的落点，发球的命中率最好保持在 70%以上。若全力发球，则截击空中球的同伴即使想抢网也捕捉不到战机。如果一发失误，那么二发就容易遭到对方接发球队员的攻击，使自己处于不利的地位。

2）球发到对方接球员的反手侧

将球发到对方接球员的反手侧，使其移动受到限制，从而造成其回球不到位，有利于同伴击球。

3）变化发球落点的位置

变换发球落点位置往往会使对手猝不及防，降低对方接发球的质量，为同伴截击空中球创造良好的条件。在变换发球落点位置之前，一定要提前通知自己的同伴，使其做好相应的调整。

2. 接发球战术

1）双打接发球的原则

向前逼近，采取攻势，给对方的发球者造成心理压力，并为本方从被动转为主动进而上网截击创造条件。

2）双打接发球的要求

双打接发球的回球线路必须清晰，接发球应向着发球者进行回击，绝不要轻易地打给网前的对手。预判对方发球上网后，应该立即迎上击球，用低球回击到对方脚下，使对手无法起拍进攻，然后随接发球上网。如果对方发球后在网前非常活跃，或看到对方向中间移动抢网，那么应立即回击二拍直线球，使其顾此失彼。

3. 网前战术

1）发球时的网前战术

发球后若对方接发球员没有上网，则发球上网后的第一次截击球应截击至接发球员处，然后继续向前跟进。若对方接发球员上网，则发球上网后的中场第一拦击应拦至对方脚下或两条边线区域内。发球方同伴应根据发球员的发球质量及对方接发球的习惯进行抢网，干扰对方的接发球。

双打网前战术

2）接发球时的网前战术

接发球上网后的网前截击，应根据对方发球后的拦网质量，决定是迎上截击还是控制球截击，将球拦至对方脚下或两人之间的空当或两条边线区内。若对方发球质量较高，则应在接发球时拦起高球，接发球员的同伴应立即抢网截击，动作要突然，击球要凶狠。

双打接发球战术

双打的网前截击应该注意以下几点：

(1) 取位要合理。网前截击如果取位不合理，则容易被对方抓住空当，实施穿越。

(2) 要有必胜的信念。技术达到一定的水平后，主要是看队员在网前的信心足不足，若没有必胜的信心，则很容易被对方打穿越。

(3) 要有进攻的态势。来到网前就要有进攻的态势，击球绝不能手软，只要有机会，就应该给对方致命的打击。

(4) 移动迅速，击球果断。要主动争取网前截击的机会，快速移动是争取主动的前提，

击球一定要果断。

4. 挑高球战术

挑高球战术在双打比赛中也起到一定的作用，若能挑出好的带进攻性的上旋高球，则能控制对方上网的速度，能够使自己由被动转为主动。挑出高而深的防守性高球，同样也可以达到破坏对方进攻节奏的效果。

5. 双打战术组合

1) 双上网进攻型战术

双上网进攻型战术是近年来职业网球双打比赛中采用最多的战术。发球方发球后上网，接发球方也采用积极的进攻型接发球上网，双方 4 人均来到网前，通过小斜线截击或其他方式得分。

2) 双上网防守型战术

由于在双上网进攻型战术中，两人太靠近球网，无法照顾到挑高球。因此，该类型战术的重点是接发球方接发上网后，只来到发球线附近，防守发球方的挑高球，且大部分球由此人处理，接发球搭档则伺机打出截击或高压球得分。

3) 双底线型战术

当发球方发球速度快且角度刁钻时，接发球方应全部退到底线防守，以破坏发球方的进攻，而发球方则应在发球后上网进攻，争取在网前得分。

第十三章

健身健美运动理论与技术

学习目标

(1) 了解什么是健身健美运动，健身健美运动的发展、锻炼特征、项目的功能以及健康美的标准。

(2) 理解健身健美锻炼的基本原理和方法，在此基础上掌握形体锻炼相关技术、动作以及长期维持形体匀称和身体健康的方法。

课程思政点

让健身成为一种生活方式

毛泽东同志在《体育之研究》一文中指出："体者，为知识之载而为道德之寓者也，其载知识也如车，其寓道德也如舍。"这就是说我们的身体不仅可以为人的生产生活提供动力，而且是装载知识和存放道德的基础。由此可见，只有健康的体魄才是进行生产生活和中国特色社会主义现代化建设的保障。健身健美项目是在对人体客观认识的基础上，进行全面系统的评价后进行有计划、有目的锻炼身体的过程，其锻炼活动具备科学性和精准性，能够使人的身体得到全面的发展。在锻炼过程中可以发展、培养体育锻炼所带来的力量、勇气、信心、责任、坚毅等品质，可以很直观的感受健身锻炼带来身体的健硕、精力的充沛、生命的活力以及积极的心态，这些变化都是付出后的收获，更是健身的益处所在。

习近平总书记强调："一个健全的人既要有丰富的知识和文化内涵，还要有健康的精神和强健的身体，要通过发展体育运动以不断提高全民族身体素质与健康。"健身是一个过程，更是一种习惯，需要有一定的耐心和意志力，日积月累的成效也必会为我们的工作和学习打下良好基础，所有人要本着对个人健康负责，对家庭幸福负责，对民族未来负责的理念，积极主动的参与运动健身活动，全面落实体育强国战略部署，为实现第二个百年奋斗目标和中华民族伟大复兴的中国梦贡献自己的力量。

第一节　健身健美运动概述

一、健身健美运动的发展

　　健与美是形体的完美统一，健是基础，美是升华。古希腊人早就认识到只有没有疾病并且结实强壮的身体，才是美的体现。健美运动创造的美才是生命之美，所有对健康有害的行为都是不美的，因为这种行为使人的健康和身体器官受到了伤害、扭曲和摧残。例如，古代的束胸与裹脚等陋习；现代年轻人为了减肥而过度节食甚至断食；滥用对身体产生不良影响的违禁药物以及那些一味地追求功利性而忽视了科学性、健康性的运动等。一般人所指的健美在内容上包括形体、姿态和精神三方面，其中，形体是美的基础和保证。形体美主要指人体外形的美，即身材匀称、比例协调、身体成分比例健康。同时，形体美还要求体形的均匀与和谐，即身体各个部位与整体之间的比例对称、协调，这种表现形式才是当代大学生健身健美正确的追求方式，才是当代大学生崇尚的美。

　　中国是四大文明古国之一，有着悠久的历史，是古代文明的发源地。20 世纪初期，现代健美运动从欧美传入我国，首先在沿海城市兴起。早在 1917 年，毛泽东所著的《体育之研究》一文中就介绍了健美创始人尤金·山道，并将其称为由瘦弱变为健壮的体育家。20 世纪 20 年代，受国外健身健美思想的影响，我国上海、广州等沿海城市最早兴起了健美锻炼活动。上海沪江大学学生赵竹光为了学习和探索健身强体之道，参加了美国举办的健身函授课，学习了抗阻训练，将杠铃和哑铃作为发展肌肉力量和塑造健美体形的健身器械。1930 年，"沪江大学健美会"成立，该协会允许学生将健身锻炼记作体育课程成绩，以替代其体育课程。沪江大学健美会是中国第一个健身健美组织，它的成立也是健身健美运动进入学校体育的重要标志。1940 年 5 月，赵竹光和曾维祺一起创办了上海健身学院，传扬健全身体、人格、头脑和灵魂的理念。上海健身学院的创办为我国健身事业培养了一大批人才，为后期我国健身健美运动的开展奠定了师资基础。1942 年，曾维琪在上海成立了"现代体育馆"。1944 年 6 月，由现代体育馆、上海健身学院等联合发起举办的中国第一次市级健美比赛(即"上海健美男子比赛")在上海八仙桥青年会礼堂举行，这次健身健美比赛有 20 余位运动员参加。

二、高校健身健美运动的发展

　　体育课程是大学教育的重要组成部分，它与智育、德育、美育、劳动教育共同构成高等教育的整体。1980 年，有些专业体育学院和部分高等院校相继开展了早期的健美活动，陆续开设了健美选修课，并编撰健美运动教学讲义、健美锻炼小手册等来指导健美锻炼。多年来，高校健身健美运动主要经历了以下三个发展阶段。

　　第一阶段：1980 年至 1990 年为健身健美运动在高校发展的萌芽阶段。该时期，健美课程在部分高校陆续开设，并以选修课程的形式出现，大家对健美运动了解甚少，多数学生是因好奇心驱使或者盲从才选择健美课。也有一些学生是因为喜欢力量练习，或对于强壮形体的崇尚等开始了健美训练，并取得了很好的强身健体效果。这个时期在高校几乎没有健美竞赛，但有许多健美训练的追随者。

第二阶段：1991 年至 2005 年为快速传播阶段。在该阶段，随着社会经济的不断增长，社会文明的快速发展，健身健美运动已为人们所了解接纳，越来越多的人加入到健身健美运动锻炼中，众多男生坚持健身健美运动，也有少数女生选修健身健美课程，大家普遍认识到健身健美运动在身体锻炼过程中的益处，对健身健美运动有了新认识。许多高校开始积极组织学校健美代表队进行训练，并举行校内健美比赛，这种积极的锻炼氛围不仅带动更多的同学加入其中，而且为后期健美运动在高校的传播和发展奠定了基础。

第三阶段：2006 年至今为高速发展阶段。在高速发展的新时代，健身健美锻炼理念已经深入人心。健美课已是高校热门的选修课程，性别的差异性在课堂教学中已经不复存在，女学生反而比男学生更注重锻炼身体。选修健美课程是一种风尚，也是一种需求，许多高校学生自觉地参与健身健美锻炼。当代学生有着较高的健身意识，能够认识到增强体质、促进健康、保持健美体形的实际作用，从而热爱健身健美运动。在场地和器材方面，各高校都加大了对学校健身场地、器械设施的投入。随着新时代体育强国思想的深入，健身健美运动将会同其他运动项目一样成为高校体育运动的主要项目之一。

第二节　形体锻炼方法及动作要领

一、胸部肌群的锻炼方法和技术要领

（一）杠铃平卧推举

主要作用：平卧推举动作是通过利用两臂的水平屈曲、内收和小臂的伸展功能来完成的。该动作主要锻炼胸大肌，同时对三角肌前束及肱三头肌等肌群也有一定刺激。

杠铃平卧推举

起始动作与动作过程：仰卧于长凳上，眼睛与杠铃杆垂直。双脚打开踩稳与肩部形成稳定的三角结构，双手握住杠铃杆，两手间距比肩略宽，以不超过 2 倍肩宽为宜，从卧推架上取下杠铃，杠铃位于胸部正上方保持上举姿势。动作开始屈臂至杠铃杆接近于胸壁，随即胸大肌发力推举杠铃，将其向上推至双臂接近于伸直。重复进行这个动作，直到完成所需的训练次数。最后，将杠铃安全地放回卧推架上。具体动作如图 13-1 所示。

图 13-1　杠铃平卧推举

技术要领：将杠铃的配重调至适宜负荷后，头部置于杠铃杆正下方与眼部垂直位置，肘部与肩部处于同一高度时，肘关节成直角，双手正握杠铃杆。上举发力时呼气，下放时吸气。

注意事项：手腕要一直保持紧张、直立状态，不可后翻，以免损伤腕关节。腰部不要过度向上弓起，以防止腰部肌肉损伤。双手用力要均衡，防止出现用力不均衡导致杠铃杆倾斜。

(二) 哑铃上斜推举

主要作用：哑铃上斜推举动作主要锻炼胸大肌上部以及三角肌的前束，同时对身体的协调性也有较好的锻炼作用。上斜推举动作有助于增大胸大肌的体积，使胸大肌体积较小者的胸大肌上部变得饱满，身体形态变得更加健硕、美观。

哑铃上斜推举

起始动作与动作过程：仰卧在长凳上，双手握哑铃，肘关节伸直使哑铃保持在锁骨的正上方。动作开始时肘关节微弯曲，缓慢打开双臂，使哑铃接近锁骨或肘关节屈曲90°时停止下降，此时胸大肌发力再将哑铃向上推起至双臂合拢，哑铃举至起始姿势。具体动作如图13-2所示。

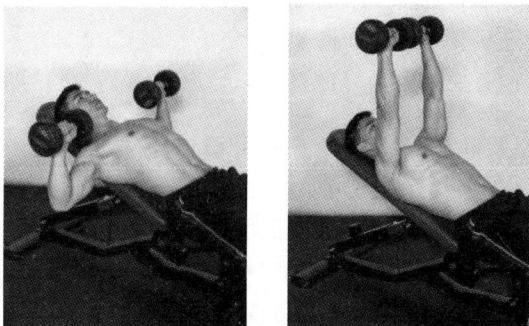

图13-2 哑铃上斜推举

技术要领：两腕之间的连接线与身体正中线呈垂直交叉状，左右手腕与地面垂直，左右手心相对，两手中的哑铃处于平行状态，哑铃的运动轨迹是圆弧形。发力时呼气，动作还原时要吸气。

注意事项：肘部不能过于靠近身体，肩部不能过于外展，否则会引起损伤。双臂合拢，哑铃上举的同时肩部不要随之上抬，防止胸部肌群无法得到充分锻炼。练习中，要注意不要将肩胛骨内扣，肩部始终要紧贴凳面，主要以胸部肌群发力将哑铃向上推起。

(三) 蝴蝶机夹胸

主要作用：蝴蝶机夹胸动作主要锻炼胸大肌的外侧和中间区域以及三角肌的前束。因为于两臂微屈，导致当双手靠近时无法完全收缩胸大肌，所以该动作主要锻炼胸大肌的中间区域，对胸大肌内侧的刺激效果一般。

蝴蝶机夹胸

起始动作与动作过程：首先根据自身关节灵活性调整把手位置，坐在器械座椅上，尽量使背部靠紧垫板，双臂微屈，水平向两侧展开，双手分别抓握两侧的手柄。保持双臂微屈，用力收缩胸大肌，通过胸大肌的发力，使双手从两侧向中间靠拢后稍

作停顿，然后返回原位，重复多次练习。具体动作如图 13-3 所示。

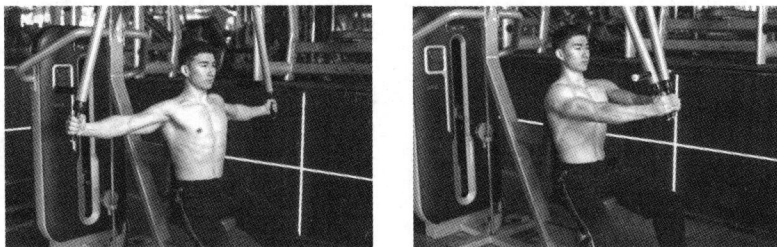

图 13-3　蝴蝶机夹胸

技术要领：在初次练习时要调整座椅的高度，使手柄与肩在同一高度，双臂保持微屈状态，注意双臂不要打开过大，以免对肩关节造成损伤。配重不宜过重，当双手内收时要停顿 1～2 秒，充分挤压胸大肌，并且每完成一次动作时进行一次自然呼吸，在发力时呼气，还原时吸气。

注意事项：在完成动作时要注意保持身体挺直收紧、固定，不要借助身体摆动来辅助完成动作。在内夹时要用胸大肌的力量，而在还原时要缓慢控制好离心收缩。同时，肘关节应向后和外侧移动，而不是向下。座椅和手柄的高度应适合个人情况。具体的配重、重复次数、组数和休息时间可以根据个人体能和训练计划来确定，应该循序渐进地进行，以防止运动损伤的发生。

(四) 高位龙门架绳索夹胸

主要作用：高位龙门架绳索夹胸动作主要是锻炼胸大肌内侧，对于具有一定锻炼基础的锻炼者，可以对胸部形态进行精细化雕刻。高位龙门架绳索夹胸动作主要沿着肌纤维的走向去挤压胸部，通过调整双侧轨道高度和把手高度可以锻炼到上、中、下胸的中缝。

起始动作与动作过程：身体站在龙门架中间的位置，双腿呈前后弓箭步的状态，将把手调到最高，双手抓紧把手，使双手掌心相对，沉肩收腹，上半身前倾，背部收紧。动作开始时胸大肌发力，将把手拉至胸前，让双手对碰，发力过程呼气；随即沉肩吸气打开把手，肘关节低于肩关节，手的位置不要高于肘，稍比肘关节低一点，打开全大臂与地面接近平行，小臂不要外旋，否则往后拉时会对肩关节产生过多压力。具体动作如图 13-4 所示。

图 13-4　高位龙门架绳索夹胸

注意事项：拉绳时沿着绳索的轨迹发力，不论是什么位置的绳索夹胸动作，都应沿着绳索力线发力。在整个动作过程中，胸部都是挺胸状态，肩部是下沉状态，不要耸肩，如果含胸耸肩，则肩部受力过多不利于刺激胸部肌群。发力时呼气，动作还原时要吸气。动作幅度应适中，不要过大，越往前拉可能肩部越紧张，身体的姿态也会变形。整个动作只有手臂在动，固定好角度后身体其他部位尽量保持不动，以此最大化地刺激胸肌。

二、背部肌群锻炼方法与技术要领

(一) 划船机：坐姿划船

主要作用： 坐姿划船动作可以有效训练背部肌群，特别是能够刺激斜方肌的中部、背阔肌的上部、菱形肌和大圆肌等。

坐姿划船

起始动作： 坐在划船机的坐垫上，调整好身体的前后距离，双脚放在踏板上踩实，膝关节保持微曲。双手握住把手，手掌握实以免器械脱落，同时减少小臂借力、发力等，在拿起握把时，后背需保持挺直。

动作过程： 双手紧抓握把，双肩下沉防止耸肩借力。同时抬头、挺胸，双肩自然外展，不要前探。动作开始时背部肌群(斜方肌中部、背阔肌上部及菱形肌等肌群)协同发力，带动手臂拉动器械。双脚踩住踏板，不需过度用力。保持大臂紧贴身体，手臂自然拉动握把，腰腹部核心收紧。背部肌群收缩，将握把拉至小腹处，注意不要拉得过高，注意力集中在背部肌肉的收缩。当握把拉至小腹处时，背部肌肉收缩幅度达到最大，此时可适当停留1～2秒，促进背部肌群进行顶峰收缩，之后再缓慢还原至起始位置。动作还原时，应保持背部肌肉的离心控制，当手臂接近伸直，双肩不要前探。具体动作如图13-5所示。

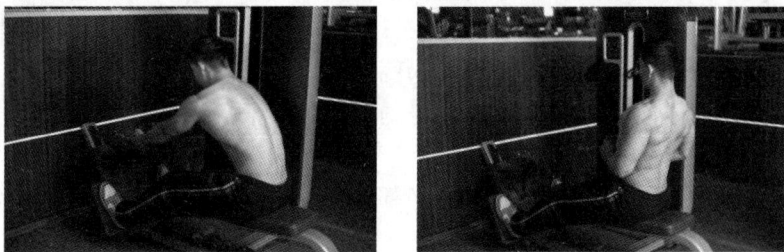

图13-5　坐姿划船

技术要领： 在完成动作过程中要防止躯干过于后倾，不要含胸驼背，动作要完整，并主动下沉双肩，找到肩部放松的感觉。发力时呼气，动作还原时要吸气。

注意事项： 双腿只起到稳定作用，不要过多用力。双肩不要向前探，保持下沉，身体不要前后摆动借力。动作过程中不要耸肩，以免过多刺激斜方肌，导致斜方肌上部过大，影响形体整体感观。手臂不要过多参与发力，身体保持直立、挺胸。身体不要过度前倾，避免腰椎承受过大压力，造成腰部损伤。

(二) 高位下拉

主要作用： 高位下拉是非常有效的背部肌肉锻炼动作，它主要集中锻炼背阔肌的中部区域，并且对斜方肌的中下部、菱形肌、肱二头肌、肱肌也有一定的锻炼作用。从整体的练背效果来看，窄握距的高位下拉，练背效果会更好一点。

高位下拉

起始动作与动作过程： 坐在高位下拉训练器械上，用正握姿势握住横杠，保持中等握距，抬头挺胸，身体可向后倾斜30°以内，肩膀、肩胛骨下沉锁定。动作开始时呼气，背阔肌收缩，带动双臂手肘部位向下后方运动，手肘部尽可能向脊柱部位夹，直到横杆要与

上胸部接触为止，之后保持 1～3 秒左右。随即开始还原，还原过程要控制好器械的还原速度，缓慢沿下拉路径伸展背阔肌，直到恢复至起始动作状态。具体动作如图 13-6 所示。

图 13-6　高位下拉

技术要领：在最高点时应充分伸展双臂时，要保持躯干竖直和背部肌群的拉伸状。在整个动作过程中都要保持挺胸和绷紧。将双肘尽可能地向下和向后拉拽，直到横杆接触到上胸为止。发力时呼气，动作还原时要吸气。

注意事项：注意在沉肩过程中，肩膀始终下沉后缩，身体不要前后晃动。

(三) 单臂哑铃划船

主要作用：单臂哑铃划船动作不仅能强化背阔肌，而且对三角肌也有锻炼作用。

单臂哑铃划船

起始动作与动作过程：以右侧背阔肌为例，右脚靠近平凳边，左脚屈膝跪在凳子上，身体向前倾斜，使上半身与地面接近平行。左手扶着凳子面板，以保持身体平衡，右手拿着哑铃，让手臂自然下垂。动作开始时，背阔肌收缩，将肩胛骨向后挤，弯曲手臂将哑铃提升至腹部的侧面，然后慢慢地回到起始位置，重复这个动作。具体动作如图 13-7 所示。

图 13-7　单臂哑铃划船

技术要领：在进行屈肘提拉之前，要通过背阔肌的收缩带动肩胛骨向脊柱侧收缩。练习时也可将手放在肩膀上，同时向后拉肩肘，这样可以更好地感受到提拉哑铃时胸部扩张的感觉。发力时呼气，动作还原时要吸气。

注意事项：肩部和肘部要充分向上提拉，哑铃提拉至腹部外侧，不要过度塌腰或者弓背。

(四) 俯身杠铃划船

主要作用：俯身杠铃划船是全面的背部训练动作，对于增强背部力量、改善姿势、提升运动表现和预防受伤等方面都有显著效果。

起始动作与动作过程：双脚分开与肩同宽，脚尖朝前。双手俯身握杠铃，握距略宽于肩宽。脚跟蹬地的同时，大腿及臀部肌肉发力，双手握紧杠铃，起身至大小腿微曲，上半身与地面夹角约 45°，挺胸将杠铃提起至膝盖处。背部肌群收缩，双臂向后屈肘，将杠铃顺着大腿面提拉至下腹部，背部肌肉发力向中间聚拢至最大。随即将杠铃顺着大腿面下放至膝盖处，手臂垂直于地面。具体动作如图 13-8 所示。

杠铃划船

图 13-8　俯身杠铃划船

技术要领：将杠铃往肚脐方向拉起时，背部主动收缩，手做拉的动作，让杠铃碰到下腹部即可。回到起始动作时，感受到背部有打开的感觉时，手再送出。

注意事项：不要拱背、驼背，以免背部承受过大压力。太过直立的身体会变成耸肩训练，可让俯身的角度再大一些和地面平行以增加背部刺激。

三、肩部肌群的锻炼方法和技术要领

(一) 站姿哑铃前平举

哑铃前平举

主要作用：前平举不仅能增强三角肌的力量，而且可以锻炼上胸部的肌肉(胸大肌)。它是用于肩膀屈伸的孤立动作，这项训练动作可以帮助肩部的正面肌肉和侧面肌肉建立力量和肌肉清晰度。

起始动作与动作过程：保持站立姿势，双手各持一个哑铃，将哑铃向前向上抬起，以尽可能宽的弧线在身前划出，直到哑铃高于肩膀。动作顶峰坚持几秒后，将哑铃有控制地放下，同时举起另一只手，如此反复即可。具体动作如图 13-9 所示。

技术要领：采用双脚站立与肩同宽的姿势，保持背部挺直，双脚稳定并平放在地板上，手臂负重自然下垂于大腿前方。将哑铃以水平握摆姿势放于大腿前，同时确认紧握哑铃。腹部核心肌群需稳定身体，以维持施力的方向。发力时呼气，动作还原时要吸气。

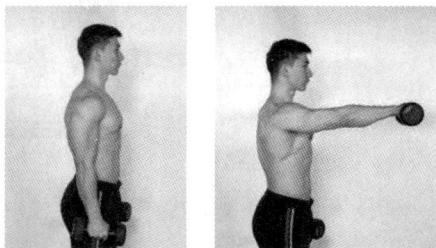

图 13-9　站姿哑铃前平举

注意事项：进行前平举训练时，要维持身体的稳定，请勿摇摆身体。不要使用惯性造

成上摆的动作，这会降低训练的有效性，并容易因为快速甩起重量又快速下降，造成肌肉拉伤。

(二) 站姿哑铃侧平举

主要作用：站姿哑铃侧平举动作相对简单，适合初学者练习，对三角肌中束和斜方肌有一定的锻炼效果，也可以刺激肱三头肌，还能加强上肢的力量。哑铃侧平举能够很好地对三角肌进行全面的刺激，整个肩部肌肉都在锻炼的范围之内。肩部肌肉受到的刺激更全面，从而能打造完美的肩部曲线，让肩部整体看上去美观匀称。

哑铃侧平举

起始动作与动作过程：两脚打开自然站立，双手抓握哑铃，垂于身体两侧，膝盖稍微弯曲。动作开始时稍微屈肘，两手同时向两侧举起哑铃至肩部同高的位置，然后慢慢落下，还原到起始动作，重复此动作练习。具体动作如图 13-10 所示。

技术要领：上半身保持直立，双臂上举时肘部与肩部保持在同一水平面上或略低于肩，手背向上。发力时呼气，动作还原时要吸气。

注意事项：两臂上举时不要耸肩，哑铃与肩同高，肘部稍微弯曲，不要塌腰。

图 13-10　站姿哑铃侧平举

(三) 坐姿器械推肩

主要作用：坐姿器械推肩动作锻炼三角肌前束、中束和胸大肌上部。

起始动作与动作过程：调节器械座椅，使得器械手柄位于略高于肩膀的位置，并在坐下时确保背部与靠背完全贴合。开始动作时，双手紧握手柄并向前向上推起，然后缓慢地恢复到初始姿势，并反复进行练习该动作。具体动作如图 13-11 所示。

图 13-11　坐姿器械推肩

技术要领：身体保持中立位，抬头挺胸收腹，眼睛目视前方，小臂垂直于地面，向上推的时候手臂尽量伸直，并稍微停顿。发力时呼气，动作还原时要吸气。

注意事项：在训练前要提前进行全身及肩关节的热身，然后调整好配重片的重量、座椅的高度、手臂的握距和手腕的中立位，以免受伤。

(四) 绳索面拉

主要作用：绳索面拉是可以有效的训练到多个肌群(特别是三角肌后束)的多关节复合动作，主要能训练到肩袖肌群(冈下肌、冈上肌、小圆肌和肩胛下肌)，可以提高肩部的稳定性，降低肩部受伤的风险，同时可以很好的矫正圆肩。

绳索面拉

起始动作与动作过程：将双头绳挂到绳索器械上，调整高度与额头齐平或稍高于头顶，调整好后面对绳索架后退2~3步，将绳索拉紧，此时双脚与肩同宽站立。将双头绳的中心拉向面部的中间，做此动作时，应该专注于将双头绳向头部的两侧拉开，而不是拉近面部，在动作完成的顶部可以进行1~2秒的顶峰收缩。随即将双头绳缓慢放回起始位置，之后重复进行训练，完成目标的训练次数。具体动作如图13-12所示。

图13-12　绳索面拉

技术要领：在向面部拉之前快速的吸气，顶峰收缩时闭气，在将绳索放回的过程中吐气。

注意事项：不要使用过大的重量，选择的重量应该尽量能够保持身体的稳定。从侧面看肩部时，手肘、手腕应该在一条直线上。此外，手肘应该保持和肩部平行的位置，当手肘过高时，会训练到更多的三角肌前束，而当手肘过低时，会训练到更多的背阔肌。

四、腿部、臀部肌群的锻炼方法和技术要领

(一) 罗马尼亚硬拉

主要作用：罗马尼亚硬拉动作能够充分锻炼身体后侧链肌群，尤其是腘绳肌和臀大肌肌群，长期进行罗马尼亚硬拉不仅能增强肌肉的力量和围度，而且能够提升身体的代谢率。

起始动作与动作过程：双脚打开与肩同宽或与髋同宽，双手在小腿外侧拉起杠铃至身体直立，保持背部挺直，双臂伸直持杠铃于大腿前。屈髋将杠铃慢慢下放，下放至低于膝关节或最低点不低于小腿中间的位置。放至最低点后大腿后侧肌群收缩发力，快速将杠铃拉起至起始位置。重复以上动作。具体动作如图13-13所示。

图13-13　罗马尼亚硬拉

技术要领：杠铃下放时，臀部慢慢后移，屈髋可微屈膝。下放时吸气，动作发力还原时呼气。

注意事项：整个过程脊柱要保持中立位，不能弓背，不要使颈部超伸。

(二) 哈克深蹲

主要作用：哈克深蹲动作可以对大腿前侧肌群、臀部、大腿后侧肌群和小腿等部位进行锻炼。

起始动作与动作过程：双脚打开与肩同宽，站立在踩盘的后半部分，将阻力垫放在肩上，双手握住扶手。屈膝屈髋下蹲至大腿平行于地面或臀部低于膝关节，随即双脚蹬地臀大肌、腿部肌群发力向上顶起器械还原至起始位置，重复练习该动作。具体动作如图13-14所示。

图13-14　哈克深蹲

技术要领：发力过程中双脚向下蹬，将器械抬起，直到腿完全伸展，顶峰时可停顿2～3秒钟。下蹲过程中身体一直向下蹲，蹲到膝盖夹角小于90°或大腿后侧与地面平行。

注意事项：因为练习哈克深蹲的目标是提高极限力量，所以做哈克深蹲时应该使用比杠铃深蹲更大的重量。

(三) 自由深蹲

主要作用：自由深蹲主要锻炼臀部及腿部肌群，同时能够提高机体的代谢率，还可提高下肢稳定性和下肢爆发力。

起始动作与动作过程：身体直立将杠铃放在颈后斜方肌上部位置，双手采用正握姿势握住杠铃杆，双脚打开与肩同宽或略宽于肩。屈膝屈髋下蹲至大腿平行于地面或臀部低于膝关节，随即双脚蹬地，腿部及臀部肌群发力还原至起始位置，重复练习该动作。具体动作如图13-15所示。

自由深蹲

图13-15　自由深蹲

技术要领：练习时目视前方，腰部收紧，保持脊柱中立位的正确姿势。发力时呼气，动作还原时要吸气。

注意事项：在下蹲的过程中，膝关节须与脚尖始终保持方向一致。

(四) 传统硬拉

主要作用：传统硬拉时会同时进行髋屈伸和膝屈伸，腘绳肌和臀大肌主导髋屈伸，而膝屈伸则主要是由股四头肌主导，同时传统硬拉也有一部分锻炼到竖脊肌、背阔肌和斜方肌。

传统硬拉

起始动作和动作过程：站在杠铃后面，让杠铃处于脚掌中间，双脚打开略窄于肩宽。手抓的位置略宽于两侧小腿，不要过宽，脚尖指向前方即可。髋部向后，直到无法再向后时，微微屈膝，让小腿轻触杠铃，手臂自然下垂，然后握住杠铃。当握住杠铃时，双手刚好在小腿两侧。将杠铃握在掌心，然后收背阔肌，想象把杠铃向内拉近身体，这样可以防止提拉过程中杠铃前移，保持髋部稳定。双脚蹬地，利用身体的爆发力拉起重量，利用髋部驱动，用胸部引导向上至身体接近于伸直。然后还原，在下降还原的过程中，可以选择自由下落，慢一点下放。下降时，保持屈髋向后，让杠铃贴着小腿直线下放到开始位置。具体动作如图 13-16 所示。

图 13-16　传统硬拉

技术要领：握杠铃时有三种握法，分别是直接双手正握、一正一反混握和锁握。向上提拉前，可深吸一口气进入腹腔，制造一个稳定的腹内压，保持我们身体与杠铃的立线垂直，地面立线同时穿过肩胛骨、杠铃中间和脚步中心。

注意事项：提拉杠铃前，要做一个预启动，也就是杠铃在拉力的作用下微微抬起，但是不要离开地面，不能一开始就全力猛拉，那样会消耗很多能量，而且动作容易变形。杠铃向上提拉时，要保持下背部挺直，让腘绳肌更好拉伸。锁定时膝盖和髋部保持笔直，胸部抬起，肩部略微向后，不要过分后仰和下背部过度伸展来锁定，或者过度挤压肩胛骨来耸动杠铃。

五、手臂肌群的锻炼方法和技术要领

(一) 站姿反握杠铃弯举

主要作用：站姿反握杠铃弯举动作是锻炼肱二头肌的典型动作，其

反握杠铃弯举

锻炼效果非常集中，可以使肱二头肌受到非常充分的刺激，长期训练会有更好的锻炼效果。

起始动作与动作过程：双手反握杠铃，握距稍微超过肩膀的宽度，将杠铃放置在身体前方，膝盖可微弯曲，双臂自然下垂。大臂固定，肱二头肌收缩，屈肘逐渐将前臂抬起并靠近上臂，直到肌肉无法再收缩为止，随即缓慢下放至起始位置，进行重复练习。具体动作如图 13-17 所示。

图 13-17　站姿反握杠铃弯举

技术要领：弯举时注意力集中在肱二头肌的收缩。发力时呼气，动作还原时要吸气。

注意事项：弯举发力时躯干不要前后摆动借力，保持稳定，肘部不要向后方移动，要始终保持固定姿势。

(二) 站姿哑铃弯举

主要作用：站姿哑铃弯举动作主要锻炼肱二头肌，能够有效地塑造肱二头肌的线条，增加肱二头肌的围度，突出肌峰。

起始动作与动作过程：站立双脚与髋同宽，双手锤握哑铃，并自然垂放于身体两侧，掌心相对，同时将两侧肘部贴紧身体。以肘关节为支点，将前臂外旋，使掌心朝上向上弯举哑铃至最高点，然后慢慢还原至起始位置。具体动作如图 13-18 所示。

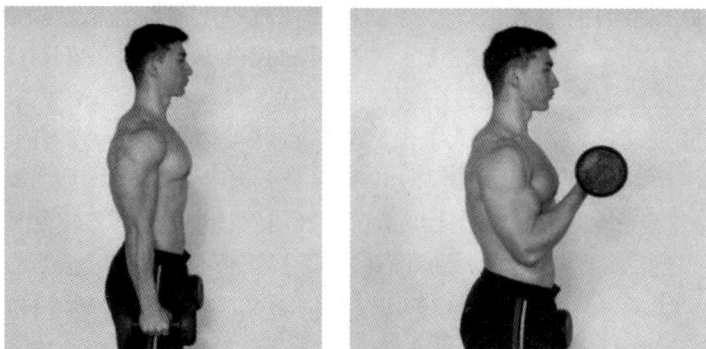

图 13-18　站姿哑铃弯举

技术要领：身体不要晃动，还原时控制离心收缩。发力时呼气，动作还原时要吸气。

注意事项：保持身体的稳定性，不要前后摆动借力。下放哑铃时上臂不能完全放松，做好离心控制。

(三) 龙门架绳索臂屈伸

主要作用：龙门架绳索臂屈伸主要锻炼的部位是肱三头肌，这是很好的孤立训练动作，可以发展肱三头肌的体积，提高肱三头肌的围度。

起始动作和动作过程：将滑轮放到龙门架的最高处，双手各握住绳索的一头，掌心相对，虎口朝上，肘部放在身体两侧夹紧。在保持肘部以及大臂不动的前提下，肱三头肌发力，双臂向下压到最底部，肘关节接近于伸直，随即有控制地把绳索回放还原至前臂与大臂的最小夹角，重复上述动作。具体动作如图 13-19 所示。

绳索臂屈伸

图 13-19　龙门架绳索臂屈伸

技术要领：练习该动作时应将注意力完全集中在目标肌群上，还原时尽量拉长肱三头肌，下压过程应进行充分收缩，完成最深刺激，达到最佳锻炼效果。

注意事项：锻炼时注意力集中在肱三头肌发力，还原时须完成离心控制，发力时呼气，还原时吸气。

第十四章

跆拳道运动理论与技术

学习目标

(1) 了解并掌握跆拳道发展、礼仪、锻炼价值及基本内容。
(2) 了解并掌握跆拳道实战姿势及基本步法。
(3) 了解并掌握跆拳道基本腿法。
(4) 了解并掌握跆拳道品势。

课程思政点

正人之道，育人之道

培养礼仪、磨炼意志：跆拳道始终倡导"以礼始、以礼终"，并且以"礼义廉耻、忍耐克己、百折不屈"为宗旨。因此，在跆拳道课堂教学及练习中，在提高跆拳道基本技术、技能的同时可培养学生认识自我，提升个人综合修养的能力。

坚持不懈、顽强拼搏：初学阶段，学生会感受到肌肉酸痛、疲劳及技术动作的枯燥。因此，在课堂教学中教师应进行积极鼓励和耐心引导的同时，要以典型励志体育故事及典范体育人物为背景，让学生感受到面对困难永不放弃的精神品质，从而培养学生顽强拼搏的意志品质。

团结协作、勇于担当：在课堂教学和练习中，通过两人或多人的脚靶对练和分小组品势学习等，让学生相互纠正错误动作，培养学生团结协作、互帮互助的良好思想品德。通过跆拳道练习可以让学生面对自己的职责和任务时能够积极进取、勇于担当。

积极自信、谦虚诚实：通过跆拳道课程的学习和训练，让学生懂得无论遇到任何情况，都要保持积极乐观的心态，要相信自己和肯定自己。决定做的事情都要积极努力、全力以赴、勇往直前，同时不能自满和自以为是，即使取得好的成绩，也要保持谦虚。

克己守纪、勇敢正义：通过学习课堂纪律要求和跆拳道裁判方法等，培养学生严格自律、克制冲动、理智处事的能力，要让学生不断克服自己的弱点和不足，时刻遵守社会公共道德和行为规范，对人对事要有爱心和正义感，做好自己的事业，为社会多做贡献。

第一节　　跆拳道运动概述

本节重点介绍跆拳道的概念、起源、发展概况以及跆拳道的内容、锻炼价值、礼仪、段位制等。

一、跆拳道的起源与发展

跆拳道(Taekwpndo)是一项源于朝鲜半岛的传统武艺，是以腿法和拳法为主要进攻武器的格斗对抗项目。现代跆拳道源于韩国，是以技击格斗为核心，修身养性为基础，磨练意志、振奋精神为目的的一项竞技体育运动。

(一) 跆拳道的起源

原始社会生产力极为低下，人们为了生存，必须同自然界的野兽博斗，本能地产生了各种搏斗的技法。经过漫长的岁月，随着人们强健体魄和本能自卫而产生的搏击逐渐演化为有意识的竞技活动，从而产生了朝鲜民族特有的运动形式，也就是古代跆拳道的雏形。

(二) 现代跆拳道的发展

现代跆拳道运动的发展始于 1945 年朝鲜独立后，朝鲜的自卫术再度兴起，因战乱流落海外的朝鲜人也将各地的武技带回本国，和跆拳道融于一体，从而形成现代跆拳道体系。1955 年 4 月 11 日，崔泓熙将军提出了"跆拳"二字，由此产生了跆拳道。1959 年 9 月 3 日大韩跆拳道协会成立。1961 年 9 月，朝鲜成立了唐手道协会，后更名为跆拳道协会。1962 年跆拳道被接纳为朝鲜业余体育协会的会员，首次被列为全国运动会的正式比赛项目。1966 年 3 月在汉城正式成立了第一个国际跆拳道组织——国际跆拳道联盟(International Taekwondo Federation，ITF)，总裁为崔洪熙。1973 年 5 月在汉城成立了第二个国际跆拳道组织——世界跆拳道联合会(The Word Taekwondo Federation，WTF)，金云龙任主席。1980 年国际奥委会正式承认了世界跆拳道联合会。2002 年，跆拳道成为奥运会正式比赛项目。2006 年 9 月，首届世界跆拳道品势锦标赛举办，开辟了跆拳道发展的新局面。

(三) 中国跆拳道的发展

1992 年 10 月 7 日，中国跆拳道筹备小组成立，这标志着我国跆拳道运动的正式开始。

1995 年 5 月，共有 22 个单位 250 多名运动员参加了在北京体育大学举行的第一届全国跆拳道锦标赛，从此，跆拳道运动在中国迅速发展起来。

1995 年 8 月，中国跆拳道协会成立，魏纪中当选主席，郭仲恭任秘书长。同年 11 月，正式选拔国家集训队，首次以国家跆拳道队名义参加了在菲律宾举行的第 12 届男子和第 5 届女子世界跆拳道锦标赛。

1999 年 6 月 7 日，在加拿大埃特蒙多举行的世界跆拳道锦标赛上，中国跆拳道队获得

1 金、1 银、2 铜的成绩，我国女运动员王朔战胜多名世界强手，获得女子 55 公斤级冠军，这是我国运动员获得的第一个跆拳道世界冠军。

2000 年 9 月，在第 27 届悉尼奥林匹克运动会上，我国运动员陈中获跆拳道女子 67 公斤以上级冠军。

2004 年，在第 28 届雅典奥林匹克运动会上，我国运动员罗微获跆拳道女子 67 公斤级冠军，陈中获跆拳道女子 67 公斤以上级冠军。

2008 年，在第 29 届北京奥林匹克运动会上，我国运动员吴静钰获跆拳道女子 49 公斤级冠军。

2011 年 5 月，在韩国庆州举办的跆拳道世界锦标赛上，中国队获得 2 金、2 银和 4 个第五的好成绩。

2012 年 8 月，在英国伦敦举行的第 30 届奥运会上，吴静钰获得女子 49 公斤级冠军，侯玉琢获得女子 57 公斤级银牌，刘孝波获得男子 80 公斤以上级铜牌。

2012 年 11 月，在阿鲁巴举行的世界跆拳道比赛中，中国女队首次取得团体赛金牌。

二、跆拳道的礼仪

跆拳道精神——礼义、廉耻、忍耐、克己、百折不屈。

跆拳道礼仪是在跆拳道学习、训练过程中，必须遵守的行为规范。它包括礼貌、礼节、仪表和仪态。礼仪是跆拳道精神修炼的重要组成部分和必然要求。

跆拳道练习虽然以格斗形式进行，但双方都以提高技艺和磨炼意志品质为目的。因此在练习或比赛前后都一定要向对方敬礼，即倡导的“以礼始，以礼终”的尚武精神。跆拳道标准礼为鞠躬的自然姿势，腰部前倾 15°，头部下倾 45°，两手握拳贴于双腿两侧。练习者进入场地时，首先向国旗行礼，再按馆长、教练、高段位者的顺序行礼。双人练习开始和结束时，要互相敬礼；两人交换脚靶等辅助训练器材时相互敬礼。

比赛开始前，运动员依照主裁判的“立正”“敬礼”口令，立正向陪审席行标准礼。运动员依主裁判“向左向右转”的口令，内转相对，立正站好，再依“敬礼”的口令，相互敬礼。比赛结束时，运动员在各自的位置相对站立，依主裁判“立正”“敬礼”的口令，相互敬礼，而后依主裁判“向左向右转”及“敬礼”的口令转向监督官，向监督官行标准礼。

三、跆拳道的级别与段位

跆拳道的级别主要从运动员腰带上来区别。10 级为白带，表示空白，根本没有跆拳道知识，意味着入门阶段。9 极为白带加黄杠。8 级为黄带，表示大地，草木在大地上生根发芽，意味着学习基础阶段。7 级为黄带加绿杠。6 级为绿带，表示草木，成长中的绿色草木意味着技术的进步阶段。5 级为绿带加蓝杠。4 级为蓝带，表示蓝天，草木向着蓝天茁壮成长，意味着进度达到相当高的阶段。3 级为蓝带加红杠。2 级为红带，表示危险，已具备相当的威力，意味着克己和警告对手不要接近。1 级为红带加黑杠。

黑带表示与白带的对立，相对白带技术已经熟练，意味着黑暗中也能发挥自身能力。黑带是跆拳道高手的象征，是实力的体现，更是一种荣誉和责任。黑带段位分为一段至九段。一段至三段是黑带新手的段位，四段至六段是高水平的段位，七段至九段只能授予具有很高学识造诣和对跆拳道的发展做出重大贡献的杰出人物。

黑带一段以上选手有资格参加全国性比赛，二段以上选手有资格参加国际比赛。选手取得黑带后便有资格担任教练指导跆拳道运动员。四段以上称为"师范"，五段以上称为"大师"。四段以上有资格申报国际教练、国际裁判，并有资格担任道馆馆长或总教练。一段至三段的段位，由中国跆拳道协会或其注册认可的团体分会考核颁发。晋升四段至六段，须由世界跆联(国技院)或国际跆联(ITF)晋级委员会考核。晋升七段至九段，须由 WTF 或 ITF 特别委员会进行评审。

第二节　跆拳道运动基本技术

本节重点介绍跆拳道基本腿法技术，包括课堂教学和训练中最常用的几种腿法。通过本节的学习和训练，可以逐步掌握跆拳道腿法的实战技术和战术，为教学与比赛奠定基础。

一、前踢技术

前踢技术是跆拳道腿法中最简单，同时也是最基础的技术，前踢是横踢的基础。

前踢技术

(一) 动作过程

以左势实战姿势为例。右脚向后蹬地，身体重心前移至左脚；右脚蹬地顺势屈膝提起，左脚以前脚掌为轴外旋约 90°，同时右腿迅速以膝关节为轴伸膝、送髋、顶髋，把小腿快速向前踢出，力达脚尖。踢击目标后右腿迅速放松弹回，向前落地成右势实战姿势。

(二) 动作要领

(1) 膝关节上提时大小腿折叠，小腿和踝关节放松，有弹性。

(2) 踢击时顺势往前送髋，高踢时往上送髋。

(3) 提膝达到预定高度的一瞬间，大腿突然制动将所有力量和速度全部传至小腿和脚，鞭打出去。

(三) 进攻部位

前踢的主要攻击部位有头部下颚、腹部、胸部。

(四) 分解教学

(1) 提膝控腿练习，从左势实战姿势开始，右脚蹬地重心前移至左脚，左脚以前脚掌为支撑点向前转，右脚蹬地屈膝上提膝关节，右脚脚尖绷直，上体略后仰，保持身体平衡持续 1 分钟以上。支撑脚碾转幅度必须大于 90°，踢击腿的髋关节必须充分展开，提膝后膝关节必须朝向正前方。

(2) 提膝落地练习，从左势实战姿势开始，右脚蹬地重心前移至左脚，左脚以前脚掌为支撑点向前碾转，右脚蹬地屈膝上提膝关节，膝关节到达最高点的瞬间，放松右腿向前落地。支撑脚碾转，膝关节向正前方，髋关节展开前送，力从脚起，随拧腰转髋的力量传至膝关节。

二、横踢技术

横踢技术

横踢技术是跆拳道中最重要、最常用的腿法。

(一) 动作过程

以左势实战姿势为例。右脚蹬地，重心移到左脚，右膝关节夹紧向前起腿；左脚前脚掌辗地外旋180°以上，右脚膝关节向前抬至水平状态，膝向左侧，当膝关节向左运行至身体前正中线的瞬间，大腿突然制动，小腿快速向左前横踢出，击打目标后迅速放松收回小腿，右脚向前落地成右势实战姿势。

(二) 动作要领

(1) 提膝时大小腿夹紧，直线上提。

(2) 支撑脚外旋180°，髋关节向前送，身体与大小腿成直线。

(3) 踢击目标的瞬间，头、肩、腰、髋、膝、腿、脚应在同一个竖直平面内。

(4) 击打的着力点为正脚背，踝关节放松，踢击的感觉是"鞭打"。

(三) 进攻部位

横踢的主要攻击部位有腹部、肋部、胸部、头部。

(四) 分解教学

(1) 提膝翻髋练习，从左势实战姿势开始，右脚蹬地重心前移至左脚，左脚以前脚掌为支撑点向前碾转，右脚蹬地屈膝上提膝关节，同时翻髋，右脚膝关节向前抬至水平，膝向左侧，上体略后仰，保持身体平衡持续1分钟以上。支撑脚碾转幅度必须大于180°，踢击腿的髋关节必须充分展开，提膝后膝关节必须翻过来，踢击腿的大腿面与支撑腿及身体必须在同一平面内。

(2) 控腿练习，在提膝翻髋动作的基础上，将踢击腿完全展开，脚伸直，上体略后仰，保持身体平衡。踢击腿、支撑腿及身体必须在同一平面之内。

(3) 提膝落地练习，从左势实战姿势开始，右脚蹬地重心前移至左脚，左脚以前脚掌为支撑点向前碾转，右脚蹬地屈膝上提膝关节，同时翻髋，所有动作达到提膝翻髋控腿要求的瞬间，放松右腿屈膝向前落地。支撑脚碾转，髋关节展开前送，力从脚起，随拧腰转髋的力量传至膝关节。

三、侧踢技术

侧踢技术

侧踢主要用来阻挡对方进攻，是跆拳道比赛中常用的主要防守技术，也是摆踢的基础。

(一) 动作过程

以左势实战姿势为例。右脚蹬地屈膝上提，左脚以前脚掌为轴外旋180°，同时右脚脚尖勾紧快速向右前方直线踢出，着力点在脚跟或脚掌外侧缘，踢击目标后迅速放松右腿，并屈膝向前落地，成右势实战姿势。

(二) 动作要领

(1) 提膝时，大小腿、膝关节夹紧，直线向上提起。
(2) 提膝、转体、踢击要协调连贯，一气呵成。
(3) 踢击时要转体、展髋，上体略侧倾。
(4) 踢击目标的瞬间，头、肩、腰、髋、膝、腿、脚应在同一个竖直平面内。
(5) 大小腿侧向踢出，原路直线收回。

(三) 进攻部位

侧踢的主要攻击部位有腹部、肋部、胸部、头部、面部。

(四) 分解教学

提膝团身练习，以左势实战姿势为例。右脚蹬地屈膝上提，左脚以前脚掌为轴外旋180°，右膝与上体折叠团身，左脚支撑保持平衡。

四、后踢技术

后踢是跆拳道所有腿法中最实用的防守反击腿法，具有很好的隐蔽性和很强的杀伤力。

后踢技术

(一) 动作过程

以左势实战姿势为例。以双脚前脚掌为轴内旋约180°，重心移到左脚，上身以头领肩向右旋转约120°，背向目标，同时右腿勾脚、屈膝、收腿上提至踢击腿的大小腿与上体充分重叠后，右脚迅速向后直线蹬出。动作完成后迅速回缩并向前落地，成右势实战姿势。

(二) 动作要领

(1) 起腿后上身与踢击腿的大小腿折叠成一团。
(2) 动作用力延伸。
(3) 转身、踢膝、出腿一次性完成，不能停顿。
(4) 击打目标在正后。
(5) 转身后目光不能正看目标，只可用余光后望。

(三) 进攻部位

后踢的主要攻击部位有腹部、胸部、头部、面部。

（四）分解教学

（1）转身练习，以左势实战姿势为例。以双脚前脚掌为轴内旋约 180°，重心移到左脚，上身以头领肩向右旋转，背向目标。

（2）提膝练习，右脚勾脚提膝，大小腿与上体重叠。

（3）踢击练习，右脚向后直线蹬出后，屈膝落地，成右势实战姿势。

五、下劈技术

跆拳道的下劈技术是跆拳道中最具特色的一项技术，也是非常实用且具威力的反击动作。其技术结构简单，但对柔韧要求较高。

下劈技术

（一）动作过程

以左势实战姿势为例。右脚蹬地，重心前移至左脚。同时，右腿以髋关节为轴，直腿或屈腿上提，踢击腿与身体折叠，右脚过头达到最高点的瞬间，借助踢击腿的重力以及大腿后群肌肉的回缩力向前下压，同时向前充分送髋，以右脚后跟(或脚掌)为力点劈击，落地时屈膝，成右式实战姿势。

（二）动作要领

腿尽量往高、往头后举，要向前上送髋，重心往高起，脚放松往前落，落地要有控制。起腿要快速、果断，踝关节要放松。

（三）进攻部位

劈腿的主要攻击部位有头部、项部、面部。

（四）分解教学

（1）提腿练习，以左势实战姿势为例。右脚蹬地，右腿以髋关节为轴直腿上提。

（2）下压腿练习，借助踢击腿的重力以及大腿后群肌肉的回缩力向前下压。

六、摆踢技术

摆踢也叫勾踢，在实际运用中是迎击对方得分的技术，同时也是后旋踢的准备动作。

摆踢技术

（一）动作过程

从左势实战姿势开始，右脚向后蹬地，身体重心前移至左脚，右腿屈膝提起；左脚以前脚掌为轴，脚跟向外旋转约 180°，右腿膝关节内扣，右腿向左前方伸出，伸直后用脚掌向右侧用力屈膝鞭打，然后右腿顺势放松屈膝回收，落回原地成实战姿势。

(二) 动作要领

(1) 起腿后右腿屈膝抬过水平，然后内扣。
(2) 右脚要随转体尽量向左前伸展。
(3) 右脚掌向右鞭打时要屈膝扣小腿。
(4) 鞭打后顺势放松。

(三) 进攻部位

摆踢的主要攻击部位有头部、面部、胸部。

(四) 分解教学

(1) 屈膝控腿练习，从左势实战姿势开始，右脚向后蹬地，身体重心前移至左脚，左脚支撑，右脚屈膝前提。左脚以前脚掌为轴，脚跟向外旋约 180°，同时，右膝稍内扣。
(2) 击打动作练习，右腿伸膝，向左前方伸直，右脚在屈膝扣小腿动作的带动下，向右用前脚掌做鞭打动作。右脚鞭打结束后，放松屈膝回收，落回原地成左势实战姿势。

七、后旋踢技术

后旋踢简称后旋，是比赛中常用的动作之一，也是运动员反击对方进攻的主要技术。

后旋踢技术

(一) 动作过程

以左势实战姿势为例。两脚以前脚掌为轴向右旋转约 180°，以头领肩使身体右转约 90°，两拳置于胸前。上体右转，与双腿成一定角度。右脚蹬地将蹬地的力量与上体拧转的力量结合在一起，将右腿向后上以髋关节为轴直腿摆起，右腿继续向右后旋摆鞭打，同时上体向右转，带动右腿弧形摆至身体右侧，右腿屈膝回收，右脚向前落地，成右式实战姿势。

(二) 动作要领

(1) 转身、旋转、踢腿连贯进行，一气呵成，中间没有停顿。
(2) 击打点应在正前方。
(3) 屈膝起腿的旋转速度要快，重心在原地旋转 360°。

(三) 进攻部位

后旋踢的主要攻击部位有头部和胸部。

(四) 分解教学

(1) 勾踢练习，转身练习。
(2) 后旋踢其实可以简单地理解为转身接勾踢，因此熟练掌握勾踢技术后加转身动作即可完成。

八、旋风踢技术

旋风踢技术

旋风踢简单说就是向后转身 360° 后接横踢，它是跆拳道比赛和实战中常用的技术。旋风踢主要用于中远距离击打对手。

（一）动作过程

以左势实战姿势为例。左脚内扣，身体以头领肩向右后 180° 转体，同时右脚由后面向左脚左侧前方跨出一步；右脚落地的同时左腿随身体继续右转向右后摆起，此时身体已转动 360°，左脚蹬地起跳，顺势在空中用左横踢击打对方腹部或头部，右脚落地支撑。

（二）动作要领

(1) 转体动作要迅速果断，左脚内扣时脚跟对对方。
(2) 右脚随身体右转向后右侧摆起时不要太高，以能带动身体旋转起跳为宜。
(3) 左脚蹬地起跳，身体腾空，但不过膝，目的是快速旋转出腿。
(4) 右脚横踢时，左腿向下落地，要快落站稳，即横踢目标的同时右脚落地。

（三）进攻部位

旋风踢的主要攻击部位有头部和胸部。

（四）分解教学

(1) 横踢练习。
(2) 转身上步练习，先练习原地转身，右腿要主动配合转动。
(3) 转身接横踢练习。

九、双飞踢技术

双飞踢就是前脚横踢接后脚横踢。

（一）动作过程

以左势实战姿势为例。右脚向前垫步，将身体重心移至右腿，同时提起左腿，向前送髋，大小腿稍折叠，绷紧脚面；左脚起跳后在空中用左脚前横踢后，腾空的左右脚交换，左脚落地支撑，右脚迅速横踢目标后向前落地，成右势实战姿势。

（二）动作要领

(1) 左腿横踢目标的同时，右脚蹬地跳。
(2) 右脚起跳后迅速随身体左转横踢目标。
(3) 两腿在空中交换，左脚先落地。

(三) 进攻部位

双飞踢的主要攻击部位有肋部、胸部、腹部、头部。

(四) 分解教学

(1) 前横踢练习，做左势前垫步后，左腿向前做前横踢攻击目标。

(2) 左腿向前做前横踢攻击目标，右脚同时起跳，在空中顺势交换两腿。

第三节　跆拳道品势

一、太极一章

太极一章共有 18 个动作，包括前行步、弓步、直拳、下段格挡、中段格挡、上段格挡、前踢等动作。

动作过程：

起势：立正姿势站立，左脚向左跨半步成开立步，双手掌心向上经腹前至下颚，身体重心慢慢提起，向下握拳回复至腹前，向下发力，拳心朝里，动作过程匀速，伴随呼吸调整。

太极一章

1. 左前行步左下格挡

身体左转 90°，成左前行步，左下格挡，右拳收于腰侧，拳心朝上。

2. 右前行步右直拳

右脚向前行步，同时冲右直拳，与胸同高，左拳收于腰侧，拳心朝上。

3. 右前行步右下格挡

以左腿为轴身体向右转体 180°，右脚向前成右前行步，同时做右下格挡，左拳收于腰侧，拳心朝上。

4. 左前行步左直拳

左脚向前行步，同时冲左直拳，与胸同高，右拳收于腰侧，拳心朝上。

5. 左弓步左下格挡

身体左转 90°，同时左臂下格挡，右拳收于腰侧，拳心朝上。

6. 右中段直拳

左弓步不变，右拳中段冲直拳，左拳收于腰侧，拳心朝上。

7. 右前行步左内格挡

右脚向右前方横跨，成右前行步，同时左臂做左内格挡，右拳收于腰侧，拳心朝上。

8. 左前行步右直拳

左脚向前行步，同时冲右直拳，与胸同高，左拳收于腰侧，拳心朝上。

9. 右前行步右内格挡

以右腿为轴身体向左转体180°，左脚向前成直行步，同时做右内格挡，左拳收于腰侧，拳心朝上。

10. 右前行步左直拳

右脚向前行步，同时冲左直拳，与胸同高，左拳收于腰侧，拳心朝上。

11. 右弓步右下格挡

身体右转90°，同时右臂下格挡，左拳收于腰侧，拳心朝上。

12. 左中段直拳

右弓步不变，左拳中段冲直拳，右拳收于腰侧，拳心朝上。

13. 左前行步左上格挡

身体左转90°，向左前方行步，同时左臂上格挡，右拳收于腰侧，拳心朝上。

14. 右前踢右直拳

右腿前踢，右、左拳前后放置于胸前。前踢腿向前自然落地后成右前行步，同时冲右直拳，左拳收于腰侧，拳心朝上。

15. 右前行步右上格挡

以左腿为轴身体向右转体180°，右脚成前行步，同时做右上格挡，左拳收于腰侧，拳心朝上。

16. 左前踢左直拳

左腿前踢，左、右拳前后放置于胸前。前踢腿向前自然落地后成左前行步，同时冲左直拳，右拳收于腰侧，拳心朝上。

17. 左弓步左下格挡

身体向右后方转体90°，成左弓步，左下格挡，右拳收于腰侧，拳心朝上。

18. 右弓步右直拳发声

右脚向前迈出成右弓步，同时冲右直拳，与胸同高，左拳收于腰侧，拳心朝上，配合发声。

收势：以右脚为轴，身体向左后方转体180°，双手握拳由下颚还原成准备姿势，左脚并步，敬礼！

二、太极二章

太极二章共有18个动作，包括前行步、弓步、直拳、下段格挡、中段格挡、上段格挡、前踢等动作。

太极二章

动作过程：

起势：立正姿势站立，左脚向左跨半步成开立步，双手掌心向上经腹前至下颚，身体重心慢慢提起，向下握拳回复至腹前，向下发力，拳心朝里，动作过程匀速，伴随呼吸调整。

1. 左前行步左下格挡

身体左转90°，成左前行步，左下格挡，右拳收于腰侧，拳心朝上。

2. 右弓步右直拳

右脚向前成右弓步，同时冲右直拳，与胸同高，左拳收于腰侧，拳心朝上。

3. 右前行步右下格挡

以左腿为轴身体向右转体180°，右脚向前成右前行步，同时做右下格挡，左拳收于腰侧，拳心朝上。

4. 左弓步左直拳

左脚向前成左弓步，同时冲左直拳，与胸同高，右拳收于腰侧，拳心朝上。

5. 左前行步右内格挡

身体左转90°，同时右臂内格挡，左拳收于腰侧，拳心朝上。

6. 右前行步左内格挡

右脚向前，成右前行步，同时左臂做内格挡，右拳收于腰侧，拳心朝上。

7. 左前行步左下格挡

身体左转，成左前行步，同时左臂下格挡，右拳收于腰侧，拳心朝上。

8. 右前踢右上直拳

右腿前踢，右、左拳前后放置于胸前。前踢腿落地向前成弓步，同时冲右上直拳，拳至面部高度，左拳收于腰侧，拳心朝上。

9. 右前行步右下格挡

以左腿为轴身体向右转体180°，右脚成前行步，同时做右下格挡，左拳收于腰侧，拳心朝上。

10. 左前踢左上直拳

左腿前踢，左、右拳前后放置于胸前。前踢腿落地向前成弓步，同时冲左上直拳，拳至面部高度，右拳收于腰侧，拳心朝上。

11. 左前行步左上格挡

身体左转90°，成左前行步，同时做左上格挡，右拳收于腰侧，拳心朝上。

12. 右前行步右上格挡

右脚向前成前行步，同时做右上格挡，左拳收于腰侧，拳心朝上。

13. 左前行步右内格挡

以右腿为轴向左后方转体270°，成左前行步，同时做右内格挡，左拳收于腰侧，拳心朝上。

14. 右前行步左内格挡

以左腿为轴向右后方转体180°，成右前行步，同时做左内格挡，右拳收于腰侧，拳心朝上。

15. 左前行步左下格挡

身体左转90°，向前或左前行步，同时做左下格挡，右拳收于腰侧，拳心朝上。

16. 右前踢右直拳

右腿前踢，右、左拳前后放置于胸前。前踢腿落地向前成右前行步，同时冲右直拳，左拳收于腰侧，拳心朝上。

17. 左前踢左直拳

左腿前踢，左、右拳前后放置于胸前。前踢腿落地向前成左前行步，同时冲左直拳，右拳收于腰侧，拳心朝上。

18. 右前踢右直拳发声

右腿前踢，右、左拳前后放置于胸前。前踢腿落地向前成右前行步，同时冲右直拳，左拳收于腰侧，拳心朝上，配合发声。

收势：以右脚为轴，身体向左后方转体180°，双手握拳由下颚还原成准备姿势，左脚并步，敬礼！

三、太极三章

太极三章共有 20 个动作，包括前行步、弓步、直拳、手刀格挡、前踢等动作。

太极三章

动作过程：

起势：立正姿势站立，左脚向左跨半步成开立步，双手掌心向上经腹前至下颚，身体重心慢慢提起，向下握拳回复至腹前，向下发力，拳心朝里，动作过程匀速，伴随呼吸调整。

1. 左前行步左下格挡

身体左转90°，成左前行步，左下格挡，右拳收于腰侧，拳心朝上。

2. 右前踢右左直拳

右腿前踢，右、左拳前后放置于胸前。前踢腿落地向前成右弓步，同时冲右、左中段直拳，左拳收于腰侧，拳心朝上。

3. 左前行步右下格挡

以左腿为轴身体向右转体180°，右脚向后成左前行步，同时做右下格挡，左拳收于腰侧，拳心朝上。

4. 左前踢左右直拳

左腿前踢，左、右拳前后放置于胸前。前踢腿落地向前成左弓步，同时冲左、右中段直拳，右拳收于腰侧，拳心朝上。

5. 左前行步右手刀内击

身体左转90°，成左前行步，同时右臂做手刀颈部攻击，右拳收于腰侧，拳心朝上。

6. 右前行步左手刀内击

右脚向前，成右前行步，同时左臂做手刀颈部攻击，右拳收于腰侧，拳心朝上。

7. 左三七步手刀外格挡

身体左转，成左三七步，同时左臂做单手刀外格挡，右拳收于腰侧，拳心朝上。

8. 左弓步直拳

左脚向左侧迈出成弓步，同时冲右直拳，左拳收于腰侧，拳心朝上。

9. 右三七步手刀外格挡

以左腿为轴身体向右转体 180°，成右三七步，同时右臂做单手刀外格挡，左拳收于腰侧，拳心朝上。

10. 右弓步直拳

右脚向左侧迈出成弓步，同时冲左直拳，右拳收于腰侧，拳心朝上。

11. 左前行步右内格挡

身体左转 90°，成左前行步，同时做右内格挡，左拳收于腰侧，拳心朝上。

12. 右前行步左内格挡

右脚向前成前行步，同时做左内格挡，右拳收于腰侧，拳心朝上。

13. 左前行步下格挡

以右腿为轴向左后方转体 270°，成左前行步，同时做左下格挡，右拳收于腰侧，拳心朝上。

14. 右前踢右左直拳

右腿前踢，右、左拳前后放置于胸前。前踢腿落地向前成左弓步，同时冲右、左中段直拳，左拳收于腰侧，拳心朝上。

15. 右前行步左下格挡

以左腿为轴，身体右转 180°，向前做右前行步，同时做左下格挡，左拳收于腰侧，拳心朝上。

16. 左前踢左右直拳

左腿前踢，左、右拳前后放置于胸前。前踢腿落地向前成左弓步，同时冲左、右中段直拳，右拳收于腰侧，拳心朝上。

17. 左前行步下格挡直拳

身体左转成左前行步，同时做左下格挡，右拳收于腰侧，拳心朝上。

18. 右前行步下格挡直拳

右脚向前，成右前行步，同时做右下格挡，左拳收于腰侧，拳心朝上。

19. 左前踢左下格挡直拳

左腿前踢，左右拳前后放置于胸前。前踢腿向前落地成左前行步，同时做左下格挡，右拳收于腰侧，拳心朝上。

20. 右前踢右下格挡直拳并发声

右腿前踢，右左拳前后放置于胸前。前踢腿向前落地成右前行步，同时做右下格挡，左拳收于腰侧，拳心朝上，配合发声。

收势：以右脚为轴，身体向左后方转体 180°，双手握拳由下颚还原成准备姿势，左脚并步，敬礼！

第十五章

武术运动理论与技术

⬤ **学习目标**

(1) 了解武术运动特点。
(2) 理解武术礼仪及其内涵。
(3) 学习和掌握武术运动基本技术。

⬤ **课程思政点**

尚武爱国——精武英雄霍元甲

霍元甲(1868—1910 年)，著名爱国武术家，字俊卿，生于天津静海县，祖籍河北省沧州市东光县安乐屯。霍元甲出身镖师家庭，继承家传"秘宗拳"。霍元甲天资聪颖，毅力惊人，功艺长足进步，在兄弟之中出类超群，父亲看到了他的潜质，悉心传艺于他。

1901 年，有个叫斯其凡洛夫的俄国大力士来到天津戏园表演，他声称："打遍中国无敌手。"霍元甲找到农劲荪，要到戏园和斯氏比武。到约定比武那天，斯其凡洛夫临阵求饶。1909 年，英国大力士奥彼音在上海摆下擂台，讥讽中国人是"东亚病夫"，霍元甲决定挑战奥彼音，并约定在张园公开比赛。但到了比赛时间，却不见他的踪影，原来奥彼音已逃之夭夭。

1910 年 6 月 1 日，霍元甲在农劲荪等人帮助下，在上海创办了"中国精武体操会"(后改名为精武体育会)。在寻求救国的道路上，霍元甲迈出了很不容易的两步："第一是打破家规，开始收外姓人为徒。第二步是把秘宗拳改为迷踪艺，让花哨的套路变得更实用，以便让人们能够尽快掌握要领。"当时上海蓬莱路一带为日侨聚居之地，日本柔道会得知霍元甲创立了"精武体操会"，很不服气，特从国内选派十几名柔道高手，由柔道会长亲自率领来华，请霍元甲等人来技击馆比武，双方各自择定公证人。比赛开始时，霍元甲先命徒弟刘振声出阵。刘振声以静制动，以逸待劳，连胜日方五人。日本领队见此情形非常恼火，便出阵向霍元甲挑战，二人一经交手，未经几个回合，日本领队便领教到霍元甲的厉害，于是企图暗中伤人，谁知霍元甲已看出破绽，虚显一招，当场用肘将其臂骨磕断。这时，日本人改变了策略，在比赛后举行宴会招待霍元甲。席间听闻霍元甲患有呛咳症，并在此次比武中也有外伤，就介绍一名叫秋野的医生为霍元甲治病。平生胸怀坦荡的霍元甲毫无怀疑之心，欣然接受，并留住在虹口白渡桥的秋野医院。霍元甲服药后，病情不但没有好转，反而逐渐恶化。后来虽由精武会同仁陈子正积极救治，但终因中毒太深而无药可救，于 1910 年 9 月 14 日长逝于上海精武体育会。

霍元甲逝世后，当时精武会弟子和上海武术界爱国人士为霍元甲举行了隆重葬礼，敬献了"成仁取义"挽联，安葬其于上海北郊。转年，由弟子刘振声扶柩归里，迁葬于小南河村南。十数年后，各地分会相继分起，海内外精武分会达 43 处，会员逾 40 万之众。孙中山对霍元甲的胆识给予了很高的评价，在精武会成立 10 周年之际，他亲临大会，题写了"尚武精神"四个大字，以示对霍元甲的纪念。

如今，霍元甲和精武体育会已经成为中国人尚武爱国、自强不息的精神标识，青年一代应牢记历史、牢记英雄，牢记落后就要挨打的教训，继承先辈的尚武爱国精神，勇于拼搏，立志做有理想、敢担当、能吃苦、肯奋斗的新时代好青年，为强国建设、民族复兴挺膺担当。

第一节　武术运动概述

一、武术的特点

(1) 寓击技于体育之中：武术作为体育运动，技术上不仅有攻防击技的特性，而且将技击寓于搏斗运动与套路运动之中。

(2) 内外合一，形神兼备的民族风格：既讲究形体规范，又追求精神传意、内外合一的整体观，是中国武术的一大特色。

(3) 广泛的适应性：武术的练习形式、内容丰富多样，不同的拳种和器械适应不同年龄、性别、体质的人们，人们可以根据自己的条件和兴趣爱好进行选择练习。

二、武术的作用

(1) 提高素质，健体防身：武术套路运动中的动作包含着屈伸、回环、平衡、跳跃、翻腾、跌扑等，人体各部位几乎都要参与运动。

(2) 锻炼意志，培养品德：练武对意志品质考验是多面的。练习基本功，要不断克服疼痛关，磨练常年有恒、坚持不懈的意志品质。练习套路，要克服枯燥关，培养刻苦耐劳、砥砺精进、永不自满的品质。

(3) 竞技观赏，丰富生活：武术具有很高的观赏价值，无论是套路表演，还是散手比赛，历来为人们喜闻乐见。

(4) 交流技艺，增进友谊：武术运动内涵丰富，技理相通，入门之后会有"艺无止境"之感。群众性的武术活动，已成为人们切磋技艺、交流思想、增进友谊的良好手段。随着武术在世界广泛传播，还可促进与国外武术爱好者的交流。

三、武术的礼仪

1. 抱拳礼

双脚并步站立，左手四指并拢伸直成掌，拇指屈拢；右手成拳，左掌心掩贴右拳面，左指尖与额平齐。右拳眼斜对胸窝，置于胸前屈臂成圆，肘尖略下垂，拳掌与胸相距20～30厘米。头正身直，目视受礼者，面容举止自然大方。

2. 持剑礼

双脚并步站立，左手持剑，屈臂抬起使剑身贴前臂外侧斜横于胸前；右手成掌以掌外沿附于左手食指根节，高与胸齐，两手与胸相距20～30厘米。头正身直，目视受礼者，面容举止自然大方。

第二节　武术运动基本技术

一、长拳基本手型和步型

1. 长拳基本手型

(1) 拳。四指伸直并拢，从梢节开始依次向内卷于掌心；大拇指梢节屈扣于食指中节处，直腕。

长拳基本手型和步型

(2) 掌。四指伸直并拢，大拇指内扣，掌心开展，屈腕。

(3) 勾。五指尖捏拢，屈腕。

2. 长拳基本步型

(1) 弓步。前脚微内扣，全脚着地；屈膝半蹲，大腿接近水平，膝部约与脚尖垂直；另一脚挺膝伸直，脚尖里扣斜向前方，全脚着地；上体正对前方，眼平视，两手抱拳于腰间，拳心向上；弓右腿为右弓步，弓左腿为左弓步。

(2) 马步。两脚平行开立约为本人脚长三倍，身体重心落于两腿之间，脚尖正对前方，屈膝半蹲，膝部不超过脚尖，大腿接近水平，全脚着地；两手抱拳于腰间，拳心向上。

(3) 仆步。一腿全蹲，大腿和小腿靠紧，臀部接近小腿，全脚着地，膝与脚尖稍外展；另一脚平铺接近地面，全脚着地，脚尖内扣；两手抱拳于腰间，拳心向上，眼平视；仆左腿为左仆步，仆右腿为右仆步。

(4) 歇步。两腿交叉屈膝全蹲，前脚全脚着地，脚尖外展；后脚脚跟离地，臀部坐于小腿上，接近脚跟；两手抱拳于腰间，拳心向上，眼平视；左脚在前为左歇步，右脚在前为右歇步。

(5) 虚步。后脚斜向前，屈膝半蹲，大腿接近水平，全脚着地；前脚微屈，脚面绷紧，脚尖虚点地面，身体重心落在后腿上；两手抱拳于腰间，拳心向上，眼平视。

二、长拳全套动作

1. 准备姿势

1) 动作过程

两脚并步站立，两臂垂于身体两侧，五指并拢贴于腿外侧，双眼向前平视，如图 15-1 所示。

图 15-1 准备姿势

2) 动作要领

头要端正，下颌微收，挺胸，塌腰，收腹。

2. 虚步亮掌

1) 动作过程

第一动：右脚向后撤步成左弓步；右掌向右、向上、向前画弧，掌心向上；左臂屈肘，左掌提至腰侧，掌心向上，目视右掌。

第二动：右腿微屈，重心后移；左掌经胸前从右臂上向前穿出并伸直；右臂屈肘，右掌收至腰侧，掌心向上，目视左掌。

第三动：重心后移，左脚稍向右移，脚尖点地，成左虚步；左臂内旋向左、向后画弧成勾手，勾尖向上；右手继续向后、向右、向前画弧，屈肘抖腕，在头顶斜上方成亮掌，掌心向前，掌指向左，目视左方。如图 15-2 所示。

图 15-2 虚步亮拳

2) 动作要领

三动要求连贯顺畅。虚步重心落于右腿上，右大腿与地面平行，左腿微屈，脚尖点地。

3. 并步对拳

1) 动作过程

第一动：右腿蹬直，左腿提膝，脚尖里扣，亮掌姿势不变。

第二动：左脚向前落步，重心前移；左臂屈肘，左勾手变掌经左肋前伸；右臂外旋收回，两掌同高，掌心均向上。

第三动：右脚向前上一步，两臂下垂后摆。

第四动：左脚向右脚并步，两臂向上画弧，经胸前屈肘下按，两掌变拳，拳心向下，停于小腹前，目视左侧。如图 15-3 所示。

图 15-3 并步对拳

2) 动作要领

并步后挺胸、塌腰。对拳、并步、转头要同时完成。

4. 弓步冲拳

1) 动作过程

第一动：左脚向左上一步，脚尖向斜前方，右腿微屈，成半马步。左臂向上、向左格打，拳眼向后，拳与肩同高，右拳收至腰侧，拳心向上，目视左拳。

第二动：右腿蹬直成左弓步。左拳收至腰侧，拳心向上，右拳向前冲出，与肩同高，拳眼向上，目视右拳。如图 15-4 所示。

长拳第一段

图 15-4 弓步冲拳

2) 动作要领

成弓步时右腿充分蹬直，脚跟不要离地，成冲拳时尽量转腰顺肩。

5. 弹腿冲拳

1) 动作过程

重心前移至左腿，右腿屈膝提起，脚面绷直，猛力向前弹出伸直，右拳收至腰侧，同时左拳向前冲出，目视前方。如图 15-5 所示。

2) 动作要领

支撑腿可微屈，弹出腿时要用爆发力，力点达于脚尖。

图 15-5 弹腿冲拳

6. 马步冲拳

1）动作过程

右脚向前落步，脚尖里扣，上体左转。左拳收至腰侧，两腿下蹲成马步，右拳向前冲出，目视右拳。如图 15-6 所示。

2）动作要领

成马步时，大腿要平，两脚平行，脚跟外蹬，挺胸、塌腰。

图 15-6　马步冲拳

7. 弓步冲拳

1）动作过程

第一动：上体右转 90°，右脚尖外撇向斜前方，成半马步，右臂屈肘向右格打，目视右拳。

第二动：左腿蹬直成右弓步。右拳收至腰侧，左拳向前冲出，目视左拳。如图 15-7 所示。

2）动作要领

成弓步时右腿充分蹬直，脚跟不要离地，成冲拳时尽量转腰顺肩。

图 15-7　弓步冲拳

8. 弹腿冲拳

1）动作过程

重心前移至右腿，左腿曲膝提起，脚面绷直，猛力向前弹出伸直，与腰同高。左拳收至腰侧，右拳向前冲出，目视前方。如图 15-8 所示。

2）动作要领

支撑腿可微屈，弹出腿时要用爆发力，力点达于脚尖。

图 15-8　弹腿冲拳

9. 大跃步前穿

1）动作过程

第一动：左腿屈膝。右拳变掌内旋，以手背向下挂至左膝外侧，上体前倾，目视右手。

第二动：左脚向前落步，两腿微屈。右掌继续向后挂，左拳变掌，向后、向下伸直，目视右掌。

第三动：右腿屈膝向前提起，左腿立即猛力蹬地向前跃出。两掌向前、向上画弧，目视左掌。

第四动：右腿落地全蹲，左腿随即落地向前铲出成仆步。右掌变拳抱于腰侧，左掌由上向右、向下画弧成立掌，停于右胸前，目视左脚。如图 15-9 所示。

图 15-9　大跃步前穿

2) 动作要领

跃步要远，落地要轻，落地后立即做下一个动作。

10. 弓步击掌

1) 动作过程

右腿猛力蹬直成左弓步。左掌经左脚面向后画弧至身后成勾手，左臂伸直勾尖向上，右拳由腰侧变掌向前推出，掌指向上，掌外侧向前，目视右掌。如图 15-10 所示。

图 15-10   弓步击掌

2) 动作要领

成弓步时右腿充分蹬直，脚跟不要离地，击掌时尽量转腰顺肩。

11. 马步架掌

1) 动作过程

第一动：重心移至两腿中间，左脚脚尖里扣成马步，上体右转。右臂向左侧平摆，稍屈肘，同时左勾手变掌由后经左腰侧从右臂内向前上穿出，掌心均朝上，目视左手。

第二动：右掌立于左胸前，左臂向左上屈肘抖腕亮掌于头部左上方，掌心向前，目右转视。如图 15-11 所示。

图 15-11   马步架掌

2) 动作要领

成马步时，大腿要平，两脚平行，脚跟外蹬，挺胸、塌腰。

12. 虚步栽拳

1) 动作过程

第一动：右脚蹬地，屈膝提起，左腿伸直，以前脚掌为轴向右后转体 180°。右掌由左胸前向下经右腿外侧向后画弧成勾手，左臂随体转动并外旋，使掌心朝右，目视右手。

第二动：右脚向右落地，重心移至右腿上，下蹲成左虚步。左掌变拳下落于左膝上，拳眼向里，拳心向后，右勾手变拳，屈肘向上架于头右上方，拳心向前，目视左方。如图 15-12 所示。

长拳第二段

2) 动作要领

虚步与栽拳要同步，定势要稳定。

13. 提膝穿掌

1) 动作过程

第一动：右腿稍伸直。右拳变掌收至腰侧，掌心向上，左拳变掌由下向左、向上画弧盖压于头上方，掌心向前。

第二动：右腿蹬直，左腿屈膝提起，脚尖内扣。右掌从腰侧经左臂内向右前上方穿出，掌心向上，左掌收至右胸前成立掌，目视右掌。如图 15-13 所示。

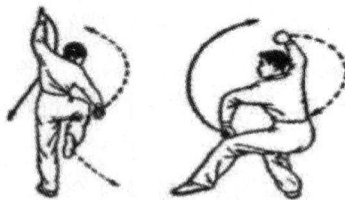

图 15-12   虚步栽拳

图 15-13   提膝穿掌

2) 动作要领

提膝时脚尖绷直，支撑腿伸直。

14. 仆步穿掌

1) 动作过程

右腿全蹲，左腿向左后方铲出成左仆步。右臂不动，左掌由右胸前向下经左腿内侧向左脚面穿出，目随左掌转视。如图 15-14 所示。

2) 动作要领

穿掌后，两手臂伸直，成一条线。

图 15-14　仆步穿掌

15. 虚步挑掌

1) 动作过程

第一动：右腿蹬直，重心前移至左腿，成左弓步。右掌稍下降，左掌随重心前移向前挑起。

第二动：右脚向左前方上步，左腿半蹲，成右虚步。身体随上步左转 180°。在右脚上步的同时，左掌由前向上、向后画弧成立掌，右掌由后向下、向前上挑起成立掌，指尖与眼平，目视右掌。如图 15-5 所示。

2) 动作要领

上步要快，虚步要稳。

图 15-15　虚部挑掌

16. 马步击掌

1) 动作过程

第一动：右脚落实，脚尖外撇，重心稍升高并右移。左掌变拳收至腰侧，右掌俯掌向外成捋手。

第二动：左脚向前上一步，以右脚为轴向右后转体 180°，两腿下蹲成马步。左掌从右臂上成立掌向左侧击出，右掌变拳收至腰侧，目视左掌。如图 15-16 所示。

2) 动作要领

右手成捋手时，先使臂稍内旋，腕伸直，手掌向下、向外转，接着外旋，掌心经下向上翻转，同时抓握成拳。收拳和击掌动作要同时进行。

图 15-16　马步击掌

17. 叉步双摆掌

1) 动作过程

第一动：重心稍右移，同时两掌向下、向右摆，掌指均向上，目视右掌。

第二动：右脚向左腿后插步，前脚掌着地。两臂继续由右向上、向左摆，停于身体左侧，均成立掌，右掌停于左肘窝处，目随双掌转视。如图 15-17 所示。

2) 动作要领

两臂要画立圆，摆动幅度要大，摆掌与后插步要协调一致。

图 15-17　叉步双摆掌

18. 弓步击掌

1) 动作过程

第一动：两腿不动。左掌收至腰侧，掌心向上，右掌向上、向右画弧，掌心向下。

第二动：左腿后撤一步，成右弓步。右掌向下、向后伸直摆动，成勾手，勾尖向上，左掌成立掌向前推出，目视左掌。如图 15-18 所示。

图 15-18　弓步击掌

2) 动作要领

撤步、弓步、击掌要快速连贯，一气呵成。

19. 转身踢腿马步盘肘

1) 动作过程

第一动：两脚以前脚掌为轴向左后转体 180°。在转体的同时，左臂向上、向前画半立圆，右臂向下、向后画半圆。

第二动：两脚不动，右臂由后向上、向前画半立圆，左臂由前向下、向后画半立圆。

第三动：右劈向下成反臂勾手，勾尖向上，左臂向上成亮掌，掌心向前上方。右腿伸直脚尖勾起，向额前踢。

第四动：右脚向前落地，脚尖里扣。右手不动，左臂屈肘下落至胸前，左掌心向下，目视左掌。

第五动：上体左转 90°，两腿下蹲成马步。同时，左掌向前、向左平搂变拳，收至腰侧，右勾手变拳，右臂伸直，由体后向右、向前平摆，至体前时屈肘，肘尖向前，与肩同高，拳心向下，目视肘尖。如图 15-19 所示。

图 15-19　转身踢腿马步盘肘

2) 动作要领

两臂抢动时要画立圆，动作要连贯。盘肘时要快速有力，右肩前顺。

20. 歇步抡砸拳

1) 动作过程

第一动：重心稍升高，右脚尖外撇。右臂由胸前向上、向右抡直，左拳向下、向左使臂抡直，目视右拳。

第二动：两脚以前脚掌为轴，向右后转体180°。右臂向下、向后抡摆，左臂向上、向前随身体转动。

第三动：紧接上一个动作，两腿全蹲成歇步。左臂随身体下蹲向下平砸，拳心向上，

长拳第三段

臂部微屈，右臂伸直向上举起，目视左拳。如图 15-20 所示。

图 15-20　歇步抡砸拳

2) 动作要领

抡臂动作要连贯，双手画立圆。成歇步时两腿交叉全蹲，左腿大、小腿靠紧，臀部压于左小腿外侧，膝关节贴于右小腿外侧，脚跟提起，右脚尖向外，全脚掌着地。

21．仆步亮掌

1) 动作过程

第一动：左脚由右腿后抽出前上一步，左腿蹬直，右腿半蹲，成右弓步，上体微向右转。左拳收至腰侧，右拳变掌向下经胸前向右横击掌，目视右掌。

第二动：右脚蹬地屈膝提起，上体右转。左拳变掌向前穿出，掌心向上，右掌平收至左肘下。

第三动：右脚向右落步，屈膝全蹲，左腿伸直，成仆步。左掌向下、向后画弧成勾手，勾尖向上，右掌向右、向上画弧微屈，抖腕成亮掌，掌心向前。头随右手转动，至亮掌时目视左方。如图 15-21 所示。

图 15-21　仆步亮掌

2) 动作要领

成仆步时，左腿伸直，脚尖内扣，右腿全蹲，两脚全脚掌着地。上体挺胸塌腰，微左转。

22．弓步劈拳

1) 动作过程

第一动：右脚蹬地，左腿收回并向左前方上步。右掌变拳收至腰侧，左勾手变掌由下向上经胸前向左成搂手。

第二动：右腿向左上一步，左腿蹬直成右弓步。左手向左平搂后向前挥摆，虎口朝前。

第三动：在左手平搂的同时，右拳向后平摆，然后再向前、向上成抡劈拳，拳与耳同高，拳心向上，左掌外旋接扶右前臂，目视右拳。如图 15-22 所示。

2) 动作要领

左右脚上步时走弧形路线。

图 15-22　弓步劈拳

23. 换跳步弓步冲拳

1) 动作过程

第一动：重心后移，右脚稍向后移动。右拳变掌内旋，以掌背向下画弧挂至右膝内侧，左掌背贴于右肘外侧，掌指向前，目视右掌。

第二动：右腿自然上抬，上体稍向左扭转。右掌挂至体左侧，左掌伸向右下，目随右掌转视。

第三动：右脚以全脚掌用力向下振踩，与此同时，左脚急速离地抬起。右手由左向上、向前搂盖后变拳收至腰侧，左掌伸直向下、向上、向前屈肘下按，掌心向下。上体右转，目视左掌。

第四动：左脚向前落步，右腿蹬直成左弓步。右拳向前冲出，拳与肩同高，左掌藏于右腋下，掌背贴靠腋窝，目视右拳。如图 15-23 所示。

图 15-23　换跳步弓步冲拳

2) 动作要领

换跳步时，下肢动作与上肢动作要连贯协调。振脚时腿要弯曲，全脚掌着地，左脚稍离地。

24. 马步冲拳

1) 动作过程

上体右转 90°，重心移至两腿中间，成马步。右拳收至腰侧，左掌变拳向左冲出，拳眼向上，目视左拳。如图 15-24 所示。

2) 动作要领

成马步时，蹬地转腰，力从腰发。

图 15-24　马步冲拳

25. 弓步下冲拳

1) 动作过程

右脚蹬直，左腿弯曲，上体稍向左转，成左弓步。左拳变掌向下经体前向上架于头左上方，掌心向上，右拳自腰侧向左前斜下方冲出，目视右拳。如图 15-25 所示。

图 15-25　弓步下冲拳

2）动作要领

成左弓步时，右脚蹬地转腰，力达拳面。

26．叉步亮掌侧踹腿

1）动作过程

第一动：上体稍右转。左掌由头上下落于右手腕上，右拳变掌，两手交叉成十字，目视双手。

第二动：右脚蹬地并向左腿后插步，前脚掌着地。左掌由体前向下、向后画弧成勾手，勾尖向上，右掌由前向右、向上画弧抖腕亮掌，掌心向前，目视左侧。

第三动：重心移至右腿，左腿屈膝提起，向左上方猛力踹出。上肢姿势不变，目视左侧。如图 15-26 所示。

图 15-26　叉步亮掌侧踹腿

2）动作要领

成交叉步时上体稍向右倾斜，腿与臂的动作要一致。侧踹时大腿内旋，力达脚跟。

27．虚步挑拳

1）动作过程

第一动：左脚在左侧落地。右掌变拳稍后移，左勾手变拳由体后向左上挑，拳背向上。

第二动：上体左转 180°，微含胸前俯。左拳继续向前、向上画弧上挑，右拳向下、向前画弧挂至右膝外侧，同时右膝提起，目视右拳。

第三动：右脚向左前方上步，脚尖点地，重心落于左脚，左腿下蹲成右虚步。左拳向后画弧收至腰侧，拳心向上，右拳向前屈臂挑出，拳眼斜向上，拳与肩同高，目视右拳。如图 15-27 所示。

图 15-27　虚步挑拳

2）动作要领

上步、转身与挑拳要连贯协调。

28．弓步顶肘

1）动作过程

长拳第四段

第一动：重心升高，右脚踏实。右臂内旋向下直臂画弧以拳背下挂至右膝内侧，左拳

不变，目视前下方。

第二动：左腿蹬直，右腿屈膝上抬。左拳变掌，右拳不变，两臂向前、向上画弧，目随右拳转视。

第三动：左脚蹬地起跳，身体腾空，两臂继续画弧至头上方。

第四动：右脚先落地，右腿屈膝，左脚向前落步，前脚掌着地。同时，两臂向右、向下屈肘停于右胸前，右拳变掌，左掌变拳，右掌心与左拳面相贴。

第五动：左脚向左上一步，左腿屈膝，右腿蹬直成左弓步。右掌推左拳，以左肘尖向左顶出，与肩同高，目视前方。如图 15-28 所示。

图 15-28　弓步顶肘

2）动作要领

交换步时双脚抬起不要过高，但要快。两臂沿弧形路线抡摆。

29．转身左拍脚

1）动作过程

第一动：以两脚前脚掌为轴向右后转体 180°。随着转体，右臂向上、向右、向下画弧抡摆，同时左拳变掌向下、向后、向前抡摆。

第二动：左腿伸直向前、向上踢起，脚面绷平。左掌变拳收至腰侧，右掌由体后向上、向前拍击左脚面。如图 15-29 所示。

2）动作要领

转身与摆臂要协调一致，右掌拍脚时手掌横过来，拍脚声音要响亮。

图 15-29　转身左拍脚

30．右拍脚

1）动作过程

第一动：左脚向前落地，左拳变掌向下、向后摆，右掌变拳收至腰侧。

第二动：右腿伸直向前上踢起，脚面绷平。左拳变掌由后向上、向前拍击右脚面。如图 15-30 所示。

2）动作要领

拍脚声音要响亮。

图 15-30　右拍脚

31. 腾空飞脚

1) 动作过程

第一动：右脚落地，左脚向前摆，右脚猛力蹬地跳起，左腿屈膝继续上摆。同时右拳变掌向前、向上摆，左掌先上摆而后下降拍击右掌背。

第二动：右腿继续上摆，脚面绷平，右手拍击右脚面，左掌由体前向后上举。如图 15-31 所示。

图 15-31　腾空飞脚

2) 动作要领

起跳腾空时左膝尽量上提。在空中完成拍脚，右臂伸直成水平。

32. 歇步下冲拳

1) 动作过程

第一动：左右脚先后相继落地。左掌变拳收至腰侧。

第二动：身体右转 90°，两腿全蹲成歇步。右掌抓握变拳并外旋收至腰侧，左拳由腰侧向前下方冲出，拳心向下，目视左拳。如图 15-32 所示。

图 15-32　歇步下冲拳

2) 动作要领

歇步下蹲时腰要收紧。

33. 仆步抡劈拳

1) 动作过程

第一动：重心升高，右臂由腰侧向体后伸直，左臂随身体重心升高向上摆动。

第二动：以右脚前脚掌为轴，左腿屈膝提起，上体左转 270°。左拳由前向后下画立圆，右拳由后向下、向前上画立圆。

第三动：左腿向后落一步，屈膝全蹲，右腿伸直，脚尖里扣成右仆步。右拳由上向下抡劈，拳眼向上，左拳后上举，拳眼向上，目视右拳。如图 15-33 所示。

图 15-33   仆步抡劈拳

2) 动作要领

抡臂时成立圆。

34. 提膝挑掌

1) 动作过程

第一动：重心前移成右弓步。同时右拳变掌由下向上抡摆，左拳变掌稍下落，右掌心向左，左掌心向右。

第二动：左右臂在垂直面上由前向后各画立圆。右臂伸直停于头上，掌心向左，掌指向上，左臂伸直停于身后成反勾手。同时右腿屈膝提起，左腿伸直独立，目视前方。如图 15-34 所示。

图 15-34   提膝挑掌

2) 动作要领

抡臂成立圆。

35. 提膝劈掌弓步冲拳

1) 动作过程

第一动：右掌由上向下猛劈伸直，停于右小腿内侧，用力点在小指一侧，左勾手变掌，屈臂向前停于右上臂内侧，掌心向左，目视右掌。

第二动：右脚向右后落地，身体右转 90°。同时，左掌变拳收至腰侧，右臂内旋向右画弧成劈掌。

第三动：左腿蹬直成右弓步。右手抓握变拳收至腰侧，左拳由腰侧向左前方冲出，目视左拳。如图 15-35 所示。

图 15-35   提膝劈掌弓步冲拳

2) 动作要领

三动之间要连贯协调。

36. 虚步亮掌

1) 动作过程

第一动：右脚扣于左膝后，两拳变掌，两臂屈肘交叉于体左前，目视右掌。

第二动：右脚向右后落步，重心后移，右腿半蹲，上体稍右转。同时右掌向上、向右、向下画弧停于左腋下，掌心向下，左掌向左、向上画弧停于右臂上与左胸前，掌心向上，目视左掌。

第三动：左脚尖稍向右移，右腿下蹲成左虚步。左臂伸直向左、向后画弧成反勾手，右臂伸直向下、向右、向上画弧抖腕亮掌，掌心向前，目视左方。如图 15-36 所示。

图 15-36　虚步亮掌

2) 动作要领

抖腕要干脆利落，虚步要稳。

37. 并步对拳

1) 动作过程

第一动：左腿后撤一步，同时两掌从两腰侧向前穿出伸直，掌心向上。

第二动：右腿后撤一步，同时两臂分别向体后摆。

第三动：左脚后退半步向右脚并拢。两臂由后向上经体前屈臂下按，两掌变拳，停于腹前，拳心向下，拳面相对，目视左方。如图 15-37 所示。

图 15-37　并步对拳

2) 动作要领

撤步与摆臂要协调一致。

38. 还原

1) 动作过程

两臂自然下垂，目视正前方。如图 15-38 所示。

2) 动作要领

调整呼吸，表情自然大方。

图 15-38　还原

三、剑术整套动作

剑术全套动作

剑术是中国武术中的一种短兵器项目，它是由剑器、剑法和与剑法相应的单个动作(或多个连续动作)组成的一套完整的运动方法。初级剑术套路由 34 个动作组成，含有刺、点、截、斩等基本剑法，配合弓步、马步、仆步、虚步、歇步、丁步、插步、跃步等基本步型和步法以及提膝平衡等基本动作。整套动作有起伏、有转折、有快慢、有起落，动作衔接自然顺畅而且难度不大，适合初学者学习。剑的基本结构如图 15-39 所示。

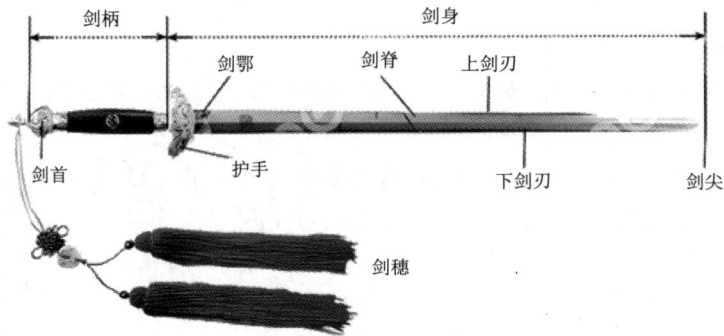

图 15-39　剑的基本结构

1. 预备姿势

1) 动作过程

预备式：身体正直，并步站立。左手持剑，以拇指为一侧，中指、无名指和小指为另一侧，分别握护手盘与剑柄的分界处，手心贴在护手盘下部，手背朝前，食指贴于剑柄，剑身贴于前臂后侧，如图 15-40①所示。右手握成剑指，食指和中指伸直并拢，无名指和小指屈向手心，拇指压在无名指的指甲上，手腕反屈，手背朝上，食中指内扣指向左下侧。两臂在体侧下垂，两肘微上提，目视前方，如图 15-40②所示。

剑术第一段

第一动：上身半面向右转，右脚向右上一步成右弓步，左脚前脚碾地，如图 15-40③所示。

第二动：左手持剑由左侧直臂向右侧画弧，至身前做反臂平举，左脚向右脚并步，左手持剑随之下落于身体左侧，目视剑指，如图 15-40④所示。

第三动：右剑指向右侧平伸指出，左脚向左，成左弓步，如图 15-40⑤所示。右脚向前并步站立，左手持剑落于左侧，右剑指向前平伸指出，眼看前方，如图 15-40⑥所示。

图 15-40　预备姿势

第四动：左手持剑由右剑指上穿出，上身右转，右脚向右侧跨步，成右弓步，右剑指向右侧平指出，如图 15-40⑦所示。

第五动：上身左转，重心落于右腿，成左虚步，左手持剑向胸前屈肘，右剑指也向胸前屈肘，准备接握左手之剑，目视剑尖，如图 15-40⑧所示。

2) 动作要领

动作连贯，一气呵成。

2. 弓步直刺

1) 动作过程

右手接握左手之剑，右手握成剑指，左脚向前半步屈膝，右脚前脚掌碾地，脚跟外展，膝部挺直，成左弓步。同时上身左转，右手持剑向身前平伸直刺，拇指一侧在上，左手剑指随之伸向身后平举指一侧在上，目视剑尖，如图 15-41 所示。

图 15-41　弓步直刺

2) 动作要领

弓步要正确，上身稍向前倾，腰向左拧转。

3. 回身后劈

1) 动作过程

左脚不动，膝部伸直，右脚向前上一步膝略屈，上身右转。同时右手持剑经上向后劈，剑高与肩平，拇指一侧在上，左手剑指随之由下向前上做弧形绕环，在头顶上方屈肘侧举，目视剑尖，如图 15-42 所示。

图 15-42　回身后劈

2) 动作要领

上步、转身、劈剑要连贯协调，力达剑刃。

4. 弓步平抹

1) 动作过程

左脚向左前方上一步，屈膝，右腿在后，膝部伸直，脚尖内扣，成左弓步。同时左手剑指由胸前下降，经左下向上做弧形绕环，在头顶上方屈时侧举，右手持剑，手心转向上，随之向前平抹，剑尖稍向右斜，目视前方，如图 15-43 所示。

图 15-43　弓步平抹

2) 动作要领

抹剑时，手腕用力须柔和，力达剑刃。

5. 弓步左撩

1) 动作过程

第一动：上身左转，右腿屈膝在身前提起，脚尖下垂，脚背绷直。同时手持剑臂外旋使剑由前向上、向后画弧，至后方时屈肘，使手腕、前臂贴靠腹部，手心朝里，左手剑指随之由头顶上方下落，附于右手腕部，手心朝下，目视剑身，如图 15-44①所示。

第二动：右腿继续向右前方落步，屈膝，左腿在后蹬直，脚尖内扣，成右弓步。同时右手持剑由后向下、向前反手撩起，小指一侧在上，左手剑指随右手运动，仍附于右手腕处，目视剑尖，如图 15-44②所示。

① ②

图 15-44 弓步左撩

2) 动作要领

动作要协调连贯，上步时上身略前倾，剑尖略低于剑指。

6. 提膝平斩

1) 动作过程

左脚向前上一步，右手腕向左上翻转，屈肘，使剑向左平绕至头部前上方，右脚随之由后向身前屈膝提起。右手继续翻转手腕，使剑向右平绕至右后方，手心朝上，再用力向前平斩，左手剑指由下向左、向上做弧形绕环，屈肘横举于头部左上方，目视前方，如图 15-45 所示。

图 15-45 提膝平斩

2) 动作要领

上步动作与绕剑平斩动作的衔接要协调，动作连贯，一气呵成。

7. 回身下刺

1) 动作过程

右脚向前落步，脚尖外撇，膝略屈，上身右转。同时右手持剑手腕反屈，使剑尖下垂，随之向后下方直刺，剑尖低于膝，拇指一侧在上，左手剑指先向身前的右手靠拢，然后在刺剑的同时，向前上方伸直，拇指一侧在上，目视剑尖，如图 15-46 所示。

图 15-46 回身下刺

2) 动作要领

动作连贯，用力顺达。

8. 挂剑直刺

1) 动作过程

第一动：左脚向前上一步，屈膝略蹲，右臂内旋先使指一侧朝下成反手，然后翘腕，摆臂，使剑向左、向上抄挂，当持剑手抄至左肩时，再屈肘使剑平落于胸前，手心朝里，此时左腿伸直站立，右腿随之在身前屈膝提起，左手剑指屈肘附于右手腕处，如图 15-47①所示。

第二动：接上一动，以左脚前脚掌碾地，上身右转，右手持剑使剑向下插，左手剑指仍附于右手腕处，目视剑尖。

第三动：仍以左脚前脚掌为轴碾地，右脚向身后跨一大步，屈膝，上身从右向后转，左腿在后蹬直，脚尖里扣，成右弓步。同时右手持剑向前直刺，剑尖与肩同高，拇指一侧在上，左手剑指随之向后平伸，拇指一侧在上，目视剑尖，如图15-47②所示。

图15-47　挂剑直刺

2) 动作要领

三动是一个整体，动作要连贯、协调，力达剑尖。

9. 虚步架剑

1) 动作过程

第一动：右手持剑先将剑尖由左向右搅一小圈，内旋使持剑手的拇指一侧朝下。同时以右脚跟和左脚前脚掌为轴碾地，右脚尖外撇，上身从右向后转，左脚向前收拢半步，两膝略屈成交叉步。在转身的同时，右手持剑反手向后上方屈肘上架，左手剑指屈肘经右肩前附于右手腕处，目向左平视，如图15-48①所示。

第二动：右腿屈膝不动，左脚向前进一步，膝盖稍屈，前脚掌虚着地面，重心落于右腿，成左虚步。在右手持剑略向后牵引的同时，左手剑指向前平伸指出，手心朝下，目视剑指，如图15-48②所示。

图15-48　虚步架剑

2) 动作要领

剑、手和步要协调一致，虚步要稳。

10. 虚步平劈

1) 动作过程

左脚脚跟外展，上身右转，重心移于左腿，右脚跟随之离地，成为前脚掌虚着地面的右虚步。在转身的同时，右手持剑向下平劈，拇指一侧在上，左手剑指即向上屈肘，手心向左上方，目视剑尖，如图15-49所示。

图 15-49　虚步平劈

剑术第二段

2) 动作要领

虚步须虚实分明，劈剑手腕要直，力达剑刃。

11. 弓步下劈

1) 动作过程

右脚踏实，身体重心前移，左手剑指伸向右腋下，右手持剑臂内旋使手心朝下。左脚随即向左前方上步并屈膝，右腿在后蹬直，脚尖里扣，成左弓步。在左脚上步的同时，右手持剑屈腕向左平绕，画一小圈后向前下方劈剑，剑尖高与膝平，左手剑指随之由右腋下向左、向上绕环，在头顶上方屈肘侧举，上身略前俯，目视剑尖，如图 15-50 所示。

图 15-50　弓步下劈

2) 动作要领

右肩前顺，左肩后引，剑尖与手腕成一直线。

12. 带剑前点

1) 动作过程

第一动：右脚向左脚靠拢，以前脚掌虚着地面，两腿屈膝略蹲。右手持剑向上屈腕，使剑向右耳际带回，肘微屈，左手剑指随之由前下落，附于右手腕处，目向右前方平视，如图 15-51①所示。

第二动：上动不停，右脚向右前方跃一步，落地后即屈膝半蹲，全脚掌着地，左脚随之跟进，向右脚并步屈膝，以脚尖点地，成丁字步。同时右手持剑向前点击，拇指一侧在上，左手剑指屈肘向头顶上方侧举，手心朝上，目视剑尖，如图 15-51②所示。

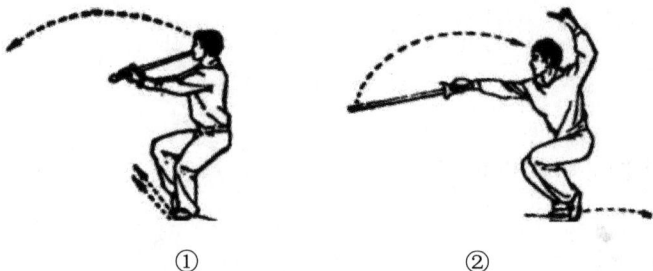

①　　　　　　　　②

图 15-51　带剑前点

2) 动作要领

丁字步上身稍前倾，挺胸、直背、塌腰，力达剑尖。

13. 提膝下截

1) 动作过程

第一动：右腿伸直，左腿退步后屈膝，上身后仰。右臂外旋手心朝上，使剑向右、向后上方做弧形绕环，左手剑指不动，如图 15-52①所示。

第二动：上动不停，右臂内旋使手心朝下，继续使剑向左、向前下方画弧并下截。同时上身向前探倾，左腿屈膝提起，目视剑尖，如图 15-52②所示。

图 15-52　提膝下截

2) 动作要领

动作要完整、连贯，提膝要稳，右臂和剑身成一线，剑身斜平。

14. 提膝直刺

1) 动作过程

第一动：右腿略屈膝，左脚向前落步，脚尖外撇。右臂外旋使手心朝上，并在左脚落步的同时向上屈肘，将剑柄收抱于胸前，手心朝里，剑尖高与肩平，左手剑指随之下落，屈肘按于剑柄上，此时两腿成交叉步，目视剑尖，如图 15-53①所示。

第二动：右腿向身前屈膝提起，左腿伸直站立。右手持剑向前平直刺出，拇指一侧在上，与此同时，左手剑指向后平伸指出，手心朝下，目视剑身，如图 15-53②所示。

2) 动作要领

抱剑与落步、直刺与提膝必须协调一致。

图 15-53　提膝直刺

15. 回身平崩

1) 动作过程

第一动：右脚向前落步，脚尖外撇，左脚前脚掌碾地使脚跟外转，屈膝略蹲，同时上身向右后转成交叉步。右手持剑臂外旋使手心朝上，屈肘向胸前收回，剑身与右前臂成水

平直线，左手剑指随之直臂上举，经左耳侧时屈肘前落，附于右手心上，目视剑尖，如图
15-54①所示。

第二动：上身稍向右转，左腿挺膝伸直，右腿略屈膝。同时右手持剑使剑的前端用力
向右平崩，手心仍朝上，左手剑指屈肘向额部左上方侧举，目视剑尖，如图15-54②所示。

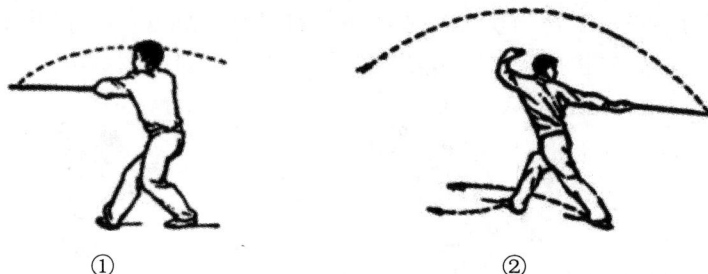

①　　　　　　　　　　　　　②

图 15-54　回身平崩

2）动作要领

收剑和平崩须连贯，用力点在剑的前端。上身向右拧转，左脚不移动。

16. 歇步下劈

1）动作过程

右脚蹬起跳，左脚向左跃步横跨一步落地后，右腿即向
左腿后侧插步，继而两腿屈膝全蹲成歇步。在跃步的同时，
右手持剑向上举起，并在形成歇步的同时向左下劈，拇指一
侧在上，剑尖与踝关节同高。左手剑指随着下劈动作下按于
右手腕上，目视剑身，如图 15-55 所示。

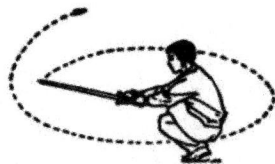

图 15-55　歇步下劈

2）动作要领

劈剑与跃步成歇步动作同时完成，剑身与地面平行。

17. 提膝下点

1）动作过程

第一动：右手持剑先使手心朝下成平剑，然后以两脚的前脚掌碾地，上身向右转动，
两腿边转边站起来，右手持剑平绕一周。当剑绕至上身右侧时，上身稍向左后仰，同时剑
身继续向外、向上的弧形绕环，剑尖接近右耳侧，同时左手剑指离开右手腕向上屈肘侧举，
目视前下方，如图 15-56①所示。

①　　　　　　　　　　　　　②

图 15-56　提膝下点

第二动：上动不停，右腿伸直站立，左腿屈膝提起，上身向右侧下探俯。同时右手持剑向前下点击，力达剑尖，目视剑尖，如图 15-56②所示。

2) 动作要领

仰身外绕与提膝下点须连贯，同时完成。右腿挺直，右手腕下屈，剑身、右臂、左臂和剑指在同一个垂直面内。

18. 并步直刺

1) 动作过程

剑术第三段

第一动：以右脚前脚掌为轴碾地，使上身向左后转。在转身的同时，右臂内并向拇指一侧屈腕，使剑尖指向转身后的身前，左手剑指随之由上经右肩前做腹前绕环，向正前方指出，手心朝下，目视剑指，如图 15-57①所示。

第二动：左脚向前落步，右脚随之跟进半步，两腿屈膝半蹲。同时右手持剑向前平伸直刺，拇指一侧在上，左手剑指顺势附于右手腕处，目视剑尖，如图 15-57②所示。

①　　　　　　　②

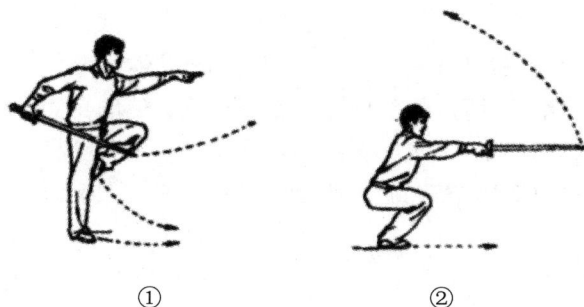

图 15-57　并步直刺

2) 动作要领

上身前倾，直背，落臀。两臂伸直，剑尖与肩平。

19. 弓步上挑

1) 动作过程

右脚上步屈膝，同时左脚跟稍内转，左腿挺膝伸直，成右弓步。右手持剑直臂向上挑举，剑尖向上，手心朝左，左手剑指仍向前平伸指出，手心朝下，上身稍微前倾，目视剑指，如图 15-58 所示。

2) 动作要领

左臂伸直，左肩前顺，剑指略高于肩。右臂直上举，剑刃朝剑指方向。

20. 歇步下劈

1) 动作过程

右腿伸直，左脚向前上步，脚尖外撇，随后两腿交叉屈膝全蹲成歇步。同时右手持剑向前下劈，大拇指一侧在上，剑尖与踝关节同高，左手剑指屈肘附于右手腕里侧，上身稍前俯，目视剑身，如图 15-59 所示。

图 15-58　弓步上挑

图 15-59　歇步下劈

2) 动作要领

下劈剑与歇步同时完成，剑身与地面平行，力达剑下刃。

21. 右截腕

1) 动作过程

两脚以前脚掌碾地，并且两腿稍伸直立起，使上身右转，右腿屈膝半蹲，左腿稍屈膝，左脚前脚掌虚着地面，成左虚步。右臂内旋使拇指一侧朝下，用剑的前端下刃向前上方画弧翻转。随着上身起立成虚步，右手持剑再向右后上方托起，左手剑指仍附于右手腕，两肘微屈，目视前方，如图 15-60 所示。

图 15-60　右截腕

2) 动作要领

两腿要虚实分明，上身稍向前倾，剑身平横于右额前上方，剑尖稍高于剑柄。

22. 左截腕

1) 动作过程

左脚向前上半步，并以前脚掌碾地使上身向左后转，右脚随之向前上一步，前脚掌着地，两腿屈步的同时，左臂外旋，使剑身的前端向左前上方画弧翻转，手心朝上，剑身与地面平行，左手剑指随之离开右手腕，屈肘向上侧举，目视剑尖的前方，如图 15-61 所示。

图 15-61　左截腕

2) 动作要领

两腿虚实要分明，上体稍前倾，剑身平举于左额前上方。

23. 跃步上挑

1) 动作过程

第一动：左脚经身前向前一步，右脚随之在身后离地，小腿后弯。同时右臂外旋，手心朝里，使剑由右向上、向左屈肘画弧，剑至上身左侧时，右手靠近左胯旁，拇指一侧在上并向上屈腕，左手剑指在右手向左下落时附于右手腕上，目视剑尖，如图 15-62①所示。

第二动：左脚蹬地，右脚向右侧跃步，落地后屈膝略蹲，左脚随之离地屈膝，从身后伸向右侧方形成望月平衡，上身向左侧倾俯。在右脚跃步的同时，右手持剑由左胯旁向下、向右画弧，剑到达右侧方时，臂外旋并向拇指一侧屈腕，使剑向斜上方挑击，左手剑指向左上方屈肘横举，拇指一侧在下，目视右侧方，如图 15-62②所示。

①　　　　　　　②

图 15-62　跃步上挑

2) 动作要领

跃步和上挑动作须协调一致，迅速完成，平衡稳固。上身向右拧转，剑身斜举于右侧上方，手腕上屈。

24. 仆步下压

1) 动作过程

第一动：右手持剑使剑尖从头上经过，继而向身后做弧形平绕，当剑绕到右侧时，屈肘将剑柄收抱于胸部前下方，手心朝上。同时右膝伸直，上身立起，左腿屈膝提于身前，左手剑指举于左额前上方，如图15-63①所示。

第二动：上动不停，左手剑指经身前下落，按在右手腕上。左脚随之向左侧落步，屈膝全蹲，右腿在右侧平铺伸直，脚尖里扣，成右仆步。同时右手持剑用剑身平面向下带压，剑尖斜向右上方，上身前探，目向右平视，如图15-63②所示。

图 15-63　仆步下压

2) 动作要领

仆步上身要前探、挺胸。两肘略屈，环抱于身前。

25. 提膝直刺

1) 动作过程

两腿直立站起，左腿屈膝提于身前，右腿挺直站立。同时右手持剑向身前平伸直刺，拇指一侧在上，左手剑指肘在左侧上举，拇指一侧在下，目视剑尖，如图15-64所示。

2) 动作要领

右腿独立须站稳，上身稍右倾，两臂和剑身要成一直线，左臂屈成半圆形。

图 15-64　提膝直刺

26. 弓步平劈

1) 动作过程

右臂外旋，先使手心朝向背后，剑的下刃翻转向上，继而上身左转。同时左脚向左侧后落一大步，右脚以前脚掌为轴碾地，脚跟稍外转，左腿弯曲、右腿挺膝伸直成左弓步。左手剑指随着持剑臂的运行而向右、向下、向左、向上做圆形绕环，最后仍屈肘举于头部左侧上方。同时右手持剑向身前平劈，拇指一侧在上，剑尖略高于肩，目视剑尖前方，如图15-65所示。

剑术第四段

2) 动作要领

向前劈剑和剑指绕环这两个动作须协调一致且同时完成，两肩要放松。

图 15-65　弓步平劈

27. 回身后撩

1) 动作过程

右脚向前上一步，膝微屈，左脚随之离地，小腿向上弯曲，上身前俯，腰向右拧转，右手持剑随右脚上步而向后反撩，剑尖斜向下方，拇指一侧在下，左手剑指前伸成侧上举，拇指一侧在下，目视剑尖，如图 15-66 所示。

2) 动作要领

右脚站立要稳，左脚背要绷直，上身挺胸，两肩放松。

图 15-66　回身后撩

28. 歇步上崩

1) 动作过程

第一动：右脚蹬地，左脚向前跃步，上身随之向右后转，左脚落地，脚尖稍外撇，右腿摆向身后。在上身转动的同时，右臂外旋，拇指一侧朝上，左手剑指在身后平伸，手心朝下，目视剑尖，如图 15-67①所示。

第二动：上动不停，右脚在身后落步，两腿屈膝全蹲，左大腿盖压在右大腿上，臀部坐在右小腿上成歇步。同时右手持剑直臂下压，手腕向拇指一侧上屈，使剑尖上崩，左臂屈肘，左剑指随之在头部左上方侧举，目视剑前下方，如图 15-67②所示。

①　　　　　　　　　　　　②

图 15-67　歇步上崩

2) 动作要领

跃步、歇步和剑尖上崩三个动作要连贯协调，跃步要远，落步要轻。腕部猛然用力上屈，剑尖与眉平。歇步上身前俯。

29. 弓步斜削

1) 动作过程

左脚尖里扣，上身右转，右脚随之向前上步，右腿屈膝，左腿在身后挺膝伸直，成右弓步。右手持剑臂外旋使手心朝上，在转身的同时，屈肘向左肋前收回，左手剑指随之从身前下落，按在剑柄上。随后右手持剑经胸前向右上方斜削，手心朝上，左手剑指平摆于身后，指尖朝后，手心向前，如图 15-68 所示。

图 15-68　弓步斜削

2) 动作要领

右臂稍低于肩，剑尖斜向脸前右上方斜削，略高于头。左臂在身侧平举，指尖略高于肩。

30．进步左撩

1）动作过程

第一动：右腿伸直，上身左转，左腿屈膝。同时右手持剑使手心朝里，经脸前一边转身一边向左画弧，剑至体前时左手剑指附于右手腕里侧，目视剑尖，如图 15-69①所示。

第二动：以右脚跟为轴碾地，脚尖外撇，上身向右后转，左脚随之向前上步，以前脚掌虚着地面。同时右手持剑反手向下、向前、向上继续画弧撩起，剑至前上方时，肘部略屈，拇指一侧在下，剑尖高于肩，左手剑指随右手动作仍附于右手腕上，目视剑尖，如图 15-69②所示。

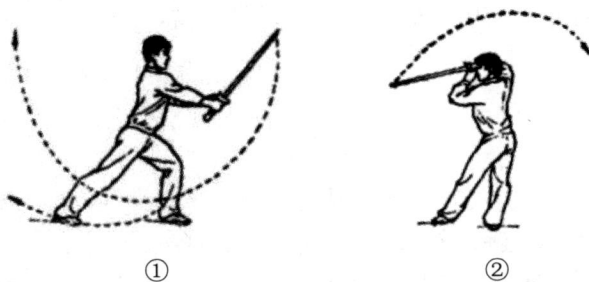

图 15-69　进步左撩

2）动作要领

两个剑身的画弧动作必须连贯成完整的绕环动作。撩剑后，右腿微屈，左腿伸直，身体重心落于右腿，剑尖稍朝下。

31．进步右撩

1）动作过程

第一动：右手持剑直臂向上、向右、向后方画弧，右手剑指随势收于右肩前，手心朝左，目视剑尖，如图 15-70①所示。

第二动：左腿踏实后以脚跟为轴碾地，脚尖外撇，右脚随之向左脚上一步，前脚掌虚着地面的同时，右手持剑由右向下、向前画弧抢臂撩起，剑至前方时，肘微屈，手心朝上，剑尖高于头平。左手剑指随之由右肩前向下、向前、向后上方做绕环，屈肘侧举于头部左上方，目视剑尖，如图 15-70②所示。

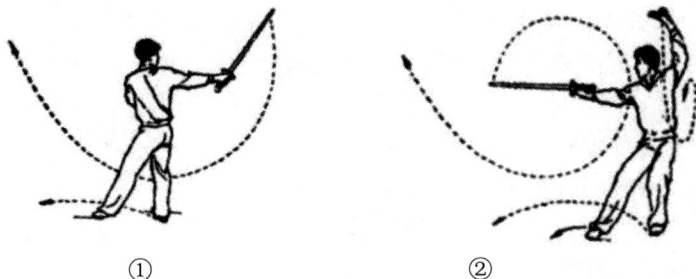

图 15-70　进步右撩

2）动作要领

进步左撩时，剑走立圆。

32. 坐盘反撩

1) 动作过程

右脚踏实后向前上一步，随即左脚从右腿后向右侧插一步，两腿屈膝下坐，成坐盘式。在左脚插步的同时，右手持剑向上、向左、向下、向右上方反手做绕环斜上撩，剑尖高过头顶。左手剑指随之经体前向下、向后上方画弧，屈肘横举于左耳侧，拇指一侧在下，上身向左前倾俯，目视剑尖，如图15-71所示。

2) 动作要领

坐盘与反撩要协调进行。上身倾俯、含胸，剑尖与右臂、左肘、左肩成一直线。

图 15-71　坐盘反撩

33. 转身云剑

1) 动作过程

第一动：右脚蹬地，两腿伸直站起，以两脚的前脚掌碾地，使上身向左后转。转身后，右腿屈膝略蹲，右脚踏实，左膝微屈，前脚掌虚着地面，身体重心落于右腿。同时右手持剑随身体转动一周后屈肘使剑平举，拇指一侧在下，并将左手剑指附于右手腕处，目视剑尖，如图15-72①所示。

第二动：上动不停，上身后仰，右手持剑由左向后云剑一周，剑至身前时，右手心朝上，准备以左手接握右手之剑，此时重心前移，左脚踏实，右腿伸直，上身前倾，目视左手，如图15-72②所示。

2) 动作要领

转身和云剑要连贯，云剑要平圆，速度要快，腕关节要放松。

①　　②

图 15-72　转身云剑

34. 结束动作

1) 动作过程

第一动：右手剑柄交于左手后即握成剑指，左手接剑后反手握住剑柄向身体左侧下垂。此时右脚向右前方上步，脚尖里扣，屈膝略蹲，上身随之左转。左脚随之向前移步，以前脚掌虚着地面，膝微屈。在上身左转的同时，右手剑指随之由身后向上侧举于头部右上方，手心朝上，眼向左平视，如图15-73①所示。

第二动：右腿伸直，右脚向左脚靠拢，并步站立。右手剑指下落于身体右侧，手心朝下，恢复成预备姿势，目视前方，如图15-73②所示。

2) 动作要领

收势迅速，神态自然。

①　　②

图 15-73　结束动作

第十六章

24式简化太极拳运动理论与技术

学习目标

(1) 了解24式简化太极拳运动的基本知识与健身作用。
(2) 掌握24式简化太极拳运动的基本技术动作,提高动作规格和动作质量。

课程思政点

传承中国文化,增强文化自信

习近平总书记深刻指出:"文化是一个民族的根,是一个民族的魂。文化兴国运兴,文化强民族强。没有高度的文化自信,没有文化的繁荣兴盛,就没有中华民族伟大复兴。"坚定文化自信,建设社会主义文化强国,必须深入了解中华优秀传统文化。

太极拳是中国传统文化的瑰宝,更是我们中华民族的智慧结晶。太极拳是以中国传统儒、道哲学中的太极、阴阳辩证理念为核心思想,集颐养性情、强身健体、技击对抗等多种功能为一体,结合中医经络学、古代的导引术和吐纳术形成的一种内外兼修、柔和、缓慢、轻灵、刚柔并济的中国传统拳术。如今,太极拳早已走向世界,被列入联合国教科文组织人类非物质文化遗产代表作名录。据不完全统计,太极拳已在150多个国家和地区传播,有80多个国家和地区建立了太极拳组织,有1.5亿人在习练太极拳。

2012年6月26日,我国女航天员刘洋在"天空一号"上首次向全世界展示了中国功夫——太极拳,把太极拳带入了一个新的高度。大量研究证明,太极拳是航天员适应太空环境的最好运动方式,对于航天员重建正常的步态、身体平衡、姿态控制、心理调节、增加免疫力等方面也有其独特的效果。随着太极拳在世界航空科研领域被广泛认可,太极文化中所倡导的这种和谐辩证、顺应自然以及天人合一的思想也得到了很好的传播,可以说为航空科研领域注入了东方智慧。

希望大家深入学习太极拳,进一步增强文化自信,成为太极拳的学习者、传承者和弘扬者,助力中国早日实现文化强国、科技强国、健康中国和体育强国。

第一节 24 式太极拳运动概述

一、24 式简化太极拳简介

24 式简化太极拳是一种健身效果极佳的运动项目，创编于 1956 年，由原国家体育运动委员会组织专家，在杨式太极拳传统大架的基础上进行简化、改编，最终选取 24 个技术动作，遵循由简到繁、由易到难、循序渐进的原则进行重新编排。此拳术易学易练，适合初学者练习。

二、24 式简化太极拳的健身作用

大量的事实和科学实验充分证明，太极拳是一项对身心十分有益的体育活动，也是体现"动以养身""静以养心""动静结合"的健身运动。练习时，要求习练者心静体松，将身体运动与呼吸及意念的引导有机的结合起来，使习练者通过锻炼达到身心健康的良好状态。

1. 对神经系统的影响

练习太极拳时，要求习练者思想高度入静，以意导体，精神贯注，不存杂念，使大脑皮层进入保护性抑制状态，消除大脑神经的紧张疲劳，达到清醒头脑、活跃情绪、修复神经系统的作用。

2. 对心血管的影响

练习太极拳时，要求以腰脊为轴，以微微转动来带动四肢进行螺旋缠丝运动。这样的运动方式可以有效地促进血液循环，对心脏、血管等均有良好的影响和作用。同时可以增强新陈代谢，提高身体免疫力，减少疾病的发生。

3. 对呼吸系统的影响

太极拳通过缓慢、细长、均匀的腹式呼吸，加强了膈肌的运动。膈肌的运动不仅可以促进呼吸的深长，改善肺活量，还可以增加内脏的蠕动，促进腹腔的血液循环和肠胃消化能力。

4. 对骨骼、肌肉的影响

太极拳要求立身端正、步法稳健、关节伸屈灵活，可以锻炼下肢力量。通过太极拳的练习，可以有效提高肢体的灵活性、协调性、柔韧性及力量等身体素质。

三、24 式简化太极拳的运动特点

1. 心静意导，呼吸自然

练习太极拳时要求思想专一、心理安静，用意念引导动作。呼吸自然平稳，并且要与动作相互配合。

2. 松柔连贯，连绵不断

太极拳动作姿势松展圆满，身体肌肉、关节不可紧张僵硬。整套动作从"起式"到"收式"，前后贯穿、速度均匀如行云流水般连绵不断。

3. 动作圆活，周身协调

太极拳动作沿圆走圈，处处带有弧形或螺旋形，转折圆润和顺，衔接自然。头、眼、手、脚和身体要相互配合，协调统一，不可顾此失彼，上下脱节，各行其是。

第二节　24式简化太极拳运动基本技术

一、24式简化太极拳的基本手型、步型及步法

（一）基本手型

手型、步型、步法

24式简化太极拳运用到的基本手型有拳、掌和勾手三种。

（1）拳：五指卷曲，自然握拢，拇指压于食指、中指第二指节上。拳的结构有拳背、拳面、拳心、拳眼和拳轮。

（2）掌：五指自然分开微屈，虎口成弧形，掌心微含。

（3）勾手：五指指尖轻微捏拢，屈腕，自然不用力。

（二）基本步型

24式简化太极拳中运用到的基本步型有马步、弓步、虚步和仆步四种。

1. 马步

首先两脚分开与肩同宽，脚尖冲向正前方。然后双膝慢慢屈蹲，敛臀立腰、立身，将身体的重心坐在两腿中间。

要点：两腿膝关节微微外撑，朝向脚尖方向。

2. 弓步

两脚前后开立，前脚脚尖朝正前方，前腿屈膝，膝与地面的垂直线不超过脚尖；后侧腿自然伸直，膝关节可保持弧度，脚尖斜向前，两脚之间横向距离约30厘米(左脚在前为左弓步，右脚在前为右弓步)。

要点：前腿弓，后侧腿自然伸直；后侧脚外沿不能离开地面。

3. 虚步

两脚前后开立，后脚外展45°，膝关节微屈，重心落于后侧腿；前脚脚面蹦平，脚尖稍内扣，虚点地面，膝关节微屈(左脚在前为左虚步，右脚在前为右虚步)。

要点：头向上顶，腿上动作要虚实分明。

4. 仆步

一腿屈膝全蹲，全脚掌着地，膝微外展，脚尖外展约 45°；另一腿自然伸直于体侧，接近地面，脚尖内扣，全脚掌着地(左腿平铺为左仆步，右腿平铺为右仆步)。

要点：两脚要全脚掌着地，平铺腿的膝关节要自然伸直。

(三) 基本步法

太极拳的基本步法有进步、退步和横移步三种。

1. 进步

右腿在前，右弓步准备，两手背于身后。

(1) 重心后移，回勾右脚脚尖。

(2) 右脚脚尖外转 45°，左脚收于右脚内侧。

(3) 左脚向前迈出，脚跟先着地。

(4) 重心前移，左脚踏实，成左弓步。

另一侧动作相同，方向相反。

要点：迈步时由脚跟先着地，落地要轻，然后随重心前移慢慢过渡到前脚掌着地。

2. 退步

虚步准备，两手相叠放于丹田处。

(1) 左脚提起经右脚内侧向左后退，前脚掌先落地。

(2) 随重心慢慢后移过渡到全脚掌着地，成右虚步。

另一侧动作相同，方向相反。

3. 横移步

开步站立，两腿微屈，双手叉腰准备。

(1) 重心右移，左脚向左横移一步。

(2) 重心左移，右脚向左脚内侧跟进一步，前脚掌先着地，然后过渡到全脚掌着地，重心落于两腿之间。

要点：两腿始终保持一定的微屈，不能出现重心的高低起伏，两脚之间保持一脚宽的距离。

二、24 式简化太极拳整套动作

1. 预备姿势

身体自然站立，双脚并拢，脚尖朝前，两臂自然放松，双手垂于大腿两侧，下颌微收，口微闭，上齿轻叩下齿，舌抵上腭，眼睛平视前方，全身放松，呼吸自然，如图 16-1 所示。

要点：调整呼吸，全神贯注，精神饱满，做好练拳前的准备。

2. 第一式——起势

第一动：两脚开立。

左脚向左分开半步，前脚掌先着地，随即全脚踏实成开立步，与肩

太极拳全套动作

图 16-1　预备姿势

同宽，脚尖向前，眼看前方，如图 16-2①所示。

第二动：两臂前举。

两臂慢慢向前平举，举至与肩同高处，两手与肩同宽，手心向下，
指尖向前，眼看前方，如图 16-2②、③所示。

太极拳 1～5 式

第三动：屈膝按掌。

上体保持正直，两腿慢慢屈膝半蹲，身体重心落于两腿之间。屈膝下蹲的同时，两臂
慢慢下落，两掌轻轻下按至腹前，身体中正，眼看前方，如图 16-2④所示。

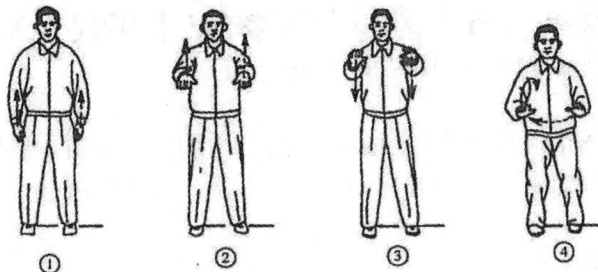

图 16-2 起势

要点：两臂下落与身体下蹲的动作要协调一致。

3. 第二式——左右野马分鬃

1) 左野马分鬃

第一动：抱球收脚。

上体稍右转，重心移置右腿上，同时右臂屈抱于右胸前，手心向下；左臂屈抱于腹前，
掌心向上，两手心上下相对，在胸前右侧成"抱球"状。左脚随之收到右脚内侧，脚尖点
地，眼看右手，如图 16-3①、②所示。

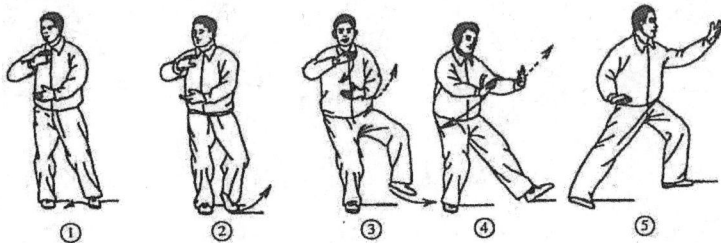

图 16-3 左野马分鬃

第二动：转体迈步。

上体向左转，随之左脚向左前侧方迈出一步，左腿自然伸直，脚跟轻轻落地，重心仍
在右腿上。随转体和左脚迈出，两手开始分别向左上、右下斜线分开，视线随左手移动，
如图 16-3③、④所示。

第三动：弓步分手。

上体继续向左转，重心前移，左脚全脚掌逐渐踏实，左腿屈膝慢慢向前弓出；右腿自
然蹬直，右脚脚跟稍外展，成左弓步。随转体两手继续分别向左上、右下斜线分开，视线
随左手移动，左手向左上移至体前且高不过眼，手心斜向上。右手向右下方落按于右胯旁，
手心向下，指尖朝前。两臂肘部微屈，保持弧形，转体、弓腿和分手要协调一致，眼看左

手，如图 16-3⑤所示。

2) 右野马分鬃

第一动：后坐翘脚。

右腿屈膝，重心移至右腿；左脚尖翘起，微向外撇，左腿自然伸直。同时上体微向左转，两手准备翻转"抱球"，眼看左手，如图 16-4①所示。

第二动：抱球跟脚。

上体继续左转，两手抱球，左手在上，右手在下，两手心上下相对在胸前左侧成"抱球"状。左脚脚尖外展 45°，全脚掌踏实，屈膝弓腿，重心慢慢移至左腿，随即右脚跟进至左脚内侧，眼看左手，如图 16-4②、③所示。

第三动：转体迈步。

上体向右转，随之右脚向右前侧方迈出一步，右腿自然伸直，脚跟轻轻落地，重心仍在左腿上。随转体和右脚迈出，两手开始分别向右上、左下斜线分开，视线随右手移动，如图 16-4④所示。

第四动：弓步分手。

上体继续向右转，重心前移，右脚全脚掌逐渐踏实，右腿屈膝慢慢向前弓出。左腿自然蹬直，左脚脚跟稍外展，成右弓步。随转体两手继续分别向右上、左下斜线分开，视线随右手移动，右手向右上移至体前且高不过眼，手心斜向上。左手向左下方落按于左胯旁，手心向下，指尖朝前。两臂肘部微屈，保持弧形，转体、弓腿和分手要协调一致，眼看右手，如图 16-4⑤所示。

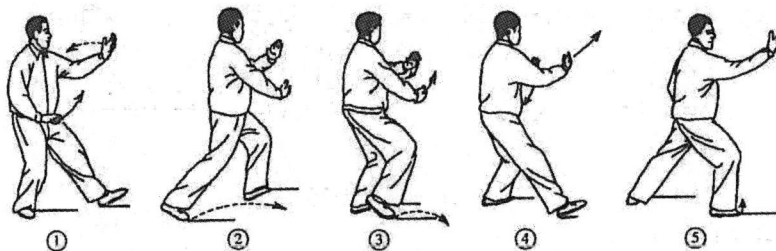

图 16-4　右野马分鬃

3) 左野马分鬃

第一动：后坐翘脚。

与"右野马分鬃"中的第一动相同，唯左右式相反，如图 16-5①所示。

第二动：抱球跟脚。

与"右野马分鬃"中的第二动相同，唯左右式相反，如图 16-5②、③所示。

第三动：转体迈步。

与"左野马分鬃"中的第二动相同，如图 16-5④所示。

第四动：弓步分手。

与"左野马分鬃"中的第三动相同，如图 16-5⑤所示。

要点：转体和抱手的动作是同时进行的，抱手要在转体的带动下协调一致完成。弓步与分手动作的速度要均匀一致。弓步时膝关节不要超过脚尖，后侧腿要自然伸直。

图 16-5　左野马分鬃

4. 第三式——白鹤亮翅

第一动：跟步抱球。

上体微向左转，重心移至左腿。右脚抬起，向前跟进半步，落于左脚右后侧，前脚掌着地，重心仍在左腿。同时左手翻掌向下，平屈于胸前。右手翻掌向上，向左方画弧至左腹前，两手心上下相对，在胸前左侧成"抱球"状，眼看左手，如图 16-6①、②所示。

第二动：后坐转体。

上体微向右转，右脚全脚掌踏实，重心移至右腿。伴随身体右转，右臂上举，左手自然搭至右臂内侧，视线随右手移动，如图 16-6③所示。

第三动：虚步分手。

身体微向左转至面向前方，同时两手向右上、左下分开，右手上提停于额前右侧，手心向内，虎口朝上。左手下按至左胯旁，手心向下，指尖朝前。同时左脚稍向前移，脚前掌着地，膝部微屈成左虚步，上体正直，松腰松胯。转体、分掌和步型的调整要协调一致、同时完成，眼看前方，如图 16-6④所示。

图 16-6　白鹤亮翅

要点：右脚前跟时，身体微左转。重心后移时，身体微右转。两手上下分开时，应注意顶头竖脊，松腰松胯。

5. 第四式——左右搂膝拗步

1) 左搂膝拗步

第一动：转体落手。

上体微向左转，随转体右手向左画弧，经额前下落至面前。左手开始外旋向上翻掌，眼看前方，如图 16-7①所示。

第二动：转体收脚。

上体向右转，随转体右手向上方画弧至右后方，与耳同高，手心斜向上。左手经面前向右画弧至右肩前，手心斜向下。左脚收至右脚内侧，重心在右腿，眼看右手，如图 16-7②、③、④所示。

第三动：迈步屈肘。

上体向左转，随转体左脚向左前方迈出一步，左腿自然伸直，脚跟轻轻落地。右臂屈肘将右手收至右耳侧，掌心斜向前。左手向下画弧至右腹前，手心向下，眼转看前方，如图 16-7⑤、⑥所示。

第四动：弓步搂推。

上体继续左转至正前方，左脚掌踏实，左腿弓屈，右腿自然蹬直成左弓步，上体正直，松腰松胯。左手向左画弧经膝前搂过，按于左胯旁，手心向下，指尖朝前。右手从耳侧向前推出，推到顶点时要坐腕，指尖向上，高与鼻平。两手搂推的动作和转体弓腿的动作必须协调一致，同时完成，眼看右手，如图 16-7⑦所示。

图 16-7　左搂膝拗步

2) 右搂膝拗步

第一动：后坐翘脚。

重心移至右腿，左脚尖翘起，略向外撇，同时上体微向左转，眼看右手，如图 16-8①所示。

第二动：转体收脚。

上体继续向左转，左脚脚尖外展 45°，全脚掌踏实，屈膝弓腿，重心慢慢移至左腿，右腿收至左脚内侧。右手随之向左画弧，摆至身体左前方，手心斜向下。左手向左、向上画弧至与耳同高，手心斜向上。右脚收至左脚内侧，眼看左手，如图 16-8②、③所示。

第三动：迈步屈肘。

上体向右转，右脚向右前方迈出一步，右腿自然伸直，脚跟轻轻落地。左臂屈肘将左手收至右耳侧，掌心斜向前。右手向下画弧至左腹前，手心向下，眼看前方，如图 16-8④、⑤所示。

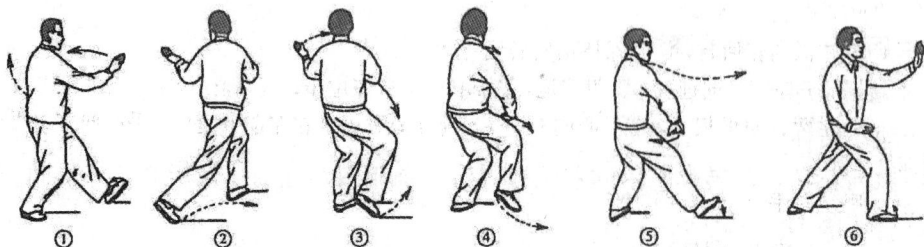

图 16-8　右搂膝拗步

第四动：弓步搂推。

上体继续右转至正前方，右脚掌踏实，右腿弓屈，左腿自然蹬直成右弓步，上体正直，松腰松胯。右手向右画弧经膝前搂过，按于右胯旁，手心向下，指尖朝前。左手从耳侧向前推出，推到顶点时要坐腕，指尖向上，高与鼻平。两手搂推的动作和转体弓腿的动作必须协调一致，同时完成，眼看左手，如图 16-8⑥所示。

3) 左搂膝拗步

动作与右搂膝拗步相同，只是左右相反。

要点：在做搂膝拗步动作的前推、下搂时，两手的动作与弓腿的动作应同时到位，上下肢协调配合，同步进行。

6. 第五式——手挥琵琶

第一动：跟步松手。

重心移至左腿，右脚向前跟进半步，与左脚相距约一脚长，前脚掌着地。右掌放松，准备回带，左掌准备上挑，眼看右手，如图 16-9①所示。

第二动：后坐挑掌。

重心后移，右脚踏实，上体稍向右转，左脚脚跟提起。随转体左掌由下向左、向上画弧挑至体前，掌心斜向下，指尖高与鼻平。右臂屈肘后引，收至胸前，掌心斜向下，视线随右手移动，如图 16-9②所示。

第三动：虚步合臂。

上体微向左回转，左脚稍向前移，脚跟着地，膝部微屈，成左虚步。随转体两臂外旋，左前右后屈肘合抱于体前。左手心向右，高与鼻平。右手合在左前臂里侧，手心向左，两臂肘部均微屈，眼看左手，如图 16-9③所示。

图 16-9　手挥琵琶

要点：练习时应注意身法、手法与步法的协调配合，防止动作生硬僵化。定式时，两臂应半屈成弧形。左虚步是脚跟着地，而不是前脚掌着地，要与白鹤亮翅的左虚步动作区分开。

7. 第六式——左右倒卷肱

1) 左倒卷肱

第一动：转体撤手。

上体微向右转，两手心翻转向上。随转体右手向下经腰侧向右后上方画弧，手心斜向上，与耳同高，右臂微屈，眼随转体先看向右手，再转头看向左手，如图 16-10①、②所示。

太极拳 6～9 式

第二动：退步屈肘。

上体微向左回转，左腿屈膝轻轻提起，向后退一步，前脚掌着地，身体重心仍在右腿。右臂屈肘将右手收向耳侧，手心斜向下方，左手开始后收，眼看前方，如图 16-10③所示。

第三动：虚步推掌。

上体继续微向左转至身体朝前。重心后移，左脚踏实，右脚脚跟离地，右膝微屈，成右虚步。右手经耳侧开始向前推出，推到顶点时，手心向前，手指与鼻同高。左手向后、向下画弧，收至左腰侧，掌心向上，眼看右手，如图 16-10④、⑤所示。

图 16-10　左倒卷肱

2) 右倒卷肱

动作同左倒卷肱，只是左右相反。

要点：卷肱动作应重点强调屈肘折臂，避免屈指卷腕。当推掌到顶点时，要有意识地坐腕、展掌、舒指。撤掌时，掌要走弧线，不能直线撤到胸前。

8. 第七式——左揽雀尾

第一动：转体撤手。

上体微向右转，右手由腰侧向右上方画弧举至与肩同高，手心斜向上，肘部微屈。左手在身前放松，手心向下，准备抱球，眼看左手，如图 16-11①所示。

第二动：抱球收脚。

上体继续右转，右臂屈抱于胸前，手心翻转向下。左手画弧下落至右腹前，手心向上，两手上下相对成"抱球"状。左脚收至右脚内侧，眼看右手，如图 16-11②、③所示。

第三动：上步分手。

上体微向左转，左脚向左前方迈出一步，脚跟轻轻落地。两手分别向左上右下分开，视线随左手移动，如图 16-11④所示。

第四动：弓步前掤。

上体继续向左转至面向前方，左脚掌逐渐踏实，左腿屈膝前弓，右腿自然蹬直，成左弓步。左臂半屈成弧形，向体前掤出，手心向里，右手向右下方画弧，按于右胯旁，手心向下，指尖朝前，眼看左手，如图 16-11⑤所示。

第五动：转腰摆臂。

上肢微向左转，随转体左手向左前方伸出，翻转手心向下。右臂外旋，右手经腹前向上、向左前伸至左前臂肘关节内侧，手心向上，眼看左手，如图 16-11⑥所示。

第六动：转腰后捋。

上体向右转，随转体两手向下经腹前向右上方画弧后捋，右手举于身体侧后方，与肩同高，左臂平屈于胸前，手心向内。右腿屈膝，身体后坐，左腿自然伸直，眼看右手，如图 16-11⑦所示。

第七动：转腰搭手。

上体向左转至面向前方。左臂仍屈收于胸前，右臂屈肘，右手经面前收至胸前，搭于左腕内侧，手心向前，眼看右手，如图 16-11⑧所示。

第八动：弓步前挤。

重心慢慢前移，左腿弓屈，右腿自然蹬直成左弓步。右手手心推送左臂向身前挤出，与肩同高，两臂撑圆，眼看前方，如图16-11⑨所示。

第九动：后坐引手。

左前臂内旋，翻转手心向下，同时右手心翻转向下，经左腕上方向前伸出，随之两手左右分开，与肩同宽。右腿屈膝，上体慢慢后坐，重心移到右腿，左腿自然伸直，左脚尖上翘。后坐的同时两臂屈肘，两手沿弧线收至腹前，手心朝向前下方，眼看前方，如图16-11⑩、⑪、⑫所示。

第十动：弓步前按。

重心前移，左脚踏实，左腿弓屈，右腿自然蹬直成左弓步。两手向前沿弧线推按至体前，与肩同宽、同高，两手心向前，眼看前方，如图16-11⑬所示。

图16-11　左揽雀尾

要点：掤、挤、按要与弓腿的动作协调一致，捋手和引手要与屈腿后坐的动作协调一致。向前弓腿和后坐时，重心移动的幅度要充分，上体保持松正舒展。

9. 第八式——右揽雀尾

第一动：转体分手。

右腿屈膝，重心移至右腿，左腿自然伸直，左脚脚尖内扣。右手掌心向外，经头前向右平行画弧至身体右侧，手心向前，两臂成侧平举状，视线随右手移动，如图16-12①、②所示。

第二动：抱球收脚。

左腿屈膝，重心左移，右脚收至左脚内侧。左臂屈抱于左胸前，手心翻转向下，右手画弧下落至腹前，手心向上，两手心上下相对成"抱球"状，眼看左手，如图16-12③、④所示。

第三动：上步分手。

上体微向右转，右脚向右前方迈出一步，脚跟轻轻着地。两手开始向右上和左下分开，视线随右手移动，如图16-12⑤所示。

第四动：弓步前掤。

上体继续向右转至面向前方，右脚掌逐渐踏实，右腿屈膝前弓，左腿自然蹬直，成右弓步。右臂半屈成弧形，向体前掤出，手心向里，左手向左下方画弧按于左胯旁，手心向下，指尖朝前，眼看右手，如图 16-12⑥所示。

第五动：转体(腰)摆臂。

上肢微向右转，随转体右手向左前方伸出，翻转手心向下，左臂外旋，左手经腹前向上、向右前伸至右前臂肘关节内侧，手心向上，眼看右手，如图 16-12⑦所示。

第六动：转体(腰)后将。

上体向左转，随转体两手向下经腹前向左上方画弧后将，左手举于身体侧后方，与肩同高，右臂平屈于胸前，手心向内。左腿屈膝，身体后坐，右腿自然伸直，眼看左手，如图 16-12⑧所示。

第七动：转体(腰)搭手。

上体向右转至面向前方。右臂仍屈收于胸前，左臂屈肘，左手经面前收至胸前，搭于右腕内侧，手心向前，眼看左手，如图 16-12⑨所示。

第八动：弓步前挤。

重心慢慢前移，右腿弓屈，左腿自然蹬直成右弓步。左手手心推送右臂向身前挤出，与肩同高，两臂撑圆，眼看前方，如图 16-12⑩所示。

第九动：后坐引手。

右前臂内旋，翻转手心向下，同时左手心翻转向下，经右腕上方向前伸出，随之两手左右分开，与肩同宽。左腿屈膝，上体慢慢后坐，重心移到左腿，右腿自然伸直，右脚尖上翘。后坐的同时两臂屈肘，两手沿弧线收至腹前，手心都向前下方，眼看前方，如图 16-12⑪、⑫、⑬所示。

第十动：弓步前按。

重心前移，右脚踏实，右腿弓屈，左腿自然蹬直成右弓步。两手向前沿弧线推按至体前，与肩同宽、同高，两手心向前，眼看前方，如图 16-12⑭所示。

图 16-12　右揽雀尾

要点：均与"左揽雀尾"相同，唯左右式相反。

10. 第九式——单鞭

第一动：左转摆臂。

左腿屈膝，重心逐渐移至左腿，右脚脚尖内扣。两臂交叉运转，左手经头前向左画弧摆至身体左侧，手心向外，右手经腹前向左画弧至左肋前，翻转手心向上，视线随左手移动，如图 16-13①、②所示。

第二动：右转摆臂。

上体右转，右腿屈膝，重心移至右腿。右手心向上、向右画弧，手心向内，左手向下、向右画弧摆置腹前，手心向内，视线随右手移，如图 16-13③所示。

第三动：勾手收脚。

左脚收至右脚内侧，脚尖点地。右手经面前摆置身体右前方，五指捏拢成勾手，勾尖向下，腕高与肩平，左手向上画弧至右肩前，掌心斜向内，眼看勾手，如图 16-13④所示。

第四动：转体上步。

上体微向左转，左脚向左前方迈出一步，脚跟轻轻着地。左手随上体左转经面前向左画弧，手心向内，眼看左手，如图 16-13⑤所示。

第五动：弓步推掌。

上体继续左转，左脚全脚掌踏实，左腿屈膝前弓，右腿自然蹬直，成左弓步。左掌经面前翻转向前推出，手心向前，腕与肩平，左肘与左膝上下相对，右臂在身体右后方，勾手与肩同高，眼看左手，如图 16-13⑥所示。

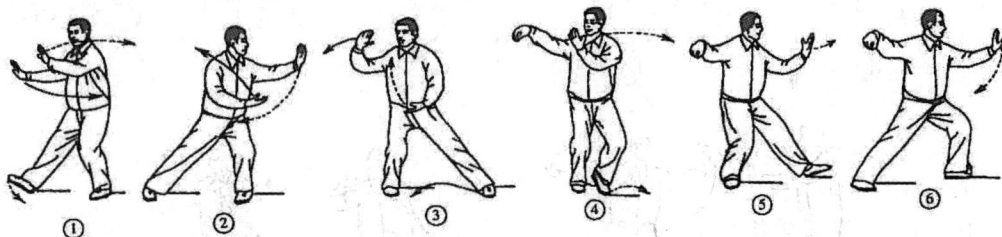

图 16-13 单鞭

要点：勾手时，右臂伸举的方向为斜后方45°。身体左右转动时，重心移动要充分，两腿虚实要分明。推掌时，随着上体左转，伴随左腿前弓，左掌一边翻掌一边向前推出。

11. 第十式——左右云手

1) 第一次云手

第一动：转体摆掌。

右腿屈膝，重心右移，身体右转，随之左脚脚尖内扣。左手向下、向右经腹前画弧摆置右肩前，手心向内，右勾手松开变掌，掌心向外，眼看右手，如图 16-14①、②、③所示。

太极拳 10～15 式

第二动：左云并步。

左腿屈膝，重心左移，身体左转。右脚抬起，收向左脚内侧轻轻落地，两脚平行向前，相距 10～20 厘米。左手向上经头前向左画弧云转，手心逐渐翻转向外，腕与肩平，右手由腹前经左肘内侧云至左肩前，手心斜向内，视线随左手移动，如图 16-14④、⑤所示。

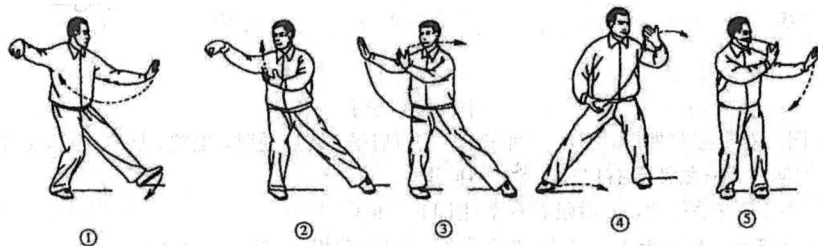

图 16-14　第一次云手

2）第二次云手

第一动：右云开步。

重心右移，身体右转。左脚抬起，向左侧横开一步，脚尖向前。右手向上经头前向右画弧云转，手心逐渐翻转向外，左手向下经腹前向右画弧云转，手心逐渐翻转向内，与肩同高，眼看右手，如图 16-15①、②、③所示。

第二动：左云并步。

重心左移，身体左转。右脚抬起，收向左脚内侧轻轻落地，两脚平行向前，相距 10～20 厘米。左手向上经头前向左画弧云转，手心逐渐翻转向外，腕与肩平，右手向下由腹前经左肘内侧云至左肩前，手心斜向内，视线随右手移动，如图 16-15④、⑤所示。

图 16-15　第二次云手

3）第三次云手

动作与第二次云手相同。

要点：练习云手动作要以腰为轴，转腰带手，做到身手合一。两手的左右摆动不是孤立的，要与重心的移动、腰部的旋转和侧开步协调配合完成。云手的步型是侧行步，移步时上体不可俯仰歪斜或者摆晃，重心不可上下起伏。

12. 第十一式——单鞭

第一动：转体勾手。

上体右转，重心移向右腿，左脚脚跟提起。右手经面前向右画弧至身体右侧，右前臂向内旋转掌心向外，右手变勾手，左手向下经腹前向右画弧至右肩前，掌心转向内，眼看右勾手。

第二动：转体上步。

动作同"第九式"中的转体上步。

第三动：弓步推掌。

动作同"第九式"中的弓步推掌。

要点：与"第九式"相同。

13. 第十二式——高探马

第一动：跟步松手。

重心继续前移，右脚向前跟进半步，前脚掌着地，距左脚约一脚长。左手逐渐放松，掌心向下，右勾手松开变掌，眼看左手，如图16-16①所示。

第二动：后坐翻掌。

上体稍右转，右脚踏实，右腿屈膝后坐，重心移至右腿，左脚脚跟逐渐离地。右手勾手变掌，两手翻转掌心向上，两臂前后平举，肘关节微屈，眼看右手，如图16-16②所示。

第三动：虚步推掌。

上体左转至面向前方，左脚稍向前移，脚前掌着地，膝部微屈成左虚步。右臂屈肘，右手经耳侧向前推出，推到顶点时坐腕，高与眼平，左臂屈收，左手收至腹前，手心向上，眼看右手，如图16-16③所示。

图16-16　高探马

要点：右脚向前跟步时，左腿重心的高度保持不变，重心不可上下起伏。虚步推掌应在转腰、顺肩的配合下完成。身体要保持中正、舒展，动作要协调一致。

14. 第十三式——右蹬脚

第一动：收脚穿手。

上体微向右转，左脚收至右脚脚踝内侧。左手经右手手背向右前方穿出，两手交叉，腕关节相交，腕与肩平，左手心斜向上，右手心斜向前下，眼看左手，如图16-17①、②所示。

第二动：上步翻掌。

上体左转，左脚向左前侧方(东偏北约30°)迈步，脚跟轻轻落地，重心仍在右腿。左手翻掌向外，两手开始向两侧画弧分开，眼看左手，如图16-17③所示。

第三动：弓腿分手。

上体继续左转，重心前移，左脚踏实，左腿屈膝前弓，右腿自然蹬直。两手同时向左右两侧画弧分开，手心向外，肘关节微屈，眼看右手，如图16-17④所示。

第四动：跟步合抱。

上体右转，右脚跟进至左脚内侧，脚尖点地。两手经腹前向上画弧交叉合抱于胸前，右手在外，两手心均向内，眼看右前方准备蹬脚的方向，如图16-17⑤所示。

第五动：蹬脚分手。

左腿支撑，膝关节微屈，右腿屈膝上提，脚尖回勾。稳定身体平衡，右脚跟用力慢慢向右前方蹬出，膝关节伸直，力在脚跟。两手手心翻转向外，两臂在体前左右画弧撑开至身体两侧，肘关节微屈，腕与肩平，右臂与右腿上下相对，方向为右前方约30°，眼看右手，如图16-17⑥、⑦所示。

图 16-17　右蹬脚

要点：身体不可前俯后仰，蹬脚时脚跟发力，分手与蹬脚应协调一致。

15. 第十四式——双峰贯耳

第一动：收腿并手。

右腿屈膝回收，脚尖自然下垂。左手经体侧向体前画弧，与右手并行落于右膝两侧，两手心均翻转向上，指尖向前，眼看前方，如图 16-18①、②所示。

第二动：落脚收手。

右脚向右前方轻轻落下，脚跟着地，脚尖斜向右前方，重心仍在左腿。两手收至腰两侧，手心向上，眼看前方，如图 16-18③所示。

第三动：弓步贯拳。

重心前移，右脚踏实，右腿屈膝前弓，左腿自然蹬直，成右弓步。两手握拳分别经身体两侧向上、向前画弧贯至头前，两臂保持弧形，两拳高与耳齐，相距与头同宽，拳眼斜向内，呈钳形状，眼看前方，如图 16-18④所示。

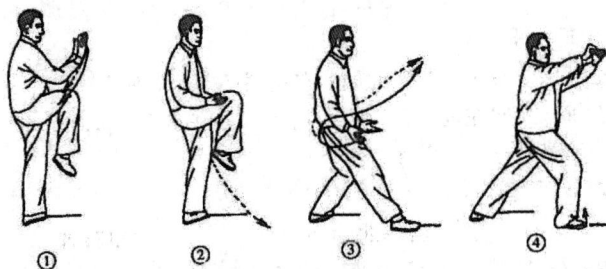

图 16-18　双峰贯耳

要点：弓步贯拳时，身体方向应与右蹬脚方向相反。

16. 第十五式——转身左蹬脚

第一动：转体分手。

左腿屈膝后坐，重心移至左腿，右腿伸直。上体向左转，右脚脚尖内扣。两拳变掌，由上向左右方向画弧，两臂分至身体两侧平举，手心斜向外，肘关节微屈，眼看左手，如图 16-19①、②所示。

第二动：收脚合抱。

右腿屈膝后坐，重心移到右腿，左脚收至右脚内侧，脚尖点地。两手向下画弧经腹前交叉合抱再向上举至胸前，左手在外，两手心均向内，眼看左前方，如图 16-19③、④所示。

第三动：蹬脚分手。

右腿支撑，膝关节微屈，左腿屈膝上提，脚尖回勾。稳定身体平衡，左脚跟用力慢慢向左前方蹬出，膝关节伸直，力在脚跟。两手手心翻转向外，两臂在体前左右画弧撑开至身体两侧，肘关节微屈，腕与肩平，左臂与左腿上下相对，方向为左前方约 30°，眼看左手，如图 16-19⑤、⑥所示。

图 16-19　转身左蹬脚

要点：左蹬脚与右蹬脚的方向相反，其余要点均与"右蹬脚"相同。

17. 第十六式——左下势独立

第一动：收脚勾手。

左腿屈膝，左脚收于右小腿内侧，脚尖自然下垂。上体向右转，右臂内合，右掌变勾手，勾尖向下，左手经头前画弧摆置右肩前，手心斜向后，眼看右勾手，如图 16-20①、②所示。

太极拳 16～19 式

第二动：屈蹲开步。

右腿慢慢屈膝半蹲，左脚向左侧下落伸出，随即前脚掌着地，左腿伸直。左手落于右肋前，眼看勾手，如图 16-20③所示。

第三动：仆步穿掌。

右腿继续向下全蹲，上体向左转成仆步。左掌经腹前沿左腿内侧画弧向前穿出，手心向内，指尖向前，眼看左手如图 16-20④所示。

第四动：弓腿举手。

重心移向左腿，左脚脚尖外展，左腿屈膝前弓，右脚脚尖内扣，右腿逐渐蹬直，成过渡弓步状。左手继续向前穿，立掌挑起，手心斜向右，右勾手内旋，勾尖转向上，眼看左手，如图 16-20⑤所示。

图 16-20　左下势独立

第五动：提膝挑掌。

上体左转，重心继续前移，右腿慢慢屈膝提起，脚尖自然下垂，左腿微屈支撑成左独立步。左手下落按于左跨旁，掌心向下，指尖向前，右勾手变掌，经右腿外侧向前画弧挑起立掌，掌心向左，指尖向上，高不过眼，肘膝相对，眼看右手，如图16-20⑥、⑦所示。

要点：上体要直，独立腿要微屈，右腿提起时脚尖自然下垂。

18. 第十七式——右下势独立

第一动：落脚勾手。

右脚下落于左脚右前方，前脚掌着地。上体左转，随之以左脚掌为轴脚跟内转，重心在左腿。左手变勾手提举于身体左前方，腕与肩平，右手经面前向左画弧至左肩前，手心向左，眼看左勾手，如图16-21①、②所示。

第二动：屈蹲开步。

左腿慢慢屈膝半蹲，右脚向右侧下落伸出，随即前脚掌着地，右腿伸直。右手落于左肋前，眼看勾手，如图16-21③所示。

第三动：仆步穿掌。

左腿继续向下全蹲，上体向右转成仆步。右手经腹前沿右腿内侧画弧向前穿出，手心向内，指尖向前，眼看右手，如图16-21④所示。

第四动：弓腿举手。

重心移向右腿，右脚脚尖外展，右腿屈膝前弓，左脚脚尖内扣，左腿逐渐蹬直，成过渡弓步状。右手继续向前穿，立掌挑起，手心斜向左，左勾手内旋，勾尖转向上，眼看右手，如图16-21⑤所示。

第五动：提膝挑掌。

上体右转，重心继续前移，左腿慢慢屈膝提起，脚尖自然下垂，右腿微屈支撑成左独立步。右手下落按于右跨旁，掌心向下，指尖向前，左勾手变掌，经左腿外侧向前画弧挑起立掌，掌心向左，指尖向上，高不过眼，肘膝相对，眼看左手，如图16-21⑥、⑦所示。

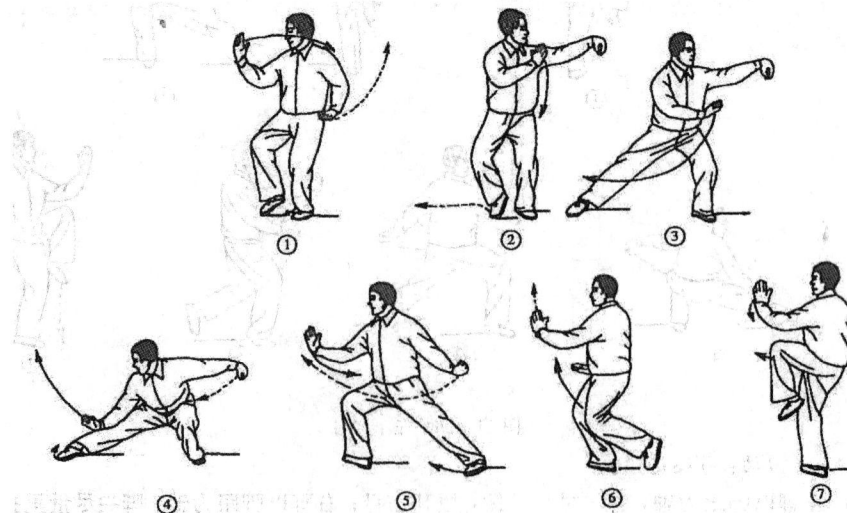

图16-21　右下势独立

19. 第十八式——左右穿梭

1) 左穿梭

第一动：落脚翻掌。

左脚向左前方落步，脚尖外撇，上体左转。左手内旋，翻转手心向下，右臂外旋，右手手心向上，准备抱球，眼看左手，如图16-22①、②所示。

第二动：收脚抱手。

上体继续左转，重心前移，右脚收于左脚脚踝内侧。两手左上、右下在左肋前成"抱球"状，眼看左手，如图16-22③、④所示。

第三动：上步错手。

上体右转，右脚向右前方上步，脚跟轻轻落地，重心仍在左腿上。右手由下向前上方画弧，左手由上向后下方画弧，两手交错，眼看右手，如图16-22⑤、⑥所示。

第四动：弓步架推。

上体继续右转，重心前移，右脚踏实，右腿屈膝前弓，成右弓步。右手翻转上举，架于右额前上方，手心斜向上，左手推至体前，腕与肩同高，眼看左手，如图16-22⑦所示。

图16-22 左穿梭

2) 右穿梭

第一动：转体撇脚。

重心稍向后移，右脚脚尖翘起，微向外撇。重心前移，上体右转，右手下落于肩前，左手稍向左画弧，落至腹前，准备"抱球"，眼看左手，如图16-23①、②所示。

第二动：收脚抱手。

上体继续右转，重心前移，左脚收至右脚内侧。两手右上、左下在右肋前成"抱球"状，眼看右手，如图16-23③所示。

第三动：上步错手。

上体左转，左脚向左前方上步，脚跟轻轻落地，重心仍在右腿上。左手由下向前上方画弧，右手由上向后下方画弧，两手交错，眼看左手，如图16-23④、⑤所示。

图16-23 右穿梭

第四动：弓步架推。

上体继续左转，重心前移，左脚踏实，左腿屈膝前弓，成左弓步。左手翻转上举，架于左额前上方，手心斜向上，右手推至体前，腕与肩同高，眼看右手，如图 16-23⑥所示。

要点：左右穿梭均是拗步推掌，弓步方向和推掌方向一致，与中轴线约成 30°斜角，保持上体正直，动作中不可歪扭，两脚相距约 30 厘米。

20. 第十九式——海底针

第一动：转腰跟步。

上体稍右转，重心向前移至左腿，右脚向前跟进半步，距前脚约一脚长，前脚掌着地。两手放松并准备画弧下落，眼看右手，如图 16-24①所示。

第二动：后坐提手。

上体右转，重心后移，右脚脚跟逐渐落地踩实，左脚提起。右手下落经体侧向后、向上屈臂抽提至右耳旁，手心向左，指尖向前，左手向右画弧下落至腹前，手心向下，指尖斜向右，眼看前方，如图 16-24②所示。

第三动：虚步插掌。

上体左转至面向前方，稍向前倾身。左脚稍前移，前脚掌着地成左虚步。右手从耳侧向斜前下方插掌，手心向左，指尖斜向下，左手经左膝前画弧搂过，按至大腿外侧，手心向下，指尖向前，眼看右手，如图 16-24③所示。

图 16-24　海底针

要点：身体先向右再向左，上体不可太前倾，左腿要微屈。

21. 第二十式——闪通臂

第一动：提手收脚。

上体恢复正直，左脚收至右脚脚踝内侧。右手上提至身前，手心向左，指尖向前，左臂屈臂上举，左手指尖贴近右腕内侧，手心向右，指尖斜向上，眼看前方，如图 16-25①所示。

太极拳 20～24 式

第二动：上步分手。

上体右转，左脚向左前方上步，脚跟轻轻落地，重心仍在右腿。两手内旋分开，手心皆向前，眼看前方，如图 16-25②所示。

第三动：弓步推撑。

上体右转，重心前移，左腿屈膝前弓，右腿自然蹬直，成左弓步。左手推至体前，手心向前，高与肩平，右手撑于头侧右上方，手心斜向上，两手前后分展，眼看左手，如图 16-25③所示。

图 16-25 闪通臂

要点：上下肢要协调配合，前臂与前腿要上下相对，弓步与推掌方向均为正前方。

22. 第二十一式——转身搬拦捶

第一动：转体摆掌。

右腿屈膝后坐，重心移至右腿，左脚脚尖内扣，身体右转。两手向右摆动，右手摆至身体右侧，左手摆至头前，两手手心均向外，眼看右手，如图16-26①所示。

第二动：坐腿握拳。

左腿屈膝后坐，重心移至左腿，右脚脚跟离地并以右脚掌为轴微向内转。右手继续向下、向左画弧，经腹前时握拳，拳心向下，左手继续屈臂上举于左额前上方，手心斜向上，眼向右平视，如图16-26②所示，图16-26③所示为正面图。

第三动：上步搬拳。

右脚收至左脚脚踝内侧，再向右前方上步，脚跟轻轻落地，脚尖外撇，重心仍在左腿。右手经胸前向前搬压，拳心向上，高与胸平，肘部微屈，左手经右前臂外侧下按，按于左胯旁，手心向下，指尖向前，眼看右拳，如图16-26④、⑤、⑥所示，图16-26⑤所示为正面图。

第四动：收脚收拳。

上体右转，重心前移，右脚外转约45°踏实，左脚收于右脚脚踝内侧。右臂内旋，右拳向右画弧至体侧，拳心斜向下，右臂半屈，左臂外旋，左手经左侧向体前画弧，眼看右前方，如图16-26⑦所示。

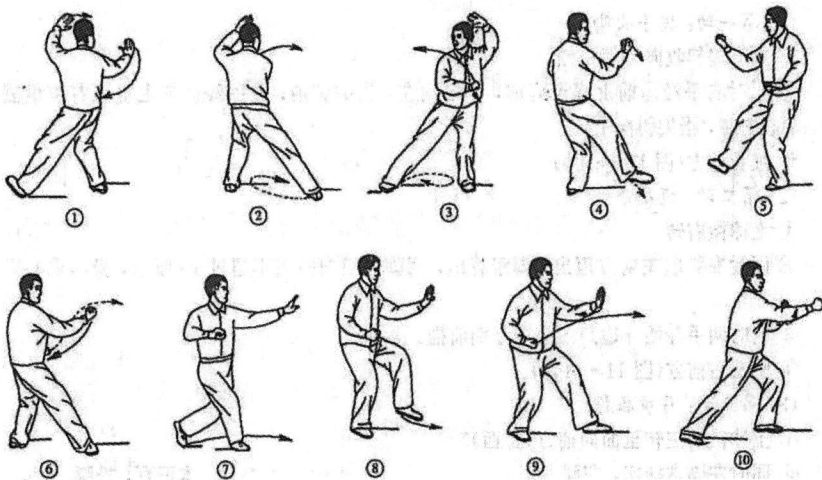

图 16-26 转身搬拦捶

第五动：上步拦掌。

左脚向前上步，脚跟轻轻落地，重心仍在右腿上。左手拦至体前，高与肩平，手心向右，指尖斜向上，右拳翻转收至右腰旁，拳心向上，眼看左手，如图16-26⑧、⑨所示。

第六动：弓步打拳。

上体左转至面向前方，重心前移，左脚掌踏实，左腿屈膝前弓，右腿自然蹬直，成左弓步。右拳自腰间向胸前打出，力达拳面，拳心向左，拳眼向上，高与胸平，肘部微屈，左臂微收，左手附于右前臂内侧，手心向右，指尖斜向上，眼看右拳，如图16-26⑩所示。

要点：搬拦捶的转身动作要做到虚实清楚、转换轻灵、重心平稳。转换过程中要注意重心的移动，切不可重心高低起伏、上体歪扭。

23. 第二十二式——如封似闭

第一动：穿手翻掌。

左手翻转向上，经右前臂下方向前穿出，右拳变掌翻转，手心向上，两掌交错于体前，随即分开，与肩同宽、同高，手心均向上，眼看前方，如图16-27①、②所示。

第二动：后坐引手。

右腿屈膝，重心后移，左脚脚尖翘起。两臂收屈，两手一边分开一边内旋画弧后引，分至与肩同宽，收至胸前，手心斜向下，眼看前方，如图16-27③、④所示。

第三动：弓步按掌。

重心前移，左脚踏实，左腿屈膝前弓，右腿自然蹬直，成左弓步。两手向上、向前推出，与肩同宽、同高，手心均向前，指尖向上，眼看前方，如图16-27⑤、⑥所示。

图16-27　如封似闭

要点：后坐引手时，两手要屈肘旋臂后引，不可前臂上卷、两手卷手、两臂夹肋。按掌时，两掌要平行向前，沿弧线向前推出。

24. 第二十三式——十字手

第一动：转体摆手。

上体右转，右腿屈膝后坐，左腿伸直，左脚脚尖翘起，然后内扣。右手向右平摆画弧，眼看右手，如图16-28①所示。

第二动：弓腿分手。

身体继续向右转，右脚脚尖外撇，右腿弓屈，左腿自然蹬直，成右侧弓步。右手继续经面前向右平摆画弧，摆置身体右侧，两臂成侧平举状，两手心斜向前外侧，肘部微屈，眼看右手，如图16-28②所示。

第三动：转身扣脚。

身体左转，重心左移，右脚尖内扣。两手开始向下、向里画弧，视线随右手移动，如

图 16-28③所示。

第四动：收脚合抱。

重心仍在左腿上，右脚提起向左收回成开立步，两脚与肩同宽。两手继续向下、向内画弧，交叉合抱于胸前，两手交错成斜十字形，右手在外，手心均向内，两臂撑圆，腕高与肩平，眼看前方，如图 16-28④所示。

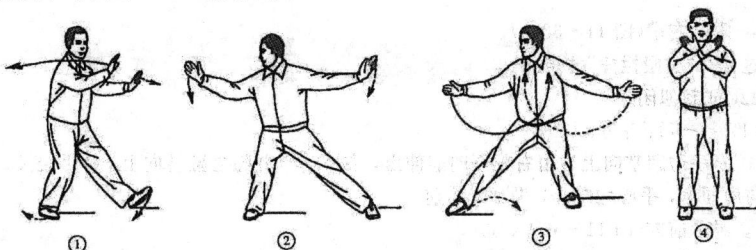

图 16-28　十字手

要点：两手分开和合抱时，上体不要前俯。站起后身体自然正直，两臂环抱时须圆满舒适，沉肩重肘。

25. 第二十四式——收势

第一动：翻掌分手。

两臂内旋，两手翻转向下，左右分开，与肩同宽，眼看前方，如图 16-29①所示。

第二动：垂臂下落。

两臂慢慢下落至两腿外侧，全身放松，上体正直，眼看前方，如图 16-29②、③所示。

第三动：并步还原。

重心右移，左脚脚跟先离地，随即轻轻提起收至右脚旁，前脚掌先着地，随即全脚踏实，脚尖向前，两脚并拢，眼看前方，如图 16-29④所示。

图 16-29　收势

要点：翻掌分手时，两掌一边分开一边翻转。并步还原时，左脚应注意要"点起点落""轻起轻落"。

第十七章

散打运动理论与技术

⬤ **学习目标**

(1) 通过散打训练，增强身体力量、速度、耐力和灵敏度，提升整体身体素质。
(2) 了解如何运用散打技能进行自我保护，提高自我防卫意识和能力。

⬤ **课程思政点**

立德树人，将课程思政融入高校散打教学

《高等学校课程思政建设指导纲要》指出，要把思想政治教育贯穿于人才培养体系，全面推进高校课程思政建设，发挥好每门课程的育人作用，提高高校人才培养质量。

散打作为中国传统体育项目，是高校体育课程的重要组成部分。高校散打教学不仅教授学生散打理论与散打技能，更能增强学生身体素质，培养学生高尚品行，弘扬中华优秀传统文化，传承散打精神。高校课程思政与散打教学相融合，能够将散打技能训练有机融入文化传承、德育教育中，以体育和德育的同向同行，帮助学生掌握散打技能、增强文化修养和思想道德修养，进而成长为德智体美劳全面发展的高质量人才。

散打是中华优秀传统文化的重要组成部分，其中的散打精神、散打品德和散打礼仪蕴含丰富的道德教化内容。如果将其融入课程思政建设，则有助于引导学生树立正确价值观，增强学生思想道德素质，培养学生坚韧不拔的意志品质和积极向上的生活态度。同时，散打承载着丰富的文化内涵，其与兵学、伦理学、心理学、宗教等多种传统文化思想有着密切的联系。

在历史发展过程中，散打逐渐演变为以技击攻防技术为核心的集健身、修身、防身于一体的体育运动项目，具有完整的锻炼体系与文化体系。其一，在散打教学过程中增加适当的德育教育内容，可以使学生更好地理解散打的精神内涵和价值。例如，抱拳礼、擂台礼仪等，都始终强调散打中的"礼"与"德"，注重引导学生在散打实战中体悟和实践尊师重道、崇德重义、谦虚有礼的武德精神，使学生成长为文武双全、有礼重德的习武人才。其二，由于德育教育内容往往与实际生活紧密相连，将其融入散打教学可以提升散打课程的生动性与趣味性。例如，散打人物的生平事迹、散打成就，散打故事中的传承、发展历程等，有助于学习者从有趣的散打故事和正面的散打人物中发现散打学习的乐趣，获取武

术道德、散打文化等启发性内容，汲取坚持散打学习的精神动力。其三，德育教育鼓励师生之间的情感交流和思想碰撞。在散打教学中，教师通过分享自己的散打经验和道德观念，能够拉近与学生之间的距离，深入了解学生学习需求，在有针对性调整教学方法的基础上，更好地开展散打教学工作。

第一节　散打运动概述

一、散打运动的定义

武术人体徒手对抗项目自开展以来，这个运动项目曾有过两个名称，即"武术散手"和"武术散打"，并且在相当长的一段时间内形成了"武术散手"和"武术散打"两个名称混用的局面。一个运动项目具有两个不同的名称，既不符合体育运动项目的国际惯例，也容易让人们对武术的认识产生混淆，不仅影响武术运动在国内的健康发展，而且也影响武术运动国际化发展。

武术本身源远流长，流派演变复杂，内容丰富多彩，分支盘根错节，如果对武术不同项目的名称及其本质属性、表现形式、服务对象、具体内容、行为轨迹、技术特点不能进行准确的界定，则肯定会将武术内部纵横交错的关系混为一体。因此，准确定义概念，再根据各自的内涵和外延适当地选用概念，是散打运动理论建设的一项十分重要的任务。

武术散打是指以踢、打、摔为主要运动手段，以两人对抗比赛为表现形式，以竞赛规则为行为指南，以提高格斗素质为行为目的的民族传统体育项目。

(1) "以踢、打、摔为主要运动手段"主要是指采用武术的技击方法，包括预备法、步法、调动法、进攻法、防守法、反击法、连击法等相关的技法与之配套使用。

(2) "以两人对抗比赛为表现形式"主要是指武术散打特殊的性质规定及其相应的运动模式。

(3) "以竞赛规则为行为指南"主要指竞赛规则是运动员格斗对抗的行为准则，是一切技击动作规范与否的标准。

(4) "以提高格斗素质为行为目的的民族传统体育项目"主要是指武术散打运动员的行为目的是为了提高与格斗有关的素质。

二、散打运动的起源与发展

(一) 散打运动的起源

在漫长的冷兵器时代，由于徒手搏斗技术有特殊的功能，因而受到各个时期统治者的青睐和重视，在民间也被广泛传播。散打运动就是在我国古代徒手搏斗技术的基础上发展形成的。散打在历代有着不同的称谓，如角力、相搏、手搏、卞、白打、拆手、拍张、相散手、技击等。

散打的起源可以追溯到远古时期我国先民进行的生产活动。当时生产工具还不发达，野兽经常出没，人类为了生存，经常赤手空拳地与其搏斗，并逐步形成了拳打、脚踢、躲闪、跳跃、摔跌等动作，可以称为"手格猛兽"。

真正将徒手搏斗的武技进行体育化尝试是在民国时期。1927 年，在南京成立了"中央国术馆"，此后在国内相继建立的国术馆达 300 多个，一些军队和大学都开设了国术课，许多武术家受聘任教，这一时期培养出了一大批武术人才。

1928 年 10 月，"中央国术馆"在南京举办了为期 10 天的"第一届国术国考"。国考对抗项目设有散手、短兵、长兵、摔跤等，采用单败淘汰制，三局两胜。比赛在长方形的场地上进行，对抗不限流派，不以体重分级，临时抽签分组比赛。其规则是不戴任何护具，凡用手、肘、脚、膝击中对方任何部位得 1 点，击中对方眼部、喉部、裆部为犯规，犯规 3 次取消比赛资格，严重者 1 次即取消资格。

1929 年初，为展示当时武术界各门派的功夫，由"中央国术馆"副馆长李景林倡导并发起了第一次全国性的国术表演及比赛大会。

1933 年，"中央国术馆"在南京举办"第二届国术国考"，大部分省市都派代表队参加。

(二) 散打运动的发展

中华人民共和国成立后不久，散打运动得到了快速发展，当时的国家体委专门设立武术机构负责全国武术的普及和推广。

1979 年，为全面继承和发展武术这一古老的传统文化遗产，原国家体委决定按照竞技体育的模式，首先在浙江省体委、北京体育学院和武汉体育学院三个单位进行武术散手项目的试点，以取得经验，逐步推广。

1989 年，在江西宜春举行了第一次武术散打正式比赛——全国武术散打擂台赛。

1993 年，第七届全国运动会在四川成都举行，散手首次成为全运会比赛项目。

1999 年，为使武术散手进一步规范化，突出民族特色，经国家体育总局武术管理中心决定，将散手正式更名为"散打"，全国比赛正式改名为"全国武术锦标赛散打团体赛"，并且增设了全国散打青年锦标赛。

2000 年，由中国武术协会主办，北京国武体育交流有限责任公司承办的中国武术散打王争霸赛在北京正式开赛，这是中国散打运动进行的最有力度的职业化改革。此赛事历时 3 年，已发展成为赛期最长、影响力最广的赛事。

2008 年，由国家武术运动管理中心主办的"大比武 2008——中国武术散打功夫王争霸赛"开赛，此赛事是目前国内唯一由官方组织的顶级武术散打赛事。

2010 年，中国武术散打超级联赛(CKA)在陕西渭南的华山之巅拉开战幕，共有 8 个省份派出代表队参加了比赛，赛制也从循环积分赛制变为南北地区对抗的形式，选手依体重分为 65 公斤级、70 公斤级、75 公斤级、80 公斤级、85 公斤级 5 个级别，采用团体之间的单循环淘汰赛制，最终决出总冠军。

2012 年，在陕西省西安市成立了中国国家散打队，建立一支专门的国家队在中国武术发展史上尚属首次。

2013 年,在西安城市运动公园体育馆举行了中国真功夫武术散打百强争霸赛年终总决赛。

2016 年，为了保持和巩固武术散打在搏击类项目中的核心地位，除了散打锦标赛、冠军赛外，国家体育总局武管中心与中国武协全力搭建三个平台——"散打天下"中国武术散打职业联赛。

　　总体上看，武术散打运动已初步形成了系统、科学的组织程序和较为完善的竞赛制度、竞赛规则，培养了一批武术散打教练员和裁判员，使武术散打运动得到了进一步的发展，加快了走向世界的步伐。

第二节	**散打运动基本技术**

实战势

一、预备姿势

　　散打预备姿势是进入对抗前的准备姿势，它有多种表现形式，一般习惯将力量大的拳放在后面。通常右拳、右腿在后为正架，左拳、左腿在后为反架。

　　以正架为例，两脚左右分开，双脚外缘约同肩宽，右腿后撤一步前后站立。左脚尖微内扣，脚全掌着地，微屈膝；右脚前掌着地，脚尖斜向前方约 45°，膝微屈，重心在两腿之间。左手握拳屈臂抬起，拳与下巴等高，肘关节夹角略大于 90°，肘尖下垂护肋；右手握拳，屈臂抬起，肘关节夹角小于 90°，后手拳自然置于下巴外侧，肘部下垂轻贴在右肋部。身体向右侧，微收下颌，胸微内含，自然站立，目视前方。如图 17-1 所示。

　　技术要点：身体应斜向对方，尽量减少暴露给对方的击打面积。肩关节与髋关节应在同一立面上，手臂要灵活自如，有效保护自己的下颌、肝脏、胃等身体重要部位与器官。身体转动时，以腰和髋关节为轴转动，双膝微屈，后脚跟抬起，前脚微内扣，使腿处于灵活和强有力的状态，可以有效地进行步法的移动以及运用腿法进攻。

图 17-1　散打预备姿势

二、基本步法

1. 滑步

　　在散打中，滑步是一种不影响身体平衡的最基本步法。它步伐快速突然，重心移动平缓，预兆小。在进攻时，能够逼使对手产生本能的防卫性反应而暴露出防守空当，也能诱使对手攻击而露出破绽。在防守时，步法的移动又能有效躲避进攻，同时又与对方保持适当的距离，以利于自己的反击。

1) 前滑步

　　由预备姿势起，后脚掌蹬地，前脚稍离地向前滑出 20～30 厘米，后脚随之跟进相同距离，身体重心保持在两脚之间，整个动作完成后仍为预备姿势。前滑步的步法如图 17-2 所示。

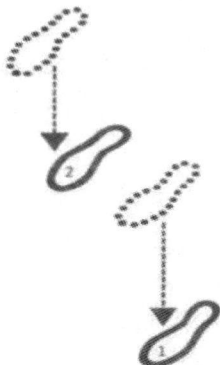

图 17-2　前滑步步法

2) 后滑步

由预备姿势起，前脚掌蹬地，后脚稍离地向后滑出 20～30 厘米，前脚随之后退相同距离，身体重心保持在两脚之间，整个动作完成后仍为预备姿势。后滑步步法如图 17-3 所示。

技术要点：靠近运动方向的一侧脚先移动，脚要沿着地面滑动。滑步时，身体重心要随步法的进退平稳移动，上体不可前俯后仰，重心不要超出两脚的支撑面。脚掌尽可能不离开地面，腿部肌肉放松自然，不可做跳跃步。移动过程中，两脚应始终保持平行，以保持移动中的稳定性，移动时应以脚掌为支撑点，不应出现迈步现象。

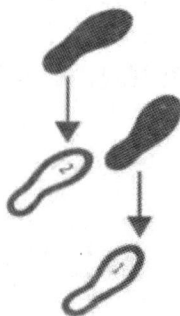

图 17-3　后滑步步法

2. 闪步

闪步是身体向左右移动而又不失去平衡的一种步法，它是一种有效的防御技术。闪步主要用来闪避对方的正面进攻，进而为自己创造有利的反击条件。根据实战情况，闪步分为左闪步、右闪步两种。

1) 左闪步

从预备姿势开始，上体保持原来的姿势，前脚向左侧迅速蹬出 20～30 厘米，紧接着后脚以前脚为轴迅速向左滑动，角度在 45°～90°，动作完成后大致成预备姿势。左闪步的步法如图 17-4 所示。

2) 右闪步

从预备姿势开始，后脚向右方横向蹬出，随后以髋部带动前脚向右侧滑动，身体转动一般在 60°～90°，动作完成后成预备姿势。右闪步的步法如图 17-5 所示。

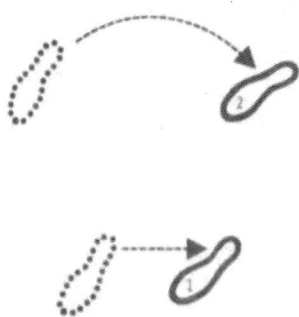

图 17-4　左闪步步法　　　图 17-5　右闪步步法

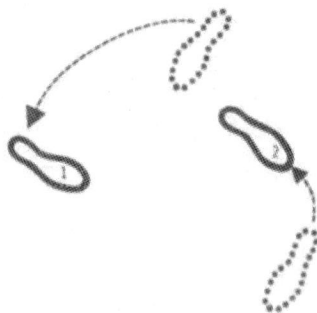

技术要点：在做闪步的动作过程中，无论向左还是向右闪步，均是以同侧脚移动为先。若向左闪步，则左脚先向左侧移动。若向右闪步，则右脚先向右移动。两脚的步法移动需灵活快捷。

3. 垫步

垫步是散打中最难掌握的技术动作之一，它主要用于主动纵深攻击，以结合踹腿、蹬腿等腿法进攻为主。它需要运动员具备良好的身体协调性，否则自身很容易失去平衡。

从预备姿势开始，重心前移，后脚蹬地向前脚内侧并拢，随即前脚屈膝提起，根据情况使用蹬、踹腿法。在使用腿法的同时，支撑腿随蹬(踹)腿向前再垫出一步，脚尖(跟)斜向前。垫步的步法如图 17-6 所示。

提醒示意线

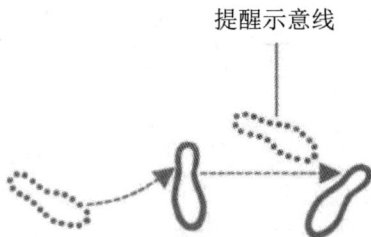

图 17-6 垫步步法

技术要点：后脚向前脚并拢要快，前腿提起的动作与后腿的并拢动作不脱节、不停顿。配合后腿的垫步要与腿法同时完成，要注意垫步时不能腾空，为加大力度和充分伸展，蹬腿后支撑腿的脚尖应斜向前方，踹腿后支撑腿的脚后跟必须斜向前方。在完成腿法进攻的同时，上体微向后侧倾以助发力，同时保持身体的平衡。

4. 纵步

纵步是一种迅速而突然的前进或后退动作，主要使用于远距离时要迅速接近对方或在中近距离时要迅速摆脱对方的一种步法。根据散打实战，纵步分为前纵步、后纵步两种。前纵步主要结合拳法的进攻，后纵步主要结合防守技术的运用。

以前纵步为例，从预备姿势开始，两脚同时蹬地，使身体向前移动，步法如图 17-7 所示。

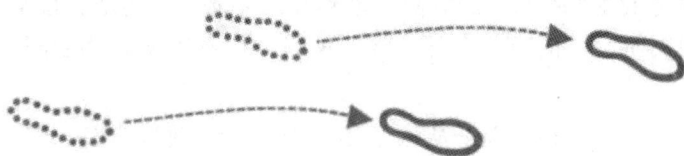

图 17-7 前纵步步法

技术要点：启动前不宜过分降低重心，不然容易暴露动作意图，动作主要靠脚踝的力量向前纵出，不宜过于腾空。向后纵步的动作要领与向前纵步相同，方向相反。

5. 击步

击步是一种迅速突然的向前或是向后的移动技术，是在远距离需接近对手或在中近距离需脱离对手时运用的一种常见的步法。击步主要分为前击步、后击步两种。前击步在进攻时可结合各种拳法及腿法(主要是横打腿)进攻，后击步可用于摆脱对手或结合踹腿等技术进行反击。

1) 前击步

从预备姿势开始，重心前移，后脚蹬地向前脚内侧迅速靠拢，在后脚着地的同时，前脚向前方迅速跃出，着地后两脚成预备姿势步型。前击步的步法如图 17-8 所示。

2) 后击步

从预备姿势开始，重心后移，前脚蹬地向后脚内侧迅速靠拢，在前脚着地的同时，后脚向后方迅速跃出，着地后两脚成预备姿势步型。后击步的步法如图 17-9 所示。

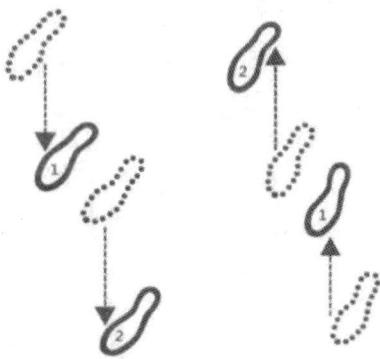

图 17-8 前击步步法　　图 17-9 后击步步法

技术要点：做击步时不能腾空过高，两脚动作要依次、连贯、快速。在完成动作的过程中，身体重心保持平稳，动作完成后成预备姿势。

6. 交换步

交换步是正反架交换时的一种步法，多见于正反架交替打法的运动员使用。从预备姿势开始，前后脚同时稍蹬离地面，在空中左右腿前后交替，转体 120° 左右，同时两臂也做前后体位的交换，完成动作后成与原来相反的预备姿势。交换步的步法如图17-10 所示。

图 17-10　交换步步法

技术要点：转换时要以髋部力量快速带动两腿交换，同时身体不能腾空过高。

三、基本拳法

1. 直拳

直拳属直线形攻击方法，其进攻速度快，力量大，杀伤力强，变化灵活，在拳法中动作简单，实用价值高。它分为左、右直拳两种，在拳法中是中远距离进攻对方的主要手段。因为直拳动作相对隐蔽，尤其是右直拳的力量较大，是给对手重击的有效方法之一，所以在比赛中使用率较高。

直拳

1) 左直拳

以预备姿势为正架为例(下同)。从预备姿势起，右脚微蹬地面，重心微向前移，同时左拳直线向前冲出，如图17-11 所示。

技术要点：

(1) 出直拳时，上体不可前倾，腰微向右转，左肩向前送出。

(2) 出直拳时，要以肩催臂动，而不能以肘为轴出现敲击现象。

(3) 防止出拳时手臂翻肘，形成横向出拳的动作。

(4) 快出快收，不可停顿，迅速还原成预备姿势。

2) 右直拳

从预备姿势起，右脚微蹬地面，腰部及上体快速向左前方扭转，同时右拳快速向前冲出，如图17-12 所示。

图 17-11　左直拳　　　　　　　　　　图 17-12　右直拳

技术要点：

(1) 脚蹬地、上体扭转及出拳的动作要协调一致。

(2) 冲拳时，上体不可前倾，快出快收，不可停顿，迅速还原成预备姿势。

2. 摆拳

摆拳是弧线形的进攻方法，是利用身体的侧摆和转动带动肩、臂的摆动实施进攻的力量型拳法。摆拳分为左、右摆拳两种，在相互的连续击打中使用率较高。

摆拳

1) *左摆拳*

从预备姿势起，上体微向左转，同时左拳向外(约 45°)、向前、向右横掼，臂微曲，拳心向下，力达拳面或偏于拳眼侧，右拳护于右腮，如图 17-13 所示。

技术要点：

(1) 手臂微曲 120°～130°，以腰胯的扭动增加出拳的力量。

(2) 在做掼拳动作时，要防止拳往回引拉，造成动作幅度过大，使正面防守出现空当。

(3) 快出快收，不可停顿，迅速还原成预备姿势。

2) *右摆拳*

从预备姿势起，右脚微蹬地内扣、合胯，腰部及上体快速向左扭转，同时右拳向外(约 45°)、向前、向左横掼，臂微曲，拳心向下，力达拳面或偏于拳眼侧，左拳护于左腮，如图 17-14 所示。

图 17-13　左摆拳　　　　　　图 17-14　右摆拳

技术要点：

(1) 右脚蹬地内扣、合胯与转腰掼拳协调一致。

(2) 在做掼拳动作时，要防止拳往回引拉，造成动作幅度过大，变成抛拳。

(3) 身体重心在两腿之间，不可偏于左侧，以防失去重心。

(4) 快出快收，不可停顿，迅速还原成预备姿势。

3. 勾拳

勾拳是散打中的一种短距离攻击技术，多用于通过步法或其他技法贴近对方后用抄拳实施进攻，主要用于击打对方的下颌及腹部。

勾拳

1) *左勾拳*

从预备姿势起，身体稍向左侧转，重心微下沉，左脚蹬地的同时左拳

外旋用力向上打出，大小臂夹角约为 90°～110°，如图 17-15 所示。

2) 右勾拳

从预备姿势起，右脚蹬地，扣膝合胯，腰及上体微左转，右拳外旋向上打出，大小臂夹角约为 90°～110°，如图 17-16 所示。

图 17-15　左勾拳　　　　　图 17-16　右勾拳

技术要点：

(1) 抄拳时，要借助脚的蹬地和转腰的力量，由下向上击打，动作协调一致。

(2) 抄拳时，手臂要做螺旋运动，以增加击打力量。

四、基本腿法

1. 侧踹腿

1) 左踹腿

侧踹腿

从预备姿势正架开始(下同)，右腿向前收于左脚后侧，脚尖外展，随即重心后移，右腿直立或微屈支撑；左腿屈膝提起，同时小腿外翻，脚尖勾起，脚掌正对攻击目标，展髋伸膝向前踹出的同时，身体继续向侧后倾约 45°，脚尖横向右侧，力达脚掌，此时支撑腿的脚后跟斜向前方，如图 17-17 所示。

图 17-17　左踹腿

2) 右踹腿

从预备姿势开始，右脚蹬地，左脚外展，上体左转 180°，左腿直立或微屈支撑；右腿屈膝向前提起，小腿外翻，脚尖勾起，脚掌正对攻击目标，同时展髋伸膝向前踹出，脚尖横向，力达脚掌，此时左腿的脚后跟斜向踹腿方向，如图 17-18 所示。

技术要点：

(1) 上体、大腿、小腿成一直线，不可翘臀。

(2) 踹腿时要展髋、挺胯，大腿带动小腿直线向前发力。

(3) 踹腿时身体适当侧倾，可避开对手打击以及使踹腿更加顺畅有力。

图 17-18　右踹腿

2. 蹬腿

1) *左蹬腿*

从预备姿势开始，右腿向前收于左腿后侧，随即重心后移，右腿膝关节微屈支撑，上体微后坐，左腿屈膝正面提起，脚尖勾起。上动不停，两臂微下落或回收置于头部两侧，两臂自然下垂护住两肋，同时送胯，带动大小腿向正前方水平蹬出，脚前掌下压，力达脚全掌，如图 17-19 所示。

蹬腿

2) *右蹬腿*

从预备姿势开始，右腿蹬地，重心前移至左腿，微屈支撑，右腿迅速向正前方屈膝提起，两臂微下落回收。上动不停，提膝腿到达胸前后向前送胯，带动大小腿向正前方蹬出，脚前掌下压，力达脚全掌，如图 17-20 所示。

技术要点：

(1) 屈膝上提时膝关节要超过自己腰部。

(2) 出腿不能往下踏，同时避免弹踢现象。

(3) 送胯出腿时上体不可后仰太多，以免减少打击力度。

图 17-19　左蹬腿　　　　　　　　　　图 17-20　右蹬腿

3. 鞭腿

1) *左鞭腿*

从预备姿势开始，右腿直立或微屈支撑，重心后移，上体稍向右后侧倾，同时左腿屈膝上提，向内合胯扣膝，大腿带动小腿向外侧前上方摆踢，

鞭腿

力达脚背，如图 17-21 所示。

2) **右鞭腿**

从预备姿势开始，左腿直立或微屈支撑，重心后移，上体左转 180°，稍向左后侧倾，同时右腿屈膝上提，向内合胯扣膝，大腿带动小腿向外侧前上方摆踢，力达脚背，如图 17-22 所示。技术要点：

(1) 支撑腿以脚前掌为轴跟着转身，脚跟斜向前，上体不可后倾过大。

(2) 踢腿发力时要拧腰转胯，接近力点时绷紧脚背，不可以脚尖击打目标。

图 17-21　左鞭腿　　　　　　　　　　图 17-22　右鞭腿

第十八章

健美操运动理论与技术

学习目标

(1) 掌握健美操基本知识和技能，促进身体健康。
(2) 培养良好的身体姿态和审美能力，增强团队合作精神。

课程思政点

完全人格，首在体育

体育不仅强身健体，更是爱国主义教育的最好载体，是集体教育的最好舞台。蔡元培先生曾说："完全人格，首在体育"。

健美操是一项非常考验身体素质的运动，托马斯全旋、水平支撑、无支撑垂直劈腿等健美操的高难度动作，考验着运动员的身体与心理的双重素质。只有日复一日的训练和不断的总结改进，才能熟练掌握这些技能，在这个过程中，细心、耐心、恒心缺一不可。

博观而约取，厚积而薄发。始终是健美操运动员杜安龙的座右铭。有着九年运动生涯的杜安龙在训练场上严格要求自己，每一个动作都要做到精细、整齐、冲击力强，手的位置发力点、动作完成的一致性、动作的艺术表达能力都要一一过关。虽然训练很辛苦，但杜安龙一直以积极的心态去对待，总是与队员之间互相打气加油，以最好的状态去面对训练任务，积极备赛。杜安龙对每一次比赛都全力以赴，自觉把"更高、更快、更强"的竞技体育精神融入到训练和比赛中去，凝心聚力，振奋精神，反复练习，熟练技能，力求在比赛场上展现最佳风貌。随着 2019 年全国健美操锦标赛颁奖仪式落下帷幕，杜安龙以男单、三人双料冠军的成绩，证明了自己多年来的努力。

艺术的大道上荆棘丛生，常人会望而却步，只有意志坚强的人才会坚持到最后。黄晋萱出生于 1988 年，是一位来自沈阳市的国际级健美操运动员和世界冠军。她在第 26 届世界大学生运动会上获得了四项冠军，也是国内健美操界唯一的女冠军。黄晋萱的艺术表现力热情奔放，动作难度和完成质量都达到了极高的水平，使她在世界健美操领域享有极高的声誉。在踏上健美操这条道路之前，她也曾遇到不少的荆棘和坎坷。幼时练习体操时肘关节的意外受伤使她耽误了国家队的训练，因此转项艺术体操。直到在 2004 年，她第一次接触到了健美操，多年刻苦训练的基本功终于发挥了作用，良好的身体条件、弹跳力和极强的艺术感染力，使黄晋萱终于找到了前进的方向，稳步迈向了健美操的光辉大道。

健美操让大家习得体育精神的内核，学会战胜内心的恐惧，以无畏的精神迎接挑战，发现灵魂深处更好的自己。青春悦动与顽强拼搏在健美操运动中汇聚一处，在一次次腾空与旋转中展示着体育之美，彰显着运动员阳光、健康、向上的精神风貌。

第一节　健美操运动概述

健美操的
起源与发展

一、健美操运动的起源与发展

(一) 国际健美操运动的起源与发展

健美操的起源可以追溯到古希腊和古印度，人们对人体美的崇尚和各种体育项目的锻炼为现代健美操的形成与发展奠定了基础。19 世纪末至 20 世纪初，欧洲出现了许多体操流派，并对女性健身和美体产生很大影响。1968 年，健美操在美国诞生，它是以有氧运动为基础，将身体的各个部位的练习融为一体，并在欢快的音乐节奏下进行的一种运动。健美操的初始发展阶段主要集中在 20 世纪 70 年代至 80 年代。这一阶段的关键影响因素包括人们对健康和身体美的追求，健身行业的快速发展，音乐与舞蹈元素的应用等。随着人们对健康观念的转变，越来越多的人开始关注健身，而健美操作为一种新兴的健身方式，很快受到了广泛的欢迎。此外，音乐和舞蹈元素的加入，使健美操更具趣味性和艺术性，进一步推动了其发展。

在健美操的发展历程中，出现了许多重要的里程碑事件。1983 年，美国举办了首届健美操比赛，这标志着健美操正式成为了一项竞技运动。1984 年，远东地区健美操大赛在日本举行，从此健美操运动在世界各地全面兴起。随着健美操的普及，每年国际上都会举办各种级别的比赛，例如健美操世界锦标赛、世界杯赛、世界冠军赛等。

目前，健美操已经成为全球范围内普及程度最高的体育运动之一。无论是在健身房、学校、社区，还是在家庭中，都可以看到人们在进行各种形式的健美操练习。随着人们对健康和身体美的追求不断提高，以及各种赛事和活动的推广，健美操的普及程度还将继续提高。

国际健美操运动从其诞生至今，经历了不断的发展和演变。它不仅是一项运动，更是一种生活方式的体现。在未来，随着科技的进步和社会观念的变化，健美操将继续发展和演变，为更多人带来健康和快乐。

(二) 我国健美操运动的起源与发展

我国现代健美操运动的发展在中华人民共和国成立后，党和政府对人们的身体健康非常重视，推出了许多鼓励大家参与体育运动的政策。1951 年，由中央广播事业局和全国体育总会筹备委员会共同决定，在中央人民广播电台和各地人民广播电台举办了广播体操节目，并在同年 11 月 24 日公布了第一套成人广播体操。

1984 年，健美操已成为我国各级各类学校体育课或课外活动中一项深受师生欢迎的教学内容和锻炼方法。特别是在高校，许多大学生都纷纷报选健美操课程。1986 年，在广州举办了首届"全国女子健美操邀请赛"，开创了我国竞技健美操的发展新路，探索了我国竞技健美操的比赛方法，展示了我国健美操的发展成果。1988 年，在北京成立了国际健美操协会筹委会，以促进国际健美操运动的发展。除了在国内举行一些健美操比赛外，我国也开始参加一些国际上的重大健美操运动赛事。1992 年，我国相继成立了中国健美操协会和中国大学生体协健美操、艺术体操协会。中国健美操协会相继推出了《全国健美操大众锻炼标准》《健美操等级运动员规定动作》，这些举措的推出，在很大程度上促进了我国健美操运动向着正规化、科学化的方向发展，对我国健美操运动的普及和整体的提高有着非常重要的意义，有力地推动了我国健美操事业的快速发展。

时至今日，我国每年都会举行很多健美操比赛，例如全国健美操锦标赛、全国大学生健美操锦标赛、全国健美操联赛、全国健美操冠军赛等。各种健美操管理组织的建立，竞赛规则的统一以及各种制度的完善，标志着我国竞技健美操运动已步入正规化的管理和发展阶段。

二、健美操运动的分类与特点

(一) 健美操运动的分类

健美操根据目的和任务可以分为健身健美操、竞技健美操和表演性健美操。

健美操的分类与特点

1. 健身健美操

健身健美操是集健身、娱乐、防病于一体的群众性、普及性的健身运动，按照练习的形式可以分为徒手健美操、持轻器械健美操、专门器械健美操等。其中徒手健美操最为常见；持轻器械健美操中常用的器械有哑铃、球、橡皮带、彩带、棍等；专门器械健美操中常用的器械有踏板、健身球、圆盘、体操垫、健身器等。按照动作风格分为拳击健美操、搏击健美操、拉丁健美操、舞蹈健美操等。

2. 竞技健美操

竞技健美操是在音乐伴奏下，以完成连续复杂的和高强度的动作，表现动感、力量、柔韧、音乐等才能，该项目起源于传统的有氧健身操。成套动作必须展示连续的动作组合与踏步、吸腿跳、弹踢腿跳、后踢腿跑、开合跳、踢腿跳、弓步跳等七种基本步伐的使用，并通过难度动作、音乐和表现的完美融合，从而体现出创造性。健美操竞赛项目包括男子单人、女子单人、混合双人、三人(男三，女三，混合三人)和混合六人(男三、女三)。比赛按性质分为锦标赛和冠军赛两类。

3. 表演性健美操

表演性健美操是健美操运动中一项深受广大群众喜爱的项目，并出现在不同类型的表演性节目中。在表演性健美操的竞赛规则中，比赛人数、形式、规模及动作的设计和选择限制性较小，自由度较大，目的是为了使比赛更具观赏性。

(二) 健美操运动的特点

1. 高度的艺术性

健美操是一种高度艺术性的运动方式，它注重动作设计、舞蹈元素、音乐配合、服装化妆和舞台表演等多个方面，从而创造出优美、流畅、富有观赏性的艺术效果。

2. 强烈的节奏性

健美操具有强烈的节奏性，通过音乐与动作的紧密结合，节奏感强烈的动作组合，快速而规律的动作，跳跃和踏步的运用以及舞台表演的动态变化等，创造出富有活力、动感十足的节奏效果。

3. 广泛的适应性

健身健美操练习的形式多样，参加的人数可多可少，时间可长可短，运动量可大可小，易于控制，可以在室外、室内、广场、大厅、娱乐场所、健身房，甚至在家庭的居室中进行。因此各个年龄阶段、不同性别、不同身体素质、不同技术水平的人都能从健身健美操练习中获得乐趣。

4. 健身的安全性

健身健美操适合于一般人的体质，甚至适合于体质较弱的人都能承受的有氧范围。人们在平坦的地面上，在欢快的音乐声中，跟随快慢有序的节奏进行运动，十分安全而且有效。

三、健美操运动的功能

健美操是一种旨在增强体质和改善形体的体育活动。它的目的是通过音乐伴奏下的身体练习来实现有氧运动，以达到增进健康和塑造形体。具体来说，健美操运动的功能包括以下方面：

(1) 健身与塑形：健美操是一种全身性的有氧运动，能够有效地提升心肺功能，增强肌肉力量和耐力，促进脂肪燃烧，帮助减重塑形，使身体线条更加优美。

(2) 增强体质：健美操包括有氧运动、力量训练和柔韧性锻炼，可以增强身体的抵抗力和免疫力。

(3) 增强协调与灵活性：健美操运动可以增强身体的协调性，提高反应速度和平衡能力，增加关节的灵活性，改善身体的柔韧性。

(4) 社交与团队合作：健美操通常是在团体中进行的运动项目，需要与其他队员密切合作并协调配合。通过集体训练和比赛，可以培养团队合作精神、沟通能力和领导才能，增强人际关系，培养友谊和团队凝聚力。

总之，健美操运动不仅可以提升身体素质、改善外貌，还具有提升心理状态、培养社交能力和团队合作精神的作用，并在某种程度上帮助人们放松心情，享受运动带来的乐趣。

第二节　健美操运动基本技术

一、基本步伐

健美操基本
步伐(一)

健美操基本
步伐(二)

(一) 基本步伐体系

根据动作完成形式的不同,我们可将基本步伐分为以下五类。

交替类：两脚始终做依次交替落地的动作。

迈步类：一条腿先迈出一步，重心移到这条腿上，另一腿用脚跟、脚尖点地或吸腿、屈腿、踢腿等，然后向另一个方向迈步。

点地类：一腿屈膝站立，另一腿伸出，用脚尖或脚跟点地后还原到并腿位置。

抬腿类：一腿站立，另一腿做抬起的动作。

双腿类：双脚站立、身体重心在两腿之间的动作。

(二) 基本动作说明

1. 两脚交替类

1) 踏步(March)

一般描述：两腿原地依次抬起，依次落地如图 18-1 所示。

技术要点：在下落时，踝、膝、髋关节依次有弹性地缓冲。

2) 走步(Walk)

一般描述：迈步向前走四步或向后退四步，然后反之，如图 18-2 所示。向前走时，脚跟先落地，过渡到全脚掌，向后走时则相反。

技术要点：在落地时，膝、踝关节有弹性地缓冲。

图 18-1　踏步

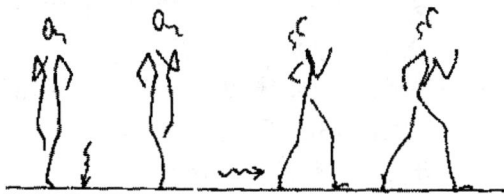

图 18-2　起步

3) 一字步(Easy walk)

一般描述：一脚向前一步，另一脚并于前脚，然后再依次还原，如图 18-3 所示。

技术要点：向前迈步时，脚跟先着地，过渡到全脚掌；前后均要有并腿过程；每一拍动作膝关节始终有弹性地缓冲。

4) V字步(V Step)

一般描述：一脚向前侧方迈一步，另一脚随之向另一方迈一步，成两脚开立，屈膝，然后再依次退回原位，如图18-4所示。

技术要点：两腿膝、踝关节始终保持弹动状态，分开后成分腿半蹲，重心在两脚之间。

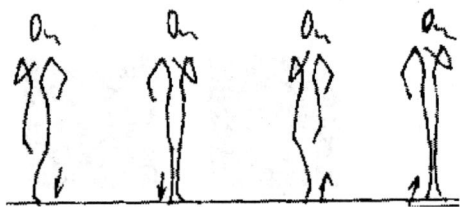

图18-3　一字步

图18-4　V字步

5) 漫步(Mambo)

一般描述：一脚向前迈出，屈膝，重心随之前移，另一脚稍抬起，然后原地落下；或者向后撤一步，重心后移，另一脚稍抬起，然后原地落下，如图18-5所示。

技术要点：两脚始终保持交替落地，身体重心随动作前后移动，但始终在两脚之间。

6) 跑步(Jog)

一般描述：两腿经过腾空，依次落地缓冲，两臂屈肘摆臂，如图18-6所示。

技术要点：落地屈膝缓冲，脚跟尽量落地。

图18-5　漫步

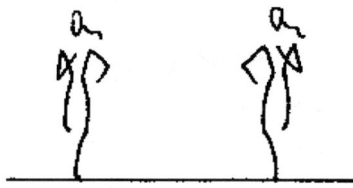

图18-6　跑步

2. 迈步类

1) 并步(Step Touch)

一般描述：一脚迈出，另一脚随之并拢，屈膝点地，再向反方向迈步，如图18-7所示。

技术要点：两膝始终保持弹动，动作幅度和力度可随风格而定。

2) 迈步点地(Step Tap)

一般描述：一脚向侧迈一步，两腿经屈膝转移重心，另一腿再向前、侧或后用脚尖或脚跟点地，如图18-8所示。

技术要点：两膝放松，保持弹动。

图18-7　并步

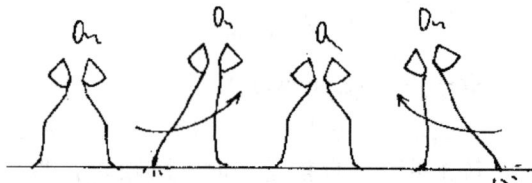

图18-8　迈步点地

3) 迈步吸腿(Step Knee)

一般描述：一脚迈出一步，另一腿屈膝抬起，然后向反方向迈步，如图 18-9 所示。

技术要点：经过屈膝半蹲，抬膝时支撑腿稍屈膝。

4) 迈步后屈膝(Step Curl)

一般描述：一脚迈出一步，另一腿后屈，然后向反方向迈步，如图 18-10 所示。

技术要点：双腿屈膝半蹲，支撑腿稍屈膝，后屈腿的脚跟靠近臀部。

图 18-9　迈步吸腿　　　　　　　　　　　图 18-10　迈步后屈膝

5) 侧交叉步(Grapevine)

一般描述：一脚向侧迈一步，另一脚在其后交叉，随之再向侧迈一步，另一脚并拢，屈膝点地，如图 18-11 所示。

技术要点：第一步脚跟先落地，身体重心快速随脚步而移动，保持膝、踝关节的弹动。

图 18-11　侧交叉步

3. 点地类

1) 脚尖点地(Touch Tap)

一般描述：一腿稍屈膝站立，另一腿伸出，脚尖点地，然后还原到并腿姿势，如图 18-12 所示。

技术要点：支撑腿始终保持屈膝站立，并且随动作有弹性的屈伸。

图 18-12　脚尖点地

2) 脚跟点地(Heel)

一般描述：一腿稍屈膝站立，另一腿伸出，脚跟点地，然后还原到并腿姿势，如图 18-13 所示。只可做向前和向侧的脚跟点地。

技术要点：支撑腿始终保持屈膝站立，并且随动作有弹性的屈伸。

图 18-13　脚跟点地

4. 抬腿类

1) 吸腿(Knee Lift)

一般描述：一腿屈膝抬起，落下还原，如图 18-14 所示。

技术要点：支撑腿保持屈膝弹动，大腿上抬超过水平，上体保持正直。

2) 摆腿(Leg Lift)

一般描述：一腿抬起摆动，落下还原，如图 18-15 所示。

技术要点：抬腿角度要低，脚尖绷直，上体正直。

3) 踢腿(Kick)

一般描述：一腿稍屈膝站立，另一腿抬起，然后还原，如图 18-16 所示。

技术要点：抬起腿不需很高，但要有控制，保持上体正直。

图 18-14　吸腿　　　　　　　图 18-15　摆腿　　　　　　　图 18-16　踢腿

4) 弹踢(Flick)

一般描述：一腿站立(跳起)，另一腿先向后屈，然后向前下方弹踢，还原，如图 18-17 所示。通常以高冲击力的形式出现。

技术要点：腿弹出时要有控制，保持上体正直。

5) 后屈腿(Leg Curl)

一般描述：一腿站立(跳起)，另一腿向后屈膝，放下腿还原，如图 18-18 所示。通常以高冲击力的形式出现。

技术要点：支撑腿保持弹性，两膝并拢，脚跟靠近臀部。

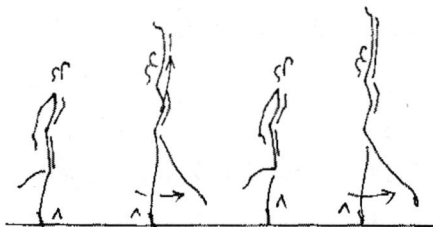

图 18-17　弹踢　　　　　　　　　　图 18-18　后屈腿

5. 双腿类

1) 并脚跳(Jump)

一般描述：两腿并拢跳起，如图 18-19 所示。

技术要点：落地缓冲有控制。

2) 分腿跳(Squat jump)

一般描述：分腿站立，屈膝半蹲，向上跳起，分腿落地，屈膝缓冲，如图 18-20 所示。

技术要点：屈膝半蹲时，大、小腿夹角不要小于 90°，空中注意身体的控制。

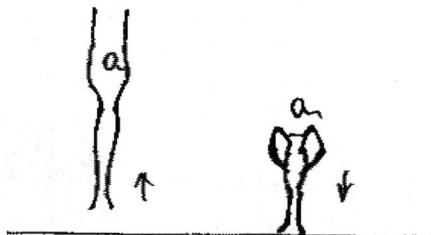

图 18-19　并脚跳　　　　　　　　　图 18-20　分腿跳

3) 开合跳(Jumping jack)

一般描述：由并腿跳起，分腿落地，然后再由分腿跳起，并腿落地，如图 18-21 所示。

技术要点：并腿屈膝跳起，分腿落地；再由分腿跳起，并腿落地。

图 18-21　开合跳

4) 半蹲(Squat)

一般描述：两腿有控制的屈和伸，可分为并腿半蹲和分腿半蹲，如图 18-22 所示。

技术要点：分腿半蹲时，两腿左右分开稍大于肩(或与肩同宽)，脚尖稍外开，屈膝时关节角度不得小于 90°，膝关节对准脚尖方向，臀部向后 45° 方向下蹲，上体保持直立。

图 18-22　半蹲

5) 弓步(Lunge)

一般描述：两腿前后分开，两脚平行站立；蹲下再站起来，如图 18-23 所示。

技术要点：半蹲时后腿关节向下，大腿垂直于地面；重心始终在两脚之间。

6) 提踵(Calf raise)

一般描述：两腿脚跟抬起，落下脚跟稍屈膝，如图 18-24 所示。

技术要点：两腿夹紧，重心上提时，收紧腹部；落下时屈膝缓冲。

 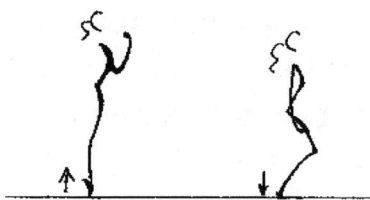

图 18-23　弓步　　　　　　　　　　图 18-24　提踵

三、常用上肢动作

健美操上肢动作

在完成基本动作时加入不同的上肢动作，就会使动作变得丰富多彩。手臂在肩以上的动作强度就大于手臂在肩以下的动作强度；手臂动作变化多的一组动作就难于手臂动作变化少的动作组合。下面就介绍几种常用的手形和上肢动作。

(一) 常用手形

1. 掌形

一般描述：五指伸直并拢，如图 18-25 所示。

2. 拳形

一般描述：握拳，拇指在外，如图 18-26 所示。

3. 五指张开形

一般描述：五指用力伸直张开，如图 18-27 所示。

图 18-25　掌形　　　　　图 18-26　拳形　　　　图 18-27　五指张开形

(二) 上肢动作

1. 举

臂伸直向某方向抬起。

2. 屈臂

前臂与上臂角度不断减小。

3. 伸臂

前臂与上臂角度不断增大。

4. 屈臂摆动

屈肘在体侧自然地摆动。可依次和同时进行。

5. 上提

直臂或屈臂由下至上提抬起。

6. 下拉

臂由上举或侧上举拉至身体两侧。

7. 胸前推

立掌，臂由肩部向前推。

8. 冲拳

屈臂握拳，由腰间猛力向前冲拳。

9. 肩上推

立掌，屈臂由肩部向上推。

10. 摆动

以肩关节为轴，手臂在 180° 以内的运动称之为摆动。

11. 绕和绕环

以肩关节为轴，手臂在 180° 至 360° 之间的运动为绕；大于 360° 以上的圆周运动为绕环。

12. 交叉

两臂重叠成 X 形。

在进行上述上肢动作练习时，应注意肌肉的用力阶段，使动作富有弹性，避免上肢动作过分僵硬。

第三节　健美操音乐与动作编排

一、健美操音乐

音乐作为完整的艺术形式有着自己独特、系统和完整的表达方式。健美操的动作在音乐的衬托下，更具生命力与艺术性，可以说音乐为健美操插上了两只翅膀，使健美操扩大了表现空间。如果说仅仅由动作构成了健美操的锻炼与原始的冲动，音乐则为健美操注入了灵魂，并使内心的激动"呐喊"出来。

音乐的节奏与速度，严格地控制着动作的节奏与速度。因此，在很大程度上控制着运动的强度。

音乐的风格决定动作的风格。音乐风格受时代变化、民族地域、环境、作者等因素影响，因此应当尊重音乐的风格，因为唯有这样动作与音乐才能协调，音乐才能有力地支撑起动作。

音乐的强弱变化为动作的力度与起伏创造了内在的条件，使动作与音乐在结构上产生联系，曲调与节奏的变化加之动作起伏产生韵律感，从而增加了健美操的韵律感，使健美操的美学价值更高。

音乐的情绪有控制健美操动作与脑细胞兴奋的作用，因此在音乐伴奏下进行锻炼，可以延缓疲劳的出现。同时音乐的情绪可以影响人的情绪，这也是健美操多选择曲调欢快、节奏强劲的音乐作为伴奏音乐的重要原因之一。欢愉明快的音乐可以更快地调动起人的兴奋性。

健美操运行运用音乐时的注意事项：

(1) 音乐的风格与动作的风格相一致。

音乐的选择直接影响着健美操的风格、结构、节奏和速度，音乐选配得当容易激发编操者的创作灵感和练习者的锻炼激情。健身健美操应体现出民族风格，并向着突出时代特征的方向发展。

(2) 音乐应体现健美操特点。

健美操是健、力、美的统一体，选配音乐时要注意体现这一点，强调美与力的结合。音乐旋律要动听，力求新颖、丰富多变、节奏鲜明。

(3) 音乐速度的选用。

健美操的音乐速度通常以 10 秒钟为单位作为设计动作速度的标准。竞技健美操要求音乐必须在 1 分 40 秒至 1 分 50 秒之间，速度在每 10 秒 24～27 拍；健身健美操要求音乐必须在 2 分 30 秒至 3 分钟之间，速度在每 10 秒 22～26 拍，充分体现健身健美操的有氧性及健身性。相比之下，较快节奏的音乐更容易提高一套动作的活跃性，同时也更容易引起群众的共鸣。

(4) 成套动作的连贯性和完整性。

一般成套音乐套路的开头采用 10 秒钟的慢拍或造型变化，突出风格特点；中间每部分或小的阶段要体现高低起伏的变化，如果经过剪接，则剪接处前后乐曲的旋律应基本相似，且有一定的连贯性；音乐的结尾一定要保持音乐的完整性，不要动作做完就把音乐卡断，这样的结果会给人一种悬在空中而没有结束的感觉。

二、健美操的动作编排

目前大学生成套健身健美操除参加比赛外，各类表演也是广大学生丰富文化生活的重要内容。在大学生中积极开展介于竞技与表演之间的成套健身健美操，特别是更具感染力和更多参与者的集体健身健美操，已成为发展健美操运动的一个重要途径。这就要求专门从事健美操教学的教师和教练，在健身健美操编排的艺术上进行认真探讨，掌握编排艺术，不断挖掘编排过程中的艺术魅力。

健美操创编原则

(一) 成套健身健美操的构成

成套健身健美操由音乐、动作和编排三个要素组成，它们之间的关系可用图 18-28 形

象地表示。

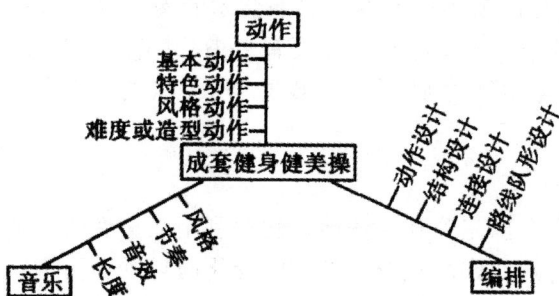

图 18-28 音乐、动作、编排三要素关系示意图

在成套健身健美操动作中，音乐是成套健身健美操的灵魂，它贯穿于整个练习的全过程，对动作起指导和烘托作用；动作是躯骨，是构成成套健美操的主体，它由多组具有针对性的体操动作组成，通过不断重复来达到锻炼的目的；编排就是经络，是将音乐与动作有机结合的手段，根据一定的目的和要求，将各种体操动作按照一定顺序组织起来形成整套动作。编排是套路成型的关键，是成套动作质量的保证，是衡量成套健身健美操价值的重要指标。

(二) 成套健身健美操动作的编排

1. 动作设计

(1) 针对大学生生理、心理特点选择动作。在校大学生一般年龄在 18～24 岁，因此在编排时，应选择一些刚劲有力、健美大方、富有朝气、积极快速、振幅较大、舞蹈因素多、时代特点突出、有明显锻炼价值的动作。同时，造型动作应新颖、独特、多变、有趣、奔放。在设计动作时应考虑到学生的实际水平，除包括基本动作外，还可设计一些使学生通过努力都能完成的动作，做到有一定难度同时又具有可接受性。

(2) 借鉴相关项目，内容设计要突出特色。动作编排应有机结合舞蹈、体操、技巧等一些相关项目的艺术特点，创造性地编排出既刚又柔、协调流畅的动作。此外在设计时考虑加入健美操中的一些风格操，如拉丁健美操、街舞等动作来渲染整套操，但是此内容和时间不宜太多，要做到起画龙点睛的作用，设计做到有特色。

总之，动作设计是成套健身健美操编排的基础。在设计动作时，应考虑动作的对称性、全面性、观赏性、合理性、艺术性。

2. 结构设计

当创编健美操时，先要根据这套操所需要达到的要求，确定这套操当中的核心动作和动作风格，然后与所选音乐进行反复分析确定出操的表现风格，安排多少难度动作，多少操化动作，多少造型动作，集体项目还应考虑队员间有多少的配合等，勾勒出成套动作的整体结构和框架。

3. 连接设计

(1) 合理分配各类动作。选择设计好单个动作和成串的组合动作后，要将风格性动作、难度动作、配合动作等按照一定的原则，合理地分配连接，切忌出现"头重脚轻"等安排不平衡。

(2) 把握好成套动作的节奏。节奏是表演艺术的基本要素，一套成功的健美操编排，主题动作和陪衬动作要节奏分明，其动作要有大小、快慢、强与弱、刚与柔的搭配，有开始、有高潮、有结束。高潮应多在后半段形成，吸引人的动作和队形要逐渐增加，从而感染观众。

4．路线、队形设计

首先根据场地特点合理充分利用场地，注意利用队形变化，加强整套操的流动性，不要在一个队形上做过多的动作，队形、方位的变化应巧妙并易于整齐一致，不应牵强附会和生拉硬扯，以影响整套操的连贯性。在队形变化中，注意把惊险、新颖、观赏性强的动作安排在场地中间，给观赏者留下清晰深刻的印象。其次在队形选择上应按照操的内容与风格选择适宜的队形，以便更好地展现主题。

在初步完成整套操的编排后，配合音乐完成整套操的动作演练，观察整体表演效果并加以修改，使整套操的动作与音乐的风格、情感完全吻合。注意随着训练的深入，队员技术情况的日趋变化，应去掉那些难以完成的动作，根据队员特点修改或增加表演效果好、队员擅长完成的动作，并精雕细刻使之日趋完善。

第十九章

瑜伽运动理论与技术

学习目标

(1) 掌握瑜伽基本知识和技能。
(2) 提高身体素质。
(3) 培养良好的身体姿态和审美能力。

课程思政点

一种健康的生活方式——瑜伽

习近平总书记强调："要坚持健康第一的教育理念，加强学校体育工作，推动青少年文化学习和体育锻炼协调发展"。为落实这一重要要求，需要进一步强化学校体育工作，强化体育课与体育锻炼，让体育成为一种健康的生活方式。2020 年 10 月，中办、国办印发《关于全面加强和改进新时代学校体育工作的意见》，提出严格落实学校体育课程开设刚性要求，不断拓宽课程领域，逐步增加课时，丰富课程内容。

在上述背景之下，瑜伽专项已广泛出现在大学体育的课程之中。瑜伽课程既是一种生活方式，也是培养学生运动兴趣、运动技能的过程；同时还是磨炼学生意志品质，塑造学生精神面貌、性格乃至价值观的过程。历史上，苏东坡就是瑜伽练习的受益者。宋神宗元丰二年(1079 年)，苏东坡因"乌台诗案"而锒铛入狱。出狱后，苏轼被降职为黄州(今湖北黄冈市)团练副使，受当地官员监视。苏辙送兄长到黄州时，苏东坡发现苏辙红光满面、精神焕发，不由得愕然。苏辙告诉他说，10 年前跟一个道士学习了瑜伽术，坚持不懈地练习瑜珈气功和定力。苏轼到黄州后，没有忘记保养身体，按照弟弟的经验，开始练习瑜伽。从历史记载得知，苏东坡练瑜伽不追求婀娜多姿的优美动作，而是让身体保持某种姿势，同时控制呼吸，再继之以冥坐，最后则达到物我两忘的境界。我们应当学习苏东坡追求单纯有节制的健康生活方式，努力工作之余有充分的休息；还应通过瑜伽修炼控制情绪，实现最佳生活状态。

第一节　瑜伽运动概述

一、瑜伽的起源

瑜伽是起源于印度的一套人类控制自我精神和身体机能的古老健身法，它是古代印度体育文化的组成部分，也是古代印度的代表和象征，被人们称为"世界的瑰宝"。相传在印度北部的喜马拉雅山麓地带，古印度瑜伽修行者在大自然中修炼身心时，无意中发现各种动物与植物天生具有治疗、放松、睡眠或保持清醒的能力和方法，患病时能不经任何治疗而自然痊愈。于是古印度瑜伽修行者通过观察动物的姿势，模仿并亲自体验这些姿势，而创立出一系列有益身心的锻炼系统，也就是体位法。瑜伽已有 5000 年历史了，正式传入我国只有 50 年左右，而现代人所称的瑜伽则主要是一系列的修身养心方法。

二、瑜伽的种类

古代瑜伽在漫长的发展过程中形成了很多流派，有的以哲学思想为主，有的注重体格锻炼，有的强调调节气息……从而衍生出很多派别。正统的印度"古典瑜伽"可以分为五大体系，分别是智瑜伽、业瑜伽、哈他瑜伽、王瑜伽和昆达里尼瑜伽。智瑜伽提倡培养知识理念；业瑜伽倡导内心修行，引导更加完善的行为；哈他瑜伽包括精神体系和肌体体系；王瑜伽偏于意念和调息；昆达里尼瑜伽着重能量的唤醒与提升。目前风靡全世界的各种健身瑜伽就是在哈他瑜伽的基础上演变和提炼出来的。现代的健身瑜伽的种类很多，不同种类的健身瑜伽具有不同的健身功能，社会上比较盛行的主要有高温瑜伽、流瑜伽、艾杨格瑜伽、阿斯汤瑜伽、冥想瑜伽、空中瑜伽、孕妇瑜伽、双人瑜伽和亲子瑜伽等。

三、瑜伽的功能

(一) 塑形功效

瑜伽健身早已被公认为具有塑形功效和最安全、最富有成效的健身操之一，目前已盛行全世界。瑜伽动作舒展优美，简单易学，无需器械，不会出偏差。即使从来没参加过任何其他运动，身体较为僵硬，也可以练习，只要做到能够达到的位置即可。

(二) 平衡身体

通过练习瑜伽不仅可以平衡内分泌，使身体均衡发展，而且练习后全身舒畅，使得内在充满能量，很快就能恢复体力。针对不同的人群和现代化的生活方式所带来的许多弊病，人们根据瑜伽的多元功能，已经创造了很多具有特色的瑜伽形式，符合了不同人群对瑜伽练习的需要。

(三) 保持脑活力

人体的神经系统、内分泌腺体和主要器官的状况，决定着一个人的健康程度。有规律的瑜伽练习有助于消除心理紧张，以及由于疏忽身体健康或提早衰老而造成的体能下降。因此练习瑜伽能保持活力，令思路清晰。

(四) 增强抵抗力

长期练习瑜伽姿势、调息法及放松法可预防疾病，尤其是糖尿病、高血压、饮食失衡、关节炎、动脉硬化、静脉曲张、哮喘等慢性疾病。有研究显示，长期练习瑜伽的人比普通人更懂得控制自身的体温、心率和血压水平。近年来医学界已证实，瑜伽可以有效调节神经系统及内分泌系统，进而改善个人整体健康水平。

第二节 健身瑜伽运动基本技术

中国健身瑜伽动作分为体式基础、体式动作和经典体式套路三部分，其中体式动作共分九级，从一级到九级难度逐渐递增，根据人体运动方向分为八大类，如表 19-1 所示。

表 19-1 健身瑜伽体式

名　称		个数	类　别
体式基础	预备一级	3	—
	预备二级	3	
	预备三级	2	
健身瑜伽体式 · 体式动作	一　级	16	坐姿、前屈、后展、扭转、平衡、侧弯、其他
	二　级	16	坐姿、前屈、后展、扭转、平衡、倒置、侧弯、其他
	三　级	16	坐姿、前屈、后展、扭转、平衡、倒置、其他
	四　级	18	坐姿、前屈、后展、扭转、平衡、倒置、其他
	五　级	18	坐姿、前屈、后展、扭转、平衡、倒置、其他
	六　级	18	坐姿、前屈、后展、扭转、平衡、倒置、其他
	七　级	24	前屈、后展、平衡、倒置、侧弯、其他
	八　级	24	前屈、后展、扭转、平衡、倒置
	九　级	24	前屈、后展、平衡、倒置
经典体式套路	拜日套路	12	—
	拜月套路	14	

一、体式基础

健身瑜伽体式基础共有 7 式(其中站姿 3 式，坐姿 2 式，卧姿 2 式)，是健身瑜伽所有体式的基础，也是开始学习健身瑜伽体式的首个环节。

瑜伽体式基础

1. 山式站姿

动作方法：双脚并立，双腿并拢伸直。骨盆中正，收腹、尾骨微内卷，立腰，展背，沉肩，颈部贴后衣领，下颌略收，两眼平视前方，如图 19-1 所示。

呼吸：保持 3～5 个自然呼吸。

意念：感觉自己像树根一样深深扎入泥土中，而头部充分上顶，感觉自己的身体在拉长，身高在增加。体会一条垂直线连接耳、肩、臀、膝和踝，想象自己像大山一样稳固。

益处：促进脊柱与骨盆处于中正位，提振精神，挺拔身姿。

2. 礼敬式

动作方法：山式站姿，双手在胸前合掌，两臂自然下垂架在身体两侧，沉肩，拔背，眼睛平视前方，如图 19-2 所示。

呼吸：保持 3～5 个自然呼吸。

意念：保持平静、淡然的心态。

益处：有助于保持专注、放松身心，为后续体式做准备。

3. 健身瑜伽礼敬式

动作方法：由礼敬式开始，以髋关节为轴，躯干前屈45°，目视前方，前屈时保持两臂成一线且平行于地面，指尖向上，如图 19-3 所示。

呼吸：保持 3～5 个自然呼吸。

意念：保持恭敬、谦卑的心态。

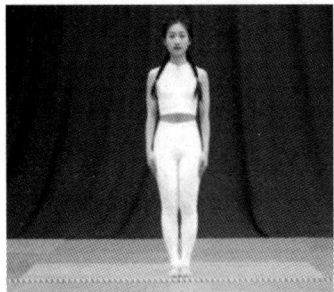

图 19-1 山式站姿   图 19-2 礼敬式   图 19-3 健身瑜伽礼敬式

4. 山式坐姿

动作方法：双腿并拢伸出坐于垫上，回勾脚掌，双手放于身体两侧，伸直腰背，目视正前方，保持脊柱中立伸展，坐骨两侧均衡着地，如图 19-4 所示。

呼吸：保持 3～5 个自然呼吸。

要点：延展腿部后侧肌群，沉肩，头顶带脊柱向上延展。

益处：促使脊柱与骨盆在坐姿处于正位，放松身心。

5. 金刚坐

动作方法：两膝并拢跪坐，两脚大脚趾重叠或并拢，足跟分开，臀部坐在两足跟之间，腰背挺直，两肩自然下沉，两手置于大腿前侧，目视正前方，呼吸保持自然，如图 19-5 所示。

呼吸：保持 3～5 个自然呼吸。

要点：保持骨盆正位，头顶向上延展脊柱。

益处：促进骨盆区域血液循环，有助于消化，灵活下肢关节，安定情绪。

图 19-4　山式坐姿　　　　　　　　　　　图 19-5　金刚坐

6. 仰卧式

动作方法：仰卧，两脚分开，脚尖朝外，两臂微分，掌心向上，微闭双眼，全身放松，自然缓慢地呼吸，腰背尽量贴合地面，下颌微收，如图 19-6 所示。

呼吸：自然缓慢地进行腹式呼吸。

意念：专注于腹式呼吸，放松全身。

益处：放松身心，培养自我觉知能力。

7. 婴儿式

动作方法：金刚坐，髋屈曲，腹部贴于大腿，额头触地，双手放于双脚两侧，掌心向上，眼睛微闭，保持自然呼吸，臀部落于脚跟，可作为后展体式的放松练习，如图 19-7 所示。

呼吸：保持自然呼吸。

意念：身体前侧贴合大腿，想象自己处于温暖、安全、有爱的环境中，放松全身。

益处：舒缓腰背，放松身心。

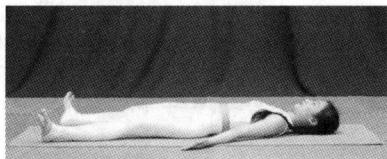 

图 19-6　仰卧式　　　　　　　　　　　图 19-7　婴儿式

二、体式动作

健身瑜伽的体式动作共有 174 式，动作难度由易到难共分九级，其中包括坐姿、前屈、后展、平衡、侧弯、倒置、扭转和其他八大类别。

健身瑜伽一级体式动作共 16 式，其中包含坐姿(1 个)、前屈类(1 个)、后展类(1 个)、扭转类(1 个)、平衡类(1 个)、侧弯类(2 个)和其他类(9 个)。

1. 简易坐

动作方法：山式坐姿，吸气时屈双膝双腿收回交叉，双脚分别置于大腿或膝关节下方，呼气时双手成智慧手印落于双膝之上，脊柱伸展，目视正前方，吸气时脊柱向上延伸，呼气时双肩向地板的方向延伸，如图 19-8 所示。

图 19-8　简易坐

意念：体会膝关节逐渐放松，骶椎、腰椎、胸椎、颈椎以及躯干垂直于地面的感受，内心平和，身心合一。

益处：简易坐可以加强髋关节、膝关节、踝关节的灵活性。

注意事项：躯干不要前倾，颈椎前引。时刻保持躯干垂直于垫子。

2. 直角式

动作方法：山式站姿，吸气时延伸脊柱，两手体前十指交握并上举过头，上臂贴耳侧，呼气时髋屈曲向前90°，躯干、手臂与地面平行，目视下方，吸气时延展脊柱，呼气时逐渐伸直膝关节，保持3～5组自然呼吸，如图19-9所示。

意念：体会下肢肌肉的放松、伸展，躯干、手臂平行于地面。

益处：直角式可以纠正驼背、脊柱侧弯，消除紧张，加强双腿及身体核心力量。

注意事项：练习的过程中手臂、背部与地面平行，保持脊柱伸展，双膝关节不可超伸。初次练习者可以微屈双膝来练习。

图 19-9　直角式

3. 展臂式

动作方法：山式站姿，吸气时双臂经体侧向上伸展至头顶，掌心向前，胸骨上提，打开胸腔，呼气时以手臂带动躯干向后上方伸展，目视上方，吸气时向上，呼气时后展，保持3～5组自然呼吸，如图19-10所示。

意念：体会髋部、胸部、头颈的拉伸与扩展，意念引导挖掘自身的潜能。

益处：展臂式可以强化脊柱，伸展身体前侧肌群。

注意事项：练习的过程中注意要打开胸腔，胸椎上提后展，头部放于两臂之间，不可过分后仰，骨盆要中正。

图 19-10　展臂式

4. 单臂风吹树式

动作要领：山式站姿，吸气时左臂经体测向上伸展，掌心向内，身体向右弯，转头，呼气时保持身体向右侧弯，目视上方，吸气时伸展，呼气时侧弯，保持 3～5 组自然呼吸。还原到山式站姿，进行反侧练习。吸气时右臂经体侧向上伸展，掌心向内，身体向左侧弯，转头，呼气时保持身体向左侧弯，目视上方，吸气时伸展，呼气时侧弯，保持3～5组自然呼吸后还原到山式站姿，如图19-11所示。

图 19-11　单臂风吹树式

意念：体会侧腰被拉伸的感觉。

益处：单臂风吹树式可以灵活脊柱，消除侧腰多余脂肪。练习的过程中，骨盆要中正，身体在同一平面。

注意事项：练习的过程中切勿过度拉伸。

5. 风吹树式

动作方法：山式站姿，吸气时双手经体侧向上至头顶合掌，呼气时躯干向右侧弯，练习过程中头部保持中正，目视前方，吸气时伸展，呼气时侧弯，保持 3～5 组自然呼吸，如图 19-12 所示。还原到山式站姿，进行反侧练习。吸气时双手经体侧向上至头顶合掌，呼气时躯干向左侧弯，目视前方，吸气时伸展，呼气时侧弯，保持 3～5 组自然呼吸后还原到山式站姿。

意念：体会山式站姿逐渐稳定且内心平和的感受。

益处：风吹树式可以均衡伸展两侧躯干，缓解肩背部不适。

注意事项：练习过程中头在两臂之间，保持髋部中正，身体在同一平面。初次练习者可以双脚略微打开。

图 19-12 风吹树式

6. 站立腰驱扭转式

动作方法：山式站姿，双腿打开，略比肩宽，吸气时两臂侧平举，呼气时身体向右后方转动，右手背于腰后，左手扶住右肩，目视后方，下一次呼气时加大扭转力度，吸气时伸展，呼气时扭转，保持 3～5 组自然呼吸，如图 19-13 所示。还原到山式站姿，进行反侧练习。双腿打开，略比肩宽，吸气时两臂侧平举，呼气时身体向左后方转动，左手背于腰后，右手扶住左肩，目视后方，下一次时加大扭转力度，吸气时伸展，呼气时扭转，保持 3～5 组自然呼吸后还原到山式站姿。

意念：体会脊柱扭转、身体拉伸、肩膀扩展的感受。

益处：可以加强肩、腰、背部肌肉的灵活性，刺激脊柱神经，缓解腰背疼痛。

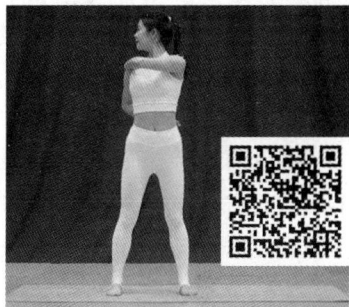

图 19-13 站立腰驱扭转式

注意事项：练习的过程中，保持骨盆中正，双肩在同一平面，双膝与脚尖指向正前方，腰椎以上进行扭转，腰椎间盘突出及脊柱严重侧弯者谨慎练习。

7. 摩天式

动作方法：山式站姿，双脚打开与髋(肩)同宽，吸气时双手在身体前侧十指交叉翻掌向上举至头顶，伸直双臂，呼气时提踵，保持身体平衡，目视前方，吸气时伸展，呼气时还原，保持 3～5 组呼吸后还原到山式站姿，如见图 19-14 所示。

意念：体会身体在同一平面逐渐保持平衡且身心合一的感受。

益处：摩天式可以伸展脊柱，促进肩、背部血液循环，有助于缓解疲劳。

注意事项：练习的过程中骨盆要中正，充分伸展腰背，双肩下沉，头部保持于两臂之间。初次练习者可退阶将双脚

图 19-14 摩天式

间距略微打开。

8. 鳄鱼式

动作方法：俯卧在垫子上，吸气时双臂向前伸展，抬起头部，屈肘分开，与肩同宽，肘关节支撑地面，呼气时双手手掌托住下颌，闭上双眼或者平视前方，保持3～5组自然呼吸，还原到山式站姿，如图19-15所示。

意念：体会腹部、胸部、颈部被拉伸和扩展的感觉，放松身心。

图19-15　鳄鱼式

益处：鳄鱼式可以放松颈部后方，利于保持宁静平和的心态。

注意事项：练习的过程中身体成一直线，足跟靠拢，手肘撑地，身心自然放松。

9. 大拜式

动作方法：金刚坐姿，吸气时双手经体侧向上伸展至头顶上方，掌心朝前，呼气时髋屈曲，上体自然伸展向前，腹部贴向大腿，双手及前臂向前放于地面上，掌心向下，额头触地，微闭双眼，保持几组呼吸，如图19-16所示。吸气时双手推地，尾骨下拉，慢慢起身，呼气时回到金刚坐姿。

图19-16　大拜式

要点：双腿、双脚并拢，臀部坐于脚后跟上。手臂上举时，脊柱充分伸展，大臂贴近耳朵，双肩下沉；前屈时，髋、腰、胸依次前屈向下。

益处：放松整个身体，按摩腹部内脏，促进背部伸展，减少焦虑，放松心情。

注意事项：严重膝部、脚踝或髋部受伤者不宜练习此体式。

10. 摇摆式

动作方法：仰卧，屈膝团胸，双手交叉环抱小腿胫骨中段，沿脊柱前后摇摆，吸气时向后滚动，呼气时向前滚动，重复数次，如图19-17所示。也可向左右摇摆，吸气身体回正，呼气向右侧，腿外侧贴合地面，吸气回正，呼气向另一侧。可重复多次，随吸气回正，呼气还原至仰卧。

图19-17　摇摆式

要点：双手环抱小腿胫骨中段，大小腿尽量贴合，下颌微收。

益处：按摩背部，促进背部血液循环，缓解背部不适，有助于增加腹内压力，促进肠道蠕动，排出腹中胀气。

注意事项：严重脊柱受伤者不宜练习此体式。

11. 蹬车式

动作方法：仰卧，呼气时双腿上抬垂直于地面，腰、背、臀部、双臂、双手及头部后侧保持贴地，脚尖回勾，配合呼吸依次交替屈膝、伸直，向

蹬车式

前、向后做动态蹬车运动，可做 5～10 组，几组之后停留，双腿并拢向后、向前做动态蹬
车运动，同样可做 5～10 组，保持自然呼吸，结束后停留，回到双腿与地面垂直，随呼气
双腿慢慢落下来，还原至仰卧，如图 19-18 所示。

要点：腰、背、臀部、双臂、双手、头部贴地，脚尖回勾，双肩放松。

益处：增强腹部、双腿力量，强化核心肌群。消除腹部脂肪，促进消化，提高髋与膝
关节的灵活性。

注意事项：严重腰椎病患者不宜练习此体式。

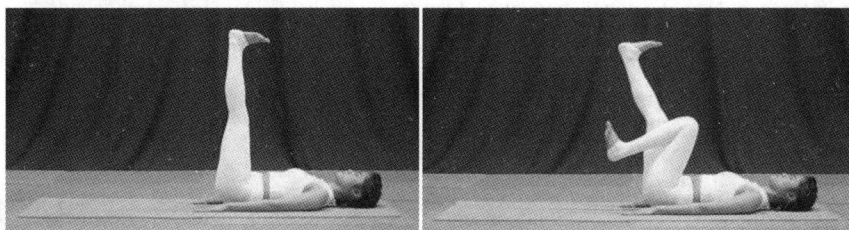

图 19-18　蹬车式

12. 骑马式

动作方法：金刚坐姿，跪立，右腿向前迈一大步，双手置于前脚两侧，双手指尖与脚
趾对其，左膝和脚趾着地，吸气时脊柱充分伸展，呼气
时沉髋，眼睛目视前方，保持几组呼吸，吸气回正，如
图 19-19 所示。做反侧练习，跪立，左腿向前迈一大步，
双手置于前脚两侧，右膝和脚趾着地，吸气，脊柱充分
伸展，呼气时沉髋，眼睛目视前方，保持几组呼吸，吸
气回正，呼气到金刚跪姿。

图 19-19　骑马式

要点：两手指尖与前脚脚尖在一条直线上，前侧小
腿垂直于地面，后脚脚趾点地，髋部中正下沉。

益处：伸展大腿前后侧肌肉，促进骨盆区域血液循环，伸展脊柱。

注意事项：膝盖不适者可垫毛毯练习；有膝关节积液者不可练习。

13. 斜板式

动作方法：金刚坐姿，身体前倾，双手置于双肩下
方，两臂、大腿垂直于地面，两腿依次向后伸直，脚趾
点地，身体成一直线，目视前下方，保持几组呼吸，手
臂与地面保持垂直，肘窝相对，后背平直，呼气还原至
金刚坐姿，如图 19-20 所示。

图 19-20　斜板式

要点：眼睛看向前方地面，头部与身体成一条直线，手臂与地面垂直，肘窝相对，后
背平直，不要塌腰，不要耸肩。

益处：锻炼肩、背、手臂、腹部、臀部的力量和稳定性，增强核心力量。

注意事项：手腕、肩膀有伤者不宜练习；经期不宜练习。

14. 猫伸展式

动作方法：金刚坐姿，身体前倾，双手置于双肩下方，指尖与肩上下对齐，两膝分开

与髋同宽，吸气脊柱逐节伸展，扩展胸腔，呼气收腹、拱背低头，眼睛看向肚脐方向，重复 4～6 组练习，如图 19-21 所示。在做动态练习时，手臂和大腿始终保持垂直于地面，脚背压实于地面。最后一次吸气时回正，呼气还原至金刚坐姿。

图 19-21　猫伸展式

要点：手臂垂直于地面，脚背压实于地面，伸展时大腿始终垂直于地面。

益处：增强脊柱灵活性，放松肩颈，减轻经期疼痛，帮助子宫恢复正位。辅助治疗坐骨神经痛及下背部疼痛。

注意事项：严重腕关节损伤者不宜练习此体式。

15. 上伸腿式

动作方法：仰卧，吸气准备，呼气时双腿慢慢抬起与地面垂直，脚心向上，腰、背、臀部均贴合地面，保持几组呼吸，呼气时双腿慢慢落下来，还原至仰卧，如图 19-22 所示。在双腿抬起与放下过程中，也可分段停留，增加强度。

图 19-22　上伸腿式

要点：双腿垂直于地面，脚心向上，腰、背、臀均贴合地面。

益处：增强腹部、双腿力量，紧实腹部肌肉，强健腹部器官。改善头部、背部血液循环，有助于睡眠。

注意事项：患高血压与坐骨神经痛者不宜练习此体式；腰椎不适者谨慎练习；生理期不宜练习。

16. 简易蝗虫式

动作方法：俯卧，双手掌心向下，置于大腿前侧，右腿保持伸直平压地面，吸气时将左腿伸直抬高，左髋下沉，骨盆保持稳定，绷脚背，保持几组呼吸，呼气时腿慢慢落下来回到俯卧，如图 19-23 所示。反侧练习，吸气时左腿保持伸直平压地面，将右腿伸直抬高，右髋下沉，骨盆保持稳定，绷脚背，保持几组呼吸，呼气时腿慢慢落下来回到俯卧。

图 19-23　简易蝗虫式

要点：脚背绷直，抬腿时保持髋部稳定。

益处：让脊柱得到有力伸展，增强韧度，改善腰椎间盘突出，增强臀、背部力量，改善含胸驼背。挤压骨盆，释放骨盆压力。

注意事项：脊柱或颈部有伤者不宜练习。

三、经典体式套路

1. 经典拜日式套路

拜日式全称向太阳致敬式，一套共有 12 式，涉及 7 个不同体式。拜

拜日式套路

日式 12 式为一个回合，两个回合为一个完整的拜日式。

第一个回合：

礼敬式站姿，吸气时双臂经体测向上，掌心向前，呼气时展臂式，吸气时回正，呼气时髋屈曲，双手落在双脚两侧，站立前屈伸展式，保持 5 个呼吸；吸气右脚向后大撤一步，成骑马式，右膝触地，保持 5 个呼吸，呼气左脚向后与右脚并拢，成顶峰式，保持 5 个呼吸，吸气，从八体投地到眼镜蛇式，呼气到顶峰式，保持 5 个呼吸；吸气右脚向前大迈一步成骑马式，保持 5 个呼吸，呼气左脚向前双脚并拢前屈，站立前屈伸展式，保持 5 个呼吸，吸气站立，呼气展臂式，吸气回到礼敬式站姿。

第二个回合与第一个回合相同。

2. 经典拜月式套路

拜月式全称向月亮致敬式，共有 14 式，涉及 8 个不同体式。拜月式 14 为一个回合，两个回合为一个完整的拜月式。拜月式以拜日式为基础，宜先学拜日式再练习拜月式。

拜月式套路

第一个回合：

调整呼吸，站立于垫子前端，礼敬式站姿，吸气时双臂经体测向上，掌心向前，呼气展臂式，吸气时回正，呼气时髋屈曲，双手落在双脚两侧，站立前屈伸展式，保持 5 个呼吸，吸气右脚向后大撤一步成骑马式，右膝触地，双手经身体两侧向上，头顶合掌，成新月式并保持 5 个呼吸；呼气，左脚向后与右脚并拢，成顶峰式，保持 5 个呼吸，吸气，从八体投地到眼镜蛇式，呼气成顶峰式，保持 5 个呼吸；吸气，右脚向前大迈一步成骑马式，左膝触地，双手经身体两侧向上，头顶合掌，成新月式并保持 5 个呼吸；呼气，左脚向前双脚并拢前屈，成站立前屈伸展式，保持 5 个呼吸，吸气站立，呼气展臂，吸气回到礼敬式站姿。

第二个回合与第一个回合相同。

第二十章

体育舞蹈运动理论与技术

◯ **学习目标**

(1) 了解体育舞蹈运动的起源及发展。
(2) 掌握两种舞蹈(恰恰舞和莎莎舞)的基本技术和舞蹈礼仪。

◯ **课程思政点**

体艺融合，美育化人

　　体育舞蹈是一种结合了体育运动和舞蹈元素的独特艺术形式。将体育舞蹈教学与课程思政教学结合，能够培养学生正确的价值观，增强学生的社会责任感、创新思维和团队协作能力。

　　尼采说："每一个不曾起舞的日子，都是对生命的辜负。"每一个人都有向往和追求美好事物的愿望，舞蹈可以把这些美好用肢体完美的呈现出来，在舞蹈的互动中，生命被赋予了更深层的意义。在体育舞蹈教学过程中，所有的舞蹈技术的习得都需要经过反复大量的练习，才能达到熟能生巧和健身的目的，在潜移默化中学生们就形成了良好的体育锻炼习惯和持之以恒的精神，这些都有助于培养学生们正确的价值观。体育舞蹈所教授的课程内容大都是男、女搭伴的运动形式，二者之间会有大量肢体接触，刚开始大学生往往表现的较为羞涩。通过教师对学生们进行鼓励，使得他们解放思想，加强了学生之间的互相交流和互相鼓励，尽快达到了默契配合。这个过程中学生们逐渐形成积极乐观的心态，同时缓解不良情绪的滋生。体育舞蹈注重以舞育人，不管是教学还是比赛，都表现为人与人的接触，这其中有舞伴之间的配合，有裁判对选手的评判，有观众对舞者的认可，也有对手之间的礼让。在这些"对他人"的接触中，表现出来的礼仪贯穿于体育舞蹈的整个过程，集中体现在请舞、领舞、起舞、共舞、谢舞、让位之中。这个过程可以很好塑造学生们高尚的情操和谦逊的人格，提高大学生的审美和人文素养。

第一节　体育舞蹈概述

一、体育舞蹈的起源及发展

体育舞蹈又称国际标准交谊舞，是从原始的"交谊舞"这一母体中脱胎出来的新的体育运动项目。体育舞蹈的前身交际舞是最早出现在欧洲的农民舞蹈，例如"低舞"(1350—1550年)和"孔雀舞"(1450—1650年)，它们都是由男女成对来跳的。16世纪在英国被称为"乡村舞"的队列舞盛行；17世纪在法国"小步舞"受到广泛的欢迎；18世纪中期，华尔兹舞在维也纳郊区和奥地利高山地区产生；19世纪初，华尔兹出现近距离的搂抱形式，使交际舞发生了革命性的变化；进入20世纪后，又出现了狐步舞、探戈舞等交际舞。这样现代交际舞的内涵也逐渐明晰起来，它是指"舞伴距离较近"的，在舞厅中活动的交际舞。

1768年，在巴黎出现了第一家交际舞舞厅，由此交际舞开始在欧美各国流行，成为一种普遍的社交方式。为了便于普及并进一步提高大众的参与意识，舞蹈教师们将其规范化、职业化并通过比赛将其竞技化。1924年，英国皇家舞蹈教师协会对当时的交际舞进行了整理，将各种舞的舞步、舞姿、跳法加以系统化和规范化，相继制定规范了布鲁斯、慢华尔兹、慢狐步舞、快华尔兹、快步舞、伦巴、探戈等交际舞。1950年，由英国ICBD(摩登舞国际理事会)主办了首届世界性的大赛"BLACKPOOL DANCE FESTIVAL 1950(黑池舞蹈节)"，并把规范后的舞蹈命名为"国际标准交谊舞"。随后每年的五月底，在英国的"黑池"都会举办一届世界性的大赛。第二次世界大战以后，英国皇家舞蹈教师协会又整理了拉丁舞蹈，也将它纳入国际体育舞蹈范畴，1960年，拉丁舞也成为世界交际舞锦标赛的比赛项目之一。这样，国际上形成了具有统一舞步的两大系列10个舞种的国际标准舞。

二、体育舞蹈的分类与特点

体育舞蹈分为"拉丁舞"和"摩登舞"两个舞系，10个舞种。

拉丁舞包括了伦巴、恰恰、桑巴、牛仔和斗牛五项。拉丁舞中除斗牛舞外，都源于美洲各国，而古巴则是拉丁舞及拉丁音乐的重要发源地。它的音乐热情、奔放，极具节奏感。女士以淋漓尽致的脚法律动和自由流畅的舞步，展现了女性优美线条，男士展现了骠悍刚强、气势轩昂、威武雄壮的个性美。

摩登舞包括华尔兹、探戈、维也纳华尔兹、狐步、快步五个舞种。摩登舞除了探戈外，都源于欧洲大陆，它的音乐时而激情昂扬，时而缠绵性感，动作细腻严谨，穿着十分讲究，体现了欧洲国家男士的绅士风度和女士们的妩媚。

体育舞蹈的 10 个舞种，每一舞种的风格都是与发源地的历史条件、地理环境、生活方式、民俗民风、审美观念等密切联系的。每一舞种展示的人体美具有鲜明的民族性特征，都具有强烈感人的艺术表现力和鲜明的艺术风格。体育舞蹈的舞种及特点如表 20-1 所示。

表 20-1　体育舞蹈的舞种及特点

舞类	舞种名称	起源地	特　点
摩登舞	华尔兹	德国	庄重典雅，华丽多彩，舞蹈动作流畅，旋转性强，热烈而兴奋，重心起伏跌宕，包含接连不断的潇洒转体
	探戈	阿根廷	刚劲有力，欲退还进，动、静、快、慢错落有致，头左顾右盼、快速转动，舞蹈风格动静交织、潇洒大方，沉稳中见奔放，闪烁中显顿挫
	狐步舞	英国	舞蹈风格典雅大方、舒展流畅、轻盈飘逸、平稳大方
	快步舞	美国	动作轻快活泼、富于激情，舞步轻松、自由洒脱，舞蹈风格简捷明快，饱含动力感和表现力
	维也纳华尔兹	奥地利	动作优美、舒展大方、连绵起伏，舞步轻快流畅、旋转性强
拉丁舞	伦巴	古巴	舞姿柔媚动人、甜美含蓄，舞步涓涓柔媚
	桑巴	巴西	舞姿活泼动人、粗犷豪放、起伏强烈
	恰恰舞	墨西哥	风趣诙谐，热烈而又俏美
	斗牛舞	起源于法国发展于西班牙	舞姿强壮威武、豪迈昂扬
	牛仔舞	美国	舞蹈风格欢快、热烈、诙谐、风趣

三、体育舞蹈音乐的特点

音乐是体育舞蹈的灵魂，由于舞种不同，其音乐节奏、旋律和风格特点也各异。不同舞种的音乐特点与所跳的舞蹈节奏相一致，并充分展现舞蹈的意境，表达音乐的情感，使体育舞蹈的艺术表现更富有感染力。表 20-2 给出了各种体育舞蹈音乐的特点。

表 20-2　体育舞蹈音乐特点

舞种名称		音乐节拍/拍	速度/(小节/分钟)	音乐特点
摩登舞 Modern	华尔兹(Waltz)	3/4	30～32	舒缓流畅，委婉陶醉，动听入耳，富于遐想
	探戈舞(Tango)	2/4	30～34	以切分音为主，带有符点和停顿，舞步分慢(S)和快(Q)，其中，S 占一拍，Q 占半拍
	狐步舞(Slow Foxtrot)	4/4	29～30	恬静幽雅，婉转明快
	快步舞(Quick Step)	4/4	50～52	节奏明快，逍遥自在
	维也纳华尔兹(Viennese Waltz)	3/4	56～60	节奏清晰，旋律活泼
拉丁舞 Latin	伦巴舞(Rumba)	4/4	27～28	缠绵抒情，柔美动听
	恰恰舞(Cha cha)	4/4	29～32	欢快热烈，浪漫风趣
	桑巴舞(Samba)	2/4	48～56	音符短促，节奏欢快
	斗牛舞(Paso Doble)	2/4	60～62	雄壮激昂，刚健有力，感人奋进
	牛仔舞(Jive)	4/4	40～46	节奏快速且有跃动感

第二节　体育舞蹈运动基本技术

一、恰恰舞

恰恰是从一种名叫曼波舞的舞蹈衍生发展而来的，是所有拉丁舞中最受欢迎的舞蹈，音乐很容易辨认，旋律音符通常是短音或是跳音。恰恰的音乐节拍以 4/4 拍为主，节奏强劲，舞风奔放。恰恰步法花式多姿多彩，给人一种明朗轻快、欢乐逗趣的感受。

1. 恰恰舞的基本位置及元素

1) C.B.M 位置(身体反身位置)

左前腿的 C.B.M 位置：身体中立位，左腿向前伸出时，左脚尖点地与身体中线成一条直线，重心在右脚，左脚脚跟向前翻转打开。

重点提示：双腿膝盖伸直不能弯曲，双脚脚尖保持向外打开。

左旁腿的 C.B.M 位置：身体中立位，左腿向旁伸出时，左脚尖点地与肩形成一条直线，重心在右脚，左边的胯向自己身体的左后侧拧转。

C.B.M 位置

左后腿的 C.B.M 位置：身体中立位，左腿向后伸出时，左脚的大拇指内侧点地与身体中线形成一条直线，重心在右脚。

右前腿、右旁腿、右后腿动作相同，方向相反。

2) And 位置

左腿 And 位置：左腿伸直，重心在左脚，右腿弯曲，胯部向左后侧拧转打开。

重点提示：原地的元素练习中，两脚跟不离开地面。

右腿 And 位置：右腿伸直，重心在右脚，左腿弯曲，胯部向右后侧拧转打开。

And 位置

3) 右恰恰追步

音乐节拍为：4/4 拍。

动作节奏为：Cha Cha One。

准备位：左腿的 And 位置。

右恰恰追步

(1) 左腿(And)位置开始，第二拍(Two 或 Four)右脚大拇指经过擦地向右旁打开一小步，形成左旁腿的 C. B. M 位置，上身保持不动。

(2) 第二拍后经过右腿的 And 位置后，将左腿并右腿，使双膝伸直。

(3) 第三拍(Three 或 One)经过左腿的 And 位置后，右脚向右旁打开一小步，形成左旁腿的 C. B. M 位置。

4) 左恰恰追步

音乐节拍为：4/4 拍。

动作节奏为：Cha Cha One。

准备位：左腿的 And 位置。

左恰恰追步

(1) 从第一拍后的(And)开始，右腿伸直，左腿弯曲，完成右腿的 And 位置。

(2) 第二拍(Two 或 Four)左脚经过擦地向左旁开一小步，形成右旁腿的 C. B. M 位置。

(3) 第二拍后的(And)经过左腿的 And 位置后，把右腿并左腿，使双膝伸直。

(4) 第三拍(Three 或 One)经过右腿的 And 位置后，左脚向左旁打开一小步，形成右旁腿的 C. B. M 位置。

5) 恰恰前进锁步(左右左)

音乐节拍为：4/4 拍。

动作节奏为：Cha Cha One 或 Four And One 或 Two And Three。

准备位：左腿的 And 位置。

左右左前进锁步

(1) 第一拍(One)不动，从第一拍后的 And 换重心。

(2) 第二拍(Two 或 Four)左脚擦地向正前方前进一小步，形成右后腿的 C. B. M 位置。

(3) 第二拍后的 And 右脚向前移动一小步，交叉于左脚的斜后侧，形成拉丁交叉，将右腿膝关节合拢于左腿，使双膝微弯曲，重心在两脚之间。

(4) 第三拍(One)将重心从两脚之间先向后移至右脚后，伸直右腿膝关节，再次将重心移动至左脚。同时使左脚向正前方前进一小步，形成右后腿的 C. B. M 位置。

6) 恰恰前进锁步(右左右)

音乐节拍为：4/4 拍。

右左右前进锁步

动作节奏为：Cha Cha One 或 Four And One 或 Two And Three。

准备位：左腿的 And 位置。

(1) 第一拍(One)不动，从第一拍后的 And 开始。

(2) 第二拍(Two 或 Four)右脚擦地向正前方前进一小步，形成左后腿的 C.B.M 位置。

(3) 第二拍后的 And 左脚交叉于右脚的斜后侧，形成拉丁交叉，将左腿膝关节合拢于右腿，使双膝微弯曲，重心在两脚之间。

(4) 第三拍(One)将重心从两脚之间先向后移至左脚后，伸直左腿膝关节，再次将重心移动至右脚。同时使右脚向正前方前进一小步，形成左后腿的 C.B.M 位置。

7) 恰恰后退锁步(左右左)

音乐节拍为：4/4 拍。

动作节奏为：Cha Cha One 或 Four And One 或 Two And Three。

准备位：左腿的 And 位置。

(1) 第一拍(One)不动，从第一拍后的 And 开始，换重心完成右腿的 And 位置，上身保持相对稳定。

左右左后退锁步

(2) 第二拍(Two 或 Four)左脚经过擦地向正后方后退一小步，半脚掌着地，不落脚跟，重心微偏前，手臂保持打开。

(3) 第二拍后的 And 右脚全脚掌向后一小步，交叉于左脚前，形成拉丁交叉，将右腿膝关节合拢于左腿，使双膝微弯曲，重心在右脚，上身保持不动。

(4) 第三拍(Three 或 One)左脚擦地向正后方后退一小步，伸直左腿膝关节，重心移动至左脚，形成右前腿的 C.B.M 位置。

8) 恰恰后退锁步(右左右)

音乐节拍为：4/4 拍。

动作节奏为：Cha Cha One 或 Four And One 或 Two And Three。

准备位：左腿的 And 位置。

(1) 第二拍(Two)开始，右脚经过擦地向正后方后退一小步，半脚掌着地支撑，不落脚跟，上身从横膈膜以上面向正前方保持不动。

右左右后退锁步

(2) 第二拍后的 And 左脚向后拖回一小步，交叉于右脚前，形成拉丁交叉，将右腿膝关节合拢于右腿，使双膝微弯曲，重心在左脚，上身面向正前方保持不动。

(3) 第三拍(Three 或 One)右脚向正后方后退一小步，伸直右腿膝关节，重心移动至右脚，形成左前腿的 C.B.M 位置。

2. 恰恰舞基本舞步

1) 基本步(Basic Movement)

音乐节拍为：4/4 拍。

动作节奏为：One Two Three Four And One Two Three Four And One(可反复)。

恰恰舞基本步

准备位：右旁腿的 C.B.M 位置，重心在左脚，右脚尖点地。

(1) 第一拍(One)不动，第二拍(Two)右脚经过擦地回到左脚边，经左腿的 And 位置后，

向正后方退一步，形成左前腿 C. B. M 位置。

(2) 第三拍形成右后腿的 C. B. M 位置。

(3) 第四拍的前半拍(Cha)，经左腿的 And 位置后，向右旁打开一小步，形成左旁腿 C. B. M 位置。

(4) 第四拍的后半拍(Cha)，经右腿的 And 位置后，将左腿膝关节伸直合拢于右腿，使双膝伸直。

(5) 第二小节第一拍(One)原地转换重心至左脚，形成左腿的 And 位置后，右脚大拇指内侧经过擦地向右旁打开一小步，重心移至右脚，形成左旁腿的 C. B. M 位置。

(6) 第二拍(Two)左脚向正前方前进一小步，左腿膝关节伸直，右腿膝关节稍弯曲，形成左脚在前的抑制步(切克)，重心在两脚之间。

(7) 第三拍(Three)将重心移动到右脚上，抬前脚跟，落后脚跟，形成左前腿的 C. B. M 位置。

(8) 第四拍的前半拍(Cha)经右腿的 And 位置后，向左旁打开一小步，形成右旁腿的 C. B. M 位置。

(9) 第四拍的后半拍(Cha)经左腿的 And 位置后，将右腿膝关节伸直合拢于左腿，使双膝伸直(左髋关节保持在左后侧)。

(10) 第三小节第一拍(One)原地转换重心至右脚形成右腿的 And 位置后，重心移至左脚，形成右旁腿的 C. B. M 位置。

2) 纽约步(New York)

音乐节拍为：4/4 拍。

动作节奏为：Two Three Cha Cha One。

纽约步

准备位：男士右旁腿的 C. B. M 位置，重心左腿，右脚尖点地，右腿、右胯向右后方拧转；女步动作相同，方向相反。

(1) 第一拍(One)不动，从第二拍(Two)开始，以左脚前脚掌为轴左转 90°的同时，右脚至左腿的 And 位置并向正前方前进一小步，右腿膝关节伸直，左腿膝关节稍弯曲，形成右脚在前的抑制步(切克)，重心在两脚之间。

(2) 第三拍(Three)落后脚跟，抬前脚跟，将重心移动到左脚上，形成右前腿的 C. B. M 位置。

(3) 第四拍的前半拍(Cha)以左脚前脚掌为轴向右整体转动 90°，同时右脚移动至左腿的 And 位置并向右侧旁边打开一小步，重心在右脚，形成左旁腿的 C. B. M 位置。

(4) 第四拍的后半拍(Cha)经右腿的 And 位置后，将左腿膝关节伸直合拢于右腿，使双膝伸直(右髋关节保持在右后侧)。

(5) 第二小节第一拍(One)原地转换重心至左脚，右脚大拇指内侧经过擦地向右旁移动一小步，重心移至右脚，形成左旁腿的 C. B. M 位置。

反方向的动作相同，方向相反。

3) 手接手(Hand to Hand)

音乐节拍为：4/4 拍。

动作节奏为：Two Three Cha Cha One。

手接手

准备位：右旁腿的 C. B. M 位置准备开始。

(1) 从第二拍(Two)开始，以左脚前脚掌为轴向右转 90°，同时右脚经过左脚并向正后方后退一小步，重心在右脚上，左脚脚跟抬起，形成左前腿的 C. B. M 位置。

(2) 第三拍(Three)将重心推到左脚上，形成右后腿的 C. B. M 位置。

(3) 第四拍的前半拍(Cha)以左脚前脚掌为轴左转 90°，同时右脚经过左腿并向右侧旁打开一小步，重心在右脚上，形成左旁腿的 C. B. M 位置。

(4) 第四拍的后半拍(Cha)左脚并右脚，将左腿膝关节伸直合拢于右腿，使双膝伸直。

(5) 第二小节第一拍(One)原地转换重心至左脚，形成左腿的 And 位置后，右脚向右旁移动一小步，重心移至右脚，形成左旁腿的 C. B. M 位置。

反方向的动作相同，方向相反。

4) 定点转(Spot Turn)

音乐节拍为：4/4 拍。

动作节奏为：Two Three Cha Cha One (可反复)。

准备位：右旁腿的 C. B. M 位置准备开始。

定点转

(1) 第二拍(Two)开始，以左脚前脚掌为轴左转 90° 的同时，右脚至左腿的 And 位置并向正前方前进一小步，且左脚脚跟抬起，形成左后 C. B. M 位置。

(2) 第三拍(Three)先以右脚的前脚掌为轴向左整体转动 180°，重心在右脚，再落左脚跟，抬右脚跟，将重心移至左脚，形成右后腿的 C. B. M 位置。

(3) 第四拍的前半拍(Cha)以左脚前脚掌为轴右转 90°，同时右脚经过左脚并向右侧旁打开一步，重心在右脚上，形成左旁腿的 C. B. M 位置。

(4) 第四拍的后半拍(Cha)左脚并右脚，脚跟并拢，将左腿膝关节伸直合拢于右腿，使双膝伸直。

(5) 第二小节第一拍(One)原地转换重心至左脚，右脚向右旁移动一小步，重心移至右脚，形成左旁腿的 C. B. M 位置。

反方向的动作相同，方向相反。

5) 扇形步(Fan)

音乐节拍为：4/4 拍。

动作节奏为：Two Three Cha Cha One。

准备位：男步右旁腿的 C. B. M 位置，重心在左脚，右脚尖点地；女步左旁腿的 C. B. M 位置，重心在右脚，左脚尖点地。

扇形步

男步：

(1) 第二拍(Two)右脚大拇指内侧经过擦地收回到左脚边，经左腿的 And 位置后，右脚向正后方后退一小步，形成左前腿 C. B. M 位置。

(2) 第三拍(Three)经右腿 And 位置后，落前脚跟，重心推向前脚，形成右后腿的 C. B. M 位置。

(3) 第四拍的前半拍(Cha)经左腿的 And 位置后，以左脚前脚掌为轴左转 45°，同时右脚并向左脚，右脚移至左脚前略超过左脚。

(4) 第四拍的后半拍(Cha)左脚并右脚边，将左腿膝关节伸直合拢于右腿，双膝伸直。

(5) 第二小节第一拍(One)原地转换重心至左脚，经过左腿的 And 位置后，右脚向右旁打开一小步，重心移至右脚，形成左旁腿 C. B. M 位置。

女步：

(1) 第一拍(One)不动，第二拍(Two)左脚擦地收回并脚，形成右腿的 And 位置后，向正前方前进一小步，形成右后腿的 C. B. M 位置。

(2) 第三拍(Three)经左腿的 And 位置后，以左脚前脚掌为轴，向左转 45°，重心逐步从左脚转换到右脚上，形成左前腿的 C. B. M 位置。

(3) 后三步 Cha Cha One 做后退锁步。

6) 曲棍球步(Hockey Stick)

音乐节拍为：4/4 拍。

动作节奏为：Two Three Cha Cha One Two Three Cha Cha One。

准备位：男步从扇形位左旁腿的 C. B. M 位置准备开始；女步从扇形位右旁腿的 C. B. M 位置开始。

曲棍球步

男步：

(1) 第一拍(One)不动，从第二拍(Two)开始，左脚并脚后向前做抑制步(切克)，重心在两脚之间。

(2) 第三拍(Three)将重心推动到右脚，左脚脚跟抬起，右脚落脚跟，形成左前腿的 C. B. M 位置。

(3) 第四拍的前半拍(Cha)左脚向左后(稍斜一点的地方)后撤一小步，同时主力腿右腿膝关节弯曲，重心在两脚之间。

(4) 第四拍的后半拍(Cha)先将重心后移至左脚前脚掌支撑，右脚向后拖 8 厘米，再将重心移回右脚，同时保持右腿膝关节微弯。

(5) 第二小节第一拍(One)左脚收回并脚，同时使双膝伸直。

(6) 第二拍(Two)身体向右转 45°，原地转移重心至左脚，右脚向正后方后退一小步，形成左前腿 C. B. M 位置。

(7) 第三拍(Three)重心推向前脚，形成右后腿的 C. B. M 位置。

(8) 后三步 Cha Cha One 做前进锁步。

女步：

(1) 第一拍(One)不动，从第二拍(Two)开始，右脚收回并脚，经原地换重心，重心转换到右脚，形成右腿的 And 位置。

(2) 第三拍(Three)左脚向正前方前进一小步，将重心移动到左脚上，落前脚跟，形成右后腿的 C. B. M 位置。

(3) Cha Cha One 做前进锁步。

(4) 第二拍(Two)以右脚前脚掌为轴左转 90°，经右腿的 And 位置，左脚擦地并向正前方前进一小步，将重心移动到左脚上，落前脚跟，抬后脚跟，形成右后腿的 C. B. M 位置。

(5) 第三拍(Three)右脚直线前进一小步，同时以双脚前脚掌为轴，继续向左侧拧转 90°，重心在右脚上且左脚脚跟抬起，形成左前腿的 C. B. M 位置。

(6) 后三步 Cha Cha One 做后退锁步。

二、莎莎舞

莎莎舞英文名 Salsa，又称萨尔萨，起源于古巴，是当今最流行的拉丁社交舞蹈之一。对舞者而言，莎莎舞是一种节奏强烈的双人舞，约束相对国标舞较少，却又不失高贵和典雅。近年来将莎莎舞引入高校课堂的学校也很多，2017 年，莎莎舞已成为陕西省高校体育舞蹈锦标赛和健身交谊舞的比赛项目。

1. 基本步(Basic Step)

音乐节拍：4/4 拍。

动作节奏：One two three Five six seven。

准备位：双脚并拢自然站立，双臂屈肘。

莎莎舞基本步

(1) 八拍踩六步，第一拍(One)右脚原地踩地，脚尖、脚掌、脚跟依次着地。

(2) 第二拍(Two)左脚向前一小步，脚尖、脚掌、脚跟依次着地。

(3) 第三拍(Three)右脚原地踩一步。

(4) 第四拍(Fore)左脚提起，由前向后移动。

(5) 第五拍(Five)左脚向后一小步落脚。

(6) 第六拍(Six)右脚并左脚或略向后，但不落脚后跟，脚掌支撑重心偏前。

(7) 第七拍(Seven)右脚推重心，左脚向前一小步。

(8) 第八拍(Eight)收回右脚，接下一小节第一拍(One)原地踩重复。

2. 左右基本步(Side Basic Steps)

音乐节拍：4/4 拍。

动作节奏：One two three Five six seven。

准备位：双脚并拢自然站立，双臂屈肘。

左右基本步

(1) 八拍踩六步，第一拍(One)右脚原地踩地，脚尖、脚掌、脚跟依次着地。

(2) 第二拍(Two)左脚向左一小步，脚尖、脚掌、脚跟依次着地。

(3) 第三拍(Three)右脚原地踩一步。

(4) 第四拍(Fore)左脚提起，由前向右脚缓慢移动。

(5) 第五拍(Five)左脚并右脚。

(6) 第六拍(Six)右脚向右一小步，脚尖、脚掌、脚跟依次着地。

(7) 第七拍(Seven)右脚原地踩一步。

(8) 第八拍(Eight)收回右脚，接下一小节第一拍(One)原地踩重复。

3. 斜后基本步(Combia)

音乐节拍：4/4 拍。

动作节奏：One two three Five six seven。

准备位：双脚并拢自然站立，双臂屈肘。

斜后基本步

(1) 八拍踩六步，第一拍(One)右脚向右一小步，脚尖、脚掌、脚跟依次着地。

(2) 第二拍(Two)左脚向右后方一小步，左脚脚后跟不落地，与右脚形成交叉，双腿弯曲。

(3) 第三拍(Three)右脚原地踩一步。

(4) 第四拍(Fore)左脚提起，向左移动。

(5) 第五拍(Five)左脚向左一小步落脚。

(6) 第六拍(Six)右脚向左后方一小步，右脚脚后跟不落地，与左脚形成交叉，双腿弯曲。

(7) 第七拍(Seven)左脚原地踩一步，交换重心。

(8) 第八拍(Eight)收回右脚，接下一小节第一拍(One)向右重复。

4. 右转(Right Turn)

右转

音乐节拍：4/4 拍。

动作节奏：One two three Five six seven。

准备位：双脚并拢自然站立，双臂屈肘。

(1) 八拍踩六步，第一拍(One)右脚原地踩地，脚尖、脚掌、脚跟依次着地。

(2) 第二拍(Two)左脚向前一小步，脚尖、脚掌、脚跟依次着地。

(3) 第三拍(Three)右转 90°，右脚原地踩一步。

(4) 第四拍(Fore)继续右转 90°，左脚提起，向前移动。

(5) 第五拍(Five)右转 180° 左脚并脚踩地。

(6) 第六拍(Six)右脚并左脚或略向后，但不落脚后跟，脚掌支撑重心偏前。

(7) 第七拍(Seven)右脚推重心，左脚向前一小步。

(8) 第八拍(Eight)收回右脚，接下一小节第一拍(One)原地踩重复。

5. 左转(left Turn)

左转

音乐节拍：4/4 拍。

动作节奏：One two three Five six seven。

准备位：双脚并拢自然站立，双臂屈肘。

(1) 八拍踩六步，第一拍(One)右脚原地踩地，脚尖、脚掌、脚跟依次着地。

(2) 第二拍(Two)左脚向右前一小步，形成右侧反身，脚尖、脚掌、脚跟依次着地。

(3) 第三拍(Three)左转 90°，右脚脚尖内扣，原地踩一步。

(4) 第四拍(Fore)继续左转 90°，右脚提起，向前移动。

(5) 第五拍(Five)左转 180°，左脚向前一小步。

(6) 第六拍(Six)右脚并左脚或略向后，但不落脚后跟，脚掌支撑重心偏前。

(7) 第七拍(Seven)右脚推重心，左脚向前一小步。

(8) 第八拍(Eight)收回右脚，接下一小节第一拍(One)原地踩重复。

6. 交叉换位(Cross Body Lead)

交叉换位

音乐节拍：4/4 拍。

动作节奏：One two three Five six seven。

准备位：男女步均采用双脚并拢自然站立，开合位。

男步：

(1) 八拍踩六步，第一拍(One)左脚向后一小步，脚尖、脚掌、脚跟依次着地。

(2) 第二拍(Two)右脚向后一小步，右脚脚后跟不落地，重心偏前。

(3) 第三拍(Three)左脚原地踩，重心回到左脚。

(4) 第四拍(Fore)继续左转 90°，右脚提起，向前移动。

(5) 第五拍(Five)右脚向后一小步。

(6) 第六拍(Six)左脚原地踩重心。

(7) 第七拍(Seven)右脚原地踩，重心回到右脚，完成让位。

(8) 第八拍(Eight)收回右脚，接下一小节。

(9) One two three 向左完成斜后基本步。

(10) Five six seven 左转 90° 做前进基本步，回到起始位再接下一小节。

女步：

(1) One two three Five six seven 右脚原地踩或向前一小步，完成前进后退基本步。

(2) 第二小节第一拍(One)右脚向后一小步原地踩。

(3) 第二拍(Two)左脚向前一步。

(4) 第三拍(Three)左转 90°，右脚向前一小步。

(5) 第四拍(Fore)继续左转 90°，左脚提起，向前移动。

(6) 第五拍(Five)左脚向后一小步。

(7) 第六拍(Six)右脚并脚踩重心，脚跟不落。

(8) 第七拍(Seven)左脚向前一步，落跟重心回到左脚。

(9) 第八拍(Eight)收回右脚，接下一小节。

(10) One two three 向左完成斜后基本步。

(11) Five six seven 左转 90° 做前进基本步，回到起始位再接下一小节。

7. Outside Walk

Outside Walk

音乐节拍：4/4 拍。

动作节奏：One two three . Five six seven.

准备位：男女均采用双脚并拢自然站立，开合位。

男步：

(1) 八拍踩六步，第一拍(One)左脚向后一小步，脚尖、脚掌、脚跟依次着地。

(2) 第二拍(Two)右脚向后一小步，右脚脚后跟不落地，重心偏前。

(3) 第三拍(Three)左脚原地踩，重心回到左脚。

(4) 第四拍(Fore)继续左转 90°，右脚提起，向前移动。

(5) 第五拍(Five)右脚向后一小步。

(6) 第六拍(Six)左脚原地踩重心。

(7) 第七拍(Seven)右脚原地踩，重心回到右脚，完成让位。

(8) 第八拍(Eight)收回右脚，接下一小节。

(9) One two three 向左完成斜后基本步。

(10) Five six seven 左转 90° 做前进基本步，回到起始位再接下一小节。

女步：

(1) One two three Five six seven 右脚原地踩或向前一小步，完成前进后退基本步。

(2) 第二小节第一拍(One)右脚向后一小步原地踩。

(3) 第二拍(Two)左脚向前一步。

(4) 第三拍(Three)右转 180°，右脚向前一小步。

(5) 第四拍(Fore)左脚提起，向前移动。

(6) 第五拍(Five)左脚向后一小步。

(7) 第六拍(Six)右脚并脚踩重心，脚跟不落。

(8) 第七拍(Seven)左脚向前一步，落跟重心回到左脚。

(9) 第八拍(Eight)收回右脚，接下一小节。

8. 梳头和梳头的小组合

音乐节拍：4/4 拍。

动作节奏：One two three Five six seven。

准备位：双脚并拢自然站立，开合位。

梳头技巧属于舞蹈中的装饰动作，为了让动作显得更漂亮，主要为原地右转和结合交叉换位的梳头技巧。

梳头组合

9. 旁侧步旋转(Side Turn)

音乐节拍：4/4 拍。

动作节奏：One two three Five six seven。

准备位：双脚并拢自然站立，双臂屈肘。

旁侧步旋转

(1) 八拍踩六步，第一拍(One)右脚原地踩地，脚尖、脚掌、脚跟依次着地。

(2) 第二拍(Two)左脚向左一小步，形成左侧反身，脚尖、脚掌、脚跟依次着地。

(3) 第三拍(Three)右转 180°，右脚原地踩一步。

(4) 第四拍(Fore)左脚提起，并向右脚。

(5) 第五拍(Five)原地踩。

(6) 第六拍(Six)右脚向右一小步，形成右侧反身，脚尖、脚掌、脚跟依次着地。

(7) 第七拍(Seven)左转 180°，右脚原地踩一步。

(8) 第八拍(Eight)收回右脚，接下一小节第一拍(One)原地踩重复。

10. Inside Turn

音乐节拍：4/4 拍。

动作节奏：One two three Five six seven。

准备位：双脚并拢自然站立，双臂屈肘。

Inside Turn

(1) 八拍踩六步，第一拍(One)右脚原地踩地，脚尖、脚掌、脚跟依次着地。

(2) 第二拍(Two)左脚向前一小步，形成右侧反身，脚尖、脚掌、脚跟依次着地。

(3) 第三拍(Three)左转 90°，右脚并左脚原地踩一步。

(4) 第四拍(Fore)继续左转 90°，重心在两脚。

(5) 第五拍(Five)左转 180°，左脚向前一小步。

(6) 第六拍(Six)右脚并左脚或略向后，但不落脚后跟，脚掌支撑重心偏前。

(7) 第七拍(Seven)右脚推重心，左脚向前一小步。

(8) 第八拍(Eight)收回右脚，接下一小节第一拍(One)原地踩重复。

11. Outside Turn

音乐节拍：4/4 拍。

动作节奏：One two three Five six seven。

准备位：双脚并拢自然站立，双臂屈肘。

Outside Turn

(1) 八拍踩六步，第一拍(One)右脚向前一小步，形成左侧反身，脚尖、脚掌、脚跟依次着地。

(2) 第二拍(Two)右转 90°，左脚并右脚，脚尖、脚掌、脚跟依次着地。

(3) 第三拍(Three)右转 90°，右脚向前一小步。

(4) 第四拍(Fore)继续右转 180°，重心在右脚。

(5) 第五拍(Five)左脚向前一小步，原地踩。

(6) 第六拍(Six)右脚并左脚或略向后，但不落脚后跟，脚掌支撑重心偏前。

(7) 第七拍(Seven)右脚推重心，左脚向前一小步。

(8) 第八拍(Eight)收回右脚，接下一小节第一拍(One)向前一步重复。

第二十一章

游泳运动理论与技术

学习目标

(1) 较为系统的掌握游泳运动技术原理。
(2) 掌握游泳技术，养成体育锻炼习惯。
(3) 学会游泳并通过学习提高对游泳运动的兴趣。
(4) 掌握游泳技术并运用于实践救生中。

课程思政点

追梦之路，越拼越顺

2021 年东京奥运会，中国选手汪顺拿到了男子 200 米混合泳金牌，夺冠的那一刻他摘下泳帽，击水呐喊："让国歌在东京奥运赛场奏响，我做到了！"

汪顺和泳池相伴 23 年，一路走来并非一帆风顺。他从 6 岁开始训练游泳，8 岁进入浙江省游泳队二队，11 岁就在浙江省运动会上大放异彩，成为同年龄段最优秀的选手之一。汪顺四战亚运会，被称为"四朝元老"，是目前国家游泳队里年龄最大的一个。在比赛中，汪顺一次次突破极限，一次次重回巅峰。汪顺的日常训练十分枯燥，每天训练 6 个小时以上，日均游泳超过 10 千米。初步估算，23 年来，他累计游泳 15 万千米，相当于绕地球 4 圈。教练朱志根透露，汪顺每周的训练量约 100~110 千米，六七成的训练是以比赛速度或接近比赛速度进行的，这是常人难以想象的训练量。在备战东京奥运会的近两年时间内，汪顺每天很早就进入训练馆进行高强度的训练，每天第一个下水，最后一个出水。"永不言败"是汪顺 23 年游泳生涯的最好写照。

游泳运动与陆上运动相比，无论在运动条件还是在运动形式上都有着极大的差别。首先，通过游泳这项运动可以锻炼意志品质，培养自信、果断、坚毅、临危不惧等优良的心理素质。其次，通过游泳教师上课期间的示范和言传身教，向学生展示正确的游泳技巧和良好的行为规范，让学生感受到良好的榜样作用；通过教师组织学生进行小组合作，可以培养学生的团队协作精神和集体荣誉感。最后，在游泳比赛中，学生在竞技中感受到成功的喜悦和失败的痛苦，可以培养学生的竞争意识和拼搏精神。总之，学生在游泳运动中既能够锻炼身体，又能够培养正确的价值观和道德观念。

第一节　游泳运动概述

一、游泳运动的起源

　　游泳这一运动方式从地球上出现人类便开始存在，追溯至史前，人们便靠游泳渡江河，到后来为了生存在水中洗浴或捕捉动物作为食物，在自然生活中通过观察和模仿水中动物游动的动作，逐渐学会了漂浮、游动、潜水等活动技能。据我国历史关于游泳的记载，从五千多年前的出土陶器上便雕刻有人类潜水和类似现代爬泳的图案。从这之后，殷商时期龟甲上的原始象形文字，对游泳的记录也屡见不鲜。中国古代兵书《六韬·奇兵》中论述："奇技者，所以越深水，渡江河也。"把越深水、渡江河作为"奇兵"的一项特殊的军事技能，并把泅渡江河列为军事训练的主要项目。隋唐时期，在宫廷中设立可供在水中进行跳水、抛水球、游泳等项目的"水殿"。以上可见，古人在从江河沐浴到自然生活实践中，逐渐形成了早期形式的游泳。作为一项正式运动，游泳在 19 世纪初逐渐发展，19 世纪 30 年代在英国伦敦成立了第一个游泳俱乐部，举办了英国最早的游泳比赛。

二、竞技游泳运动的发展

　　竞技游泳源于英国及澳大利亚，后来传入其他国家，19 世纪中期至 20 世纪初，世界各国的游泳比赛开始普遍起来，游泳总会亦相继成立。英国业余游泳总会(前身为都会游泳总会)于 1869 年成立，是第一个成立的国家游泳总会。在 1850 年至 1860 年间，英国与澳大利亚已举办了洲际游泳比赛。国际游泳联合会(FINA)于 1908 年由比利时、丹麦、芬兰、法国、德国、英国、匈牙利和瑞典游泳协会倡议成立。2022 年 12 月 12 日，国际泳联(FINA)特别大会投票通过并宣布将更名为世界水上运动总会(World Aquatics)，新名称和新标志已于 2023 年 1 月启用。

　　游泳运动至今已发展百余年，从第一届奥运会时的 3 个比赛项目增加到东京奥运会的 37 个项目(含马拉松游泳比赛)，游泳规则更新后，在 2000 年到 2010 年期间，以"鲨鱼皮"泳衣为代表的高科技泳衣的使用及游泳技术的发展，使游泳世界记录不断被刷新。

三、游泳运动的意义

(一) 保障生命安全

随着社会的飞速发展，人们生活的空间越来越大，出行、旅游、休闲、健身都不可避免的与江河湖海相遇，学会游泳后，遇到突发事故时就具备了一定的逃生能力。游泳不仅是一项健身运动，而且是现代人应具备的防灾、避险、应对突发事件的基本技能。

(二) 促进身心健康

游泳号称"运动之王"，对身体有众多好处。游泳可以提高身体平衡能力，增强机体免疫能力，强筋壮骨，减肥，调整情绪，增加呼吸深度并加强呼吸器官机能，有助于全身的血液循环等。

(三) 促进生产和国防建设

游泳在生产建设上有很高的实用价值，许多水上作业，例如水利建设、防洪抢险、渔业、水产养殖业等，都要掌握游泳技能才能克服水的障碍，更好地完成生产建设任务。在国防建设上，游泳是军事训练的重要项目之一，练就一套过硬的游泳本领，可以提高水中作战能力，在作战中能顺利地克服天然险阻，能更好地保存自己和出其不意地打击敌人，保卫祖国。

(四) 开展休闲和娱乐活动

大众游泳活动可以不拘形式与内容，不受年龄、性别限制，是一项娱乐性很高的"休闲体育"。在盛夏，人们以家庭或组团或与亲朋好友到游泳池、水上游乐处或海滩进行游泳、游戏、纳凉消暑，不仅能让肌肉得到放松，而且还能使紧张的神经得以放松，以此促进身心健康。

(五) 开展竞赛活动

游泳是国际体育比赛中不可缺少的项目，在奥运会游泳比赛中设有 37 个项目，项目总数仅次于田径比赛。在综合运动会的奖牌榜中，素有"得田径、游泳者得天下"之说。把游泳作为奥运会战略重点项目大力开展，加速提高运动技术水平，促进我们在比赛中取得优异成绩，为国争光。

四、游泳运动的分类

(一) 竞技游泳

竞技游泳是指在一定规则要求下，以特定游泳技术进行比赛的游泳运动项目，包括蝶泳、仰泳、蛙泳、自由泳四种泳姿，以及个人混合泳和相关接力比赛。目前，竞技游泳分为游泳池游泳比赛和公开水域游泳比赛两种类别。

(二) 大众游泳

大众游泳也称实用游泳，它是指直接为生产、军事、生活服务的非竞技游泳。大众游泳技术包括踩水、侧泳、反蛙泳、潜泳、抬头爬泳等，在泅渡、水下作业、水上救生、水中科学考察等方面有着广泛的应用。

(三) 健身游泳

健身游泳包括水中健身操、冬泳、娱乐游泳、康复游泳等。它不受姿势与速度的限制，不追求严格的技术规范，注重锻炼价值。锻炼者可以借鉴竞技游泳和实用游泳的各种技术来进行水中活动。

第二节 游泳运动基本技术

一、蛙泳技术

(一) 身体姿势

身体水平地俯卧水中，稍抬头，头部置于两臂之间，掌心向下，两眼俯视前下方，这时身体与水面约成 5°～10°。当吸气时，下颌露出水面，肩部升起，这时身体于水面的角度较大，约为 15°。

(二) 腿部动作

蛙泳腿部动作的分解图如图 21-1 所示。

1. 收腿

收腿动作产生阻力，因此收腿动作相对要慢，放松而自然。两腿边收边分开，脚踵向臀部靠拢，两脚和小腿回收时要在大腿的投影截面内，以减少回收时的阻力。收腿结束后，大腿和躯干约成 110°～140°，两膝内侧与髋关节同宽。

2. 翻脚

收腿结束时，脚仍向臀部靠拢，这时膝关节稍向内扣，同时两脚向外侧翻开，使脚和小腿内侧对准后蹬方向。

3. 蹬腿

蹬腿动作实际包含有夹水动作。蹬腿是以大腿发力，先伸髋关节，其次是伸膝、伸踝关节，使蹬水方向尽量向后，蹬腿动作应连贯、快速、有力。

4. 滑行

蹬腿结束后，腿部处于略低的位置，脚距离水面约 30～40 厘米左右，这时身体应随着蹬水动作向前滑行，使腿保持较高的位置，以减少阻力。

腿部动作

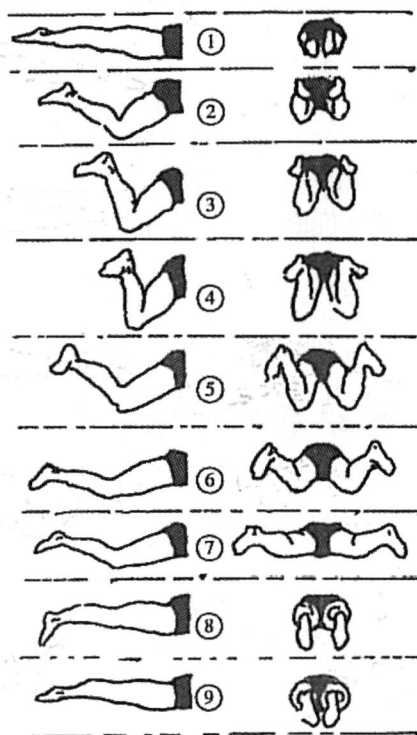

图 21-1　蛙泳腿部动作

(三) 臂部动作

1. 开始姿势

两臂自然向前伸直，两臂与水面平行，掌心向下，手指自然并拢，身体成较好的"流线型"。

臂部动作

2. 抱水

从开始姿势起，前臂和上臂立即内旋，掌心向外斜下方并稍勾手腕，两手分开向侧斜方抱水。当手掌和前臂感到有压力时，就开始划水，如图 21-2①、②所示。

3. 划水

紧接抱水动作后，加速向后划水，整个划水动作肘部保持较高位置。蛙泳划水方向是向侧、下、后、内方屈臂划水，划水路线是椭圆形曲线，如图 21-2③、④所示。

4. 收手

收手是划水阶段的继续，动作是手先向内、向上收缩到头的前下方，手掌由向后继而成斜上相对，最后掌心向下并前伸，如图 21-2⑤所示。在整个过程中，手的动作应积极、快速、圆滑地完成。收手结束时，肘关节低于手，大小臂成锐角。

5. 伸臂

伸臂动作是由伸直肘关节和肩关节组成，掌心由朝上逐渐转向朝下方，伸臂动作要轻

快，不能有停顿现象，如图 21-2⑥、⑦、⑧、⑨所示。

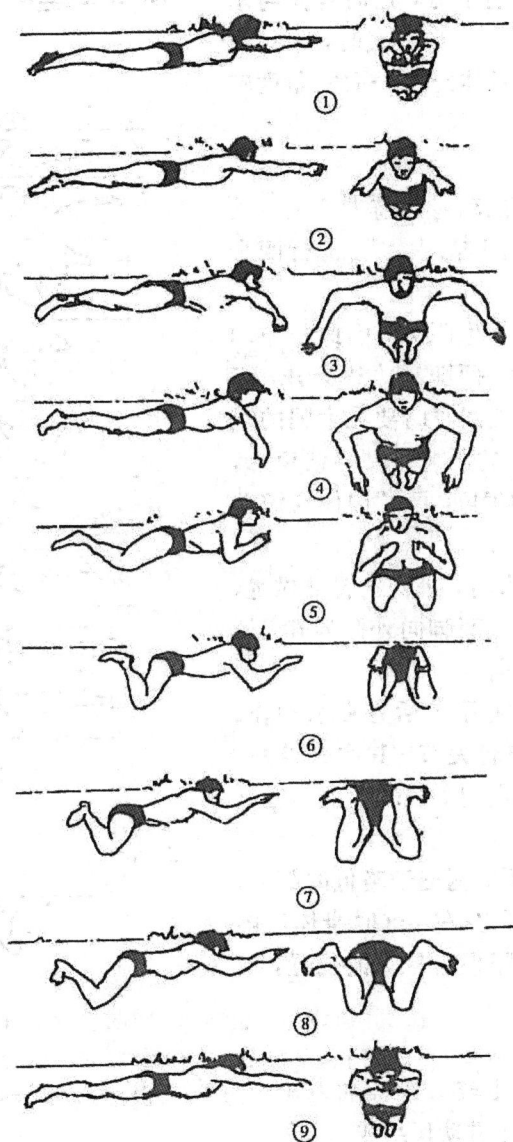

图 21-2　蛙泳臂部动作

(四) 划水、蹬腿与呼吸的完整配合

蛙泳中的呼吸是和手臂的划水动作紧密配合的。蛙泳的呼吸形式有早呼吸和晚呼吸两种。早呼吸是两臂划水开始时，头和口露出水面做吸气动作。由于整个呼吸过程较长，宜于初学者采用。晚呼吸是随着臂的有力划水动作，在头和肩部上升时吸气，这对保证动作的连贯性和加强划水效果有利，为基础较好的人和运动员所采用。

臂、腿、呼吸配合技术可概括为划臂抬头腿不动，收手低头又收腿，先伸胳膊再蹬腿，臂腿伸直漂一会。

二、爬泳(自由泳)技术

(一) 身体姿势

爬泳技术

爬泳时身体应伸直成流线型，近乎水平地俯卧在水面。稍收腹，脸部和前额浸入水中，臀部接近水面，身体纵轴与水面成 3°～5°，头与身体的纵轴成 20°～30°。呼吸时头自然转向一侧，身体可围绕纵轴有节奏地转动。

(二) 腿部动作

爬泳中的腿部动作主要用来维持身体平衡并产生一定的推动力。爬泳打水时，两腿自然伸直，两脚稍内扣，以增大打水面积。要求踝关节放松，髋关节先发力，以大腿带动小腿做鞭状上下交替打水，打腿幅度以两脚跟的垂直距离约为 30～40 厘米为宜。向下打水时，膝关节弯曲成 160°，使小腿和脚背向后下方打水，同时产生身体向前和上浮两个分力。当大腿向上打水时，小腿继续向下，直到伸直膝关节。开始做向上打水的动作时，大腿带动小腿上移，髋关节逐渐展开，腿自然伸直，脚跟接近水面完成向上打水。向上打水用较小的力量，向下打水时要用较大的力量和较快的速度来完成。

(三) 臂部动作

爬泳的臂部动作是由入水、抱水、划水、出水、空中移臂五个部分组成。

1. 入水

臂入水时，肘关节略屈并高于手，手指自然伸直并拢，手指向斜下方向插入水或掌心稍向外侧切入水中，动作要自然放松。臂的入水点应在肩的延长线上或在身体中线和肩延长线中间。

2. 抱水

臂入水后，积极插向前下方，并逐渐开始屈腕、屈肘对水，肘关节通过肩关节的内转而稍向外转，保持高肘，以形成前臂和手向后划水的有利对水面。划水开始后，当手臂与水面成 40° 时，手和前臂已经接近垂直对水，肘关节屈至 150° 左右。

3. 划水

划水分为拉水和推水两个过程。拉水是通过直臂和屈臂来完成的，这时前臂的速度快于上臂，当臂划至肩下方时，手在体下靠近身体中线，屈肘约 90°～120°。整个拉水过程应保持高肘姿势，当臂经过肩下垂直线时，应使上臂与前臂同时向后推动，同时肩部后移，以加长有效划水路线。向后推水是通过屈臂到伸臂来完成的，为了使前臂、手掌能以最大的面积对水，在推水过程中肘关节要向上，向身体靠近。

4. 出水

划水结束后，臂借助推水后的惯性，将肘部向上方提起，并迅速将臂提出水面，前臂和手掌应尽量放松。

5. 空中移臂

臂在空中前移的动作是手臂出水动作的继续，移臂时动作应放松自如，尽量不破坏身体的流线型，要和另一臂的划水动作协调一致。

依照划水时两臂所处的位置不同，爬泳(自由泳)可以分为前交叉、中交叉、后交叉三种游进方式，如图 21-3 所示。对于初学者来说，可以采用第一种形式，以掌握爬泳动作和呼吸动作。

前交叉　　　　　　　　　中交叉　　　　　　　　　后交叉

图 21-3　爬泳(自由泳)游进方式

(四) 呼吸与腿、臂的完整配合

爬泳时应有节奏地进行呼吸，一般是两臂各划水一次做一次呼吸。以右臂动作为例，右手入水后，口鼻开始逐渐呼气，同时向右转头，右臂划水结束提肘出水，嘴出水时把剩余的气快速呼出，然后立即吸气。右臂前移至肩时吸气结束，然后闭气并将头转正，右臂随之前移入水。

爬泳的配合动作有三种：一种是两腿打水六次、两臂划水两次、呼吸一次的配合方法，简称 6∶2∶1；另外两种是 4∶2∶1 或 2∶2∶1 的配合方法。对于初学者来说，采用第一种配合更容易保持平衡和协调，更易于掌握爬泳技术，如图 21-4 所示。

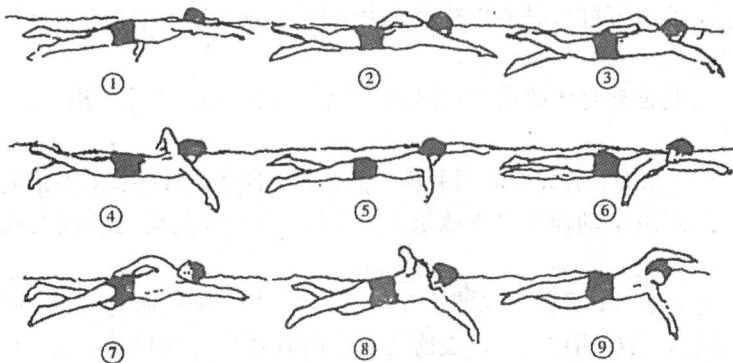

① ② ③ ④ ⑤ ⑥ ⑦ ⑧ ⑨

图 21-4　爬泳配合动作技术图

三、仰泳技术

(一) 身体姿势

仰泳时身体平直地仰卧于水中，头和肩略高于臀，身体纵轴与水平面构成一个不大的仰角，整个身体处于较高的位置。

仰泳技术

1. 头部姿势

头在仰泳中起着舵的作用，并可控制身体左右转动。头要自然地仰在水面，后脑部浸在水中，颈部肌肉放松，使水位于耳际附近，两眼看后上方。

2. 腰腹动作

为了保持身体良好的流线型姿势，游仰泳时臀部及腰部肌肉要保持适度的紧张，下肋上提，不要含胸。

3. 身体的转动动作

游仰泳时，运动员的身体要不断围绕身体纵轴转动。当一臂划水至一半，另一臂在空中移臂时，身体的转动角度最大，一般在 45° 左右。仰泳的两肩转动角度一般小于 45°，肩关节灵活性差的可大于 45°。身体转动的目的在于有利于臂出水和做空中移臂动作；加强臂的划水力量；保持一定的划水深度。

总之，身体姿势的好坏对腿部动作的效果和配合动作有直接的影响，而腰腹肌肉的强弱对身体的姿势和位置以及协调腿臂动作均有重要作用。

(二) 腿部动作

仰泳中，腿部动作的作用有保持身体处于较高的水平姿势；控制身体的摇摆，保持平衡；产生一定的推进力。

仰泳腿部动作同爬泳腿部动作相似，不同之处是它的膝关节弯曲度比爬泳稍大，约为 135°，打腿的幅度约在 45 厘米左右，通常称作"上踢下压"，即"屈膝上踢，直腿下压"。踢腿动作是以大腿带动小腿，小腿带动脚，以"鞭状"踢水的形式来完成，所以通常把腿部动作称为上鞭和下鞭动作。

当大腿开始向上移动时，小腿由于惯性作用继续向下，小腿向下移动结束时，大腿与小腿构成 130°～140°，两脚相距 40～45 厘米左右。由于股四拖肌的紧张收缩，大腿带动小腿向后上方踢水。踢水时，脚背稍向内旋能加大踢水的对水面，踝关节是否放松灵活是仰泳产生前进力的关键。

(三) 臂部动作

仰泳中，臂的动作是产生前进力的主要来源。当前仰泳都采用两臂在体侧交替屈臂划水的技术，其优点是加长了有效划水的路线；使前进力的方向指向前方，划水效果好；调动更多的肌肉群积极参加工作，增加划水横截面。

1. 入水

手臂自然伸直，手掌展平，小指先入水，入水点在身体纵轴的延长线上，为了更好的对准水，手掌与前臂应成 150°～160°。这种入水方式为伸肩做积极抱水创造了条件，便于发挥胸大肌、背阔肌的力量。

2. 抱水

当手臂切入水中后，躯干向同侧方向转动，借助前移速度，直臂向深水处积极抓水，同时做转腕和肩内旋动作，并开始屈臂。尽直向前伸臂，使手掌、前臂和上臂处于最有利的向后对水位置，形成有利的划水面。完成抱水动作时，臂和身体纵轴成 40° 左右，手掌离水面 30 厘米左右，肘关节自然弯曲。

3. 划水

仰泳的划水动作是推进身体前进的主要动力，整个动作是由抱水开始，以肩为中心，划至大腿下方为止，划水包括拉水和推水两个部分。

拉水是在臂前伸抱水的基础上进行的。开始拉水时，前臂内旋，肘关节向下弯曲 150°左右，并逐渐下沉至靠近腰部，手掌和前臂对准水，加大划水面。游进时，屈肘角度应逐渐减少，当手掌离水平面 15 厘米左右时，前臂与上臂形成的角约 90°～110°，手掌、前臂和肘同时向后移动，如图 21-5 所示。

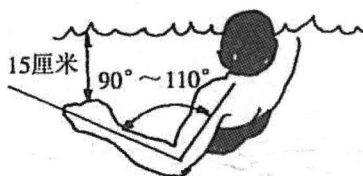

图 21-5　仰泳臂部拉水动作

当手臂划过肩线时，应充分利用拉水的速度和划水面，使手掌、前臂和上臂同时用力向后下方做推压的动作，并利用推水的惯性，使手腕做内旋下压的动作。推水结束时，手掌在臂部下方离水面 40～50 厘米左右，如图 21-6 所示。整个划水路线应为"S"形，如图 21-7 所示。

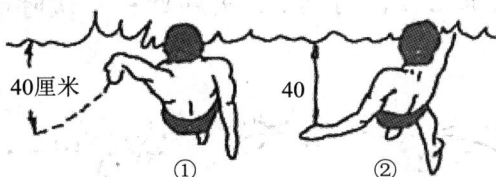

图 21-6　仰泳臂部推水动作

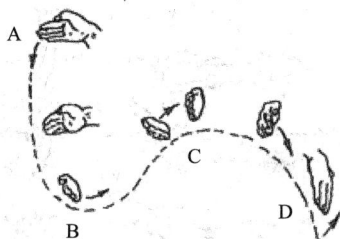

图 21-7　仰泳划水路线图

4. 出水

正确的仰泳出水动作是先压水后提肩，使肩露出水面后，由肩带动上臂、前臂和手依次出水。划水结束时，手掌自然转向下方，并靠拢大腿，用手臂内旋下压的作用力和肩部三角肌收缩的力量，使手臂自然地提出水面。

5. 空中移臂

臂出水后，应迅速沿着肩的垂直面向肩前移动。当下一次手臂移过垂直部位后，手掌即开始内旋，使掌心向外翻转(如采用小指先出水则无此动作)为下一次入水动作做积极准备。

仰泳两臂的配合采用"连接式"的技术，即当一臂划水结束时，另一臂已入水并开始划水；一臂处于划水的中部，另一臂正处于移臂的一半。在整个臂部动作过程中，两臂几乎都是处于完全相反的位置，这样的配合能够保证动作的连贯性和速度的均匀性，而且还有助于加强划水力量。

(四) 呼吸动作

仰泳的呼吸要有严格的节奏，一般是划臂两次，呼吸一次。吸气时要用口来进行，用口、鼻呼气。应在一臂移臂时吸气，另一臂移臂时呼气。这种呼吸方法可防止呼吸频率过快，并可保证充分的呼气与吸气。

(五) 臂腿配合技术

现代仰泳技术中采用 6：2：1 的配合形式，即 6 次打腿、2 次划臂、1 次呼吸，如图 21-8 所示。也有少数运动员采用 4：2：1 的配合技术。

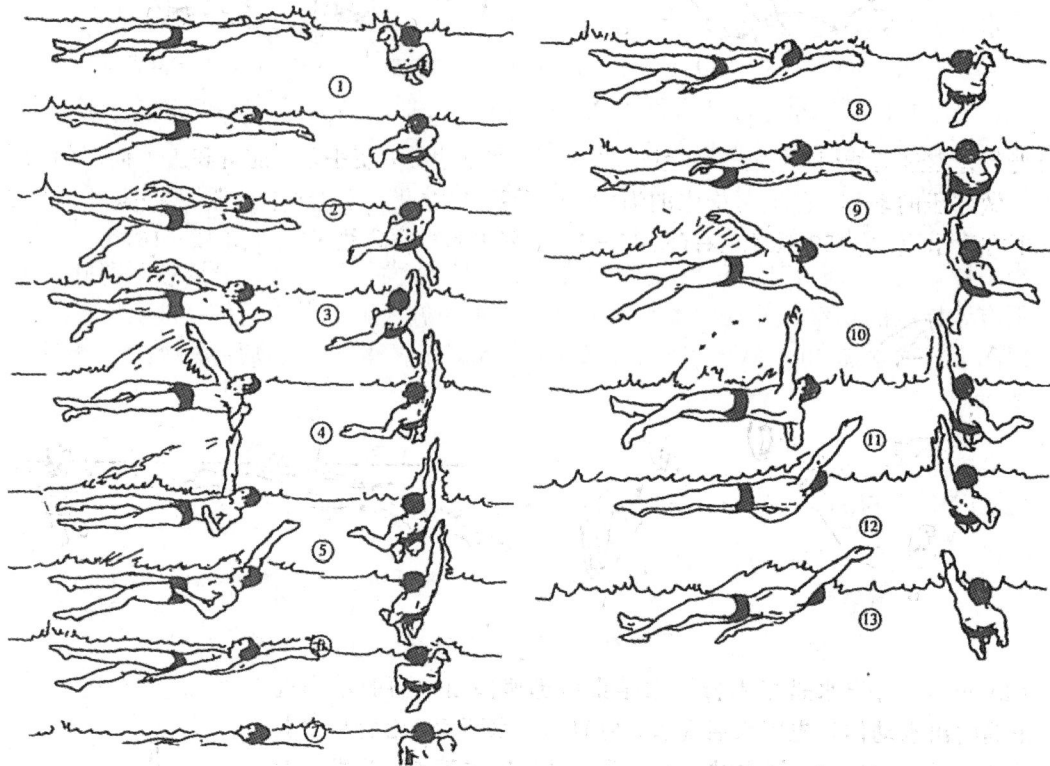

图 21-8 仰泳臂腿配合动作技术图

四、蝶泳(海豚泳)技术

(一) 身体姿势

蝶泳技术 (二维码图)

蝶泳技术是以横轴(腰)为中心，躯干和腿做有节奏的摆动动作，发力点在腰部，以大腿带动小腿，做上下的鞭水动作，这些动作与头部和臂部动作紧密联系在一起，形成蝶泳特有的波浪动作，蝶泳波浪动作是由下面几个因素形成的。

(1) 由于腿向下打水，水对腿的反作用力使臀部上升到水面。

(2) 由于两臂抱水进入划水之前时，使头和肩抬高，下肢上浮。

(3) 由于空中向前移臂，使头和肩下沉。

(4) 由于移臂抬头吸气，使臀部下沉。

以上四个因素所形成的身体上下浪状摆动是有节奏且自然的，它有利于身体各部分的协调配合，使身体始终保持较高的位置，形成较好的流线型，同时给两臂划水和两腿打水创造了有利的条件。

(二) 躯干和腿部的动作

蝶泳打水时，两腿自然并拢，两脚脚掌稍向内旋成"八"字。当两腿在前一次打水周期向下打水结束后，两脚处于最低点，膝关节伸直，臀部上升至水面，髋关节约屈成160°，

然后两腿伸直向上移动，髋关节逐渐展开，臀部下沉。当两腿继续向上时，大腿开始下压，膝关节随大腿下压动作自然弯曲。大腿继续加速下压，随着屈膝程度的增加，脚抬起接近水面，臀部下降到最低点，在膝关节屈成约 110°～130° 时，脚向上抬到最高点，并准备向下打水。当脚向下打水时，踝关节放松，脚面绷直，此时即蝶泳打腿产生推进力最大的时候，然后随着大腿加速下压，脚面和小腿加速向后推水。当两脚继续加速向下打水尚未结束时，大腿开始向上移动，此时膝关节伸直，向下打水的动作结束。

(三) 臂部动作

蝶泳臂部动作的全过程是两臂在头前入水，同时沿着身体两侧做曲线向后划水，划水结束时，两臂经空中前移再做第二次划水。

1. 入水

蝶泳的入水动作有宽入水和窄入水两种类型。现代蝶泳技术多采用与肩同宽的肩前入水技术，入水点距肩较近，同时手掌斜插入水，手掌与水面成 45°。

臂入水时，手掌领先，小臂、大臂依次入水，入水后不宜向前伸和做过分潜水动作，否则会形成大波浪和身体上下起伏的现象。

2. 抱水、划水和推水

当两臂入水后，手和前臂内旋向侧下方抓水，接着两臂逐渐向内弯曲，高抬肘，使手掌和前臂成为主要的对水面。在进入划水阶段时，使肘保持较高位置，随后即做加速划水动作，在划水的前半部分，上臂内旋动作和逐渐加大的屈臂动作是同时进行的，当两臂划至肩下方时，小臂与大臂之间约成 90°～100°，然后手掌、手臂、大臂一起继续加速向后推水。在推水过程中，小臂和大臂的角度逐渐加大，划至腹下时，两手距离最近，然后两手弧形向外推水而结束整个划水动作，两臂的划水路线形成对称曲线。

3. 出水

当两臂划至髋部两侧时，利用推水的惯性迅速提肘出水，在两臂推水尚未结束时肘开始做向上提的动作。这是由于后半部划水产生的加速度，使得两臂做弧形的向外推水动作，并把从划水至推水时产生的动量，顺移到了提肘出水和空中移臂上。

4. 空中移臂

当提肘出水后，两臂即由空中向前移。开始移臂时肘微屈，手掌几乎向上，肘先于手出水，两臂放松并内旋，沿身体两侧做低平抛物线前摆。整个动作在开始时稍用力，利用臂推水的惯性向前提肘出水。移臂时速度要快，否则会造成躯干下沉。

开始移臂时，肩关节上提，肩胛骨并拢，然后向前转肩，肩关节灵活性好的运动员可以迅速、轻松完成这一动作。

(四) 呼吸动作

蝶泳的呼吸是与臂部动作配合完成的。游蝶泳时借助两臂推水时的惯性，同时使头部抬起，口露出水面吸气，吸气时肩部应保持在水中。

蝶泳呼吸一般采用臂划水一次、呼吸一次的方式。目前蝶泳呼吸方法一般采用晚呼吸，蝶泳晚呼吸是在划水后三分之一进行的。在划水的主要阶段就已开始抬头，肩部升高，当两臂划过身体的垂直线到推水时，脸部几乎完全出水，并开始吸气，吸气一直持续到两臂完成推水动作和开始移臂时。颈部应该弯曲，低头入水。晚呼吸的优点是在身体位置升高时吸气，能够使身体保持相对的水平，阻力小。蝶泳的呼吸与两臂的配合是为提高速度和身体位置的平稳创造条件。

(五) 臂腿配合动作

蝶泳的臂腿配合动作应该速度均匀、节奏明显，每次打水的时间间歇大致相同，打水连贯而有力，当前运动员多采用2：1：1的配合技术。

两臂入水时做第一次向下打水(如图21-9①~④所示)，抓水时腿向上(如图21-9⑤、⑥所示)。当两臂划至胸腹下部时，开始做第二次向下打水(如图21-9⑦~⑩所示)。移臂时，腿又向上准备做下一周期的打水动作。

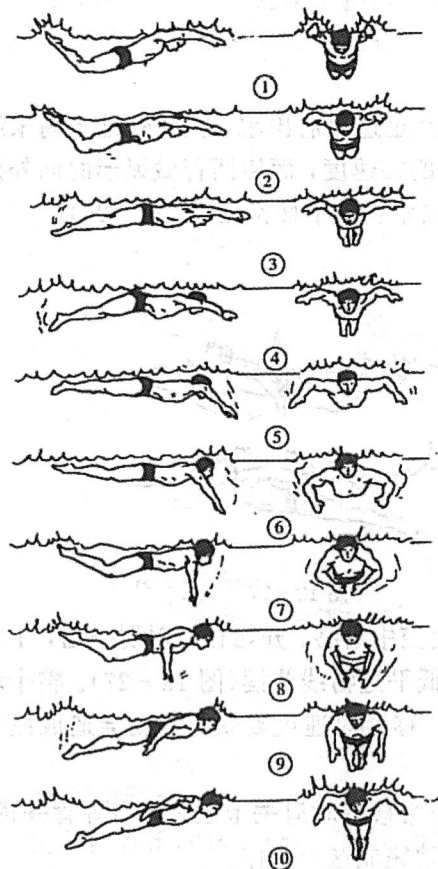

图21-9　蝶泳臂腿配合动作技术图

臂入水时做第一次打水动作，能较好地发挥躯干和腿的作用，保持游进时良好的均匀速度，并能减少移臂时身体下沉。当两臂划至腹下时，开始做第二次打水，这时游进速度比较快，身体位置也比较高。做第二次打水不仅能产生推进力，而且可以使下肢得到支撑，使身体升高。

第三节　游泳救生与安全知识

一、救生技术

(一) 岸上救生(抛掷法)

(1) 绳索。将绳索前段打结(增加重量，抛掷更远)，抓在绳子另一端，直接将绳头抛向溺水者，绳索应越过其头部。具体操作如图 21-10①所示。

(2) 浮具连接绳子。将救生圈绑在绳子一端，手抓住绳子的另一端(不得缠绕手腕或固定在身上)，将救生圈抛给溺水者。具体操作如图 21-10②所示。

(3) 救生抛绳袋。将浮水救生绳装入布袋内，握住绳子的一端(不得缠绕手腕或固定在身上)，直接抛向溺水者(越过其头部)。具体操作如图 21-10③所示。

①　②　③

图 21-10　抛掷法救援

(4) 随手可得的漂浮物。可直接将漂浮物，如空书包(拉锁扣紧)、空纸盒、冰桶、球类、塑料袋(充气)等，抛向溺水者，使其能借物漂浮水面，等待救援。具体操作如图 21-11 所示。

图 21-11　抛掷漂浮物救援

(二) 水中救生(直接赴救)

水中救生(直接赴救)是指救生员在不能采用间接赴救技术的前提下，所采用的赴救技术。直接赴救包括入水、接近、拖带、解脱、上岸、运送、心肺复苏等七项技术。

1. 入水

入水方式分为静入式、跨步式、蛙腿式、鱼跃式及直立式。应根据个人情况及场地实际情况选择合适的入水方式。

入水

2. 接近

接近是指救生员及时靠近并有效控制溺水者的一项专门技术，救生员可根据现场情况采取以下接近技术。

接近

1）预备姿势

救生员游至距离溺水者约 1 米到 2 米处，双臂向前拨水停游，身体侧转，双腿成侧泳分腿姿势，双手平划，维持平衡，漂浮水面并观察溺水者，依据临场判断，选择最佳行动方式接近溺水者。进行施救时，若发现不利因素，则应立即手向前拨水，双腿向前夹水后退，离开溺水者。具体操作如图 21-12 所示。

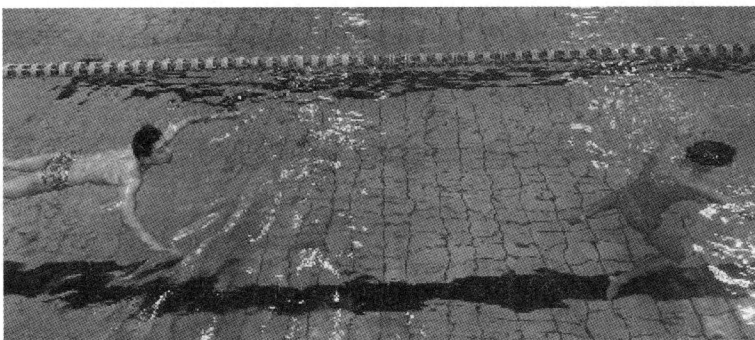

图 21-12　预备姿势

2）背面接近

背面接近是救生员接近溺水者最常用的一种技术，一般情况下救生员应尽可能采用此方法。救援有意识的溺水者时，必须使用背面接近。救生员以预备姿势接近溺水者，用双手或单手掌心，向上托住溺水者腋下，将其拖出水面。具体操作如图 21-13 所示。

图 21-13　背面接近

3. 拖带

拖带技术是指救生员在水中采用侧泳、反蛙泳等各种不同的游泳技术，将溺水者拖带到池边的一种技术。托腋拖带是常用的一种拖带技术，它比较省力，易于控制溺水者。救生员双手托住溺水者的双腋下，用反蛙泳技术进行拖带。具体操作如图 21-14 所示。

拖带

图 21-14　拖带技术

4．解脱

溺水者失去理智在水中慌乱挣扎是一种人类求生的本能表现，有任何的不智之举，救生员都应保持宽容的态度去应对，并以最大的能力去施救，在水中被溺水者纠缠时，不得做出伤害溺水者的行为，应使用解脱法脱离。

1）抓腕解脱

溺水者抓住救生员手腕时，救生员另一只手伸入溺水者双臂中间，可转腕外翻下压，并用另一只手及时抓住溺水者手腕部向后拉出。具体操作如图 21-15 所示。

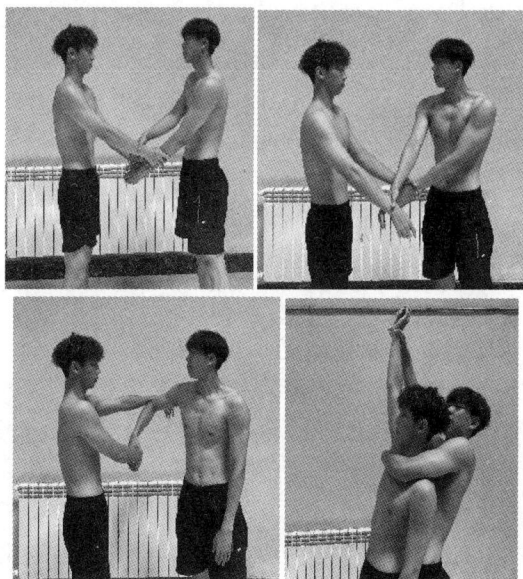

图 21-15　抓腕解脱技术

2）正面推肘解脱

溺水者由前方抱住救生员时，救生员先吸一口气，然后脸转向侧面，收下颌，划水下沉，两手掌心向上，虎口向后，双手分别托住溺水者的双肘上臂部位，用力将溺水者推向水面，自己反向下沉，同时仰头，挺腹，双腿夹水向后脱离溺水者，此时仍观察溺水者动向，并给予适当救援。具体操作如图 21-16 所示。

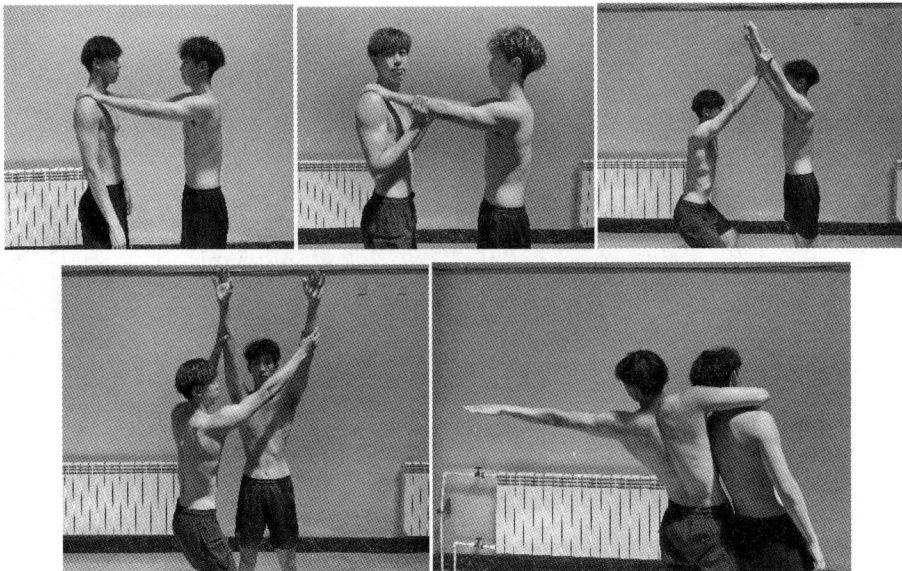

图 21-16　正面推肘解脱技术

5. 上岸

在游泳池深水区，救生员与溺水者均踩不到池底，救生员已将溺水者拖带至池边时，可采用单人上岸技术。以左手到边为例，救生员将溺水者拖带至池边，先用左手抓住池边定位，在将溺水者移动至池边。救生员用右手将溺水者左手压在池边，然后左手移压在溺水者的左手背上，腾出右手。救生员用右手抓住溺水者的左手，移至溺水者的左手重叠，并用右手将溺水者的双手紧压在池边，左手抓攀池边，在溺水者的左侧上岸。救生员上岸后，右手不能离开溺水者重叠的双手并右转面对溺水者，然后救生员用左手紧抓溺水者左腕，右手抓握溺水者右腕。救生员紧抓溺水者手腕稍上提，使溺水者转体180°背对池边。救生员双脚开立，双手先将溺水者向上预提一下(利用水的浮力)，然后用力将溺水者往上提，使其臀部高于池面后，移至池岸。救生员右手紧抓溺水者右手上提，防止其倒下，脱出左手移至溺水者颈背部或腋下保护溺水者。救生员用右手将溺水者的双腿在原地旋转180°，让溺水者成仰卧姿态。具体操作如图 21-17 所示。

上岸

图 21-17　单人上岸技术

6. 搬运

对溺水者的搬运方法及注意要点就是按伤员急救送医程序处理。

7. 心肺复苏

心肺复苏(C.P.R)术是针对心跳、呼吸停止所采取的抢救措施，既用心脏按压或其他方法形成暂时的人工循环并恢复心脏自主搏动和血液循环，用人工呼吸代替自主呼吸并恢复自主呼吸，达到恢复苏醒和挽救生命的目的。心肺复苏技术的三大要素是口对口人工呼吸、胸外按压、体外除颤，心肺复苏救援溺水者的流程如表 21-1 所示。

表 21-1 游泳救生员现场心肺复苏流程

程　序	语言和动作	说　明
确认环境四周安全检查意识	大声呼喊 轻拍两肩膀	意识分四级：意识清醒、对叫有反应、对痛有反应、意识昏迷
求救摆正溺水者姿势	请人帮助打急救电话"120"或自己打	若没有旁人，先心肺复苏 1 分钟后再打求救电话
打开呼吸道	仰头举颌法(非创伤溺水者) 推举下颚法(颈椎受伤溺水者)	以手掌按压前额，另一手食、中两指上抬颌骨，注意不要压到喉部
评估呼吸	耳朵靠近溺水者口鼻：看胸部起伏、听吐气声、感觉气流吹到脸上	检查时间不能超过 10 秒钟 保持呼吸道打开姿势
人工呼吸	若无呼吸，检查呼吸道是否有异物，以拇、食两指捏住鼻子，口对口(鼻)或口对面罩，先给予两口气， 若胸部无起伏，则重新打开呼吸道再尝试吹气	◎从发现溺水者到给予人工呼吸不能超过 20 秒钟 ◎每口气吹气时间约 1 秒钟，吹气量以明显看到胸部起伏为原则
检查循环现象	◎摸颈动脉并观察有无搏动现象 ◎有无自发性呼吸、咳嗽、身体会不会动	检查时间不能超过 10 秒钟(除低体温外)
胸部按压	◎手掌根置于胸骨下 1/3 段 ◎两手肘关节绷直 ◎两膝靠近溺水者跪地，与肩同宽 ◎以身体重量垂直下压，压力平稳 ◎放松时手掌不要离开胸骨	按压胸骨下半段，下压速度为 100 次/分钟，深度为 4~5 厘米
胸部按压与通气比率	单人或双人皆为 30∶2	
再评估时间	5 周期后或 2 人以上每 2 分钟轮换	2 分钟后第 5 周期吹气
甲：再评估无循环现象	继续徒手做心肺复苏	从胸部按压开始
乙：再评估有无循环现象	检查呼吸： ◎没有呼吸→人工呼吸 ◎有呼吸→无意识 ◎有呼吸→有意识	5 秒钟一次，12 次/分钟 检查身体，继续复苏 检查身体

二、救生工作流程

(一) 救生工作基本原则

救生工作应遵循以下原则。
(1) 岸上救生优于水中救生。
(2) 器材救生优于徒手救生。
(3) 团队救生优于个人救生。
(4) 先救有意识后救无意识。

(二) 救生工作基本流程

救生工作的基本流程如表 21-2 所示。

表 21-2　救生工作基本流程

观察	有无危险性情况： ◎有 ◎无	◎无→继续观察 ◎有→重点观察
判断	确认溺水等级： ◎有意识呼救，可配合救援 ◎有意识呼救，无法配合救援 ◎有意识，但无法呼救，可配合救援 ◎有意识，但无法呼救，无法配合救援 ◎无意识溺水	根据溺水者情况快速决定救援人数： ◎多人协同救援 ◎单人救援 根据溺水者情况快速决定救援方式： ◎间接救援 ◎直接救援
行动	◎间接救援： 选择借物救援工具 ◎直接救援： 根据场地情况、溺水者情况，选择正确且安全的救援方式	溺水者上岸后判断是否有意识： ◎有意识→进行思想安慰，保持自我镇定及溺水者情绪稳定 ◎无意识→拨打 120，同时保持 C.P.R 直至溺水者苏醒或 120 救护人员到来

三、游泳运动安全注意事项

(一) 身体状况自查

游泳前确保自己身体处于良好的状态。是否有发烧、头晕恶心、四肢无力、心悸等身体状况出现，若出现上述情况，则不宜进行游泳运动。饮酒后不要进行游泳运动，酒精对人的神经系统有一定的麻痹作用，会使身体反应迟缓，无法做出正确的游泳动作，这时游泳者容易沉入水中或呛水，容易出现突发危险。酒精代谢时需要消耗体内的葡萄糖，游泳也会消耗体内糖元，在双重作用下体内糖元被大量消耗，从而在剧烈运动或大强度运动后，使人体出现低血糖现象。若有身体不适，则建议不要游泳，防患于未然。

(二) 游泳运动饮食

1. 游泳运动前饮食

(1) 不宜空腹游泳。空腹游泳容易引起低血糖，使游泳者发生头昏、无力，甚至晕厥等意外情况。

(2) 不宜饱腹游泳。饱腹游泳会影响消化功能，在游泳池中易受水压和水温的刺激还会产生胃痉挛，甚至呕吐、腹痛现象。

(3) 游泳前推荐饮食。游泳运动前可以选择煮鸡蛋、香蕉、饼干或能量棒等食品补充能量，尽量避免吃油炸类的不易消化的食品，容易给胃部造成负担，引起肠胃不适。同时，也可适当补充水分，避免游泳时发生身体缺水。

2. 游泳运动后饮食

游泳者在游泳结束后会消耗大量身体能量，需要合理补充营养，使其体力恢复、预防生病。此时进食需多样化，确保摄取足够的能量和营养，形成营养平衡。

(三) 树立"安全第一"的思想

因为游泳存在一定危险性，所以要时刻谨记"安全第一"，了解游泳池深浅区域，根据自身情况选择适合的区域进行游泳运动。重点加强对未成年人游泳安全的思想教育，不在水中嬉戏打闹，以防发生溺水。若发现安全隐患，则应及时提醒他人并向游泳池相关工作人员反映。

(四) 做好准备活动

游泳前要充分做好准备活动并且要有针对性，做好活动关节和牵拉肌肉，使颈、肩、腰、膝等关节部位和全身肌肉活动开，以免发生关节损伤和肌肉拉伤。游泳前的准备活动，一般可以做徒手操、压肩、压腿、关节绕环、慢跑、跳跃或俯卧撑等，也可以进行游泳的专门练习，例如游泳动作模仿、打腿这些陆上模仿练习。

(五) 科学掌握游泳的运动量

进行游泳运动时应循序渐进，使身体逐渐适应运动强度，避免疲劳堆积。较小的运动负荷达不到健身目的，较大的运动负荷会使人过度疲劳，易导致缺氧、恶心等不良症状。因此，掌握合理的运动量至关重要，运动量大小因人而异，适度进行游泳运动，不要勉强或逞能，若有不适症状，则应立即上岸休息。

(六) 禁止嬉戏打闹、浅水区跳水

1. 禁止在泳池边嬉戏打闹

由于游泳馆的地面湿滑，容易滑倒受伤，所以禁止在泳池边嬉戏打闹。

2. 禁止在水中打闹

在水中打闹时，水柱可能会进入眼睛造成伤害；水还有可能突然进入鼻腔，慌张中可能会造成溺水。

3. 禁止在浅水区跳水

浅水区跳水容易使头部撞击到池底，造成脊椎、脊髓的损伤，有高位截瘫的风险。

参 考 文 献

[1]　向剑锋，彭小华，石金亮. 大学体育与健康教程[M]. 北京：高等教育出版社，2021.

[2]　彭聃龄. 普通心理学[M]. 5 版. 北京：北京师范大学出版社，2019.

[3]　邓树勋，等. 运动生理学[M]. 3 版. 北京：高等教育出版社，2015.

[4]　杨月欣，葛可佑. 中国营养科学全书[M]. 北京：人民卫生出版社，2023.

[5]　高颀. 运动损伤与急救[M]. 北京：北京体育大学出版社，2020.

[6]　杨忠伟，李豪杰. 运动伤害防护与急救[M]. 北京：高等教育出版社，2015.

[7]　中国营养学会. 中国居民膳食指南(2022) [M]. 北京：人民卫生出版社，2022.

[8]　苏振阳，白光斌，于少勇. 大学生运动营养与健康[M]. 西安：西安电子科技大学出版社，2015.

[9]　王启明. 大学体育新素质教程[M]. 西安：西安电子科技大学出版社，2019.

[10]　于少勇，白光斌，黄海. 大学体育[M]. 西安：西安电子科技大学出版社，2018.

[11]　[日]国际运动医学研究所. 体能训练基础理论[M]. 曲岩松，译. 北京：人民邮电出版社，2019.

[12]　周志雄，等译. NSCA 体能训练设计指南[M]. 北京：北京体育大学出版社，2016.

[13]　托德·米勒. NSCA 体能测试与评估指南[M]. 高炳宏，译. 北京：人民邮电出版社，2019.

[14]　篮球运动教程编写组. 篮球运动教程[M]. 北京：北京体育大学出版社，2020.

[15]　篮球运动教程编写组. 篮球基本技术教程[M]. 北京：北京体育大学出版社，2021

[16]　黄汉升. 球类运动：排球[M]. 3 版. 北京：高等教育出版社，2001.

[17]　刘纯献，许瑞勋. 排球[M]. 重庆：重庆大学出版社，2017.

[18]　史明政，刘泳等. 触式橄榄球教程[M]. 北京：人民体育出版社，2016.

[19]　郑刚. 英式橄榄球基础教程[M]. 辽宁：辽宁科技出版社，2012.

[20]　胡柏平，郭立亚. 网球运动教程[M]. 北京：高等教育出版社，2019.

[21]　周铭共. 网球世界因你而精彩[M]. 2 版. 北京：高等教育出版社，2019.

[22]　乒乓球运动教程编写组. 乒乓球运动教程[M]. 北京：北京体育大学出版社，2014.

[23]　唐建军. 乒乓球[M]. 北京：北京体育大学出版社，2016.

[24]　周爱光，刘丰德. 乒乓球运动[M]. 北京：高等教育出版社，2014.

[25]　球类运动编写组. 球类运动：乒乓球、手球、垒球、羽毛球[M]. 3 版. 北京：高等教育出版社，2017.

[26]　肖杰. 羽毛球运动理论与实践[M]. 北京：人民体育出版社，2022.

[27]　赵光圣，刘宏伟. 跆拳道运动教程[M]. 北京：高等教育出版社，2015.

[28]　田宇普，赵利. 体育课程与教学研究[M]. 南京：南京师范大学出版社，2012.

[29]　张道鑫，胡刚，支川. 中国武术基础教程[M]. 南京：南京大学出版社，2023.

[30]　林礼，孔胜源，等. 新编大学生体育与健康[M]. 西安：西安电子科技大学出版社，2023.

[31]　杨惠燕，张程，等. 体育与健康[M]. 西安：西安电子科技大学出版社，2023.

[32] 侯雯，等. 二十四式太极拳[M]. 郑州：河南科学技术出版社，2019.

[33] 匡小红. 健美操[M]. 2 版. 北京：高等教育出版社，2019.

[34] 黄宽柔. 健美操[M]. 北京：高等教育出版社，2023.

[35] 王朝. 大学生时尚健身操舞[M]. 西安：西安电子科技大学出版社，2018.

[36] 国家体育总局职业技能鉴定指导中心. 健身教练[M]. 北京：高等教育出版社，2019.

[37] 运动解剖学编写组. 运动解剖学[M]. 北京：北京体育大学出版社，2017.

[38] 王勇. 大学生体育美育社会化新探[M]. 北京：中国人民大学出版社，2022.

[39] 果梅. 体育舞蹈[M]. 南京：南京大学出版社，2021.

[40] 侯鹏. 游泳[M]. 西安：西安电子科技大学出版社，2023.

[41] 国家体育总局职业技能鉴定指导中心. 游泳(修订版)[M]. 北京：高等教育出版社，
2011.